Da Teoria de Arquitectura: doze ensaios

Georges Teyssot

e|d|arq
Departamento de Arquitectura
Faculdade de Ciências e Tecnologia da Universidade de Coimbra

Título . Da Teoria de Arquitectura: doze ensaios
© Georges Teyssot
© Departamento de Arquitectura da Faculdade de Ciências
e Tecnologia da Universidade de Coimbra
Colégio das Artes . Largo D. Dinis . 3000-143 Coimbra

Esta obra é uma co-edição entre Edições 70 e
e|d|arq Editorial do Departamento de Arquitectura da FCTUC

Coordenação de Edição . Paulo Providência
Tradução . Rita Marnoto, Isabel Almeida, Telma Costa, Paulo Providência
Revisão da tradução . Paulo Providência e Gonçalo Canto Moniz

Capa . FBA
Ilustração de capa: © Localização das necessidades humanas no crânio,
a partir de Jean-Baptiste Godin, *Solutions sociales*, Paris, A. Le Chevalier, 1871.

Depósito Legal n.º 306922/10

Biblioteca Nacional de Portugal - Catalogação na Publicação

TEYSSOT, Georges, 1946-

Da Teoria de Arquitectura: doze ensaios. - (Arquitectura & urbanismo)
ISBN 978-972-44-1615-1

CDU 72.01

Paginação . Incomun
Impressão e acabamento . Papelmunde
para
EDIÇÕES 70, LDA.
Março de 2010

Direitos reservados para todos os países de Língua Portuguesa
Edições 70

EDIÇÕES 70, Lda.
Rua Luciano Cordeiro, 123 – 1º Esqº - 1069-157 Lisboa / Portugal
Telefs.: 213190240 – Fax: 213190249
e-mail: geral@edicoes70.pt

Esta obra está protegida pela lei. Não pode ser reproduzida,
no todo ou em parte, qualquer que seja o modo utilizado,
incluindo fotocópia e xerocópia, sem prévia autorização do Editor.
Qualquer transgressão à lei dos Direitos de Autor será passível
de procedimento judicial.

Apresentação
Flexões e inflexões

O conjunto de textos de Georges Teyssot que compõem a presente colectânea corresponde, *grosso modo*, a uma produção teórica que ultrapassa os últimos 30 anos. A origem dos textos é tão diversa quanto a própria formação de Teyssot; corresponde a uma constelação (para usar um termo de W. Benjamin) que compreende Paris, Veneza e Princeton. A esta constelação, os lugares de formação do arquitecto Teyssot enquanto teórico e crítico, associam-se um conjunto de lugares de publicação, entre outros *L'Architecture d'Aujourdhui*, *Architecture Mouvement Continuité*, *Lotus International* (de que é Coordenador Editorial entre 1980 e 1991), *Ottagono*, *Oppositions*, ou *Assemblage*, e um conjunto de lugares de *performance*, tais como catálogos de exposição, comunicações em congressos e simpósios, entrevistas, ou ainda colectâneas de artigos académicos sob sua edição. A permanência de um conjunto de temas que vão desde a história do habitar às incorporações tecnológicas no corpo do habitante constitui um atlas de temas, ou antes, o atlas das constelações de Georges Teyssot. Esta apresentação procura estabelecer as continuidades e revisões dessas figuras fugidias, cartografia das estrelas cintilantes que se apresentam sob o céu de Teyssot, já não "o seu céu privado", mas antes o baldaquino tecnológico individual e colectivo.

Teyssot forma-se em Veneza em 1971, no Istituto Universitario di Architettura di Venezia, obtendo em 1972 o exame de estado para a profissão de arquitecto em Itália. Em 1978 obtém o Diploma de Arquitecto pelo Governo Francês (D.P.L.G.). No final da década de 1970 Teyssot frequenta a School of Architecture da Princeton University, onde é aluno de Anthony Vidler (que ali lecciona de 1965 a 1990). Do início de 1981 até 1994 é Professor de História da Arquitectura na I.U.A.V., por convite de Manfredo Tafuri. A partir de 1994 até 2000 é Professor e director do Curso de Doutoramento da School of Architecture em Princeton, e a partir de 2001 lecciona na École d'architecture da Université Laval, Quebec, Canadá.

Os primeiros textos de Teyssot reflectem o interesse particular da década de setenta e oitenta pelas questões dos inícios da contemporaneidade no final dos séculos XVIII e XIX, incluindo o debate sobre a construção da cidade contemporânea e o aparecimento do pitoresco como critério de representação. Trata-se de uma aproximação historiográfica mas que reivindica uma história da arquitectura feita por arquitectos, e a sua diferenciação em relação à História da Arte ou à Arqueologia. O texto sobre George Dance ("Il neoclassicismo di George Dance e lo Sperimentalismo Inglese", *Angelus Novus*, 22, 1972), a introdução à tradução italiana da obra de Emil Kaufmann de 1952 *Three Revolutionary Architects: Boullée, Ledouz, Lequeu*, com o título "Architettura e Illuminismo: Saggio di Storiografia" (Emil Kaufmann, *Tre Architetti Rivoluzionari, Boullée, Ledoux, Lequeu*, Georges Teyssot, intr., Milano, Franco Angeli, 1976, introdução posteriormente publicada em *Oppositions*, 13, 1978, e também na tradução em castelhano da obra de Kaufmann pela editora Gustavo Gilli em 1980), o texto sobre John Soane ("John Soane and the Birth of Style", *Oppositions*, 14, 1978), ou a introdução, mais tardia, à tradução italiana do Dicionário Histórico de Quatremère de Quincy (Antoine-Chrysostome Quatremère de Quincy, *Dizionario Storico di Architettura. Le voci teoriche*, Georges Teyssot e Valeria Farinati, eds., Venezia, Marsilio, 1985), são alguns exemplos de uma produção centrada em autores ou teóricos de arquitectura; pressente-se já um Teyssot preocupado com algum rigor conceptual (a contestação da adjectivação aos autores iluministas em Kaufmann, presente na edição anglo-saxónica daquela introdução – "Neoclassic and 'Autonomous' Architecture: the Formalism of Emil Kaufmann", *Architectural Design*, 51, 1981 – ou o aprofundamento da *Mimesis* clássica em Quatremère). É o interesse pelo tema da arquitectura neoclássica que o leva a redigir um balanço bibliográfico, em 1989 ("L'Architecture Néoclassique en Europe: Essai de Bibliograhie depuis 1980, V. Italie", *Revue de L'art*, 83, 1989). Talvez o interesse com os autores do neoclassicismo inglês lhe permitisse uma aproximação ao pitoresco, como no texto "Cottages et Pittoresque: les origines du Logement Ouvrier en Angleterre, 1781-1818", *Architecture, Mouvement, Continuité*, 34, 1974, que articula as questões da habitação (que virá a ser um tema central da sua produção teórica) com os modelos de construção da cidade, também explorados em "L'Urbain, science et mythe", *L'Architecture d'aujourd'hui*, 184, 1976.

As questões da História cedo se transformam em questões de História da Teoria de Arquitectura, de Teoria de Arquitectura ou até de Filosofia de Arquitectura, como também acontece com a nova geração de teóricos e historiadores, como por exemplo Robin Evans. Por isso mesmo, na presente colectânea não se inseriram traduções dos textos de natureza mais historiográfica, preteridos em relação à produção mais continuada e característica de natureza Teórica, ou de História da Teoria.

Os textos mais emblemáticos da década de 70 surgem em 1977. Concretamente "Eterotopia e Storia degli Spazi", incluído na colectânea *Il Dispositivo Foucault*, com textos de Massimo Cacciari, Franco Rella, Manfredo Tafuri e o próprio Georges Teyssot; esse texto, que abre a presente colectânea, é em parte decorrente da leitura e relação pessoal com Michel Foucault, e um aprofundamento das limitações na aplicação do método à leitura da história da arquitectura, em contestação com apropriações voluntaristas, tal como se pode entreler na entrevista agora publicada em anexo. Um outro texto emblemático é "Cittá-Servizi: la Produzione dei Bâtiments Civils in Francia (1795-1848)", publicado na *Casabella*, 424, no mesmo ano, e posteriormente traduzido em francês ("La Ville-Équipement: la Production Architecturale dês Bâtiments Civils (1795-1848)", *Architecture, Mouvement, Continuité*, 45, 1978). Este texto faz uma inovadora síntese entre o aparecimento da figura do equipamento público no estado contemporâneo e os procedimentos urbanos implícitos na sua implantação e desenho. No mesmo sentido, o texto "State Town. Colonization of the Territory during the First Empire", publicado em colaboração com Paolo Morachielo na *Lotus International*, 24, 1979, abre o debate sobre a construção do território na idade contemporânea, posteriormente desenvolvido na obra, também em colaboração com Paolo Morachielo, *Le Machine Imperfette: Architettura, Programma, istitutzioni nel XIX secolo*, (Roma, Officina edizioni, 1980) – conjunto de comunicações publicadas a propósito de congresso sobre o tema realizado no ano do início da sua docência no I.U.A.V., e que de certa forma culmina no capítulo "Planning and Building Towns: the System of the Bâtiments Civils in France (1795-1848)", na obra editada por Robin Middleton, *The Beaux-Arts and the nineteenth-century french architecture*, London, Thames and Hudson, 1982.

Se com o texto de introdução à obra de Quatremère, Teyssot se aproxima da discussão das teorias estéticas do idealismo de finais de XVIII e inícios XIX, é na década de 80 que mais fortemente questionará os limites das transposições clássicas na arquitectura então em prática; o texto de autoria conjunta com Manfredo Tafuri "Impressions Classiques", *Monuments Historiques*, 108, 1980, e posteriormente publicado em inglês ("Classical Melancholies", *Architectural Design*, 52, 1982), e também na revista *Lotus International*, 32, 1981, sob o título "Mimesis. Architecture as Fiction", encontra uma forma mais definitiva em "The Anxiety of Origin. Notes on Architectural Program", *Perspecta*, 23, 1987, agora publicado em português. Uma leitura vigorosa de Heidegger, a que não serão estranhas, no panorama italiano, quer a síntese tentada por Tafuri entre Heidegger e Benjamin, ou, num outro sentido, as aproximações heideggerianas de Gianni Vattimo.

E é uma maior aproximação à crítica da produção arquitectónica, já patente em balanços como "Pour une critique de la 'tradition du nouveau'" (*L'Architecture d'aujourd'hui*, 174, 1974), "Apres la fête" (número especial de *L'Architecture d'ajourd'hui* intitulado *Italie 1975*, 1975), "Europe-USA: la Biennale de Venise" (*L'Architecture d'aujourd'hui*, 188, 1976), que se afirma na sua coordenação editorial da revista *Lotus*, em exemplos como "Marginal Comments on the Debate between

Christopher Alexander and Peter Eisenman" (*Lotus*, 40), "Beyond the Architectural Principle. Christian de Portzamparc's Paris Conservatoire" (*Lotus*, 42), ou ainda "Conversation with John Hejduk" (*Lotus*, 44).

A habitação, quer do ponto de vista da sua "construção" histórica, quer da sua produção contemporânea, conjuntamente com a metrópole, dominam a produção teórica de meados da década de 80; em parte decorrente do comissariado da secção histórica da exposição dedicada à habitação na XVII Trienal de Milão, Teyssot edita o catálogo *Il progetto domestico: La casa dell'uomo, archetipi e prototipi* (Milano, Electa, 1986), que posteriormente dá origem a um número especial da revista *Lotus*, *Interior Landscape/Paesaggi d'interni* (*Lotus Document*, 8, Milano, Electa, 1987; editado pela Rizzoli International, New York, 1988), a que corresponde o texto agora publicado sob o título "Paisagem de Interiores". Mas, o tema da habitação ou a genealogia dos tipos habitacionais encontra-se já na introdução à edição italiana da obra de Roger-Henri Guerrand, colega de Teyssot em Paris no CNRS, *Le Origini della Questione delle abitazioni in Francia (1850-1894)*, Georges Teyssot, ed., Roma, Officina edizioni, 1981; essa introdução, "'La casa per tutti': per una Genealogia dei Tipi", encontra continuidade em "H.B.M., Experience et Pauvreté", *URBI*, 5, 1982, com edição italiana "Nascita del Comfort. Il Caso Francese (1880-1914)", em *Il Potere degli Impotenti, Architettura e istituzioni*, Egidio Mucci e Pierluigi Tazzi, eds., Bari, Edizioni Dedalo, 1984, e também em castelhano, com o título "H.B.M., Experiencia y pobreza", inserida nas actas do simpósio *Gestion Urbanística Europea 1920-1940*, promovido pelo Ayuntamento de Madrid, Madrid, 1986. Claro que a referência ao texto de Benjamin (*Experiência e Pobreza*, de 1933) não é acidental; basta recordar a presença que Benjamin tem para Tafuri, ou ainda o seu conteúdo estrutural na obra do pensador italiano Giorgio Agamben *Infância e História* (1979); neste sentido, a forma mais completa desta investigação talvez ocorra no texto de 1985 publicada nos *Cahiers de la Recherche Architecturale*, Montpellier, 1985, "Civilisation du Salarié et Culture de l'Employé: Variations sur Siegfried Kracauer, Ernst Bloch et Walter Benjamin", ou numa outra versão em "Lo social contra lo Domestico. La cultura de la Casa en los últimos dos Siglos", *Monografias de Arquitectura y Vivienda*, n. 14, Madrid, 1988. Este conjunto de textos leva-nos ao aprofundamento do aparecimento das noções de conforto, e também de hábito e do habitar nas reflexões de Teyssot. Neste sentido, "Imparare ad habitare", *Parâmetro*, 127, 1984, "Heim, Heimlich, Unheimlich", *Freibeuter*, 22, 1984, e publicado no mesmo ano na *Lotus*, 44, com o título "'Water and Gas on All Floors'. Notes on the Extraneousness of the Home", é um texto maior, que ilumina um momento particular da modernidade, colocando a habitação como dispositivo social e reflexo das várias aspirações na sua construção. A melancolia provocada pelo conforto interior da habitação, associado ao hábito como processo de incorporação, afiguram-se como tópicos característicos da produção de Teyssot, dando origem a "The Disease of the Domicile", *Assemblage*, 6, 1988; esse texto encontra versão em alemão em *Die Krankenheit des Domizils. Wohnen und Wohnbau, 1800-1930*, Wiesbaden, Vieweg Verlag, 1989; sendo ainda retomado em 1996, inicialmente com o título "Dis-ease of the Domicile", em *New Ways of Housing / Nuevos Modos de Habitar*, Maria Melgarejo, ed., Valência, Colégio Oficial de Arquitectos de la Comunidad Valenciana, 1996 (e que daria lugar a uma publicação a editar pela MIT Press sobre a História da Habitação no início do século XX), posteriormente apresentado no XIX Congresso da UIA, com o título "Habits, Habitus, Habitat", em *Present and Futures. Architecture in Cities*, catálogo da exposição, Ignasi de Solá-Morales e Xavier Costa, eds., Barcelona, Centro de Cultura Contemporània, 1996, de que aqui se apresenta uma versão com o título "Hábitos / Habitus / Habitat", publicado na revista *Assemblage*, 30, 1996, com o título "Boredom and Bedroom. The Supression of the Habitual".

Além da cidade – a metrópole é outro dos temas da XVII Trienal de Milão; Teyssot comissaria esta exposição e respectivo catálogo em 1988: "Beyond the city, the Metropolis / Oltre la Città, la Metropoli", coordenação, edição e introdução por Georges Teyssot, catálogo da XVII Trienal de Milão, Exposição Internacional "World Cities and the Future of the Metrópoles", Milano, Electa, 1988; a par do texto introdutório, apresenta duas entrevistas: "The Dream of Janus. An Interview on Urban Projects", com Bernard Huet, e "Metropolis and Hermeneutics: An Interview", com Gianni Vattimo. O texto que aqui se apresenta, com o título "Entre mapa e grafo: o fenómeno metropolitano", é uma versão dessa introdução, que segue a edição francesa do texto "La Métropole Mise en Représentation. Notes pour une Exposition à la Triennale de Milan", *Les Cahiers du C.C.I.*, 5, Paris, Centre Georges Pompidou, 1988, também traduzido em italiano "Il 'teatro' della Metropoli", *Lotus Document*, 15, Milano, Electa, 1991.

Os anos 90 iniciam-se com a publicação do volumoso livro sobre a história dos jardins do ocidente, obra conjunta com Monique Moser, inicialmente editada em Itália com o título *L'Architettura dei Giardini d'Occidente dal Rinascimento al Novecento*, Milano, Electa, 1990, nos Estados Unidos com o título *The Architecture of the Western Gardens. A design History from the Renaissance to the Present Day*, Cambridge (MA), The M.I.T. Press, 1991, edição no Reino Unido *The History of Garden Design: The Western Tradition from Renaissance to the Present Day*, London, Thames and Hudson, 1991 (edição *paperback* em 2000), edição francesa *Histoire des Jardins de la Renaissance à nos Jours*, Paris, Flammarion, 1991, e edição em alemão

Die Gartenkunst des Abendlandes. Die Geschichte der Gärten von der Renaissance bis zur Gegenwart, Stuttgart, (DVA) Deutsche Verlags-Anstalt, 1993.

É através da casa que a incorporação tecnológica se opera, como se refere em "Il Comfort e la Tecnologia in Casa", introdução a *Energia in Casa. Piccola Storia delle Grandi Commodità*, Milano, Azienda Energética Municipale, 1991; assim, o espaço doméstico, enquanto espaço de rasuras e incorporações (também tecnológicas), surge em 1990 num artigo publicado na revista *Ottagono*, 96, Setembro 1990, então editada por Alessandra Ponte, "Erasure and Disembodiment. Dialogues with Diller+Scofidio"; este texto é ainda publicado no *Book for the Unstable Media*, Joke Brower, ed., V2- Organization, 1992, e está na origem do texto de introdução à publicação de Elizabeth Diller e Ricardo Scofidio intitulada *Flesh: Architectural Probes*, New York, Princeton Architectural Press, 1995; esse texto, "The Mutant Body of Architecture", marca uma viragem na produção de Teyssot pelo aparecimento das noções de incorporação (tal como na revista *Incorporations*, Jonathan Crary e Sanford Kwinter, eds., *Zone*, 6, 1992) associada às próteses corporais, ou ainda à introdução dos conceitos deleuzianos de corpo sem órgãos, desenvolvido no texto "Entkörperung und Entortung", em *Film+Arc.Graz2*, catálogo da 2.ª Bienal Internacional de Cinema e Arquitectura, Graz, 1995, e posteriormente desenvolvidos em textos como "Body-Building. Towards a New Organicism", publicado na *Lotus International*, 94, 1997, ou em *Fisuras de La Cultura Contemporânea*, 8, 2000. Esta nova abordagem não é estranha ao início da docência regular em Princeton a partir de 1994, onde assume a direcção do curso de doutoramento, e que se prolonga até 2000.

A estadia nos EUA de Teyssot é fortemente marcada pela edição da obra *The American Lawn*, a que se associou uma exposição organizada conjuntamente com Elizabeth Diller e Ricardo Scofidio; a origem desse trabalho está num repto lançado a Teyssot por Phyllis Lambert, directora do Canadian Center for Architecture, em Outubro de 1990. O relvado americano, espaço de apropriação doméstica e quotidiana de uma natureza altamente artificializada, mas também lugar de controle social sobre o indivíduo, ou paisagem de periferia urbana, são alguns dos tópicos que compõem *The American Lawn*, cujos autores, na sua maioria, são colegas em Princeton, tais como Mark Wigley, Alessandra Ponte, Beatriz Colomina, Diller+Scofidio, a que se associam Monique Mosser, e ainda Therese O'Malley e Virgínia Scott Jenkins. A exposição ocorreu no CCA em 1998, e o livro, edição conjunta do CCA e da Princeton Architectural Press, sai em 1999. Uma segunda versão do texto de Teyssot é posteriormente editada na *Lotus*, 101, com o título "The American Lawn. The Spectacle of Suburban Pastoralism", num pequeno formato e com o título *La Pelouse Americaine, entre le Pastoral e la Technologia* pela Ecole Polytechnique Fédérale de Lausanne, Départment d'Architecture, Lausanne, 2001, e ainda, em português, na revista *In si⁽ˢ⁾stu*, 3/4, 2002, com o título "O Relvado Americano: encenar o dia-a-dia", agora inserido na presente colectânea.

Em 2000 foi formulado convite a Georges Teyssot para vir a Portugal fazer duas conferências, na Faculdade de Arquitectura da Universidade do Porto e no Departamento de Arquitectura da Faculdade de Ciências e Tecnologia da Universidade de Coimbra. Teyssot acedeu, e em Outubro de 2001 realizou essas duas conferências, uma no Porto intitulada "Os interiores e a fantasmagoria das coisas", e outra em Coimbra, "Norma e Tipo. Variações sobre Riehl, Demolins e Schulze-Naumburg". Essas duas conferências estão, naturalmente, inseridas na presente colectânea; a primeira aborda a questão da interioridade, desenvolvida nos estudos sobre habitação, agora povoada por objectos ou coisas, decorrente das leituras de Benjamin e Baudrillard.

A segunda conferência é uma reflexão sobre introdução de tipo e tipologia em arquitectura nos anos sessenta, na senda dos textos anteriores sobre norma, programa e regra, tal como aparece no texto "Types, Programmes et Régularités: la Diffusion dês Príncipes Architecturaux dans les Bâtiments Civils" em *Villes et Territoire pendant la période Napoleonienne*, Comunicações ao Simpósio, École Française de Rome, Roma, 1987, posteriormente retomado numa nova perspectiva considerando as teorias arquitectónicas do século XIX sobre tipo, nas seguintes conferências: "Type-s of Typologia, Variations on a theme", G.H.A.S.A., Department of Fine Art, University of Toronto, Toronto, 3 de Março de 2000, "Type and Typologie: On W. H. Riehl, G. Semper and E.-E. Viollet-le-Duc", The Institute of Fine Arts, New York University, New York, 20 de Outubro de 2000, "Norm and Type. Variations on E.-E. Viollet-le-Duc, E. Demolins, and H. Cazalis (aliás Jean Lahor)", The School of the Art Institute of Chicago, Chicago, 30 de Novembro de 2000; este texto aparece em forma definitiva (já posterior à conferência de Coimbra), com o título "Norm and Type. Variations on a Theme", *Architecture and the Sciences, Exchanging metaphores*, Antoine Picon e Alessandra Ponte, eds., Ralph Lerner, prefácio, New York, Princeton Architectural Press, 2003.

É ainda no âmbito dessa deslocação que é editado pela revista *ECDJ*, 5, 2001, um texto anteriormente publicado na revista *Lotus International*, 81, 1994, com o título "A História como recordação destruidora"; a reflexão sobre o método histórico em Benjamin, "o despertar da consciência no acordar matinal", como limiar, insere-se na temática mais geral de Teyssot sobre o limiar e o umbral, tal como aparece no texto agora editado com o título "Uma topologia de umbrais", um dos textos da secção com que se encerra a presente colectânea. E é de novo partindo de Benjamin, que estuda o drama barroco (ver "Baroque Topographies", *Assemblage*, 41, 2001), que se permite reflectir sobre a interioridade como mónada, no sentido da construção catóptrica (que não é senão uma câmara escura, a concentração do mundo numa imagem), mas também sobre a reflexão do mundo no espelho colocado no interior, tal como ocorre, por exemplo, no Museu de John Soane em Londres (a que se refere um dos primeiros textos desta apresentação). O tema da janela enquanto mediação entre interior e exterior encontra a sua formulação mais recente em "Fenster, Zwischen Intimität und Extimität", inserido no número duplo da revista *Arch+*, 191/192, com o título *Schwellenatlas* (atlas de limiares), Março de 2009.

O outro texto, com que se encerra a colectânea, abre um campo de estudos sobre os processos de reconfiguração e incorporação tecnológica humanos. Construído a partir de Gilles Deleuze, este texto, fazendo a história dos *cyborgs* e *robots*, retoma o tema já abordado nos textos de inícios de 90 sobre o tecnológico como meio ambiente do humano, consideração revigorada pela leitura de Peter Sloterdijk. É com base nesse texto que é feita a publicação *Prosthetic Architecture: an environment for the techno-body*, Hamburg, materialverlag, 2004.

Como tendências recentes da investigação de Teyssot assinale-se o interesse por uma abordagem topológica e paramétrica dos espaços, tal como surge nos dois textos inseridos na revista *Le Visiteur*, 14, Novembro 2009, com o título "Faire parler les algorithmes, les nuages virtuels du Metropol Parasol" (com Olivier Jacques), e "Des splines aux NURBS: aux origines du design paramétrique" (com Samuel Bernier-Lavigne, Pierre Cote, Olivier Jacques, Dmitri Lebedev). Surge assim a possibilidade de uma topo-análise dos microespaços, tal como aparece em "For a topo-analysis of micro-spaces", *Newsline*, Primavera 1997, linha actual de investigação de Georges Teyssot.

Coimbra, Fevereiro de 2010.
Paulo Providência

Sumário

Introdução
    Por uma topologia de constelações do quotidiano, 17

Teoria da História e da Arquitectura
    Heterotopias e a história dos espaços, 31
    Ansiedade pela origem: notas sobre programa arquitectónico, 45
    Norma e tipo. Variações sobre Riehl, Demolins e Schultze-Naumburg, 65

Estranheza do Lar
    Água e gás em todos os pisos: notas sobre a estranheza da casa, 99
    Paisagem de interiores, 113
    Hábitos / Habitus / Habitat, 133
    A supressão do habitual: para uma demonologia doméstica, 153

O Fantasma da Ágora
    Entre mapa e grafo: o fenómeno metropolitano, 173
    Os interiores e a fantasmagoria das coisas, 183
    O relvado americano: encenar o dia-a-dia, 197

Umbrais
    Uma topologia de umbrais, 233
    Arquitectura híbrida: um ambiente para o corpo prostético, 259

Apêndice
    Um "retrato" de Tafuri, 281

Introdução

Por uma topologia de constelações do quotidiano

No *Passagen-Werk*, Walter Benjamin evocava uma história que prescindia da reverência concedida às grandes personalidades e aos diversos ídolos políticos e cronológicos das velhas histórias.[1] Ao abrir o "cesto do refugo" da história, redirecciona-a para novos objectos: o horizonte da civilização tecnológica, a multidão de personagens desconhecidas, e os efeitos de repetição dentro de longas séries.[2] Não é por acaso que nesses anos Martin Heidegger iniciava a sua investigação sobre as noções de "significado histórico" e as determinações de uma ordem ontológica-temporal que ligam o agora [*Jetzt*], o presente [*Gegenwart*] e a presença [*Anwesenheit*]. Ler hoje o texto de Benjamin permite repensar a possibilidade da história.[3] O facto desta colectânea de textos se iniciar com a invocação das constelações epistemológicas de Benjamin não significa que se pretenda impor pessoalmente um "método" específico, especialmente considerando que esta colectânea de textos é apresentada de uma forma não-metodológica; quer dizer, não tanto como "*meta odos*" (já que em grego *meta* significa *através dos meios* e *odos* a *estrada*, método é a super-auto-estrada do pensamento), mas muito mais uma série de caminhos, atalhos que atravessam a espessura da vida quotidiana, com as suas infelicidades oprimentes, perpétuos maus hábitos, irreprimíveis depressões, desejos reprimidos, anseios inefáveis, melancolias não confessadas. No entanto, esta obscuridade é desanuviada pela animada cavaqueira da má-língua, a segurança aconchegante do lugar comum, e o estranho conforto da familiaridade.

A ideia por detrás desta colectânea de ensaios é questionar a natureza dos espaços (tanto públicos como privados), no momento em que estes se incluem nas inumeráveis séries de dispositivos e equipamentos técnicos que controlam o movimento das coisas e pessoas. Os espaços habitados na sociedade apresentam-se como instituições que desbravam um lugar para a vida, oferecem um abrigo e um refúgio, comandam os preceitos da domesticidade, ditam as normas da hospitalidade, prescrevem as da hostilidade.[4] São lugares onde, ao mesmo tempo, a lei se inscreve e as técnicas e

---

1. Walter Benjamin, *The Arcades Project*, Howard Eiland, Kevin McLaughlin, eds., [*Passagen-Werk*], Cambridge, MA, Harvard University Press, 1999, p. 462-463 e 471-472.
2. Jacques Leenhardt, "Le passage comme forme d'expérience: Benjamin face à Aragon", in *Walter Benjamin et Paris*, Heinz Wismann, ed., Paris, Cerf, 1986, p. 163-171, 167.
3. Georges Teyssot, "A História como Recordação Destruidora", *ECDJ*, 5, Dezembro 2001, p. 8-18.
4. Jacques Derrida, *De l'hospitalité*, Paris, Calmann-Levy, 1997.

tecnologias humanas podem amadurecer. São localizações onde se pode descansar ou delongar-se, permanecer ou morar. De certa forma, a "casa" (*i.e.* onde se mora) tem de ser completamente equipada, e não apenas com os utensílios e dispositivos na sua forma ultratecnológica moderna. Porque a casa é um lugar saturado pela sobreposição de diferentes instituições (propriedade, sexualidade, parentesco, família, linhagem, técnicas, servidão, repressão, civilidade, privacidade, intimidade) é que talvez permita definir o lar como um "equipamento". Ao descrever o significado de "equipamento" neste contexto, é necessário considerar não apenas os aparatos tecnológicos e arquitectónicos das próprias casas, como introduzir uma "genealogia" do equipamento nas sociedades modernas, incluindo a sua complexidade rizomática.[5]

Tomando de empréstimo um conceito de Michel Foucault, podemos introduzir a noção de que um equipamento é em primeiro lugar um dispositivo económico, nas suas palavras algo que "produz uma produção". Quer dizer, produz não apenas bens ou mercadorias, mas cria um sector de actividade e novas estruturas de controlo para essa actividade, vinculando novos serviços administrativos e instituições. Em segundo lugar, uma nova peça de equipamento também produz "necessidades", ou antes, abre um espaço vazio que terá de ser preenchido por novas exigências. Por exemplo, o desenvolvimento de um novo mercado para um novo produto produz ao mesmo tempo um consumidor, que culmina tanto numa série de novas exigências como em pedidos de assistência técnica. Finalmente, uma peça de equipamento impõe um regime de normalização, ajustando a "produção da produção" à "produção da procura", classificando e regulando.[6] Esta normalização trabalha através do estabelecimento de limites (de propriedade, por exemplo) e exclusões (entre o proibido e o permitido). De forma a tornar a história dos "espaços habitados" significativa, esta aproximação post-foucaultiana situa a história dos lugares dentro do contexto de uma genealogia inserida numa axiomática mais alargada da sociedade moderna. Pelo termo "axiomática" incluem-se os aparatos verbais e não discursivos que servem algumas necessidades colectivas.[7] Estas axiomáticas incluem noções tais como "tempo livre", como algo distinto do ócio no sentido mais clássico (latim, *otium*); "alojar-se", que já não é habitar poético; "escolaridade", um espaço de normalização do conhecimento e não de uma educação humanística na infância; e, finalmente, a "higiene social", que se transformou numa tecnologia da população, e não uma garantia específica da saúde de cada indivíduo. Claro está que existem

---

5. Gilles Deleuze, Félix Guattari, *Rhizome: introduction*, Paris, Éd. Minuit, 1976.
6. François Fourquet, Lion Murard, *Les Équipements du pouvoir: villes, territoires et équipements collectifs*, Paris, Union générale d'éditions, 1976.
7. Gilles Deleuze, *Foucault*, Paris, Éd. Minuit, 1986, 2004; ibid., Lisboa, Edições 70, 2005.

outros métodos e procedimentos que permitem modos alternativos de análise da história dos espaços habitados.

Entre esses, devemos referir, em primeiro lugar, a etnologia social do espaço, tal como levada a cabo por Emile Durkheim, Marcel Mauss, e Claude Lévi-Strauss (limitando-nos aos escritores franceses).[8]

Através dos instrumentos da sociologia, da etnologia, e da antropologia estrutural, tentam explicar o espaço como uma construção social. "Espaço e tempo são dois sistemas de referência que permitem o pensamento das relações sociais, conjuntamente ou isoladamente", escreveu Lévi-Strauss, " Estas dimensões ... têm as propriedades dos fenómenos sociais nos quais se baseiam."[9] Mais tarde Lévi-Strauss elucidou sobre a sua definição de casa, estabelecendo uma conexão entre doméstico, geração e parentesco. A casa é "uma entidade moral que possui um domínio perpetuado pela transmissão do seu nome, a sua fortuna e títulos, através de uma linhagem real ou fictícia, tomada como legítima pela única condição de que a sua continuidade possa ser expressa na linguagem do parentesco ou aliança, e mais frequentemente, de ambas."[10] No entanto existia um perigo no método estruturalista, aquilo que Pierre Bourdieu definiu como "o realismo da estrutura", através do qual os sistemas de relação se poderiam tornar "hipostáticos", quer dizer, transformados numa totalidade abstracta constituída fora da história do indivíduo e do grupo. A profissão de fé de Durkheim na "consciência colectiva" e na "memória colectiva" atestam-no.

O propósito da teoria estruturalista do *habitat* era construir historicamente algo que se encontrava nas "práticas" do quotidiano dos habitantes (ou de qualquer outro agente da sociedade), em vez das suas "consciências", conduzindo a uma "teoria da prática", na terminologia de Bourdieu. Tal teoria estava dependente da reconstrução dos modos de geração dessas práticas, quer dizer, das suas genealogias. Assim, Bourdieu, inspirado por Durkheim e Lévi-Strauss, e ele próprio um seguidor do estruturalismo, reintroduz a noção filosófica latina e medieval de *Habitus* (especialmente a de Tomás de Aquino), como um conjunto de padrões inconscientes, capazes de gerar práticas e representações.[11] *Habitus* é a palavra latina que refere o estatuto social, estilo, e usos ou práticas, e forma-se por *habi-*, que vem de *habere*,

---

8. François Dosse, *Histoire du structuralisme*. Tome 1, *Le champ du signe, 1945-1966*; Tome 2, *Le chant du cygne : 1967 à nos jours*, Paris, Librairie générale française, 1995.
9. Claude Lévi-Strauss, *Anthropologie Structurale*, Paris, Plon, 1958, p. 317.
10. Claude Lévi-Strauss, *The Way of Masks*, trad. S. Modelski, London, Jonathan Cape, 1983, p. 174; citado em *About the House. Lévi-Strauss and beyond*, Janet Carsten e Stephen Hugh-Jones, eds., Cambridge, Cambridge University Press, 1995, p. 6-7.
11. André Lalande, *Vocabulaire technique et critique de la philosophie*, Paris, Quadrige, Presses Universitaires de France, 1972, vol. I, p. 392-398; e *Dictionnaire de Philosophie*, Jacqueline Laffitte, et al., ed., Paris, Armand Colin, 1995, p. 149.

ter ou possuir, e *–tus*, sufixo da acção verbal. O significado arcaico de *habitus* referia-se à acção de habitar, e isto explica porque é que o latino *habitare*, o frequentativo de *habere*, se refere a *habitar* (como posse da casa). No final do século XIX, em medicina, *habitus* refere-se às características físicas e constituição de uma pessoa, especialmente as que estão sujeitas à doença.

O acto de habitar consistia em apoderar-se de rotinas que ajudavam a organizar a vida, e a repensar e transpor os modos usuais de acção em resposta às adaptações necessárias a circunstâncias pouco familiares. Como escreve Peter Sloterdijk: " Não é por acaso que as línguas latinas e germânicas fizeram decorrer o conceito de *hábito* (em alemão *Gewohnheit*) ou o de *habitus* da permanência dentro do espaço primário, quer dizer, do *habitat* (*Wohnen*), [...]."[12] Estas línguas interpretam sempre a aquisição de novos hábitos como uma resposta à emergência de algo novo ou inesperado. Deste ponto de vista, o acto de habitar consistiria no aparecimento de regimes de hábitos, e na transposição destes regimes em contacto com situações extraordinárias ou acontecimentos não habituais, tais como uma invasão de outros seres humanos, mudanças climáticas, ou o alastramento de doenças inusuais, ou maleitas (do latim *male*, "doente", e *habitus*). *Habitus* é uma construção social, e portanto gera práticas culturais, que se auto-regulam sem serem comandadas por qualquer força, poder ou autoridade.[13] A reescrita etnológica da noção de *habitus* ultrapassa as dificuldades das análises históricas, sociais ou antropológicas, constituídas através de conceitos tais como as normas sociais, os modelos teóricos, as regras, ou princípios imanentes da prática. Paradoxalmente, Bourdieu aproxima *habitus* das noções de "regularidade" e "regimes de práticas" definidos posteriormente por Foucault.

Na história da arquitectura ocidental, desde o século XVIII, é difícil reconhecer como e quando se desenvolveu a polaridade entre, por um lado os "modelos culturais", os "regimes de práticas", ou "tipos", que eram aplicados como normas de forma mais ou menos forçada a vários grupos sociais, e por outro o *habitus*, ou sistemas de práticas, localizadas historicamente em regiões, lugares e tradições. Para muitos, o *habitat* definido como a inscrição de conjuntos de práticas, ritos, hierarquias e símbolos, constituem a "verdade" do habitar. A partir da década de 60, estes instrumentos críticos, a maioria deles tomados da nomenclatura das ciências sociais (*i.e.* tipo e tipologia, modelo cultural, regularidade da prática, *Habitus*, e por

---

12. Peter Sloterdijk, *Die Domestikation des Seins. Für eine Verdeutlichung des Lichtung* (2000); id., *La Domestication de L'Être. Pour un éclaircissement de la clairière*, trad. de Olivier Mannoni, Paris, Éditions Mille et Une Nuits, 2000, p. 71.

13. Pierre Bourdieu, *Esquisse d'une théorie de la pratique*, Genève, Librairie Droz, 1972; id., *Outline of a Theory of Practice*, Cambridge, Cambridge University Press, 1977, p. 89; id., *Esboço de uma teoria da prática: precedido de três estudos de etnologia Cabila*, trad. de Miguel Serras Pereira, Oeiras, Celta, 2002.

aí fora), garantiam aparentemente uma fundação firme e objectiva para a definição de "tipo" em arquitectura, determinando a sua estrutura antropológica, etnológica e sociológica. Tipo em arquitectura era então apresentado como uma combinatória de relações espaço-simbólicas decorrentes de modelos culturais na forma de uma tipologia distributiva de lugares da prática.[14] No entanto, mesmo na antropologia contemporânea, a noção de "sociedades baseadas na casa" de Lévi-Srauss (*sociétés à maison*) é amplamente discutida e colocada em questão, enquanto as noções de tipo de casa decorrentes da antropologia cultural levantam tantos problemas quantos os que resolve: "Enquanto as casas podem tomar a ênfase indígena de muitas sociedades, a sua diversidade cultural e geográfica sugere que o 'tipo' será sempre demasiado heterogéneo para se constituir como um modelo analítico."[15] O mesmo se pode dizer para o tipo como um modelo analítico para a arquitectura.[16] No entanto, enquanto os antropólogos estruturais estavam a ler o espaço doméstico como um livro, para os arquitectos tratava-se de uma questão de inscrever os modelos no espaço. Tais reflexões pretendiam (de 1960 a 1980) restabelecer as convenções da arquitectura da habitação, entendidas como uma linguagem comum que teria de ser restaurada. Neste sentido, a "verdade" apresentava-se de acordo e como que uma regulação de um sentido comum do habitar, e um meio de produção estipulado.[17]

Neste período (ainda dos anos 1960 a 1980), assiste-se à exclusão progressiva de qualquer consenso-socialmente-aceite; e qualquer tipo de autoridade definindo o senso comum da habitação estava condenado à partida. Não obstante, a determinação do "senso comum", o significado partilhado da habitação, estava confiado a uma espécie de realismo antropológico capaz de se adaptar ao *Habitus* dos habitantes, tanto vertendo os seus próprios hábitos concretos espacialmente, como tomando em atenção os "modelos culturais", ou padrões, e meios de produção. O modelo, ou convenção, adquiriu significado não tanto através da "verdade", mas antes através da verosimilitude que lhe conferia a dignidade de reprodutibilidade, repetibilidade e imitabilidade (já que o que é um modelo, senão algo a imitar?). O papel convencional do modelo era o de tomar a função definida por Talcott Parsons como

---

14. Para uma tentativa de registo do contexto das várias tendências de uma "antropologização" do discurso arquitectónico na década de 1960, ver: Georges Teyssot, "The Story of an Idea: Aldo van Eyck's Threshold", in: *Log*, 11, 2008, p. 33-48.

15. Janet Carsten e Stephen Hugh-Jones, "Introduction", *About the House. Lévi-Strauss and beyond*, op. cit., p. 19.

16. Adrian Forty, "Type", in id., *Words and Buildings. A Vocabulary of Modern Architecture*, New York, Thames and Hudson, 2000, p. 304-311, que é bastante cuidadoso na diferenciação entre a noção clássica, neoplatónica de tipo e a inspiração estruturalista de alguns críticos nos anos de 1960 a 1980 (Aldo Rossi, Anthony Vidler, Rafael Moneo, Alan Colquhoun, etc.).

17. Talcott Parsons, *The Social System*, Glencoe, IL, The Free Press, 1951, e, id., *Structure and Process in Modern Societies*, Glencoe, IL, The Free Press, 1960; citado por Mikel Dufrenne, "Arte e natura", *Trattato di estetica*, Mikel Dufrenne e Dino Formaggio, eds., Milano, Mondadori, 1981, vol. 2, p. 34.

"manutenção-padrão", quer dizer, "a conservação de determinação de modelos culturais e institucionais [que] constituem o coração de um sistema social [...] e asseguram a continuidade cultural necessária ao funcionamento da sociedade."

Tudo aconteceu como se os antropólogos, arquitectos e pensadores estivessem condenados a ser compelidos por dois tipos, ou dois níveis de reiteração filosófica: o do hábito e o da memória. Não se vive sem hábitos. O ser humano "adquire hábitos e depois é moldado por hábitos: por um lado ganha algo, e por outro perde, expondo-se ao risco do entorpecimento pela rotina."[18] Como notaria o filosofo francês Félix Ravaisson em 1838, "o que gera um hábito no ser humano não é uma mudança, que apenas o modificaria, mas uma alteração que acontece ao longo do tempo. O hábito é tanto mais forte quanto a modificação que o produziu se prolonga ou se repete. O hábito é uma disposição, relativamente à mudança. Gerado numa pessoa pela continuidade e repetição da mesma mudança." O metafísico francês, que Henri Bergson, Marcel Proust e Martin Heidegger leram, conclui com o seguinte paradoxo: "por isso nada é susceptível ao habitual, excepto aquilo que é susceptível à mudança."[19] E Proust nota: "O hábito! Acomodador hábil mas muito lento..., porque se não fosse o hábito, e reduzido exclusivamente aos seus próprios meios, [o espírito] seria impotente para nos oferecer uma casa habitável."[20] O hábito põe uma pessoa numa situação dialéctica: somos diminuídos por ele, e por ele somos elevados. E Nietzsche escreveu: " Gosto dos hábitos que não duram; são de um valor inapreciável se quisermos aprender a conhecer *muitas* coisas, muitos estados, sondar toda a suavidade, aprofundar a amargura [...] ...o objecto querido deixa-me então, não sob o efeito do meu fastio, mas em paz, saciado de mim e eu dele [...]. Assim acontece com tudo, alimentos, pensamentos, pessoas, cidades, poemas, músicas, doutrinas, ordens do dia, maneiras de viver."[21]

Ravaisson foi lido por Bergson, que por sua vez foi lido por Gilles Deleuze, que anotou que a Memória (ou o termo grego *Mnemosyne*) é a síntese activa do tempo como puro passado, organizando a repetição de acordo com um ciclo de rememorações e esquecimentos, enquanto *Habitus* é a síntese passiva do tempo como presente vivido, e por isso é a memória de práticas no espaço. Para Deleuze o verdadeiro significado de repetição opõe-se tanto à antiga categoria da memória (ou

---

18. Félix Ravaisson, *De l'Habitude* [1838], Paris, Payot & Rivages, 1997, p. 11-12.
19. Ravaisson, op. cit., p. 31.
20. Marcel Proust, *Em busca do tempo perdido*, trad. de Pedro Tâmen, Lisboa, Relógio d'Água, 2003, vol I, p. 14; id., *À la recherche du temps perdu*, Paris, Gallimard, Pléiade, 1954, I, p. 8; refere também, I, p. 925-926.
21. Friedrich Nietzsche, *A Gaia Ciência*, trad. de Alfredo Margarido, Lisboa, Guimarães Editores, 2000, #295; id., *The Gay Science* [1882-1887], trad. de Walter Kaufmann, New York, Vintage Books, Random House, 1974, Book IV, #295, p. 236-237.

reminiscência) como à moderna categoria do *habitus*.[22] O *Habitus* transforma a repetição num presente contemporâneo através do ciclo do costume, ou "um ciclo costumeiro".[23] Deleuze propõe ultrapassar os ciclos claramente simples, tanto o seguido pelo presente habitual (ciclo costumeiro) quanto o descrito como puro passado (ciclo memorial e imemorial).

No seu livro sobre *Vida e Hábito* (1877), Samuel Butler questiona a noção de identidade pessoal que, argumenta, é feita da agregação de muitos componentes, alguns dos quais dependentes do tempo.[24] Um dos constituintes óbvios de uma pessoa parece ser o seu corpo, no entanto é algo que atravessa várias modificações e, por fim, a destruição. Para viver necessitamos de nos alimentar, beber água, e respirar ar. Portanto, onde está o limite entre o orgânico e o inorgânico? Será o ar que nos envolve já parte do nosso corpo? E as roupas e a habitação, também são parte do corpo? Butler relembra que as roupas do homem são "uma espécie de alimento que o aquece e o incuba".[25] A vida de uma pessoa é uma acumulação de hábitos: "Pois o próprio trigo dos campos", escreve Butler, "funda o seu crescimento numa base supersticiosa no que se refere à sua existência, e só transforma a terra e a humidade em frumento graças à presunçosa confiança que tem na sua própria habilidade de fazê-lo; confiança ou fé em si mesmo, sem a qual seria impotente, [...]."[26] Gilles Deleuze, que leu a tradução francesa do livro de Butler, argumenta sobre o caso em *Différence et Répétition* (1968): a aquisição do hábito é construída sobre uma síntese orgânica através da passagem do tempo, e isto acontece porque a pessoa tem de satisfazer "necessidades." O nosso *corpus* de hábitos ajuda a ler os "sinais", internamente do organismo (percepção, sinestesia, atenção sensorial, reflexão e contemplação) e externamente a partir do meio ambiente. Por isso, o "hábito é essencialmente uma contracção."[27] De facto diz-se contrair um hábito, dado que não nascemos com os nossos hábitos. Na personalidade dividida, não existe continuidade para além da do hábito, e não temos nenhumas outras continuidades para além das que as nossas centenas de componentes, que configuram dentro de nós tantos egos supersticiosos e contemplativos, tantas exigências e satisfações.[28]

---

22. Gilles Deleuze, *Diferença e Repetição*, Lisboa, Relógio d'Água, 2000; id., *Différence et répétition*, Paris, Presses Universitaires de France, 1968, 1976, p. 125-26.
23. Deleuze, ibid., p. 94.
24. Samuel Butler, *Life and Habit*, London, A. C. Fifield, 1877, p. 79.
25. Ibid., p. 80.
26. Ibid., p. 82; ver também, Samuel Butler, *La vie et l'habitude*, trad. de Valéry Larbaud, Paris, Nouvelle Revue Française, 1922, 9e édition, p. 86-87. A tradução usada vem em Gilles Deleuze, *Diferença e Repetição*, Lisboa, Relógio d'Água, 2000, p. 148.
27. Deleuze, *Différence et répétition*, cit., p. 101: "L'habitude dans son essence est contraction".
28. Deleuze, *Différence*, cit., p. 102; ibid., p. 75.

Regressando a Butler, o trigo é contracção de terra e humidade, e este milagre deve ser considerado. Mas não para sempre: quando a duração da fé, da superstição, da conformidade, do questionamento é excessiva, leva à fadiga, o ponto no qual a alma já não pode conformar-se com aquilo que contempla. A necessidade foi alimentada, e segue-se a saciedade. Daí o processo de repetição que ordena a nossa vida. O tempo presente estende-se entre duas erupções da necessidade, entre as quais existe o intervalo da contemplação. É a repetição da necessidade que forma o tempo. No entanto a necessidade não é compreendida adequadamente considerando um estado negativo, tal como a ausência. A repetição está inscrita essencialmente na necessidade, e isto dá forma a vários aspectos da duração na vida da pessoa: ritmo (do corpo), reservas (de energia), tempos de reacção, enlaçamentos (das relações).[29] É tentador alargar esta noção do *habitat* à própria casa, concebida como um receptáculo de práticas, de rotinas e costumes.

Benjamin definiu o "moderno" como o novo no contexto do que o que sempre já se apresentava.[30] Na esfera da produção capitalista das mercadorias, o novo e a novidade servem para estimular a procura pela reintrodução do significado. Ao mesmo tempo, o processo da repetição, organizado como produção de mercadoria, impõe "o eterno retorno do mesmo" (*Immer Gleich*).[31] Num mundo de estereótipos, a questão converte-se em saber como tecer o novo a partir do sempre-o-mesmo. "É a tendência inerente à experiência dialéctica", escreve Benjamin, "dissipar a semelhança da eterna mesmice, e até da repetição, na história."[32] Como acto preliminar, portanto, esta "dissipação", requerida por Benjamin no trabalho histórico, implicaria a dissolução das "categorias humanísticas, tais como o chamado *habitus*, e o estilo."[33] Tanto para Benjamin como para Deleuze, parece que a categoria humanista do *Habitus*, definida como a incorporação das convenções, concordância e estilo, levariam à sua própria dissolução, para forçar "a fundação do hábito numa deficiência de *Habitus*",[34] fazendo do *Habitus* o pensamento e a produção de um novo tipo de repetição, que se torna "diferença em si própria." O costume e a regularidade são concretizados em hábitos, que combinados com as "necessidades", produzem a forma da casa. Isto inclui a pausa contemplativa entre necessidades, a inscrição das necessidades como também a ausência de necessidades, sobre os nossos pisos, e

---

29. Deleuze, ibid., p. 77-78.
30. Benjamin, *The Arcades Project*, op. cit., p. 544.
31. Ibid, p. 331.
32. Ibid, p. 473.
33. Ibid, p. 462-463.
34. Deleuze, *Différence*, cit., p. 94.

pendurados nas nossas paredes. Uma das questões que permanece por investigar é se o hábito, costume e regularidade são suficientes para definir as regras da repetição na arquitectura do habitar.

Esta nova experiência da repetição pode ser discernida nas imagens do *intérieur* em hábitos costumeiros e rituais que foram descritos por Samuel Beckett como o compromisso perpétuo com o meio ambiente. Recordando que as leis da memória estão sujeitas às leis mais gerais do hábito, Beckett afirma: " O hábito é um compromisso levado a cabo entre o indivíduo e o seu ambiente, ou entre o indivíduo e as suas excentricidades orgânicas, a garantia de uma inviolabilidade apática [...]."[35] O hábito organiza o tempo da nossa vida quotidiana e pode eventualmente impôr-lhe uma invulnerabilidade funesta. "A criação de um mundo", Beckett continua, "não teve lugar de uma vez por todas, mas tem lugar cada dia. O hábito é então o termo genérico para os inúmeros pactos realizados entre os inumeráveis sujeitos que constituem o indivíduo e os inumeráveis objectos correlativos."[36] Descrevendo este "pacto", Beckett usa o termo "contracto;" de facto, como se pode ler em Deleuze, os hábitos são de facto contraídos.

Tal combinação da consciência com estereótipos prometendo segurança foi explorada por Gaston Bachelard na *Poética do Espaço* (1958) fazendo-nos lembrar que o espaço da casa pode ser descrito como "a topografia do nosso ser íntimo."[37] Bachelard investiga a casa, habitada não apenas na vida quotidiana, mas na imaginação, *i.e.*, através das ideias do "ninho", da "concha", da "caverna", do "canto", do "sótão", e da "cave."[38] Tal análise dilui e explode a "regularidade" da topografia complexa da polaridade encontrada em tais oposições como interior e exterior, sujo e limpo, cheio e vazio, frente e traseiras, exposto e escondido, feminino e masculino, próximo e distante, e por aí fora. Esta investigação da "poética do espaço" seria insuficiente se não suportada por uma história dos espaços, ou, para usar uma terminologia de Benjamin, uma topologia de "constelações quotidianas" da nossa sociedade. Em outras palavras, é necessário investigar, como escreveu o filósofo Michel Serres, "os acidentes e catástrofes do espaço e a multiplicidade das variações

---

35. Samuel Beckett, *Proust*, New York, Grove Press, Inc., 1931, p. 7-8. Ver id., *Proust*, trad. e apresentação de Édith Fournier, Paris, Éd. Minuit, 1990. Este texto é citado por Krista R. Greffrath, "Proust et Benjamin", in *Walter Benjamin et Paris*, op. cit., 115: "L' habitude est un compromis qui est conclu entre l'individu et son environnement ou entre l'individu et ses propres exaltations organiques, la garantie d'une morne invulnérabilité [...]."

36. Beckett, *Proust*, cit., p. 8. "[...] L'Habitude est par ailleurs le concept général pour d'innombrables contrats qui sont conclus entre les innombrables sujets et leurs innombrables objets corrélatifs."

37. Gaston Bachelard, *La poétique de l'espace*, Paris, Presses Universitaires de France, 1957; id., *A poética do espaço*, trad. de António de Padua Damesi, rev. trad. Rosemary Costhek Abílio, São Paulo, Martins Fontes, 1989.

38. Ibid.

espaciais. O que é o fechado? O que é o aberto? O que é o contínuo e o descontínuo? O que é um limiar, um limite? Programa elementar de uma topologia. Já não existe Avô Cantigas que assegure perenemente o conto de todos os mitos possíveis... a partir de agora existe o espaço, ou os espaços, que são a condição das velhas estórias [*racontars*]. Os espaços através dos quais eu tenho a possibilidade de adquirir um conhecimento novo. E os mitos estão escritos neles."[39] Desta forma um projecto histórico pode reconstruir a genealogia das cartas organizacionais ("as da linguagem, da fábrica, da família, dos partidos políticos, e por aí fora"[40]), os meios de gerar regimes de práticas culturais e sociais, a hermenêutica da intimidade nos espaços interiores, a topo-análise do secreto e do escondido, das classificações estilísticas da forma construída, e a cartografia das conexões e ligações que o corpo tem de pôr em prática nesta vasta família de espaços.

Segue-se, pelo menos em teoria, que tanto quanto a história dos espaços vividos e os modos culturais de habitar podem ser referidos como narrativas, desenvolver-se-iam em duas formas de registo contraditórias: por um lado, a acumulação de pormenores disseminados, quase pulverizados, tomados por um período relativamente longo; e por outro, uma operação de filtragem e concentração desta multiplicidade. Tudo acontece como se a pluralidade de microeventos, as séries de hábitos individuais e sociais, repetidos ao longo do curso do tempo, tivessem cinzelado os espaços com minúsculos golpes repetidos, moldando ou forjando, como se fosse um "ambiente", o da vida quotidiana.[41] Não surpreendentemente, surgem dificuldades nesta ambição de criar uma "macro" dimensão do tempo longo, a partir do "micro" contexto de uma acontecimento particular.

Hoje em dia, os espaços domésticos já não representam um refúgio burguês, ou o lugar integrado de uma dialéctica clássica entre privado e público, ou o local e o global, mas o *locus* por excelência de um "local", que é um tempo de conflito e por vezes de cumplicidade com o "global." Os fenómenos à escala global das redes de "telecomunicações", com as suas novas e múltiplas *interfaces*, e a tecnologização do trabalho doméstico, colocam a habitação de novo na rede descentralizada do "jogo": jogos de poder, estratégia, família, nova subjectividade, disseminação, e migração. Já não é uma questão de pensar a "habitação" como um bastião da privacidade em rela-

---

39. Michel Serres, "Discours et parcours", in Claude Lévi-Strauss *et al.*, *L'identité*, Paris, Bernard Grasset, 1977, p. 25-39, p. 29-30.
40. Ibid, p. 30.
41. Sobre "Alltagsgeschichte", ver *The History of Everyday Life. Reconstructing Historical Experiences and Ways of Life*, Alf Lüdtke, ed., trad. de William Templer, Princeton, NJ, Princeton University Press, 1995.

ção ao público, ou o lugar da identificação do Ego, mas antes como um lugar no qual a dispersão, o vaguear e a diáspora, todos encontram o seu próprio espaço e tempo.

Uma das questões a ser colocadas é se aquelas técnicas e tecnologias pretendiam controlar os impulsos e comportamento directo, de forma a canalizar os desejos para os imperativos de produção e consumo? Também, a porta, a janela, o espelho, a tela, como umbrais entre público e privado, ainda separam as duas entidades descritas pela clássica distinção entre interior e exterior? O corpo ainda habita a casa, ou será que a casa, desdobrada numa série de microdispositivos, habita agora o corpo? Ou será possível trajar a casa como uma peça de vestuário, organizando o corpo do trajado, transformando o utilizador numa espécie de *cyborg* rudimentar, parte humano, parte caixa de ferramentas? Indirectamente, esta colectânea de ensaios tenta iniciar uma resposta a algumas destas questões. As maquinações nomádicas da nossa vida são sedutoramente mantidas, possivelmente tecendo os contornos das nossas esferas egotistas, conduzindo experiências com o corpo como ponto central para a mediação tecnológica. Da mesma forma, a vivência do corpo depende de ligações protésicas e estéticas a extremidades sensórias mecânicas ou de silicone.[42]

Estamos rodeados por esses dispositivos portáteis e penetrantes, que transformam profundamente a nossa forma de vida. O filósofo Jean-Louis Déotte antevê três estádios fundamentais no processo de tais mutações tecnológicas.[43] Estas fases são rotuladas sob o encabeçamento definido pela obra de três pensadores maiores do século XX: Benjamin, Foucault e Deleuze. Os três paradigmas consistem respectivamente no dispositivo protésico, o regime de controle, e o fluxo nómada. Nenhum deles tem uma existência cronológica (ou explicação), nem demonstram nenhuma lógica diacrónica e significante; simplesmente, coexistem nas nossas sociedades pós-utopistas. Em primeiro lugar, com Benjamin somos vinculados a uma teoria do aparato (foto e cinema), que expõe como o operador de câmara se coloca numa posição de cirurgião, tanto como operador que implementa práticas, que conceptualmente são próximas da natureza do equipamento protésico. Para Benjamin, como no filme de Dziga Vertov *O Homem da Câmara de Filmar* (1929), o operador de câmara "está possibilitado de penetrar a realidade em profundidade com o aparato."[44]

---

42. Caroline A. Jones, "The Mediated Sensorium", in: *Sensorium: Embodied Experience, Technology, and Contemporary Art*, Caroline A. Jones, ed., Cambridge, MA, MIT Press, 2006, p. 5-49, esp. p. 43.
43. Jean-Louis Déotte, *Qu'est-ce qu'un appareil? Benjamin, Lyotard, Rancière*, Paris, L'Harmattan, 2007.
44. Walter Benjamin, «L'œuvre d'art à l'époque de sa reproduction mécanisé» [1936], in id., *Écrits français*, Jean-Maurice Monnoyer, ed., Paris, Gallimard, folio-essais, 2006, p. 147-220, cit. p. 206; id., *The Work of Art in the Age of its Technological Reproducibility, and Other Writings on Media*, Michael W. Jennings, Brigid Doherty, Thomas Y. Levin, eds., Cambridge, MA, Harvard University Press, 2008.

Em segundo lugar, com a teoria do dispositivo de Foucault (fr. *dispositif*), que escolheu o Panopticon de Jeremy Bentham como um dos seus epítomes, é-se confrontado com uma arqueologia da janela óptica, que permite a articulação de duas séries heterogéneas: a do conhecimento (fr. *savoir*) nas ciências sociais, e a do poder (fr. *pouvoir*), por exemplo, pela investigação das regras da visão e os diferentes regimes de visualidade de várias heterotopias.[45] Uma ilustração premente deste tópico foi equacionada pela exposição *Rhetorics of Surveillance* no Centro de Artes e Media em Karlsruhe (ZKM), em 2002.[46] Mais recentemente Giorgio Agamben mostrou que o conceito de dispositivo pertence ao campo da economia no seu significado aristotélico, que será posteriormente apropriado pelo catolicismo e pela escolástica. Para Agamben, qualquer dispositivo (incluindo os telemóveis) leva a um processo inexorável de subjugação. Por isso, "um dispositivo é uma máquina que produz sujeições, e esta é razão pela qual aparece frequentemente sob a aparência de maquinaria governamental."[47]

Em terceiro lugar, o conceito de máquinas desejantes e disposição nomádica são expostos por Deleuze (com Félix Guattari) no famoso capítulo XII de *Mille Plateaux*.[48] De acordo com o livro, os sujeitos nómadas são livres de vaguear através de espaços não estriados, aveludados, onde não existem limites apriorísticos e artificiais, ou barreiras demarcadas sobre o território. A libertação de fluxos e correntes em movimento permite sair da velha paisagem, abrindo novos territórios. Mais ainda, a realidade nómada oferece uma condição de alta velocidade, mesmo se permanecendo imóvel. Para Deleuze, "os nómadas estão sempre no meio […]; [eles] não têm passado nem futuro, apenas coisas no devir. Não têm história, apenas alguma geografia."[49] Qualquer ênfase na temporalidade se comuta para questões espaciais, enquanto um despertar planetário se expande, tornando-se topográfico, e, com o crescimento das redes, até topológico.

---

45. Michel Foucault, «Des Espaces Autres», conferência no Cercle d'études architecturales, 14 de Março de 1967; publicado in *Architecture, Mouvement, Continuité*, 5, Outubro 1984, p. 46-49; também em Michel Foucault, *Dits et écrits I, 1954-1988. II, 1976-1988*, Daniel Defert et François Ewald, eds., Paris, Gallimard, 2001, p. 1571-1581; ver Daniel Defert: "Foucault, Space, and the Architects", *Documenta X, Poetics/Politics*, Catherine David, Jean-François Chevrier, eds., Stuttgart, Cantz, 1998; e Jean-Louis Violeau, "Foucault et les architectes. Du Panoptisme au réseaux", in *Michel Foucault, la littérature et les arts*, actes du Colloque de Cerisy, juin 2001, Philippe Artières, ed., Paris, Éd. Kimé, 2004, p. 159-186, que discute a influência dos escritos de Foucault na teoria de arquitectura.
46. *Rhetorics of Surveillance from Bentham to Big Brother*, Thomas Y. Levin, Ursula Frohne, Peter Weibel, eds., Karlsruhe, ZKM Center for Art and Media, Cambridge, MA, MIT Press, 2002.
47. Giorgio Agamben, *Qu'est-ce qu'un dispositif*, Paris, Payot, Rivages, 2007, p. 42.
48. Gilles Deleuze, Félix Guattari, *Milles Plateaux. Capitalisme et schizophrénie. 2*, Paris, Éd. Minuit, 1980, 1989; id., *Mil planaltos. Capitalismo e esquizofrenia 2*, trad. e prefácio de Rafael Godinho, Lisboa, Assírio & Alvim, 2008.
49. Gilles Deleuze, Claire Parnet, *Dialogues*, Paris, Flammarion, 1977, p. 39-49.

Teoria da História e da Arquitectura

Heterotopias e a história dos espaços

> "A arquitectura que intervém entre nós e o exercício do poder é o nosso verdadeiro adversário. ...
> Mas quem ergue este obstáculo, quem cria esta distância? Ninguém. ...
> É um obstáculo ambíguo, porque é uma questão de moldar um mundo a que não podemos escapar, tal como nele não podemos entrar.
> Estas duas impossibilidades mútuas são de facto idênticas. ...
> O que importa é a separação. ...
> Este espaço irá, portanto, permanecer sempre selado, embora, ao mesmo tempo, esteja perigosamente exposto. ...
> Os seus edifícios, como estranhos organismos, são ameaçadoramente prolíferos."
> Jean Starobinski, "L'illusion de l'architecture"

No princípio de *As palavras e as coisas*,[1] Michel Foucault refere-se a uma "certa enciclopédia chinesa" citada por Jorge Luis Borges, na qual os animais de todo o mundo se encontram catalogados. "Os animais", diz ele, "se dividem em: (a) pertencentes ao imperador, (b) embalsamados, (c) domesticados, (d) leitões, (e) sereias, (f) fabulosos, (g) cães em liberdade, (h) incluídos na presente classificação, (i) que se agitam como loucos, (j) inumeráveis, (k) *et cetera*, (m) que acabam de quebrar a bilha; (n) que de longe parecem moscas."[2]

Esta lista, que está sujeita a provocar um sorriso perante a sua incongruência e composição heteróclita, dá a Foucault a possibilidade de entrar numa discussão sobre as maneiras de organizar "coisas" num dado período histórico; mesmo a incongruência duma ordem alfabética, tal como é revelada por um dicionário ou uma enciclopédia quando lidos como se fossem novelas, é mais lógica do que a incoerência que aqui se encontra, onde a estrutura já não define um lugar comum de classificação. Afinal, uma enciclopédia é heterogénea, enquanto o exemplo dado por Borges poderá ser considerado "heterotópico".

Aqui, encontramo-nos perante uma verdadeira e correcta "heterotopia". Assim, uma das primeiras definições atribuídas a esta palavra – como termo "literário" – é dada por Foucault como:

> "As *utopias* consolam, porque, se não dispõem de um tempo real, disseminam-se, no entanto, num espaço maravilhoso e liso: abrem cidades de vastas avenidas,

---

1. Michel Foucault, *Les mots et les choses. Une archélogie des sciences humaines*, Paris, Éditions Gallimard, 1966; id., *As palavras e as coisas: uma arqueologia das ciências humanas*, trad. de António Ramos Rosa, apresentação de Eduardo Lourenço e Vergílio Ferreira, Lisboa, Portugália Editora, 1968).
2. Ibid., p. 47.

jardins bem cultivados, países fáceis; mesmo que o acesso a elas seja quimérico. As 'heterotopias' inquietam, sem dúvida, porque minam secretamente a linguagem, porque impedem de nomear isto *e* aquilo, porque quebram os nomes comuns ou os emaranham, porque de antemão arruínam a 'sintaxe', e não apenas a que constrói as frases mas também a que, embora menos manifesta, faz 'manter em conjunto' (ao lado e em frente umas das outras) as palavras e as coisas. É por isso que as utopias permitem as fábulas e os discursos: elas situam-se na própria linha da linguagem, na dimensão fundamental da 'fábula'; as heterotopias (como as que se encontram tão frequentemente em Borges) dissecam o assunto, detêm as palavras sobre si mesmas, contestam, desde a sua raiz, toda a possibilidade de gramática: desfazem os mitos e tornam estéril o lirismo das frases."[3]

Além desta definição de heterotopia no âmbito epistemológico que consiste naqueles sistemas ou taxonomias que estruturam o pensamento num dado momento da história, Foucault formulou também uma noção espacial de heterotopia aplicável à classificação de "lugares" reais. Tomemos um exemplo para explicar o significado que a heterotopia, neste segundo sentido, poderia assumir dentro de uma cidade. Tentemos explicar a matriz de instituições estabelecidas relativamente a medidas de saúde anteriores à Revolução e ainda existentes no período de 1740-1750 na cidade normanda de Caen em França, como estudada por Jean-Claude Perrot. O padrão de hospitais e serviços afins naquela cidade pode representar-se por uma "grelha" de oito espaços, cada um dos quais corresponde a uma instituição, como se resume no diagrama abaixo:

1	2	3	4
5	6	7	8

A primeira caixa corresponde a uma instituição conhecida por Bon Sauveur onde os prisioneiros da nobreza ou do rei eram detidos. A caixa 2 é a Torre Châtimoine, para loucos, prisioneiros e detidos confinados à execução real. A caixa 3 contém o importante Hôpital Général,[4] cujos internados incluíam crianças indigentes de

---

3. Ibid., p. 49-50.
4. 1656 é a data do decreto real que fundou o Hôpital Général em Paris, 1676 no resto da França. "Desde o início", escreve Foucault, "uma coisa é clara: o Hôpital Général não é um estabelecimento médico. É antes uma estrutura semijudicial, uma entidade administrativa. (…) O Hôpital Général é um estranho poder que o rei estabelece entre a polícia e os tribunais, nos limites da lei: uma terceira ordem de repressão." *Histoire de la folie*, Paris, Librairie Plon, 1961, citado de: id., *Madness and Civilization: A History of Insanity in the Age of Reason*, trad. de Richard Howard, New York, Pantheon, 1965, p. 40.

famílias legítimas com idades entre os dois e os nove anos, inválidos, velhos, pedintes, prostitutas, sifilíticos, os afectados por doenças mentais, os débeis, imbecis, delirantes, epilépticos e outros. (Estas "taxonomias" de reclusão – ou exclusão – são hoje, para nós, tão absurdas como as heterotopias inventadas por Borges.)

Continuando, na caixa 4 encontramos os *Petis renfermés*, nomeadamente crianças enjeitadas com menos de nove anos, os indigentes, bastardos, e outros; na caixa 5 o chamado *Baillage* ou cárcere da cidade, abrigando os condenados e os acusados em geral. A caixa 6 é a Charité, um convento para onde poderiam ser enviadas pessoas, pelas próprias famílias, por prostituição e outros crimes. Na 7, uma venerável e antiga instituição, o Hôtel-Dieu, que admitia os doentes, residentes na cidade ou não, bem como soldados, crianças enjeitadas, etc. Finalmente, o oitavo espaço representa uma instituição que era uma extensão da caixa 4 e assim acomodava os *Petits renfermés*. Em resumo, a "grelha" permite a transição duma estrutura de total reclusão para uma de semi-internamento, mas claramente não corresponde aos sistemas do hospital moderno ou da prisão moderna. É evidente, portanto, que existe um hiato entre as medidas de segurança e administração da *Poor Law* do século XVIII e a assistência social moderna. Tais descontinuidades dentro da "ordem das coisas" sempre receberam especial ênfase na obra de Foucault.

"Descontinuidade", como se disse, neste caso é o termo oposto: dificilmente se podia escrever uma suave história evolutiva dos hospitais, desde um mítico começo, utilizando exemplos que confirmam um desenvolvimento progressivo linear, até ao moderno hospital no seu estado definitivo – mesmo que se admita que determinadas melhorias ficaram por fazer. Estes exemplos sobre a organização da assistência social e pública em Caen no século XVIII servirão para explicar o significado assumido pela palavra "heterotopia" quando aplicada a uma situação histórica real num dado tempo e espaço. É assim que Foucault pôde falar de "heterotopia" num sentido topológico, mais do que literário. Existem, diz-nos ele, "espaços reais e efectivos que são delineados na própria instituição da sociedade, mas que constituem uma espécie de contra-arranjo, de utopia efectivamente compreendida, nos quais todos os verdadeiros arranjos, todos os outros verdadeiros arranjos que podem encontrar-se dentro da sociedade, estão representados a um único e mesmo tempo, desafiados e subvertidos: uma espécie de lugar que fica fora de todos os lugares mas que é, todavia, localizável. Em contraste com as utopias, estes lugares, que são absolutamente "outros" em relação a todos os arranjos que eles reflectem e dos quais falam, deveriam ser descritos como heterotopias."[5] Deste modo o termo adquire um significado duplo – espacial e temporal. Significa uma "descontinuidade" no tempo, uma interrupção de ordens, uma súbita ruptura dentro da ordem do "conhecimento" e – ao mesmo tempo – um lugar heterogéneo destacado, disposto contra o fundo do *continuum* espacial.

Uma ideia clara deste fenómeno de um "fundo espacialmente descontínuo" é essencial para a compreensão da estrutura dos espaços fixados pela sociedade moderna; mas, antes de prosseguir com a nossa análise, forneçamos uma indicação sumária da noção de "descontinuidade histórica", tal como aparece no âmago do argumento de Foucault.

Deste livro *As palavras e as coisas: uma arqueologia das ciências humanas*, é evidente que o seu método de pesquisa histórica implícito e explícito – "a arqueologia de Foucault" – define história como uma manifestação de vários sistemas de descontinuidade. Ele introduz o conceito de "episteme", ou campo epistemológico dentro do "espaço" do conhecimento, como uma totalidade que dota o pensamento de uma Ordem particular durante um determinado período histórico. A "episteme" é, então, uma estrutura conceptual ou um conceito distributivo que não contém a Ordem em si, como tal: dentro duma cultura específica e num dado período histórico, há apenas uma "episteme" capaz de definir as condições da possibilidade de qualquer conhecimento, se manifestado como teoria ou latente como prática. O termo episteme está, antes de tudo, ligado àquilo a que Foucault chama Idade Clássica[6] (os meados do século XVII até ao final do século XVIII), por oposição ao Renascimento, que a precedeu, e a Idade Moderna, da qual estamos em vias de "emergir". Tentando reconstruir a episteme clássica, a análise de Foucault gira sobre três eixos cognitivos: nomeadamente a "fala (Linguagem)", a "classificação (Vida)" e a "troca (Trabalho)", que, na Idade Moderna, abrangem a filologia ou linguística, a biologia e a economia, mas na Idade Clássica eram conhecidas, respectivamente, por "gramática geral", "história natural" e "análise da riqueza".

As 400 páginas de *As palavras e as coisas* expõem o problema da descontinuidade, ou disjunção, entre um determinado sistema de ordenação e o seguinte. Foucault demonstra que não pode haver transição (no sentido de "evolução" ou "progresso") entre, por exemplo, a história natural de Buffon ou Lineu – embora

---

5. Michel Foucault, "Des espaces autres", *Architecture Mouvement Continuité*, 5, Outubro 1984, pp. 46-49; versão inglesa na revista *Lotus International*, 48/49, 1985/86, p. 9-17; id., *Dits et écrits I, 1954-1975; II, 1976-1988*, Daniel Defert e François Ewald, eds., Paris, Gallimard, 2001, p. 1571-1581.

6. Este termo segue um uso mais ou menos estabelecido em francês. Adicionalmente à tradução literal, aqui, "Idade da Razão" ou "Idade do Humanismo" encontram-se igualmente em traduções ou comentários.

relacionada, como era, com a tarefa de uma *mathesis universalis*, como uma ciência de ordem universal – e a moderna biologia (de Cuvier em diante) na qual os conceitos "história", classificação, estrutura e "tabela" são substituídos por anatomia, organismo e série. A ciência, sendo uma prática cognitiva, enfrenta os "obstáculos" epistemológicos em alguns momentos, cuja resolução é obtida por "rupturas" que constituem "acontecimentos". Foi o pensamento anti-evolutivo é antipositivista de Gaston Bachelard que introduziu estas noções de descontinuidade na história da ciência em França. Para Bachelard e para o seu sucessor Georges Canguilhem, toda a ciência gera, em cada momento da sua história, os seus próprios critérios de verdade. Enquanto a epistemologia de Bachelard é histórica, a história da ciência de Canguilhem é epistemológica: estabelecer uma análise do objecto e das "rupturas" na organização cognitiva contra o sujeito e a sua "continuidade" é – para Foucault – "atingir uma forma de análise histórica capaz de ter em conta a posição do sujeito na rede da história". A "verdade" duma ciência provoca uma "irrupção", e é a descoberta de algumas dessas ocorrências de forma simultânea que permite a Foucault definir a episteme. Contudo, como Canguilhem refere, o facto de nem *todas* as ciências serem tidas em conta por Foucault levanta, paradoxalmente, uma dúvida relativamente à existência epistemológica da "episteme clássica": o edifício foucaultiano não dá lugar à relativa "continuidade" da Física desde, por exemplo, Newton a Maxwell. É talvez por esta mesma razão que o termo episteme é relativamente pouco usado nos seus escritos subsequentes. Porém, o objectivo e o âmbito da obra de Foucault não é tanto o de construir um sistema universal do conhecimento mas o de escrever uma arqueologia das ciências do homem, daí monopolizar qualquer tentativa para descobrir, na idade do Renascimento tardio ou do Iluminismo, as origens da ciência social contemporânea.

No sentido anterior, Foucault pode ser visto como situando os seus esforços numa crítica radical da noção de *origens*, consumados por Nietzsche na sua introdução à *Genealogia da Moral* (1887), ou *O Andarilho e a sua sombra* (1880).[7] Genealogia, ou a abordagem genealógica, é – para Foucault – "uma forma da história que tem em conta várias áreas do conhecimento, campos do discurso, categorias de objectos, etc., sem exigirem referência a qualquer assunto que transcenda o campo de verdadeiras ocorrências dissimulando o vazio da sua identidade ao longo da história." Ele ignora, portanto, o problema das "origens" para se concentrar nos primórdios de uma determinada ciência ou campo de conhecimento – um conceito

---

7. No original, faz-se referência ao 3.º parágrafo desta obra.

dado.[8] No mesmo sentido, mas mais concretamente, foram analisados os "inícios da tecnologia" ou os "inícios" da matemática aplicados a questões sociais e políticas. Tais "histórias" levantam a questão dos modos de aparecimento de determinados "conceitos". Ser capaz de formular um "conceito" (dentro de uma determinada ciência) significa – para Canguilhem – ser capaz de definir um "problema": o problema tem de conseguir ser formulado, sendo o seu próprio surgimento anunciado pela possibilidade da sua formulação.

"Conceitos" não são palavras. Um conceito pode ter início de maneiras diferentes, usando diferentes palavras. A oposição de dois conceitos incorpora frequentemente a configuração do conhecimento em determinado momento: como no caso de conceitos relacionados com o organismo e a máquina. No âmbito biológico, no princípio do século XIX, os apoiantes do primeiro lutaram a favor da teoria da "célula" (orgânica) contra os apologistas da teoria do "tecido" (mecânico) defendida, por exemplo, por Bichat. Assim surgiu a oposição entre "normal" e "patológico" que veio institucionalizar uma nova noção de "normalidade" relativamente aos processos vitais.

Um outro par de termos de grande significado é dado no contraste binómico entre Vida e Meio. De onde "surge" o conceito de meio (*milieu* em francês)? Da noção de espaço concebida mecanicamente. Newton introduziu a noção de um *ether* em resposta ao problema colocado pela definição de um dado espaço no qual as forças actuavam umas sobre as outras (Descartes, fazendo um parêntesis, foi incapaz de conceber a acção da força sem contacto entre dois corpos). A *Encyclopédie* afirma, num sentido ainda puramente mecânico, que a água é um meio para o peixe que nela se move. Segundo as inúmeras traduções do tratado de Hipócrates *Ares, águas e lugares*, todos os fluidos conhecidos (ar, água, luz) assumem esta característica de substâncias através das quais os efeitos podem ser transmitidos.

Auguste Comte, o fundador do Positivismo, colocava-se a si próprio nesta tradição mecanicista quando estabeleceu a dialéctica ente "vida" e "meio", que ele concebeu sob a forma de um problema matemático. "Dado um órgão, num determinado meio, encontre a sua função e vice-versa", desse modo e ao mesmo tempo, formulando a relação biológica de um organismo com aquilo que o rodeia.

O valor formativo destes "conceitos" reside não apenas numa dada ciência; chegados ao conceito de meio, foi possível desenvolver a moderna noção de "*habitat*" (nos sentidos biológico, geográfico e ecológico): "assim" nasceu a preocupação

---

8. Em resumo, o conceito de homem relativamente recente, ele próprio articulado sobre o "já iniciado trabalho, vida e linguagem".

moderna pelo *habitat* como parte do ambiente humano. Um "discurso" abrangendo a habitação, o alojamento em geral, medidas sanitárias e de densidade. Além disso, nenhuma destas foi uma preocupação perene no espaço do conhecimento; pelo contrário, todos são instrumentos de cognição que tiveram os seus "inícios" por volta de 1830. E esse é o exacto momento em que a "população" e o seu "crescimento" nas cidades (potenciais armazéns de mão-de-obra) se tornaram campos de investigação privilegiados.

Estes instrumentos podem assumir um valor analógico (em termos históricos) desde o momento em que entram em circulação como conceitos. É esta transformação metafórica, bastante frequente, que revela a força efectiva duma determinada "prática discursiva". Relembremos a importância de "conceitos" como o de "função", que adquire um novo significado por volta de 1750, quando usado por fisiocratas, como Quesnay ou Baudeau; ou por Turgot, o ministro francês que, pela primeira vez (por volta de 1770), usou a palavra "funcionário" no actual sentido de "servidor civil". Mais tarde, Bichat fixou este conceito no âmbito da Biologia quando disse, em 1800: "A vida é o conjunto de funções que resistem à morte." Não tardou muito a chegar o momento em que se começou a falar em "função" da cidade e, mais tarde, em "núcleo urbano", "tecido" urbano e "evoluções" e "crescimento orgânico" das cidades, precisamente pela sua capacidade de evocar a analogia.

É agora altura de nos perguntarmos se faz ou não algum sentido "aplicar" este método de pesquisa à arquitectura. De que modo se pode dizer que a arquitectura depende da episteme que caracteriza um determinado período? Quais são as "práticas discursivas" da arquitectura? O "discurso" arquitectónico deverá ser entendido como sendo "sobre" arquitectura em geral ou como um "discurso arquitectónico" "próprio", isto é, o "*logos*" constituído pelo espaço arquitectónico ordenado e construído.

Podemos distinguir três diferentes abordagens:

Primeira. A arquitectura constitui uma prática ("discursiva", bem como social, "técnica", etc.). Este aspecto revela-se ao nível "compositivo" (isto é, no desenho) que consiste: na manipulação de padrões comportamentais (*habitus*), ou na organização de um *locus* de serviços produtivos (programa, transcrição espacial de um organigrama, …), ou na distribuição de actividades (fluxo, etc.…), ou na designação de formas (quer relativamente a um simples edifício ou complexo arquitectónico, ou mais genericamente em termos duma tipologia…).

Segunda. A arquitectura é, em si própria, uma forma de produção material que inclui desenhar plantas e fazer maquetas: é aqui, no processo da representação, que se poderia basear uma análise epistemológica.

Terceira. Convêm não esquecer que a arquitectura pertence a um sector da actividade económica (a indústria da construção combinada com o campo da especulação) que merece um estudo por si mesma.

Uma outra dificuldade de tipo metodológico é que o conteúdo a analisar é duplo: como matéria-prima, há, por um lado, um discurso escrito (tratados e cartilhas) sobre arquitectura em geral, um determinado edifício ou um certo programa. Por outro lado, somos primeiramente confrontados pelo desenho na forma dum instrumento de representação e, depois disso, pelo próprio trabalho em toda a opacidade das suas formas, em suma, na sua realidade material.

Se se pretender, a arquitectura pode ser considerada como um "texto", mas (devido à natureza múltipla das práticas a que está ligada) o conhecimento que abrange não é redutível a uma epistemologia *geral* deste âmbito. E ainda – tendo tornado claros os limites de uma tal pesquisa – é possível individualizar determinados instrumentos (os "conceitos"), determinadas "práticas discursivas", como tendo figurado num dado momento no próprio discurso arquitectónico, ou, mais convenientemente, no discurso sobre arquitectura (um exemplo deste segundo tipo de prática discursiva seria a oposição entre "regular" e "irregular", tão importante para todo o século XVIII).

O discurso "sobre" arquitectura, portanto, fornece material para uma chamada "leitura". A análise do discurso, da lógica que lhe é peculiar, deveria permitir-nos individualizar instrumentos conceptuais e "práticas discursivas" que serviram para estruturar o processo de desenho num determinado momento. Mas o "texto" não deve ser visto apenas como uma colecção de depoimentos a serem analisados em termos gramaticais ou sintácticos. Pelo contrário, o seu aspecto fundamental como "discurso" é lógico e semântico. O objectivo da análise é revelar o universo a que se refere o discurso. Neste sentido, o texto foi definido como um instrumento "translinguístico"; relaciona-se com outros textos, tanto anteriores como sincrónicos de si. O texto "produz" e incorpora esta produtividade como uma forma de produção e uma técnica. Funciona dentro dum dado espaço histórico que é ele próprio um espaço de textos (práticas discursivas, logo significativas, logo semióticas). A produtividade do texto consiste na sua "intertextualidade", oferecendo "um ponto de intersecção para aquilo que foi dito noutros textos".[9]

---

9. Para as ideias deste parágrafo, o leitor é remetido para Julia Kristeva, *Semeiotiké*, Paris, Éd. Seuil, 1969.

Numa história de "práticas discursivas" em arquitectura, não pode haver teorias a refutar: a verdade e a falsidade têm valores iguais como indicadores dentro do discurso. "No interior dos seus limites, cada disciplina reconhece proposições verdadeiras e falsas", diz Foucault em *A Ordem do Discurso*, "mas repele, para o outro lado das suas margens, toda uma teratologia do saber. O exterior de uma ciência é mais e, ao mesmo tempo, menos povoado do que se crê: (...) talvez não existam erros em sentido estrito porque o erro só pode surgir e ser decidido no interior de uma prática definida".[10]

Contudo, a nossa particular preocupação é que a análise deste discurso arquitectónico não seja suficiente em si mesma para explicar o surgimento de formas específicas, a derivação de tipologias e a completa concatenação de uma genealogia espacial. E a razão para isto é que o discurso só se faz sentir dentro de um "contexto" que é fornecido por uma rede de interacções combinando vários níveis de acção e transformação.

Outras dificuldades surgem, portanto, quando este "contexto", que é o do espaço, da cidade e do campo, se submete ele mesmo a análise. A descontinuidade entre cidade e campo (incluindo aspectos tanto históricos como geográficos) – seguindo as notas sobre o assunto, extremamente claras, compiladas por Karl Marx (*Grundrisse* II, 181)[11] – foi tratada por Max Weber, por exemplo, em *The City*.[12] Aí se mostra como a cidade cresceu para além das confinações da jurisdição feudal, em que a propriedade apenas podia ser transmitida por herança; como mais tarde se tornou o objecto de estatutos especiais (como o caso das vilas francas) sob os quais se desenvolveu a noção de regiões económicas, a mesma noção que viria a resultar no fenómeno de conurbação; e outros. Mas a "descontinuidade" também se encontra dentro da cidade: e aqui não estamos a falar "apenas" da fragmentação resultante da especulação; de facto, pouco sabemos sobre a habitação urbana nos séculos XVII e XVIII, no momento em que vizinhanças, arrendamentos e famílias individuais se tornaram o objecto de programas de melhoramentos relativos a medidas sanitárias.

---

10. Michel Foucault, *A ordem do discurso: aula inaugural no Collège de France, pronunciada em 2 de Dezembro de 1970*, trad. portuguesa de Laura Fraga de Almeida Sampaio, rev. Nuno Nabais, Lisboa, Relógio d'Água, 1997, p. 26.
11. Karl Marx, *Contribuição para a crítica da economia política*, trad. de Maria Helena Barreiro Alves, Lisboa, Estampa, 1977.
12. Max Weber, *The City*, trad. e ed. Don Matindale e Gertrud Neuwirth, New York, Free Press, 1966.

O trabalho dos demógrafos e dos historiadores – como Philippe Ariès[13] e Louis Chevalier[14] –, e do próprio Foucault, demonstra que não há linearidade no que diz respeito à história do "*habitat*". Quando isso se tornou uma questão de reunir uma morfologia histórica da cidade transmitindo uma "evolução" de "tipologias" residenciais, houve que fazer deduções *a posteriori* com base em diagramas reconstrutivos do século XIX, bem como em arquivos civis, incluindo registos de impostos e tributação, que na melhor das hipóteses forneceram um levantamento do desenvolvimento da habitação baseada num estudo da subdivisão de lotes e funções dos compartimentos. (Porém, Ariès, Perrot, *et al.*, qualificam tais distinções funcionais como problemáticas antes de *ca.* 1820.) Mais, Françoise Boudon recorda-nos que, até ao final do século XVII, "os documentos referentes a edifícios residenciais no quarteirão de Les Halles são quase exclusivamente 'manuscritos'".[15] Embora isto seja dificilmente credível, não deixa de sugerir a extensão em que a transcrição, o redesenho e a interpretação de tais materiais são a prática equivalente a reescrever a história.

Enquanto tal procedimento é plenamente justificado no âmbito de estudos de conservação histórica, dificilmente pode ser aprovado como um método legítimo de pesquisa histórica. Assim, a descontinuidade na história da habitação, reflectindo a descontinuidade na cidade, "apareceu relativamente às suas principais variáveis espaciais como (ainda outro) objecto da introdução de medidas sanitárias". Uma dessas variáveis era o "*habitat*" (perigosamente promíscuo, completamente indiferenciado); outra era a rua ("onde as mais desonrosas profissões são exercidas" em indecente confusão entre espaços públicos e privados); outras incluem algumas das chamadas "áreas consignadas" dentro da cidade (pensem naqueles tratados, científicos ou outros, relativos a hospitais, matadouros, cemitérios, sistema de esgotos e saneamentos públicos...). Ao aceitar o eixo de investigação aberto por Foucault, o problema não se torna vítima de uma noção mítica de "*habitat*" – primitivo ou "natural", conforme o caso (embora estejamos bem conscientes do pequeno grau pelo qual a codificação clássica da arquitectura deveria ser olhada como "natural" em contraste com meramente "indiferenciada") – como oposta a uma moderna concepção de *habitat* "objectiva" ou "funcional", vagamente definitiva.

---

13. Por exemplo, Philippe Ariès, *L'enfant et la vie familiale sous l'ancien régime*; id., *A criança e a vida familiar no antigo regime*, trad. de Miguel Serras Pereira, Ana Luisa Farinha, Lisboa, Relógio d'Água, 1988.

14. T. H. Hollingsworth considera Chevalier como o "verdadeiro pai (...) do estudo de registos paroquiais" em inglês; ver também Peter Laslett, *The World We Have Lost*, London, Methuen, 1965.

15. *Annales – Économies-Sociétés-Civilisations*, 4, 1975, p. 816.

Contudo, há uma crítica mais forte a ser levantada contra a "arqueologia" do vasto movimento que contém a patogénese da cidade – uma espécie de biopolítica, ou "nosopolítica", que "isolara dentro da configuração urbana áreas a 'sanear' urgentemente", a serem "isoladas" do *continuum* urbano – como esboçada por Foucault, dado que faz permanecer um conjunto de questões por resolver. Para nós fica a reconstrução de meios nos quais este suposto "isolamento" foi de facto levado a cabo ao nível das relações sociais existentes. Brevemente e do modo mais esquemático: o replaneamento da cidade e o desenvolvimento de serviços urbanos no século XIX seguiram um curso que mal pode ser tomado como certo pela pesquisa de hoje. Foucault delineou a "estratégia" geral deste movimento, mas muitas vezes – principalmente nas obras mais recentes – ele falha na individualização das verdadeiras técnicas de "realização". No caso particular do "isolamento" da cidade, é necessário realçar que a política foi implementada de acordo com procedimentos historicamente definidos: foi promulgado um "programa" (com as suas "leis" e "estatutos"); foi desenhado um projecto baseado num "tipo" arquitectónico preestabelecido para a instituição requerida; finalmente, o projecto teve de passar por um escrutínio institucional e administrativo (sob a forma duma comissão ou assembleia) onde foi modificado em acareação com o organismo político concreto. Cada programa foi "confrontado" por interesses diversos e opostos perante os seus vários "modos" de expressão (foi eleito um conselho, circulou uma petição feita por um grupo de pressão, etc.; resumindo, todos os modos de expressão política e de conflito). Cada programa, portanto, tomou forma (falando "arquitectonicamente", também) e teve de estar em conformidade com uma complexa relação de intervenções políticas e profissionais que tornaram possível a sua efectiva realização. Este campo de intervenção (tanto teórico como real) incorpora todas as "práticas" políticas e profissionais, bem como os processos institucionais, codificados numa maior ou menor extensão, a que todos os desenhos tiveram de ser submetidos antes de poderem ser realizados. Estas "práticas" vieram a construir uma estratégia "democrática", fixaram a técnica de realização e estabeleceram as "regras do jogo" pelas quais os espaços modernos foram estruturados.

É uma história sobre a qual muito fica por escrever, cuja importância é sugerida numa observação do próprio Foucault: "a história como é praticada hoje não se retira de acontecimentos; pelo contrário, apenas procura alargar o seu âmbito. (…) O aspecto significativo disto é que não poderá haver a consideração de acontecimentos sem uma definição do grupo a que cada um pertence." Os escritos de Foucault podem, no mínimo, servir para inspirar os historiadores com um "medo geral de anacronismo" (Canguilhem). Além disso, a intensificação do rigor que daí deveria resultar não seria em vão.

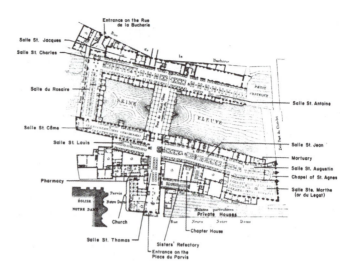

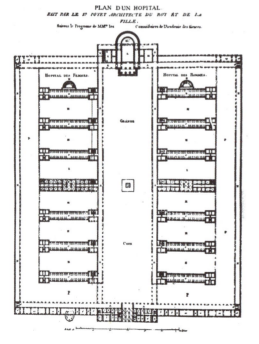
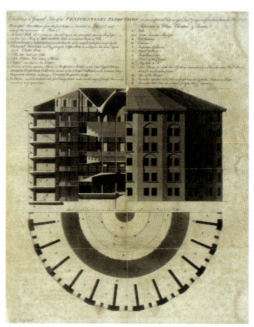

Heterotopias e a história dos espaços

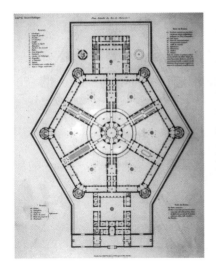

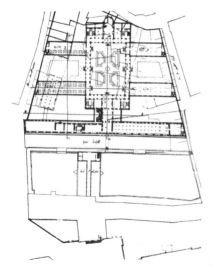

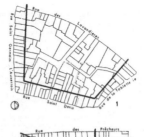
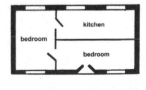
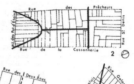
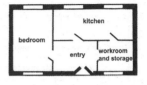

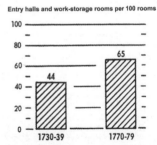

01 Piso térreo do Hôtel Dieu, Paris, anterior a 1772 (de J. D. Thomson, G. Goldin, *The Hospital: a Social and Architectural History*, New Haven, Yale University Press, 1975).

02 Perspectiva, Royal Naval Hospital, por Alexander Rovehead, Plymouth, Inglaterra, 1758-1762 (de *English Hospitals, 1660-1948: a Survey of their Architecture and Design*, Harriet Richardson, ed., Swindon [UK], Royal Commission, Historical Monuments of England, 1998).

03 Proposta de plano para Hospital, por Bernard Poyet, Relatório à comissão do Hospital, Academia das Ciências, Paris, 1788 (de J. D. Thomson, G. Goldin, *The Hospital* ...).

04 Ideia geral de Penitenciária Panóptica, piso térreo, corte a alçado principal, por Willey Reveley a partir de Jeremy Bentham, 1791, grafite, caneta e aguarela (Biblioteca do University College London, Bentham Papers).

05 Planta do piso térreo, La Petite Roquette, Prisão Juvenil, por Hippolyte Lebas, Paris, 1836 (de *Choix d'édifices publics projetés et construits en France depuis le commencement du XIXème siècle*; publicado por M. M. Gourlier, Biet, Grillon e Tardieu, Paris, Louis Colas, 1825-1850, 3 vol.: vol. I: 1825-1836; vol. II: 1837-1844; vol. III: 1845-1850).

06 La Petite Roquette, Prisão Juvenil, por Hyppolyte Lebas, Paris, 1836 (foto por Georges Teyssot, antes da sua destruição em 1974-75).

07 Projecto para a construção do novo Hôtel Dieu, Paris, Junho de 1839, por Jean-Jacques Huvé (1783-1852), (Archives Nationales, Paris).

08 Colónia Penal e Agrícola de Mettray (em Mettray, província de Indre e Loire, France) 1839-40, criada por Frédéric-August Demetz, projectada pelo arquitecto Abel Blouet (de Norman Bruce Johnston, *Forms of Constraint: a History of Prison Architecture*, Urbana, University of Illinois Press, 2000).

09 Modernização da ocupação de lotes habitacionais medievais em Paris (de Françoise Boudon, *Annales E.S.C.*, n.º 4, 1975).

10 Especialização funcional progressiva dos quartos ao longo do século dezoito na cidade de Caen, Normandia (de J.-C. Perrot, *Caen au XVIIIème siècle*, Paris, 1975).

Ansiedade pela origem: notas sobre programa arquitectónico

> "Nós que reconhecemos os sinais do alfabeto metafísico sabemos que alegrias e tristezas jazem escondidas num pórtico, numa esquina, ou até num quarto, na superfície de uma mesa entre os lados de um caixão."
>
> Giorgio De Chirico (1919)

Que o recente e lato interesse de muitos arquitectos pelas formas e pensamentos da antiguidade, classicismo e neoclassicismo possa ser vinculado inteiramente às recentes vagas de pós-modernismo, não surpreenderá ninguém com uma ideia clara dos mecanismos de produção de imagem da sociedade contemporânea. Uma colossal, mesmo universal, natureza deste fenómeno, a velocidade com que se propagou através dos canais de comunicação e a própria "operacionalidade" desta categoria, que se apresenta como sistema geral de signos que são simultaneamente estéticos e tecnológicos, são prova suficiente da sua essência como *Weltbild*, como um mundo criado como uma imagem, no sentido estabelecido por Heidegger no seu tempo.[1]

Neste ensaio gostaria de examinar vários aspectos da arte do nosso século numa tentativa de determinar a presença, nas artes figurativas, do interesse recorrente na questão das origens, patente no interesse actual pelo clássico. Tal análise poderá ser útil tendo em conta os *slogans* aparentemente simplistas da assim chamada arte e arquitectura pós-modernas.

Arte e verdade

O classicismo é a arte do eterno início, a arte da repetição e da sinédoque. Alberto Savinio (pseudónimo de Andrea De Chirico, irmão de Giorgio, e um artista proeminente por direito próprio) relembra-nos que a sinédoque é uma figura de discurso, uma forma de metonímia, e isso, de acordo com o que dizem os entomologistas, corresponde à forma como as formigas vêem: autoriza a parte como representação do todo. Antoine Chrysostome Quatremère de Quincy, o "Winckelmann francês", dizia em 1824 que no sistema arquitectónico da Grécia clássica as mais pequenas partes de um alçado nos permitiam saber do todo; acrescentava que a

---

[1]. Martin Heidegger, *Holzwege*, Frankfurt, Klostermann, 1950; id., *Caminhos de Floresta*, coord. cient. da edição e trad. de Irene Borges-Duarte, Lisboa, Fundação Calouste Gulbenkian, 2002.

arte do desenho, ao qual a arquitectura pertence, "tem de ser considerada uma linguagem".

O *Eupalinos* de Paul Valéry, uma ficção sobre Sócrates, que lamenta a vocação cerceada do arquitecto, ecoa esta mesma concepção racionalista: "não há geometria sem a palavra. Sem ela, as figuras são acidente (…) Com ela, qualquer figura é uma proposição que pode ser composta com outras."[2] Em ambas as citações, a finalidade da figura é trazida à palavra; o problema decorrente é que a arquitectura é material, é formada por uma acumulação ordenada de materiais na superfície da terra; no entanto, em nenhum dos casos o material constitui a essência da arquitectura. As reflexões de Quatremèmere e Valéry, ambas inspiradas pela tradição neoplatónica ou, generalizando, pelo logocentrismo da metafísica ocidental, tornam-se mais claras à luz das considerações de Heidegger em *A origem da obra de arte*.[3] O que confere forma (*Gestalt*) à arquitectura são figuras, que emergem através do plano-base ou fundamento (*Grundriss*), o sulco ou traço gerador (*Riss*), e o alçado (*Auf-riss*), que é distinguido pela medida e limites que por seu lado conferem um perfil único (*Umriss*) à obra. Desde que a arquitectura é feita a partir de um conjunto de figuras e dado que nenhuma figura existe sem palavras, segue-se que não pode existir obra de arquitectura sem a palavra para a nomear. Para usar o termo de Valéry, qualquer arquitectura "é uma proposição que pode ser composta com outras".

Isto também significa que tanto quanto a palavra governa cálculo e geometria, a arquitectura está "impregnada" pela linguagem. Gostaria de, no entanto, tornar claro que não estamos a tomar por hipótese que a arquitectura "seja" linguagem. O que significa, então, que a palavra impregna a arquitectura?

A resposta de Heidegger a esta questão é a seguinte: a obra de arte é estabelecimento e produção da verdade. Neste sentido, a arte é concebida como desvelação, descoberta da palavra original dirigida ao homem. A fundação da verdade na palavra é a geração ou produção (*das Hervorbringen*) de um ente: "A produção [*Hervorbringen*] coloca este ente no aberto (…) Aí onde a produção trouxer expressamente [consigo] a abertura do ente – a verdade –, o produzido é uma obra [de arte]. Tal produzir é criar."[4] O movimento pelo qual a palavra primordial é pronunciada e dirigida para o homem é a formação; Heidegger usa o termo *Ge-stell*, que é quase

---

2. Paul Valéry, "Eupalinos ou L'architecte", in *Oeuvres, II*, Paris, Gallimard, Pléiade, 1960, p. 110; id., *Eupalinos, ou o arquiteto*, trad. de Olga Reggiani, Rio de Janeiro, Ed. 34, 1996.
3. Martin Heidegger, "Der Ursprung des Kunstwerkes", in *Holzwege*, Frankfurt, Vittorio Klostermann, 1950; id., "A origem da obra de arte", in *Caminhos de Floresta*, coord. cient. da edição e trad. de Irene Borges-Duarte, Lisboa, Fundação Calouste Gulbenkian, 2002.
4. Ibid., p. 64/65.

intraduzível. Escreve: "O ser-criada da obra significa: o ser-fixado [*Festgestelltsein*] da verdade na '*figura*'. Esta é a concatenação a que o traço se conforma. O traço conformado [*gefügt*] é con-formação [harmonia – *Fuge*] do (a)parecer da verdade. Aquilo a que aqui se chama 'figura' [*Gestalt*] tem de pensar-se sempre a partir *deste* colocar [*Stellen*] e desta com-posição [*Ge-stell*] que a obra, enquanto tal, está a ser, na medida em que se levanta e se elabora."[5]

Pela introdução do termo *Ge-stell*, uma palavra comum nunca antes utilizada pela filosofia, Heidegger realiza uma mudança no significado de toda a terminologia da estética no pensamento metafísico ocidental: os termos permanecem os mesmos, mas tudo é posto em movimento retrospectivamente e passa a funcionar de outra maneira. *Gestalt* não significa "figura" – quer no sentido retórico ou poético quer no sentido "plástico" ou "figurativo" que adquiriu recentemente.[6] A *Gestalt* perdeu o seu sentido latino. Já não é "figura" nem *fictio*. O mesmo se passa com o termo *Darstellung* (ex-posição, re-presentação) e *Herstellung* (pro-dução). No seu discurso sobre a técnica, como já foi assinalado,[7] a parelha *Herstellen/Darstellen* rompe instantaneamente a favor de *Herstellen* – como se pode ler na seguinte passagem: "No termo *Ge-stell*, o verbo *stellen* não se refere apenas a pro-vocação, mas deverá também preservar a ressonância de um outro *stellen* (literalmente, pôr ou colocar), do qual deriva, nomeadamente ao que se referem as palavras *Her-stellen* e *Dar-stellen* (pro-duzir, (a)pre-sentar), que – no sentido da *poiesis* – faz o presente brilhar no descoberto. Este *herstellen* que produz, que faz o (ser) aparecer – tal como o levantar de uma estátua no recinto de um templo… etc."[8]

Daqui decorre que o termo grego *poiesis* é traduzido por *Her/Darstellung*, que o *Ge-stell* poderá ser outra palavra para *poiesis*, e que a *Darstellung* não tem qualquer ligação com exposição ou *mise-en-scène*. *Ge-stell* é então uma palavra que impõe na mente a "presença" da obra – presença interpretada como desencobrimento, uma aparição, uma erecção: a obra é presente, quando e onde erege uma *stele* (entendida num sentido mais lato do que apenas a estela funerária) ou desvela uma *statue*. Se as coisas se começam a mover, é porque Heidegger começa por colocar o conceito grego de arte, ou *poiesis*, em perspectiva. Então é desvelada a *stele*: *poiein* significa "colocar (algo) em pé."[9]

---

5. Ibid., p. 67.
6. Usa-se como guia para o texto de Heidegger o estudo de Philippe Lacoue-Labarthe, "Typographie", in *Mimesis des articulations*, Paris, Aubier-Flammarion, 1975, p. 187.
7. P. Lacoue-Labarthe, "Typographie", p. 200.
8. Cf. Martin Heidegger, "The question of technique," in *Vortraege und Aufsaetze*, Pfullingen, Verlag Gunther Neske, 1954; id., *Essais et conférences*, trad. de André Préau, Paris, Gallimard, 1958.
9. Cf. P. Lacoue-Labarthe, "Typographie", op. cit., p. 201.

Podemos agora resumir a observação feita ao comentário de Valéry: o movimento pelo qual a palavra é pro-nunciada e "virada" ou direccionada para o homem pela tomada de "forma" ou "figura", é a poesia, a instituição e constituição de uma verdade auto-estabelecida na linguagem e com a linguagem, em e com a colocação-em-obra. Se a produção da obra de arte é então a "escuta" da sua desocultação, a essência da arte deve, de acordo com Heidegger, ser o poema. Segue-se então que: "Se toda a arte é, na sua essência, poesia [*Dichtung*], então a arquitectura, a pintura, a escultura, a música ... devem ser reconduzidas à poesia [em sentido estrito] [*Poesie*]."[10] Qualquer arte é um poema: qualquer obra de arte é, na sua origem ou no seu início, poesia. Portanto: "O construir e o moldar (...), acontecem sempre já e unicamente no aberto da saga e do nomear. São transidos e dirigidos por eles. (*von dem Offenen der Sage und des Nennens durchwaltet und geleitet*)."[11]

Neste ponto do texto de Heidegger chegamos a uma passagem importante que ilumina a questão da situação histórica. Primeira observação: se a arte, como acontecimento da verdade, é poesia, a produção da obra de arte não é tudo o que é poético: "Não é apenas o criar da obra que é poético mas também o resguardar da obra é igualmente poético, ainda que à sua maneira."[12] Isto não significa peritagem ou restauro científico; estas são tarefas que envolvem apenas uma "recolecção" de obras. "Mas pôr-em-obra significa ao mesmo tempo: pôr em andamento e levar a acontecer o ser-em-obra. Isso acontece como resguardar."[13] Segunda observação: toda a obra de arte, sendo uma poetização específica, foi historicizada pela linguagem, a linguagem falada na terra por um povo particular na história. "O projecto poético (*dichtende*) da verdade, que se põe em obra como figura, também não se realiza nunca em direcção ao vazio e ao indeterminado. Na obra, a verdade é antes lançada (pro-jectada) para aqueles que, estando para vir, serão quem resguarda, *i.e.* lançada para uma humanidade histórica."[14] Por isso, aqueles que moldam e pro-jectam a obra e os que a preservam são co-essenciais. Isto deverá iluminar o significado de Heidegger quando diz que numa obra, a historicização da verdade é alcançada: "Se a arte é a origem da obra, então isso significa que ela permite que o que está em essencial co-pertença na obra – os que criam e os que resguardam – tenha origem no seu estar-a-ser."[15] Realmente, a obra é "co-criada."

10. Martin Heidegger, "A origem da obra de arte," in *Caminhos de Floresta*, coord. cient. da edição e trad. de Irene Borges-Duarte, Lisboa, Fundação Calouste Gulbenkian, 2002.
11. Ibid., p. 79/80.
12. Ibid., p. 80.
13. Ibid., p. 76.
14. Ibid., p. 81.
15. Ibid., p. 75.

A origem não é algo que permanece previamente dado em absoluto, situado anteriormente na história; a origem (em alemão, *Ursprung*, literalmente "salto da origem") é o lugar onde algo é feito acontecer, com um "pulo" ou "salto" (*Sprung*). A unicidade deste salto, um salto fora do imediato, completamente indiscernível, requer uma longa preparação, a qual Heidegger, na senda de Nietzsche, chama um "início". Um início autêntico, como o salto, é sempre, "enquanto salto, um salto que antecipa [avanço – *Vorsprung*], no qual tudo o que está para vir está já ultrapassado [*übersprungen*]."[16] Por esta razão, "o início já contém, encoberto, o fim." Onde quer que um início ocorra, a arte é sempre historicizada: existe uma confiança na história, e a história inicia-se ou recomeça sempre de novo.[17]

Pode-se pensar (e alguns pensam)[18] que uma tal concepção de arte, arquitectura, e tectónica se aplica apenas ao templo grego, o paradigma recorrente de Heidegger, uma obra saída dos inícios quando a *techne* partilhava a essência da *poiesis* e ecoava o *logos*. Este conceito de arte só é possível quando a verdade é definida como *aletheia*, que os Gregos também pensavam como a desocultação dos seres: na obra de arte o que é exposto é a geração (parir, dar à luz) da verdade. Deste modo Heidegger mantém na sua cabeça, ou finca com os pés, todo o entendimento ocidental da verdade (*veritas* é a tradução usual do latim de *aletheia*), que se mantinha até à altura em vez de ser pensada como reprodução, conformidade, e concordância, como *homoiosis* (Aristóteles) e *adequatio* (na Idade Média).[19]

Adequatio, em arquitectura, era concebida como a concordância do edifício com os referentes externos que eram determinados gradualmente: a ideia, o modelo, a natureza, o antigo, o real, o convencional, a função, a ordem social, o bem-estar, a verosimilhança, o conforto, a indústria humana. Desde Aristóteles até, por exemplo, Walter Gropius, a teoria de arquitectura, comungando a mesma fundação da metafísica, sempre reclamou uma origem complementar,[20] quer por se basear no estudo do início assumido como origem (*e.g.* o mito da cabana primitiva), quer por se dedicar à individuação do início assumido como a lei e a sua ordem (*e.g.* o antropormofismo das proporções harmónicas). A teoria da arqui-tectura aparece então, neste sentido, como uma construção "complementar" do tectónico. Aqui estamos já longe da concepção da verdade – *aletheia*. *Aletheia* pertence ao pensamento da origem. É uma

---

16. Ibid., p. 82.
17. Ibid., p. 82 e 83.
18. Por exemplo, cf. Daniel Payot, *Le Philosophe et l'architect*, Paris, Aubier-Montaigne, 1982, p. 176.
19. Martin Heidegger, "A origem da obra de arte", in *Poetry, Language, Thought*, p. 36-37 e p. 41-43.
20. Este "complementar" foi analisado em dois textos de Jacques Derrida: "La pharmacie de Platon", in *La disseminaton*, Paris, Éd. Seuil, 1972, "Economimesis", in *Mimesis des articulations*, p. 75.

verdade mais elevada, mais "original", e no entanto é ainda concebível que o impulso *aletheico* possa ser considerado apenas como uma recolecção e – como o filósofo italiano contemporâneo Gianni Vattimo sustenta – uma "dificuldade, esforço nostálgico para retornar ao contacto com os vestígios, ruínas, mensagens distantes."[21]

A viagem à volta da origem, de Heidegger, leva-nos a refazer um longo caminho filosófico e textual – o da *poiesis* ou, noutras palavras, a questão da arte. O que acontece quando, no texto de Heidegger citado acima, a *Darstellung* (presentificação) é perdida, absorvida na *Herstellung* (pro-dução)? Implicitamente levanta-se aqui a questão da relação da arte com a verdade, mas também a questão das suas diferenças, do seu des-entendimento. É por isso que neste espaço indeterminado e aberto, nesta brecha, jaz a questão da essência da (re)presentação. Necessitamos algo com que medir a distância, prevenir os perigos inerentes na indeterminação da filosofia da *Darstellung*. Os Gregos deram um nome a este problema particular: *mimesis*, que nas línguas latinas é normalmente traduzido por imitação. *Mimesis* é a primeira *Darstellung*.[22] Voltando a 1823, Antoine Chrysostome Quatremère de Quincy escreveu, "Imitar nas belas artes é produzir a semelhança de uma coisa, mas numa outra coisa de que se torna a imagem (*une chose, mais dans une autre chose qui en devient l'image*)."[23]

Onde quer que a *poiesis* "faça" ou produza, contendo em si própria a essência quer da arte quer da técnica em todas as suas diferenças, a *mimesis* apresenta-se, desde Platão,[24] como um terreno minado. Existe, por assim dizer, uma "boa" *mimesis*, uma mimesis demiúrgica que não imita, que não produz parecenças, o duplo repugnante (o "fantasma"), mas produz no sentido mais lato, e assim aproxima a verdade – *aletheia*; na hierarquia platónica da *poiesis* há outras formas de produção que se afastam gradualmente da *aletheia* da mimesis. Por exemplo, temos o caso do pintor, cujo trabalho manual não nos pode fazer regressar ao *eidos* (aspecto) como *idea* (ideia), mas produz apenas *eidola* (ídolos). Como Heidegger nos recorda, *eidolon* significa "pequeno" *eidos*.[25] O ídolo aqui "não é a aparência do puro aspecto... Não é senão recordação, um vestígio da verdadeira automanifestação da

---

21. Gianni Vattimo, "L'irrazionalismo", *Alfabeta*, 28, 1981.
22. P. Lacoue-Labarthe, "Typographie", op. cit., p. 205.
23. Antoine Chrysostome Quatremère de Quincy, *Essai sur la nature, le but, et les moyens de l'imitation dans les Beaux-Arts*, Paris, 1823, p. 3 (reimpressão Bruxelles, AAM, 1980); id., *An Essay on the Nature, the End and the Means of Imitation in the Fine Arts*, trad. de J. C. Kent London, 1837; fac-símile impresso por Garland, p. 11.
24. Cf. *The Sophist*, 235 d e *passim*; *A República*, 393 a e ff., 395 b c, 396 a, 396 c d e, e a passagem conhecida do Livro X, 596 b até 598 d, e 601 c até 603 b.
25. P. Lacoue-Labarthe, "Typographie", op. cit., p. 215; cf. Martin Heidegger, *Nietzsche*, vol. I, trad. de P. Klossowski, Paris, Gallimard, 1971, p. 170.

verdade". Fornece apenas uma imagem limitada, quase amesquinhada da essência da coisa.

O tema ou motivo subjacente ao pensamento filosófico ocidental sobre arte é o da mimesis, mas, como acabamos de ver, apresenta-se como algo em declínio, algo a afastar-se da verdade. *Mimesis* (e portanto arte) permanece relativamente remota do ser e da *Idea*. *Mimesis* é representação, mas também "presentifica" a ofuscação da verdade. Apresenta, no seu aspecto fantasmático, como também no seu "bom", o seu aspecto demiúrgico e icónico. Desta forma a arte, no seu nascimento, é uma queda... Assim podemos explicar porque é que a arte era entendida pelos Gregos como concordância e conformidade, semelhança, *simulacrum*, cópia degradada.[26] Mas paremos agora por aqui, dado que estabelecemos que a "questão da mimesis" – ou seja, arte no sentido moderno – contém em si tanto as teorias posteriores da imitação nas belas artes como as temáticas antimiméticas da arte contemporânea. Mais – e aqui estará talvez o ponto essencial – podemos ver que a arte, desde o seu início, demonstrou ser uma espécie de estonteante inquietude, quase um mal-estar.

Pintando sob programa

Frequentemente sou atingido pela superficialidade do argumento dos que salientam as afinidades estilísticas entre os pintores do grupo *Valori plastici* (De Chirico, Carrà, Savinio) e o assim chamado eclectismo milanês do século XX, particularmente do classicismo refinado da *Ca' Brutta* de Giovanni Muzio (1922), de alguns trabalhos de Giuseppe De Finetti, e as pinturas de Gigiotti Zanini, tais como *Città* (1919) ou *Paesaggio* (1922). O que não quer dizer que não haja quaisquer influências; no entanto, parece-me que a crise da melancolia clássica que hoje em dia preocupa mais do que apenas um punhado de arquitectos não é um legado de estilo mas de uma atitude intelectual ligada ao espírito de "antivanguarda" dos anos vinte.[27]

Embora imune às ideias de transformação positiva e moral do mundo (a posição do louco na *Zaratustra* de Nietzsche), De Chirico não se limita a "ir atrás". Representando o mundo como um reportório arqueológico, congrega fragmentos da realidade urbana como se fossem peças de museu. Os materiais empregues evocam símbolos mudos, organizam *topoi* dramáticos de uma cidade morta onde o próprio sujeito desapareceu. Para que toda a cidade se transforme num museu, impondo-lhe este programa, um corpo de leis terá de ser observado. E o programa de facto decompõe-se nas seguintes prescrições: *simulacrum*, dissipação, substituição,

---

26. P. Lacoue-Labarthe, "Typographie", op. cit., p. 250; cf. Martin Heidegger, "A doutrina da verdade em Platão", in *Platons Lehre*, Bern, Verlag A. Francke AG, 1947.
27. Cf. *Les réalismes 1919-1939* (catálogo da exposição), Paris, Centre Georges Pompidou, 1980.

e uma norma reforçada. Sobre a pintura de De Chirico, o crítico italiano Paolo Fossati falou de "pintura sob programa."[28] De facto, tudo ocorre como se fosse uma questão de aplicar ao programa pictórico as próprias leis às quais a cidade europeia está sujeita. Isto é, simulando a aplicação de novos processos na realidade da pintura, a sua antecipação no programa figurativo da pintura permite-nos melhor desencobrir os seus efeitos e descobrir as suas repercussões, mas especialmente, desvelar a sua existência.

Estas leis são, tomadas individualmente, o simulacro do mito e memória celebrados em monumentos intemporais, a dissipação da forma em fragmentos que exprimem a solidão do objecto em relação ao todo, a substituição de sinais por uma arquitectura de ideias que funciona através de condensação e montagem de forma a recriar o mundo numa arqueologia voluntária, e, por último, as normas reforçadas por uma arte que é, antes de mais, boa perícia, prática, paciência, trabalho e, secundariamente, a arte de uma casta, confraria, grupo profissional. Desde então, não é tanto o museu que tem sido feito a partir do real e do verdadeiro, como a partir de Cézanne, mas a cidade que tem sido recriada a partir do museu.

O monumento, a instituição, a torre, o museu, o parque, a fábrica, o cemitério, a estação – em suma, todas as "heterotopias" – não é nelas que jaz o verdadeiro caminho, percorrido de novo, do desenvolvimento das nossas cidades? De Chirico poderá apenas ter registado uma mitografia disso mesmo, mas, ridicularizando a Forma, experienciou o esvaziamento do seu significado.

Realismo Mágico

Chegados a este ponto deveríamos analisar a experimentação de "arquitectura colorida" dirigida por Bruno Taut em Magdeburgo entre 1921 e 1923 com a colaboração dos pintores Oskar Fischer e Karl Voelker e os arquitectos Carl Krayer, Konrad Ruehl, Johannes Goederitz e Wilhelm Hoepfner.[29] Será também da maior importância, para já não mencionar a luz que permite sobre o debate actual (moderno *versus* pós-moderno, progressista *versus* neoconservador), comparar as asserções de Adolf Behne em *Die Wiederkehr der Kunst* (1919), um texto que serviu como base teórica para a experimentação da "cidade colorida" de Taut, como também as de Otto Haesler e Karl Voelker no *Italienische Garten,* subúrbio jardim em Celle

---

28. Paolo Fossati, *La pittura a programma. De Chirico metafísico*, Pádua, Marsilio, 1973; cf. tb. *Giorgio De Chirico* (catálogo da exposição), W. Rubin, W. Schmied, e Jean Clair, ed., Paris, Centre Georges Pompidou, 1983.
29. Cf. Hans Joerge Rieger, *Die farbige Stadt*, tese de doutoramento na Universidade de Zurique, Zürich, 1976 (dactilografado).

após 1923, com as observações de Oswald Spengler publicadas no periódico *Valori Plastici* (Janeiro-Abril 1921). Brevemente, para Behne, as cores puras azul, vermelho e verde são as mais belas. Spengler, no seu ensaio intitulado *O simbolismo da cor*, reforçava que o amarelo e o vermelho estão ligados à materialidade, enquanto o azul e o verde pertencem a uma espécie de expressividade transcendental ligada à tradição, memória e passado. Uma terceira posição refere, paradoxalmente, que a nova cor, "moderna", a cor ausente da natureza, é o castanho. Para além do conhecimento natural, esta seria a única cor capaz de considerar um desejo "civilizado". Ajustando-se a conferir uma pátina de envelhecimento à actividade plástica, o castanho anula "ao nosso olho interior o limite da pura presença do tempo e lugar."[30]

A resistência dos Italianos ao Expressionismo – mesmo até na sua forma "purista" que se seguiu – era matéria de interesse para os Alemães que visitaram as duas exposições dos *Valori Plastici* na Alemanha (Berlim, 1921 e 1924), e foi uma das razões para o seu sucesso em relação a grupos aparentados com a Nova Objectividade (*Neue Sachlichkeit*). Qualquer análise das tendências "antimodernas" ou "antivanguarda" na Europa teria de cobrir esta falha entre sensibilidades (entre a "Itália" antifuturista e a "Alemanha" pós-expressionista), que de facto poderá servir como ponto de referência válido para uma compreensão das várias orientações da arte e arquitectura actuais. Para tal estudo, os textos fundamentais permanecem no pequeno volume de Alberto Savinio, publicado em francês, *Le Néo-classicisme dans l'art contemporain*, impresso pelos *Valori Plastici* em Roma, em 1923; nele, Savinio narra as aventuras artísticas de um 'homem de ferro' nostálgico que ridiculariza as ilusões do modernismo.

Dos *Valori Plastici* à *Neue Sachlichkeit*, o realismo na pintura renunciou ao programa para poder ser capaz de observar o mundo tecnológico com olhos deslumbrados. Como esboçado nas visões do pintor alemão Karl Voelker (por exemplo, *Beton* e *Bahnhof*, ambos de 1924), este realismo mágico serve hoje de inspiração a arquitectos (tais como Giorgio Grassi em Itália) e leva-os a representar as coisas como "elas se apresentam", para melhor as denunciar, num diálogo indeciso com o monumental, o banal, e o repetitivo. A tradição "Metafísica" é conduzida em primeiro lugar e destacadamente pela *Città analoga* (1976) de Aldo Rossi, que através da referência, analogia, metonímia, e do holograma, tenta reconstruir o museu-cidade como simulacro da cidade, assim concebendo uma verdadeira "arquitectura sob programa", no sentido de De Chririco.

---

30. Cf. Paolo Fossati, *Valori plastici (1918-1922)*, Torino, Einaudi, 1981, p. 226-27.

Por outro lado, talvez não seja através da manipulação dos elementos arquitectónicos evocados da tradição ocidental, através de referências a imagens de Arnold Boecklin, De Chirico, e Alberto Savinio, e através da imitação de caracteres estilísticos inspirados nos projectos mais "académicos" de Le Corbusier, que Léon Krier chega à paródia da forma urbana, que é também uma cidade-manifesto e uma cidade-paródia, uma arma virada contra a obtusidade dos nossos administradores, iconoclastas por ignorância ou por falta de convicção? É uma paródia e manifesto para uma prática ou "figuração" que prova ser virulenta, tanto mais quanto é acompanhada por uma indiferença polémica pela realização dos projectos imaginados.

A pintura de arquitectura: formas suspensas

Com o "realismo mágico" das aguarelas de Massimo Scolari, o círculo parece fechar-se. Devemos fazer uma pausa neste aparente "retorno" à pintura, particularmente à pintura "metafísica". Em primeiro lugar, vamos olhar para o retorno sintomático à pintura dentro da sua moldura e ao ofício.[31]

Num aforismo, Scolari disse: "Para a arquitectura se tornar em objecto de pintura, deverá deixar de ser projecto."[32] Está assim a definir os termos de género específico de representação artística: a pintura arquitectónica (este género, que é bastante antigo, por exemplo dos quadraturistas de 1700 – não deveria ser confundido com a moda actual de expor e vender, em galerias de arte, os desenhos de "projecto" dos arquitectos). Nas aguarelas de Scolari encontramos um reportório de formas puras, "lacónicas", alusões a um projecto racional, uma planta, onde as formas arquitectónicas são maioritariamente de uma simplicidade tipológica extrema. O que temos, então, é uma arqueologia de vestígios simples, de configurações e estruturas primitivas, exibidas num museu de formas primordiais.

As alusões não se referem a um plano ou projecto real, mas dissimuladamente à construção impossível de uma estrutura simbólica – impossível porque já não é decorrente de nenhuma necessidade específica (encomenda, desejo, conhecimento) – e vai a par e passo com a sua negação do ser, a menos que seja feita através de traçados do projecto: como que para mostrar que toda a actividade artística encontra a sua justificação apenas em afirmar o seu próprio *medium,* num mundo onde o que não é *re-presentatio* não existe. Por outras palavras, o objecto da pintura não é – ou não é apenas – a evocação de uma estrutura tectónica primordial, mas a evidência

---

31. Cf. *Massimo Scolari: Architecture between Memory and Hope,* introd. de Manfredo Tafuri, IAUS, catálogo I, New York, MIT Press, 1980; e *Massimo Scolari, acquerelli e disegni (1965-1980),* Francesco Moschini, ed., Firenze, Centro Di, 1981.
32. Massimo Scolari, "Considerazioni e aforismi sul disegno", *Rassegna,* 9, 1982.

de "configurações da produção que representa". Nas aguarelas, os traçados de projecto e os vestígios exumados (*Spuren*, em alemão) ajustam-se perfeitamente no encobrimento da obra.

Nas *Terme elioterapiche sull'Adriatico* (Banhos helioterápicos no Adriático, 1977) e *Architettura idraulica* (Arquitectura hidráulica, 1980) emergem temas iconográficos diferentes. Costumava dividir-se os campos de conhecimento da arquitectura e da engenharia em várias subcategorias disciplinares: civil, militar, naval e arquitectura hidráulica. Mas o olhar do aguarelista não é o mesmo que o dos técnicos: o seu é "pitoresco", no sentido pictórico da palavra. É o mesmo olhar lançado pelo *flâneur* sobre a metrópole. É o mesmo que encheu Goethe de terror quando viu as fortificações do seu tempo: "Quem não tiver visto Luxemburgo não pode ter uma ideia das construções militares, todas alinhadas ou sobrepostas umas às outras ... uma cadeia sem fim de bastiões, sentinelas, meias-luas, tenalhas, como as que se podem ver recomendadas pela arte da estratégia nos casos mais complicados (...) Fiquei particularmente surpreendido de ver tantas pedras, paredes e trabalhos de defesa congregados por pontes levadiças, túneis e outros mecanismos desconhecidos. Uma pessoa da arte teria olhado para estas coisas com um olho técnico; ..., mas eu apenas pude apreciar o seu efeito pictórico" (*Kampagne in Frankreich*).[33]

Com a excepção das vanguardas "produtivistas" dos anos vinte (talvez a única excepção), esta atitude de *voyer* em face do produto da técnica corresponde a um olhar particular da arte ocidental, uma forma que tem estado presente há dois séculos: o "olho de pintor" é testemunho de uma clara transformação das relações entre objecto e técnica. Acompanhando a crescente autonomia da técnica e tecnologia, estamos a testemunhar uma estetização da tecnologia.

Desde que a novidade perdeu as suas conotações positivas e redentoras, já ninguém na metrópole vê a modernidade como garante de racionalismo e progresso. "Quando o progresso se torna um facto autónomo separado do sentido da história, o elogio da tecnologia já não é incompatível com apelos ao arcaísmo", escreve Marco Ferraris.[34] Na metrópole de hoje em dia já não se procura racionalidade como algo que constitui a sua arqueologia e memória. No tempo da "suspensão do objecto", que é o estado mental da estética por excelência, apenas percepcionamos "formas suspensas". Não deveríamos assim surpreender-nos de encontrar nas aguarelas de Scolari, no meio de uma paisagem impoluta, arquitecturas hidráulicas,

---

33. Wolfgang Goethe, *Kampagne in Frankreich*, páginas autobiográficas escritas em 1820; id., *Incomincia la novella storia*, trad. de Edvige Levi Palermo, Ellerio, 1981, p. 122-24; cf. a entrada de 15/16 de Outubro, 1792.
34. Marco Ferraris, *Alfabeta*, 29, 1981.

banhos helioterápicos desertos, cidades de beira-mar sem vivalma, estações de vento, fortalezas aladas, combates subaquáticos, pontes inacabadas, minas abandonadas, estações meteorológicas... Parecem formas de uma arqueologia industrial fantasmagórica, mas aqui as máquinas perfeitas foram abandonadas como inúteis, ou não foram (ainda) inventadas. Evocam a mesma melancolia que se sente quando se visita uma cidadela em ruínas, uma fábrica abandonada, ou o muro atlântico soterrado pela areia. Através das aguarelas de Scolari descobrimos que vivemos hoje ao longo de fantásticas e inúteis linhas Maginot.

No azul cerúleo cristalino de outras aguarelas, passarolas voam, estereótipos de uma tecnologia imaginada herdada da tradição do *Flugapparat* de Arnold Böcklin e do *Letatlin* de Vladimir Tatlin. Pode encontrar-se nelas um último eco do *Manifesto dell'aeropittura futurista* (Manifesto de Aeropintura Futurista, 1929), mas estamos longe das pinturas de Giacomo Balla, Felice Azari, ou Tullio Crali. Não é uma questão de ver o mundo "objectivamente", sobre a tela e nos desenhos de arquitecto, como o vê um piloto num voo ou picada vertical. É antes uma atitude de alguém que sofre do "complexo de Ícaro". De facto, para Alberto Savinio, até "Böcklin era Icariano". Num certo sentido, o voo torna possível ir para além da metrópole doente. É um meio específico para evitar ter de ir "através" dela, como Zaratustra recomendava. Mas este voo permite a descoberta, "desde cima", do eterno retorno de um passado que nunca acaba: existem, por exemplo, as "peças" de arquitectura flutuante. A estas referências específicas outras presenças são acrescentadas, mais atmosféricas e de natureza menos expressiva: o céu azul, a qualidade homérica do mar, a ilha de Ponza como uma ilha dos mortos.

Mito, história, tecnologia: tudo é traduzido em "formas suspensas". Como dizia, o círculo parece ter-se fechado de uma vez por todas. As "aguarelas sob programa" de Scolari também tomam uma posição de "espera", quer dizer, elas exprimem um desejo de paragem. Suspendem, momentaneamente, o fluir das formas: "o estudo da história", diz ele num aforismo, "deve revelar-nos o desmitificado laconismo das formas."[35] Estas aguarelas suspendem a forma, por um breve momento, tanto no espaço como no tempo.

Habitus e *Mnemosyne*

Frequentemente encontramos, hoje em dia, uma tendência específica para expressões heterogéneas, mas que, no entanto, também se podem ligar entre si. Refiro-me à recorrente "ansiedade pela origem", a irresistível "compulsão para

---

35. Massimo Scolari, "Considerazioni e aforismi sul disegno", op. cit.

olhar para trás": arte, mito, mentalidade primordial, pensamento primitivo, eros cosmogónico, a moda "medieval", as teorias dos arquétipos e das formas originais. A tensão actual impele a um infindável olhar para trás, para a primordial unidade original.

O retorno da noção de *poché* (um termo tradicional que os arquitectos das *Beaux-Arts* usavam para designar os vestígios de uma construção no terreno, geralmente desenhada a tinta preta) na *Collage City* de Colin Rowe; o interesse que os arquitectos têm mostrado nas produções da *Académie* e na *École des Beaux-Arts* ao longo dos séculos XVIII e XIX (cf. a exposição do MOMA em Nova Iorque, em 1975); as várias exposições (Berlim Ocidental e Oriental, 1981) e as publicações ilustrando a obra de Karl Friedrich Schinkel; a redescoberta dos escritos de Antoine Chrysostome Quatremère de Quincy (1755-1849), dos quais os *Archives de l'Architecture Moderne* republicaram recentemente *L'Essai sur l'Imitation* (Ensaio sobre a Imitação, Bruxelas, 1980) – esta série de eventos permanece como um sinal inegável de um novo interesse da arquitectura de hoje pelas teorias do clássico e neoclássico.

Qual o significado destas "remissões" para a ancoragem dos indícios arquitectónicos no "fundamento", em relação à teoria clássica da imitação?

Poderá este tipo de reflexão retrospectiva fornecer qualquer material para a construção de novas "regras" a serem seguidas em arquitectura?

A reflexão sobre os referentes da arquitectura, sobre os seus graus de *adequatio*, serão capazes de restabelecer convenções comuns às linguagens arquitectónicas quando todas as "convenções" foram destruídas quer pelo nivelamento de objectivos quer pelo individualismo dos próprios arquitectos?

Há apenas alguns anos, o arquitecto francês Bernard Huet escrevia: "É necessário compreender a posição de Aldo Rossi em relação ao problema da imitação do ponto de vista dos meios colectivos de trabalho. A imitação deve ser vista tanto como uma aproximação a uma comunidade de linguagem como o reconhecimento da natureza tipológica do contexto urbano".[36] Neste caso, como na teoria clássica, o que deve ser imitado é o conhecido, e portanto o convencional, dado que o convencional é o que é conveniente e determina o género convencional e a convencionalidade dos géneros: é o que realiza não tanto a verdade mas antes a verdade aparente (a verosimilhança). O que aparece como verdade, o verosímil, parece verdadeiro porque se mostra como belo. Consequentemente, a arte pode ser verdadeira apenas quando a produção de verosimilitude é bela. Neste sentido, a verdade é necessária

---

36. Bernard Huet, *AMC*, 1, 1983.

como conformidade e concordância a um "significado comum de habitar" e um género convencional de produção. Já podemos ver como a definição de *veritas*, esta *homoiosis*, leva a muitas ambiguidades, dado que se pode perguntar quem é o arquitecto, quem é a autoridade, quem pode definir o significado comum de habitar numa época que evita qualquer consenso social?

Mas esta ambiguidade poderá muito bem ser desejada, aceite como uma fase intermédia e não completamente satisfatória que no entanto leva na direcção certa. De facto, nas teorias de Bernard Huet e Henri Raymond, e muitos outros na Europa, a definição do significado comum de habitar está depositada num realismo antropológico capaz de desenvolver um tipo de habitar "social e convencional", e de se conformar ao *Habitus* do habitante, tornando os seus hábitos "regulares" concretos no espaço, enquanto considera os "modelos culturais" correntes e os meios de produção.[37] Neste caso, o verosímil assume a função do que o sociólogo Parsons chamou 'manutenção de padrões', "a preservação de modelos culturais institucionalizados que constituem o coração de um sistema social ... e que por isso asseguram a continuidade cultural necessária ao funcionamento da sociedade."[38]

Semelhante a este realismo antropológico são também os projectos de Maurice Culot, Léon Krier, e Rob Krier para uma "reconstrução realista" da cidade europeia e os estudos feitos pelo grupo de Bruno Fortier e Antoine Grumbach, os quais, compilando um "atlas de formas urbanas" de Paris, aspiram à reintegração do projecto arquitectónico no processo histórico no qual sublinham sobretudo as impurezas e os lapsos. Este último cometimento, inspirado por uma série de experiências levadas a cabo numa menor escala (pelo menos a nível do método) por Aldo van Eyck, é suposto levar a uma "retórica de menor composição" em arquitectura.

É verdade que durante anos temos tido a pesquisa contínua de Christopher Alexander sobre a "linguagem de padrões" em arquitectura. Em *The Timeless way of Building*, (New York, 1979) Alexander realmente chega a postular a intemporalidade, critério universal do habitar. Toda esta investigação – muito da qual é indigerível, como todas as metodologias dos anos sessenta, que foram construídas como sistemas abstractos inclusivos de toda a informação – alastrou através da tradução

---

37. A noção de *Habitus* foi elaborada por Pierre Bourdieu em *Esquisse d'une théorie de la pratique*, Génova, Droz, 1972, p. 175; cf. Henri Raymond e Marion Seguaud, "L'espace architectural: approche sociologique," in *Une nouvelle civilisation, hommage à Georges Friedmann*, Paris, 1973; H. Raymond, "Habitat, Modèles culturels et architecture", in *L'Architecture d'Aujourd'hui*, 174, 1974; Bernard Huet, "Modèles culturels et architecture," in *Modèles culturels-Habitat*, J. C. De Paule e Bernard Mazerat, ed., Paris, CERA, 1977; Bernard Huet, "The city as dwelling space: alternatives to the Charter of Athens", in *Lotus International*, 41, 1984, p. 6-16.

38. Cit. sem ref. por Mikel Dufrenne, "Arte e natura," in Mikel Dufrenne e Dino Formaggio, *Trattato di Estetica*, vol. II, Milano, Mondadori, 1981, p. 34.

italiana de *Notes on the Synthesis of Form* (1967). Felizmente para nós, em 1980 foi dada uma oportunidade ao arquitecto de construir um *Café* sobre o Danúbio ao pé de Linz, durante a exposição *Fórum Design*. Ainda que modesta, a construção foi bem sucedida, não porque (apesar do que o próprio Alexander diz) as suas "grelhas" de padrões extremamente complicadas tenham sido aplicadas, mas porque as suas reflexões anteriores sobre modos de habitar o levaram também a reflectir nos aspectos mais minuciosos da vida dentro de um edifício: "por exemplo, a janela grande aberta ao sol de Verão, as varandas e janelas dando para o rio, os bancos sob as janelas, a série de compartimentos e espaços que formam a entrada, as pequenas alcovas para privacidade e intimidade ... e também os padrões maiores ... as séries de espaços para sentar, a área de circulação, a variação na altura dos tectos, a posição das escadas, o uso dos espaços meio dentro meio fora".[39]

O edifício assume um aspecto que em certo sentido é neoclássico – pelo menos de algumas versões "confortáveis" de neoclássico, tais como encontramos nos interiores de Schinkel. E no entanto o arquitecto estava indignado na sua resposta às "acusações" de historicismo: "Para mim o edifício não faz referências conscientes a qualquer edifício do passado. Porque é que, então, parece reminiscente de um edifício tradicional? Por uma razão muito simples. Há alguns factos sobre o espaço a que qualquer construtor que entenda qualquer coisa de construção não poderá deixar de fugir". O Linz Café está conscientemente baseado nesses factos de construção, que são necessários ao conforto humano: é por isso que o Café parece um edifício antigo – não por copiar um edifício antigo, mas porque está baseado nas mesmas regras. A essência das proposições de Alexander é a seguinte: as regras intemporais da arquitectura podem ser inferidas de uma análise fenomenológica dos modelos de "boa vida". Por detrás desta consideração está uma variante do pensamento antropológico subjacente às teorias arquitectónicas mencionadas anteriormente (Rossi, Huet, etc.): também neste caso, o padrão a ser imitado é o agregado existente do conjunto de padrões. E daí o facto de "habitar preceder construir" como tem sido constatado.[40]

Habitar e construir

A assunção de uma fenomenologia da "boa vida", como referente singular, modelo arquitectónico singular, implica, no entanto, uma perda inevitável: a perda da própria ideia arquitectónica. Como Aristóteles explica na *Metafísica*, "O início

---

39. Christopher Alexander, *Das Linz Café*, New York, Oxford University Press; Wien, Locker Verlag, 1981.
40. Gianni Vattimo, "Abitare vienne prima di costruire," *Casabella*, 485, 1982; é uma referência óbvia ao ensaio "Bauen, Wohnen, Denken" de Martin Heidegger, publicado em *Vorträge und Aufsätze*, trad. ing.: "Building, Dwelling, Thinking" in *Poetry, Language, Thought*.

(*Arché*) é o que nós chamamos o ponto inicial de todas as coisas."[41] O *Arché*, apenas para relembrar, era a condição metafísica requerida que tinha de ser determinada de forma a colocar a questão da construção em termos de complementaridade, modelo e origem. Que esta "deterioração moderna" (como lhe chamou Daniel Payot[42]), que tem estado aceite implicitamente desde o século XIX e propagandeada nos anos vinte e trinta, não é coisa nova fica provado pelo ênfase insistente que os arquitectos colocaram, quase como num exorcismo, no carácter primordial da *Arché* e da dignidade dos mais majestosos *Archai*. Em contraste, como Jean-Louis Viel de Saint-Maux escreveu em finais de 1700: "Os antigos, contrariamente a nós, não confundiam Arquitectura sagrada com a arte de construir habitações privadas; esta arte nada tinha a ver com a Arquitectura dos Templos e Monumentos."[43]

Adolf Loos reafirma isso mesmo em 1910. Para Loos, arquitectura é apenas *Grabmal* (sepultura) e *Denkmal* (monumento); "A casa deverá agradar a todos. Ao contrário da obra de arte, que não tem de agradar a ninguém."[44] A mesma ideia foi desenvolvida por Alberto Savinio: "A arquitectura está espelhada no tempo. O acontecimento de cada época reflecte-se na sua arquitectura. As relações entre tempo e arquitectura são idênticas à relação entre mar e céu. Porque é que persistimos em dizer que a arquitectura é uma arte?." Neste exemplo, a arquitectura em questão é a da casa, portanto não sendo arte, já que "a arte olha para fora da casa ... A arte vem de fora e vai para fora."[45] Recentemente, Bernard Teyssèdre, um reconhecido historiador de arte francês, escreveu: "A obra de arquitectura não pertence ao mesmo campo da habitação."[46]

Esta deterioração, esta "perda do centro", tem, desde o tempo da *Neues Bauen*, sido considerada "necessária", qualquer coisa que tem de ser: o arquitecto e o filósofo descobriram a ausência de um ponto privilegiado a partir do qual colocar a questão da origem do arquitectónico. O carácter primordial dos *Archai* parece uma finalidade ilusória neste ponto. Deste *fait accompli* podemos retirar duas observações: por um lado, há ainda uma necessidade urgente de dar um novo significado ao humilde (*schlicht*, de acordo com Heidegger) tectónico (quer dizer, o grego

---

41. Aristóteles, *Metafísica*, trad. de J. Tricot, Vrin, 1970, vol. I, 1012 b 39; tb. cit. por Daniel Payot, *Le philosophe et l'architecte*, p. 105.
42. Cf. Daniel Payot, *Le philosophe et l'architecte*, passim.
43. Jean-Louis Viel de Saint-Maux, *Lettres sur l'architecture*, Paris, Bruxelles, II carta, 1787, p. 12.
44. Adolf Loos, "Architecture" (1910), in *Paroles dans le vide: Malgré tout*, trad. de C. Heim, Paris, Éd. Champs Libré, 1979, p. 226; ed. original *Sämtliche Schriften. Erster Band: Ins Leere gesprochen (1897-1900); Trotzdem (1900-1930)*, Wien e München, Verlag Herold, 1962.
45. Alberto Savinio, *Ascolto il tuo cuore, città* (1944), Milano, Adelphi, 1984, p. 172.
46. Bernard Teyssèdre, *L'esthétique de Hegel*, Paris, PUF, 1958, p. 31; cit. por Daniel Payot, *Le philosophe et l'architecte*, p. 10.

techne) pela construção de um outro conceito de construção a partir das múltiplas linguagens do habitar.[47] Por outro lado, a memória, a recordação do que foi a "idea" de arquitectura para os Gregos e os Romanos (e Schinkel) persiste: uma ideia baseada no preconceito, e cujo desaparecimento foi aplaudido talvez demasiado precipitadamente.

"Repetir formas antigas": sim, mas como explica Gilles Deleuze,[48] repetição como pensamento de futuro é oposto à antiga categoria da reminiscência e à moderna categoria do *Habitus*. O *Habitus*, uma síntese passiva do tempo como presente vivido, é a memória dos usos no espaço. O *Habitus* dissipa a repetição de acordo com um presente habitual, através do ciclo do hábito. A reminiscência (*Mnemosyne*), a síntese activa do tempo como puro passado, organiza a repetição através de um ciclo memorial e imemorial. E no entanto, na repetição, qualquer que seja a escolha, a coisa é reduzida à diferença que contém em si. Os termos da aventura actual são os de repetir modelos historicamente irrepetíveis de forma a respigar deles essa diferença.

---

47. Martin Heidegger, *Vorträge und Vorsätze*; id., *Essais et conférences*, trad. de André Préau Paris, Gallimard, 1958.
48. Gilles Deleuze, *Différence et répétition* (1968), 3.ª ed., Paris, PUF, 1976, p. 125-26; id., *Diferença e repetição*, trad. de Luiz Orlandi, Roberto Machado, apres. de José Gil, Lisboa, Relógio d'Água, 2000.

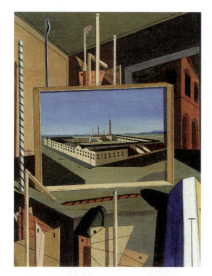
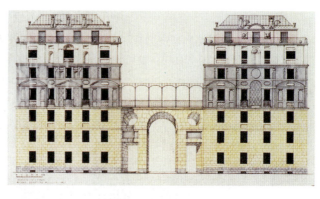

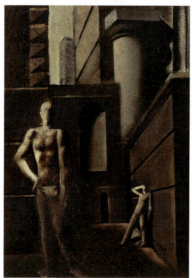

Ansiedade pela origem: notas sobre programa arquitectónico

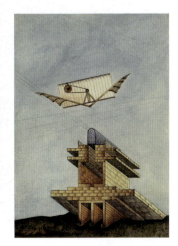
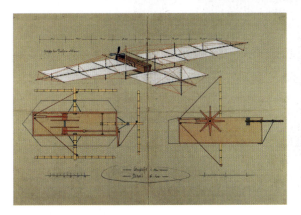

01 02 | 06 07 08
03 04 | 09 10
05

01 Giorgio De Chirico, *Intérieur métaphysique (avec grande usine)*, 1916, óleo sobre tela, Stuttgart Staatsgalerie (Magdalena Holzhey, *Giorgio De Chirico, 1888-1978*, Köln, Taschen, 2005).

02 Giovanni Muzio, Ca' Brutta, Milão, Alçado sobre Via Turati, 1922, Arquivo Muzio (*Il modo italiano: design et avant-garde en Italie au XXe siècle*, Giampero Bosoni, ed., Milano, Skira, 2006).

03 Gigiotti Zanini, *A Cidade (La città)*, 1922, colecção privada (*Il modo italiano: design et avant-garde en Italie au XXe siècle*, Giampero Bosoni, ed., Milano, Skira, 2006).

04 Mario Sironi, *Construtores (I costruttori)*, 1930, Casa Museu Boschi di Stefano, Milão (*Il modo italiano: design et avant-garde en Italie au XXe siècle*, Giampero Bosoni, ed., Milano, Skira, 2006).

05 Bruno Taut, "A Noite na Montanha" ("Die Bergnacht"), *Alpine Architektur*, 1918, desenho original, aguarela sobre papel (Matthias Schirren, *Bruno Taut: Alpine architecture: ein Utopia = a utopia*, München, London, Prestel, 2004).

06 Fausto Melotti, Teatrino angoscia, 1961, Museo d'Arte Moderna, Trento e Rovereto (*Il modo italiano: design et avant-garde en Italie au XXe siècle*, Giampero Bosoni, ed., Milano, Skira, 2006).

07 Aldo Rossi, *The Little Scientific Theater*, 1978, vários media (*Aldo Rossi*, Alberto Ferlenga, ed., Köln, Konemann, 2001).

08 Massimo Scolari, *Gas Station Inn*, 1975, aguarela sobre cartão (*Scolari*, Venezia, IUAV, 2002).

09 Arnold Böcklin, *Der fertige Flugapparat*, 1894, (Skizze von Carlo Böcklin); (*Die Kunst des Fliegens: Malerei, Skulptur, Architektur, Fotografie, Literatur, Film*, catálogo da exposição, Boto-Michael Baumunk, Maria Christina Zopff, eds., Ostfildern-Ruit, C. Hatje, 1996).

10 Tullio Crali, *Incuneandosi nell'abitato (Dalla carlinga)*, 1939, colecção privada (*Il modo italiano: design et avant-garde en Italie au XXe siècle*, Giampero Bosoni, ed., Milano, Skira, 2006).

Norma e tipo. Variações sobre Riehl, Demolins e Schultze-Naumburg

"O característico da arquitectura é formular o típico. A tipificação recusa o desordenado e procura a ordenação."

Hermann Muthesius, 1914[1]

Durante o período pós-guerra, o historiador de arte italiano Giulio Carlo Argan publicou um influente artigo sobre "tipologia", numa enciclopédia de arte.[2] A noção de tipo em arquitectura fora discutida por muitos autores, incluindo Antoine Quatremère de Quincy na entrada que redige na *Encyclopédie Méthodique. Architecture* (1825), por acaso citada por Argan e estudada por historiadores como Rudolph Wittkower e Hans Sedlmayr, a quem Argan também se refere.[3] Nada há de questionável na revisão de Argan sobre a noção do tipo arquitectónico em si, que aliás forneceu a base teórica para as explorações de arquitectos como Aldo Rossi e Rafael Moneo.[4] Contudo, surge um problema ao aplicar o preceito de "tipologia" – em oposição ao "tipo" neoclássico – às plantas de edifícios, reservando o termo "morfologia" para as formas da cidade. A origem nas ciências biológicas de ambos os termos, e sobretudo de "tipologia" que ignora o uso arquitectónico do conceito de tipo desenvolvido durante os séculos XVIII e XIX, é problemática. Argan, de facto, parece ignorar a diferença disciplinar, criando a confusão de terminologia entre "tipo" e "tipologia". Dada a influência do estudo de Argan dos anos 60, muitas vezes mal compreendido, é necessário reexaminar a origem real – e algo embaraçosa – do conceito de tipologia em arquitectura durante o século XIX. Enquanto o renascimento da noção de tipo por Quatremère correspondeu a um regresso da teoria arquitectónica a 'ideais' platónicos, idealistas, a introdução do termo "tipologia"

---

1. "Es ist das Eigentümliche der Architektur, daß sie zum Typische drängt. Die Typisierung aberverschmäht das Außerordentliche." Citação de Hermann Muthesisus, in Friedrich Naumann, *Werkbund und die Weltwirtschaft. Der Werkbund-Gedanke in den germanischen Ländern*, Jena, 1914; citado em Julius Posener, ed., *Anfänge des Funktionalismus: von Arts and Crafts zum Deutschen Werkbund*, Berlin, Ullstein, 1964, p. 199 e ss.; in *Zwischen Kunst und Industrie. Der Deutsche Werkbund* (catálogo da exposição), München, 1975, p. 85 e ss.; e em Hanno-Walter Kruft, *A History of Architectural Theory, from Vitruvius to the Present* [1985], trad. ing., New York, Zwemmer, Princeton Architectural Press, 1994, p. 371.

2. Giulio Carlo Argan, "Sul concetto di tipologia architettonica", *Progetto e Destino*, Milano, Il Saggiatore, 1965, p. 75-81.

3. Antoine Quatremère de Quincy, *Encyclopédie méthodique. Architecture*, 3 vols., vol. I: 1788; vol. II: 1801; vol. III: Paris, Mme Vve Agasse, 1825, artigo "Type".

4. Aldo Rossi, *Scritti scelti sull'architettura e la città, 1956-1972*, Milano, Cooperativa Libraria Universitaria del Politecnico, 1975; segunda edição, Milano, CLUP, 1978; Alan Colquhoun, "Typology and Design Method", *Arena. Journal of the Architectural Association*, vol. 83, 913, Jun.1967; republicado em Charles Jencks e Georges Baird, eds., *Meaning in Architecture*, London e New York, G. Braziller, 1969; Rafael Moneo, "On Typology," *Oppositions*, 13, Verão 1978: p. 22-45.

pôs em circulação, sem conhecimento do autor italiano e dos seus leitores, ideias cuja origem se situavam realmente na etnografia e na criminologia do século XIX.

No início da segunda metade do século XIX, com Gottfried Semper, os arquitectos começaram a procurar um fundamento "científico" para a origem da arquitectura. A noção clássica de arquétipo (desenvolvida, por exemplo, por Quatremère de Quincy) referia-se a protoformas originais tais como o templo ou a basílica, apenas da história grega e latina, enquanto Semper estendia essas proto-formas a diferentes actividades dos homens "primitivos", tais como tecelagem, olaria e carpintaria. Semper foi provavelmente um dos mais proeminentes estudiosos de arquitectura a investigar a produção regional da arquitectura doméstica na Europa. Associava edifícios medievais de nações germânicas do Norte e do Sul a alguns arquétipos. No seu livro *Der Stil* (1860-1863), desenvolveu particular interesse por edifícios tipo *Fachwerk*; estes edifícios combinam carpintaria estrutural, *Gezimmer*, com alvenaria, *Gemäuer*, tanto em pedra como em tijolo, bem ilustrada pelas gravuras de uma fábrica em Effretikon, perto de Zurique.[5] Esta investigação sobre o primitivo prosseguiu depois na obra de Viollet-le-Duc *Histoire de L'Habitation Humaine* (1875), onde se considera que as primeiras casas foram as dos "Aryas" (querendo ele dizer Arianos), que construíram paredes e tectos usando barrotes e depois pedras.[6] A partir da segunda metade do século XVIII, pelo estudo da língua parse e do sânscrito, viajantes, como o francês Abraham Hyacinthe Anquetil-Duperron e o poeta e jurista inglês William Jones, conseguiram traçar afinidades entre aquelas línguas, o grego e o latim. Isto conduziria lentamente à criação de uma nova genealogia das nações europeias, permitindo, por exemplo, a um autor como Henri Martin, pensar "na grande família indo-europeia (...) da qual parecia que Ariya, aquela terra sagrada das primeiras épocas, teria sido o berço".[7] Foi em França, pelo trabalho do paleontólogo barão Georges Cuvier, e mais tarde pelo historiador Jules Michelet, que a diferença entre o mundo semita e o mundo indo-germânico foi colocada em termos

---

5. Gottffled Semper, *Der Stil in den technischen und tektonischen Künsten, oder praktische Aesthetik, ein Handbuch für Techniker, Künstler und Kuntsfreunde,* 2 vol.: I. *Die textile Kunst, für sich betrachtet und in Beziehung zur Baukunst,* Frankfurt a. M., Verlag für Kunst und Wissenschaft, 1860; II. *Keramik, Tektonik, Stereotomie, Metallotechnik, für sich betrachtet und in Beziehung zur Baukunst,* München, F. Bruckmann 1863); 2.ª ed., München, F. Bruckmann, 1878-1879, 2 vol.; id., *Lo stile nelle arti tecniche e tettoniche o estetica pratica. Manuale per tecnici, artisti e amatori,* Roma, Editori Laterza, 1992, p. 239-250.

6. Eugène-Emmanuel Viollet-le-Duc, *Histoire de l'habitation humaine depuis les temps préhistoriques jusqu'à nos jours,* Paris, Hetzel et Cie., 1875, p. 20; id., *The Habitations of Man in all Ages,* trad. de Benjamin Bucknall, Boston, James R. Osgood and Co., 1876, p. 8-23; Viollet-le-Duc possuía uma cópia de *Der Stil,* de Semper; ver tb. *Catalogue des livres composant la bibliothèque de feu M. E. Viollet-Le-Duc (...) dont la vente aura lieu du mardi 18 au lundi 31 mai 1880 (...),* Paris, A. Labitte, 1880.

7. Léon Poliakov, *The Aryan Myth: A History of Racist and Nationalist Ideas in Europe,* trad. de Edmund Howard, New York, Basic Books, 1974, p. 189-90 e 35; id., *O mito ariano: ensaio sobre as fontes do racismo e dos nacionalismos,* trad. de Luiz João Gaio, São Paulo, Perspectiva, 1974.

de luta. Na Alemanha, um dos mais influentes promotores do "indo-germânico", ou mito ariano, foi Jacob Grimm que, na sua clássica *Geschichte der Deutsche Sprache* (1848), introduziu um capítulo intitulado "Imigração", onde fez um relato sobre os sucessivos invasores da Europa vindos do Leste.[8] Esta oposição, apresentada como uma tese científica, foi confirmada pelos escritos de outros "indomaníacos", como o escritor Ernest Renan, o ideólogo oficial da Terceira República. Foi esta perigosa mistura de história, linguística e arqueologia que contribuiria para edificar, através da leitura de Charles Darwin por Herbert Spencer, o duradouro mito do Ariano.[9]

Novos arquétipos

Na sua *Histoire d'un dessinateur* (1879), Viollet-le-Duc dedicou dois capítulos àquilo a que chamou "lições sobre anatomia comparativa", à semelhança das lições do biólogo francês Georges Cuvier.[10] No *Dictionaire de l'Architecture*, a sua concepção organicista de arquitectura assemelhava-se muito à noção anatómica da correlação dos órgãos de Cuvier e à subordinação de caracteres.[11] Um órgão existia apenas em relação ao conjunto e cada forma podia explicar-se apenas pelo seu lugar, ou colocação, no sistema. Para Viollet-le-Duc, tal como para Goethe, havia um princípio formal inicial na arte, comparável àquele que o cristalógrafo René-Just Haüy descobrira em relação aos minerais e à célula duma planta. Não se sabe se Viollet-le-Duc conhecia o trabalho de Etienne Geoffroy-Saint-Hilaire, ou do seu colega Henri Dutrochet, que pensava que os vegetais e os animais tinham a mesma estrutura celular nas suas origens, no interior dos seus diferentes tecidos.[12] Supunham que as células se aglomeravam pela pressão, que lhes conferia uma forma poligonal, semelhante à forma que havia forjado a arquitectura gótica segundo Viollet-le-Duc. Na *Histoire d'un Dessinateur*, publicou uma imagem de

---

8. Ibid., p. 298-9.

9. Para uma análise da obra seminal de Charles Darwin, *A Expressão das Emoções no Homem e nos Animais*, trad. de José Miguel Silva, rev. de Frederico Sequeiro, Lisboa, Relógio d'Água, 2006; ver Alessandra Ponte, "Fisiognomica" in *Dizionario critico illustrato delle voci più utili all'architetto moderno*, Luciano Semerani, ed., Faenza, Edizioni CELI, 1993, p. 35-39.

10. Eugène-Emmanuel Viollet-le-Duc, *Histoire d'un dessinateur, comment on apprend à dessiner*, texto e desenhos por Viollet-le-Duc, Paris, Bibliothèque d'éducation et de récréation, 1879.

11. Eugène-Emmanuel Viollet-le-Duc, *Dictionnaire raisonné de l'architecture française du XIe au XVIe siècle*, Paris, B. Bance, depois, A. Morel, 1854-1868, 10 vol.

12. Etienne Geoffroy-Saint-Hilaire, "Sur des écrits de Goethe lui donnant des droits au titre de savant naturaliste", *Annales des sciences naturelles*, Fevereiro 1831, 192; Henri Dutrochet, *Mémoires pour servir à l'histoire anatomique et physiologique des végétaux et des animaux*, Paris, J.-B. Baillière, 1837; ver François Duchesneau, *Genèse de la théorie cellulaire*, Montréal, Bellarmin; Paris, Vrin 1987, p. 21; *Vitalisms: from Haller to the Cell Theory: proceedings of the Zaragoza symposium*, XIXth International Congress History of Science, 22-29 August 1993, Guido Cimino, François Duchesneau, ed., Firenze, L. S. Olschki, 1997; e Laurent Baridon, *L'imaginaire scientifique de Viollet-le-Duc*, Paris, Editions L'Harmattan, 1996, p. 101-105.

tubos de borracha comprimidos, que haviam adquirido uma secção hexagonal.[13] Esta é exactamente a lei da compressão celular descoberta por Dutrochet. Enquanto a arquitectura do futuro teria de ser orgânica, estava ainda por descobrir como as suas habitações seriam construídas.

Viollet-le-Duc acreditava que o tipo primitivo da arquitectura no ocidente era o *chalet*, a habitação rural alpina que Jean-Jacques Rousseau descrevera pela primeira vez na sua *Nouvelle Héloïse*.[14] Uma fonte óbvia para a *villa* suburbana e de veraneio, o *chalet* suíço em França ou na Alemanha era o equivalente ao *cottage* na Inglaterra. No seu artigo sobre a "casa", publicado no *Dictionaire de l'Architecture*, Viollet-le-Duc afirmava que a habitação no Ocidente era a expressão do sentimento de distinção de cada família; a casa ocidental era um símbolo do individualismo moderno, e assim "edifício individual".[15] Acrescentou, "todos desejam a sua própria casa". Inicia então uma peculiar genealogia do *chalet*, cujo interesse de estudo era ser a estrutura mais próxima do abrigo primitivo, pelo menos na Europa.[16]

É possível postular a influência sobre Viollet-le-Duc do *Essai sur l'inégalité des races humaines* (1853-1855), obra do autoproclamado "conde" Joseph-Arthur Gobineau, a qual expunha uma genealogia das migrações arianas e a teoria da superioridade das raças nórdicas germânicas.[17] Viollet-le-Duc sugeriu que eram as carruagens destes nómadas (casas itinerantes que se fixavam num determinado local) que forneciam o arquétipo para o *chalet* suíço, a cabana muscovita e a barraca de lavoura norueguesa.[18] Afirmaria mesmo que esta genealogia poderia estender-se às casas rurais da Normandia e dos Vosges, que ainda eram construídas em madeira naquele momento. Também construiu para si próprio a sua versão desta cabana nómada, um *chalet* em Lausanne, chamado *La Vedette* (1874-1876).[19] Como nota Laurent Baridon, o mito arquitectónico do *chalet* era também um mito político,

---

13. Viollet-le-Duc, *Histoire d'un dessinateur*, p. 34.
14. Jean-Jacques Rousseau, *Nouvelle Héloise*, texto fixado por René Pomeau, Paris, Garnier, 1988, 127-130: IV Parte, "Lettre X à milord Edouard".
15. Eugène-Emmanuel Viollet-le-Duc, *Dictionnaire raisonné de l'architecture française du XIe au XVIe siècle*, Paris, France-expansion, 1973; Microform, reprodução da edição de 1854-1868, Paris, B. Bance, depois, A. Morel, 1854-1868, 10 vol., tomo 6, p. 214-300.
16. Viollet-le-Duc, ibid., p. 255-7.
17. Arthur, comte de Gobineau, *Essai sur l'inégalité des races humaines*, apresentação de Hubert Juin, Paris, P. Belfond, 1967.
18. Viollet-le-Duc, *The Habitations of Man in all Ages*, op. cit., 42-43. Ver tb. Stuart Piggott, *Wagon, Chariot, and Carriage: Symbol and Status in the History of Transport*, London, Thames and Hudson, 1992.
19. Jacques Gubler, "Une maison, histoire et contrepoint," in *Viollet-le-Duc et la montagne*, Pierre A. Frey, Lise Grenier, ed., Grenoble, Glénat, 1993, p. 34-42.

provavelmente um dos mais fortes no século XIX, porque era capaz de subjugar as fontes múltiplas da biologia, da etnografia e da história numa única imagem.[20]

Por ocasião da Exposição Universal de Paris de 1889, e pouco depois da conclusão da nova torre de Gustave Eiffel, Charles Garnier, o arquitecto da Ópera de Paris, foi nomeado comissário de uma exposição sobre a história da habitação. Num parque ao longo do Sena, uma série de pavilhões semelhantes a pequenas casas unifamiliares em diversos estilos (assírio-babilónico, etrusco, merovíngio, asteca, eslavo, etc.) ilustravam as formas das habitações em diversas civilizações do passado e do presente. A arqueologia servia de pretexto para a invenção pura, e mesmo o próprio Garnier confessou seguir uma abordagem imaginativa no desenho de cada edifício: "É quase como fechar os olhos e desse modo ver, como que num sonho, como ganharam forma estes tipos do passado."[21] Num livro escrito a seguir à exposição, em colaboração com Adolphe Ammann, professor de História e Geografia no Liceu Louis-le-Grand em Paris, com o título *L'Habitation Humaine*, Garnier duplicou a mescla fantasmagórica e onírica que ele inventara na exposição.[22] Esta mescla foi claramente criada tanto a partir de uma antropologia fictícia como duma definição do conceito de tipo arquitectónico derivada dos métodos intuitivos do artista das *Beaux-Arts*. Garnier não era um cientista e paradoxalmente os seus tipos habitacionais eram quase inteiramente inventados.

Entretanto, pela Europa e nos Estados Unidos, a ideia de tipo tinha de ser apresentada como uma verdade científica proveniente da pesquisa erudita associada à escavação dos sítio arqueológicos. O legado alemão de história cultural (*Kulturgeschichte*) repetiria algumas das hipóteses expostas por Semper e Viollet-le-Duc, como se pode ler na *Die Entwicklungsstufen der Menschheit*, do doutor Franz Carl Müller-Lyer, de 1912: "A casa de madeira era típica da cultura ariana inicial. Segundo [Karl] Weinhold [famoso medievalista alemão, 1823-1901], os Alemães construíram apenas em madeira, daí a ligação da palavra 'bauen' = construir, e 'baum' = árvore."[23] Talvez esta seja uma das fontes da equação controversa de Martin Heidegger entre *Bauen* (construir) e *Wohnen* (habitar), mesmo que ele não

---

20. Baridon, *L'imaginaire scientifique de Viollet-le-Duc*, op. cit., p. 107-117.
21. Ver Alexandre Labat, "Charles Garnier et l'Exposition de 1889: l'histoire de l'habitation", in *1889: la Tour Eiffel et l'Exposition Universelle*, Paris, Editions de la Réunion des musées nationaux, 1989, p. 130-47. Ver tb. Charles Garnier, *À travers les arts* (1869), reimpresso com introdução de François Loyer, *Les ambiguités de Charles Garnier*, Paris, Picard, 1985.
22. A publicação aqui mencionada é: Charles Garnier e Adolphe Ammann, *L'habitation humaine*, Paris, Hachette, 1892.
23. Dr. Franz Carl Müller-Lyer, *Die Entwicklungsstufen der Menschheit. Eine Gesellschaftslehre in Überblicken und Einzeldarstellungen*, Band I-II, München, J. F. Lehmann, 1910-1912); id., *The History of Social Development*, trad. de Elizabeth Coote Lake e E. J. Lake, New York, Alfred A. Knopf, 1921, p. 146.

associasse construção a árvore.[24] Na Alemanha, uma genealogia original foi traçada "cientificamente" ligando cultura e civilização, isto é, a cultura ariana com a casa de madeira (alemã). Assim nasceu um arquétipo, envolto na autoridade da academia.

Mais tarde, em Paris, um Comité para Obras Científicas e Históricas integrado no Ministério da Instrução Pública decidiu no final dos anos 1880 realizar um inquérito às condições das habitações em França. Foi enviado um questionário a todas as regiões e províncias francesas, pedindo – nas palavras de Alfred de Foville, editor do livro subsequente – uma descrição de "casas-tipo" (*maisons-types*) de forma a determinar o modo de viver habitual nas diversas partes de França: "Em quase todas as regiões, há, para uso dos agricultores (sejam proprietários ou não), centenas, milhares de casas, mais ou menos semelhantes, e é esta casa típica, esta unidade característica, que é necessário estudar para definir os seus elementos."[25] Para de Foville, que editou o livro sobre *Les Maisons-types*, "cada região revelou um tipo característico, repetido um milhar de vezes". Contudo a questão importante era saber se o *milieu* influenciou apenas a casa ou se os próprios habitantes influenciaram a sua habitação. "O homem faz a sua casa e, ao fazê-la, tem de colocar nela algo de seu", escreveu de Foville, "porém, com o passar do tempo, também a casa faz o homem, através do envolvimento (*pli*) que ela imprime à sua vida diária. A nossa casa, para nós, e sobretudo para os trabalhadores da cidade e dos campos, é portanto mais do que um espelho: é também um molde e a nossa existência deve-lhe em parte a forma e a direcção que toma."[26] A hipótese de De Foville é assim, uma das influências recíprocas entre *milieu* e habitante. Na sua conclusão sobre a situação da casa contemporânea observou que "cada agregado familiar queria o seu próprio 'lar', os seus próprios alojamentos", testemunhando um desejo unânime pela independência. "Quanto mais individual for a casa", escreveu ele, "mais fácil é de modernizar."[27] De Foville tem interesse porque começou por um inquérito concreto e um levantamento, construiu uma teoria e depois concluiu com um ditame normativo, que é exactamente o que o engenheiro e sociólogo Frédéric Le Play tinha feito com a sua história de tipos familiares e a sua teoria de "local–trabalho–povo".[28] Quase não

---

24. Martin Heidegger, *Sein und Zeit* (1927); id., *Being and Time*, trad. de John Macquarrie e Edward Robinson, San Francisco, CA, Harper, 1962, p. 80; id., *Ser e Tempo*, trad. de Márcia de Sá Cavalcante, Petrópolis, Vozes, 1993.

25. *Enquête sur les conditions de l'habitation en France. Les Maisons-types*, introd. de Alfred de Foville, Paris, E. Leroux éditeur, Tomo I, 1894; Tomo II, com um ensaio de Jacques Flach, Paris, E. Leroux, 1899, p. II.

26. *Enquête (…)*, ibid, p. XIV-XV.

27. *Enquête (…)*, ibid, p. XL.

28. Le Play é citado por Charles Booth e, através dele, teve grande influência no biólogo e fundador dos estudos urbanos ingleses, Sir Patrik Geddes. Alessandra Ponte, "Building the Stair Spiral of Evolution: The Index

é necessário mencionar que o jovem Charles-Edouard Jeanneret (Le Corbusier) foi um ávido leitor do inquérito de De Foville, antes da Primeira Grande Guerra, na Biblioteca Nacional de Paris.

O tipo ideal

Mesmo no início do século XIX o fisiólogo Xavier Bichat expressara a hipótese de que os homens estariam divididos em três diferentes classes, resultando em três diferentes tipos psicofisiológicos. Os três tipos humanos estavam relacionados com três diferentes esferas de agir, pensar e sentir. Esta divisão fundamental conduziu a uma tipologia humana, que abrangia o prático, o racional e o emotivo. Na primeira classe de seres encontravam-se os administradores, os trabalhadores e os engenheiros; na segunda classe, os cientistas; e na terceira, os moralistas, os artistas e os poetas.[29] Esta divisão triádica influenciou as obras de Henri Saint-Simon, que fez derivar a sua própria classificação da dos tipos de Bichat: primeiro vinha o "*Artiste*/ /artista" como criador, em segundo lugar o "*Savant*/sábio" como crítico e erudito e, por fim, surgia o "*Industriel*/industrial" como executivo. Saint-Simon, mais tarde, viria a modificar ligeiramente a sua classificação. As novas aptidões substituíam as velhas ordens, isto é, a nobreza e o clero. A nova aristocracia do talento era dirigida por homens de sensibilidade, mostrando aptidão platónica, incluindo artistas, poetas, líderes religiosos e professores éticos. Depois vinham os que evidenciavam aptidão dirigente, a classe industrial; e por fim, mas não menos importantes, os cientistas, revelando aptidão aristotélica e pertencendo ao tipo cerebral.[30] Para lutar contra a doença da idade moderna, uma época de especialização dominada por indivíduos egocêntricos, egoístas, isolados, tinha de se voltar a um princípio de síntese, transformando a sociedade num todo orgânico. Os meios para esta metamorfose eram a fisiologia social.[31]

Mais tarde, tanto Le Play como Emile Durkheim partilharam a crença de que a ciência da sociedade, ou "ciência social", deveria ser uma ciência normativa. Enquanto

---

Museum of Sir Patrick Geddes", *Assemblage*, 10, 1990, 46-69; tb in *Les Collections. Fables et Programmes*, Jacques Guillerme, ed., Paris, Champ Vallon, 1993, p. 297-307.

29. Frank Edward Manuel, *The Prophets of Paris*, Cambridge, MA, Harvard University Press, 1962, p. 103-148, ver p. 121. Ver tb. Xavier Bichat, *1771-1802, Recherches physiologiques sur la vie et la mort*, Paris, Brosson, Gabon et Cie, An VIII (1799/1800); id., *Indagações physiologicas sobre a vida e a morte*, trad. de Joaquim da da Rocha Mazarem, Rio de Janeiro, Impressão Régia, 1812. Sobre Xavier Bichat (1771-1802), ver Nicolas Dobo, André Role, *Bichat: la vie fulgurante d'un génie*, Paris, Perrin, 1989; e Philippe Huneman, *Bichat, la vie et la mort*, Paris, Presses Universitaires de France, 1998.

30. Frank Edward Manuel, *The Prophets of Paris*, p. 123-129, e 142. Sobre Claude Henri de Rouvroy, conde de Saint-Simon (1760-1825), ver tb. Frank Edward Manuel, *The New World of Henri Saint-Simon*, Cambridge, Harvard University Press, 1956. E o clássico Sébastien Charléty, *Histoire du saint-simonisme (1825-1864)*, Paris, P. Hartmann, 1931.

31. Frank E. Manuel, *The Prophets of Paris*, op. cit., p. 115-118.

para Le Play, católico conservador e defensor da família privada, essa ciência deveria defender a família da usurpação da burocracia política, para Durkheim e seus seguidores, conhecedores do sistema académico francês, as famílias deveriam cooperar com o Estado para promoverem uma espécie de solidariedade orgânica. A sociologia de Vilfredo Pareto, em Itália, de Max Weber, na Alemanha, e de Durkeim, era a resposta das universidades europeias ao desafio lançado pelo marxismo.[32] Contudo, os seguidores de Le Play eram certamente não-marxistas. Um deles, Henri de Torville, um dos fundadores do jornal *La Science Sociale*, aceitou o princípio da observação directa e o uso de dispositivos de classificação. Apesar disso, criticou aquilo que pensava ser o aspecto excessivamente quantitativo do método monográfico de Le Play e pôs de parte os seus três tipos de família: o patriarcal, o radical e o instável.[33] Criou então uma nomenclatura alargada que se tornou um instrumento de dissecação social: "Uma espécie de crivo, que nos permite peneirar todos os elementos dum tipo social e classificá-los de acordo com as suas qualidades."[34] Este novo método poria ênfase na qualidade *versus* quantidade e foi usado por um outro seguidor de Le Play, Edmond Demolins, que estudou, por exemplo, a rota migratória dos nómadas das estepes asiáticas e como a migração determinara o desenvolvimento de novos tipos de famílias e de sociedades, nos seus dois livros sobre *Comment la route crée le type social* (1901-1903). Rejeitando "as três épocas de trabalho" de Le Play (época de pastagens, de maquinaria e de carvão), Demolins pensava que a história do povo das estepes era a chave para a compreensão da origem da civilização ocidental.[35] Os nómadas, fixando-se primeiramente na parte oeste da Escandinávia, evoluíram para um sistema de "famílias individualizadas", que seria depois exportado para Inglaterra, América, Austrália e Nova Zelândia. Isto opunha-se às sociedades mediterrânicas, que ele afirmava terem conservado o tipo de família patriarcal durante muito mais tempo. Para Demolins, a ligação entre nomadismo e individualismo criou a norma, ou o "tipo", que a sociedade moderna seguiria. Deste modo forneceu a base "científica" para a higienização e modernização da família. Não foi por acaso que Demolins

---

32. Zeev Sternhell, *La droite révolutionnaire: les origines françaises du fascisme 1885-1914*, Paris, Éd. Seuil, 1978, p. 21. Ver tb. Françoise Arnault, *Frédéric Le Play, De la métallurgie à la science sociale*, Nancy, Presses Universitaires de Nancy, 1993, sobre tipologia, ver p. 87-99.

33. Ver Frédéric Le Play, "Family types. Patriarchal, Stem, Unstable", *La Réforme sociale*, Tours, Mame, 1872, p. 352-58; agora traduzido por Frédéric Le Play, *On Family, Work, and Social Change*, Catherine Bodard Silver, ed., Chicago, The University of Chicago Press, 1982, p. 259-262. Ver tb. "La Nomenclature sociale", de Frédéric Le Play; "La Science sociale est-elle une science?" por M. Henri de Tourville; "Les Lois du travail," por M. Prosper Prieur, extraído da revista *La Science sociale*, Dezembro 1886, Paris, Firmin-Didot, 1887.

34. Introd. de C. Bodard Silver, in Frédéric Le Play, *On Family, Work, and Social Change*, op. cit., p. 118.

35. Edmond Demolins, *Les grandes routes des peuples; essai de géographie sociale, comment la route crée le type social*, Paris, Firmin-Didot & Cie., 1901-03, 2 vol.; ver tb. id., *Le Play et son œuvre de reforme sociale*, Paris, bureaux de la «Réforme sociale», 1882.

viria a escrever um livro sobre *A quoi tient la supériorité des Anglo-saxons*, que foi imediatamente traduzido para inglês em Nova Iorque, em 1899.[36] O novo "tipo" ideal de família e agregado familiar viria a ser norte-americano: espontâneo por tradição, individualista e não-conformista, autogovernado e auto-suficiente, e empreendedor. Por volta do mesmo ano, curiosamente, Max Weber define a sua noção de "tipo ideal", tentando conferir objectividade científica à selecção, determinação e definição usadas numa análise sócio-científica de grupos de pessoas. "Um tipo ideal", escreveu, "é formado por uma 'acentuação' unilateral de um ou mais pontos de vista, e pela síntese de muitos fenómenos 'concretos individuais', muito difusos, discretos, mais ou menos presentes e ocasionalmente ausentes, que estão dispostos de acordo com aqueles pontos de vista enfatizados unilateralmente numa construção 'analítica' unificada."[37]

Entretanto, um outro género de "tipologia" arquitectónica teve origem em França. O Conselho Municipal de Paris decidiu, em Dezembro de 1893, criar um "ficheiro sanitário" (*casier sanitaire*) das casas, semelhante ao registo criminal do indivíduo. A ideia já havia sido anunciada por John Simon, o Delegado de Saúde em Londres, em 1849, e desenvolvida por John Snow, que desenhou mapas da cidade em 1855 mostrando as moradas daqueles que haviam morrido de cólera.[38] Em Paris, a tarefa foi confiada a Paul Juillerat, chefe do Departamento de Higienização, que organizou os ficheiros confrontando vários géneros de dados: administrativos (plantas de casas), técnicos (plantas de drenagem), estatísticos (demográficos) e científicos (qualidade da água potável).[39] Juillerat juntou a tradicional descrição de edifícios aos ficheiros médicos, criando um observatório que se dedicava a factos inquestionáveis.[40] A compilação de dados de Juillerat assemelhava-se em vários

---

36. Edmond Demolins, *A quoi tient la supériorité des Anglo-saxons*, Paris, Firmin-Didot et Cie, 1897; id., *Anglo-Saxon superiority: to what it is due*, trad. de Louis B. Lavigne, New York, R. F. Fenno & Company, 1899. id., *Os anglo-saxões: causas da sua superioridade*, trad. de João do Minho, Porto, Comp. Portugueza, 1917.

37. Susan J. Hekman, *Weber, the Ideal Type, and Contemporary Social Theory*, Notre Dame Indiana, University of Notre Dame Press, 1983, p. 31: ênfase do autor. Ver tb. Rolf E. Rogers, *Max Weber's Ideal Type Theory*, New York, Philosophical, 1969.

38. Lion Murard e Patrick Zylbermann, *L'Hygiène dans la République. La santé publique en France ou l'utopie contrariée (1870-1918)*, Paris, Fayard, 1996, p. 73-76.

39. Ver Paul Juillerat, "La Tuberculose et l'habitation", relatório apresentado por M. Paul Juillerat e M. Louis Bonnier, *Congrès internacional de la tuberculose*, Paris, p. 2-7, Outubro 1905, Paris, Masson, 1905; id., *Le Choix d'un logement, son aménagement, son entretien*, conferência realizada no Grand Palais, 23 Outubro 1905, na sequência do *Congrès de la tuberculose*; Extracto de "*Progrès médical*", 1, 6 Janeiro 1906, Paris, Rousset, 1906; id., "Une institution nécessaire: le casier sanitaire des maisons", pref. de Dr. Émile Roux, Paris, J. Rousset, 1906.

40. Paul Juillerat e Louis Bonnier, *République française, Préfecture du département de la Seine. Direction des affaires municipales, Rapport à M. le préfet sur les enquêtes effectuées en 1906 [-1907] dans les maisons signalées comme foyers de tuberculose*, Paris, Chaix, 1907-1908, 2 fasc. em 1 vol.; id., *L'Hygiène du logement*, pref. de Dr. Émile Roux, Paris, C. Delagrave, 1909; Paul Juillerat e A. Fillassier, "Dix années de mortalité parisienne chez les enfants de 0 à 14 ans (97.885 décès)", *Revue philanthropique*, 15 Junho 1914, Paris, Masson, 1914; ld., *République française. Préfecture du département de la Seine. Direction des affaires municipales. Rapport*

aspectos ao estudo dos tipos criminais compilados pelo criminologista italiano Cesare Lombroso em *Homo deliquens* (Milão, 1876), e ao arquivo fotográfico usado pela polícia com objectivos de identificação incontestáveis.[41]

Alphonse Bertillon, o criador da antropometria e chefe da Identidade Judicial da Perfeitura de Polícia de Paris, explora entre 1883 e 1889 o problema de os retratos fotográficos da mesma pessoa surgirem profundamente distintos. Para Bertillon, o retrato fotográfico só podia ser usado para identificação se fossem selecciona-dos os traços principais da pessoa a ser fotografada. Aquelas singularidades tinham de ser descritas por palavras, para que se pudesse enumerar os pormenores dum rosto, e daí a importância daquilo a que ele chamaria "retratos fotográficos falantes" ou "parecenças falantes" (*portraits parlés*), nos quais o vocabulário não define as características em permanente mudança dos seres reais, mas apenas os elementos peculiares revelados pela impressão fotográfica. Agora é possível "narrar" um rosto, e este narrar tornar-se um comentário não sobre uma face real, mas sobre uma fotografia. Para ultrapassar o facto de a fotografia não poder reproduzir as múltiplas fases do envelhecimento do rosto, Bertillon desenvolveria uma "antropometria sinalética", isto é, a medida, num indivíduo vivo, dos traços característicos e invariantes do corpo. Desprovido do invólucro da carne e reduzido à sua nudez estrutural, o Homem era agora apenas uma combinação de linhas e medidas que podiam ser compiladas num catálogo ou dispostas num diagrama.[42]

Tipos morfológicos

A fisiologia do cérebro e craniologia de Franz Joseph Gall estão na origem de todos estes estudos. Gall afirmava que as qualidades morais e as faculdades intelectuais do

---

à M. le préfet sur les recherches effectuées au bureau du casier sanitaire pendant l'année 1908 [1909, 1910, 1915-1916-1917], relatives à la répartition de la tuberculose et du cancer dans les maisons de Paris, Paris, imprimerie de Chaix, 1909-1918, 4 vol.

41. Cesare Lombroso, *L'Uomo delinquente studiato in rapporto alla Antropologia, alla Medicina Legale ed alle discipline carcerarie*, Milano, Hoepli, 1875-76; e outras edições, Torino, Fratelli Bocca, 1884, depois, 1889; id., *L'Homme criminel*, Paris, F. Alcan, 1882, e depois: 1887, 1895; Gina Lombroso-Ferrero, *Criminal Man, According to the Classification of Cesare Lombroso*. Resumido por Gina Lombroso-Ferrero, New York, Putnam, 1911; Cesare Lombroso, com Giuseppe Ferrero, *La femme criminelle et la prostituée*, trad. de Louise Meille, Paris, F. Alcan, 1896, reimpressão da edição, Grenoble, Jérôme Millon, s.d.; id.,*The Female Offender*, introd. de W. Douglas Morrison, New York, D. Appleton, 1895; ver os estudos de: Renzo Villa, *Il deviante e i suoi segni: Lombroso e la nascita dell'antropologia criminale*, Milano, F. Angeli, 1985, sobre tipologia, ver p. 184-195; Nancy Anne Harrowitz, *Antisemitism, Misogyny, & the Logic of Cultural Difference: Cesare Lombroso & Matilde Serao*, Lincoln, University of Nebraska Press, 1994.

42. Alphonse Bertillon, *La photographie judiciaire: avec un appendice sur la classification et l'identification anthropométriques*, Paris, Gauthier-Villars, 1890. Ver tb. Henry T. F. Rhodes, *Alphonse Bertillon. Father of Scientific Detection* (1956), New York, Greenwood Press, 1968, esp. 102-109; e *Alphonse Bertillon's Instructions for taking Descriptions.for the Identificalion of Criminals and others by the means of Anlhropomorphic indications*, trad. de Gallus Muller, New York, American Bertillon Prison Bureau, 1889; republicada, New York, AMS Press, 1977; Christian Phéline, *L'image accusatrice*; Series: Les cahiers de la photographie, Laplume (France): ACCP, 1985; Eugenia Parry, *Crime Album Stories, Paris 1886-1902*, Zürich e New York, Scalo, 2000.

Homem são inatas e que elas dependem da morfologia do cérebro. Reunindo crânios e moldes que comparava e classificava, Gall inventou também uma espécie de psicofisiologia, tentando juntar as 27 faculdades humanas que definira – já não por um denominador comum (como tinha sido tentado no século XVIII), mas por um sistema pertencente especificamente a este ou àquele indivíduo.[43] A organologia de Gall foi expandida pelo seu aluno Johann Caspar Spurzheim (que emigrou para a Grã-Bretanha e morreu de cólera nos Estados Unidos em 1832), o inventor do termo "frenologia", popularizada em moda pelas suas leituras fantasiosas das protuberâncias no crânio.[44] A ambição de Spurzheim era afirmar o valor universal do princípio fisiológico de acordo com o qual a forma corresponde à função.[45] A frenologia, no seu entendimento popular, significava ler o carácter a partir de um ponto de vista craniológico. Por volta de 1830, a título de exemplo, Orson Squire Fowler, juntamente com o seu irmão Lorenzo Niles Fowler, abriu um "Gabinete Frenológico" no número 308 da Broadway, em Nova Iorque. O. Fowler deu consultas de caracterologia por correio, criou uma liga para a reforma do vestuário e desenvolveu vários métodos de hidroterapia.[46] Foi através desta teoria da função criadora da forma que

---

43. F. J. (Franz Joseph) Gall, *Recherches sur le système nerveux en général et sur celui du cerveau en particulier; mémoire présenté à l'Institut de France, le 14 mars 1808, suivi d'observations sur le rapport qui en a été fait à cette compagnie par ses commissaires*, Paris, F. Schoell & H. Nicole, 1809; reimpressão da edição de 1809, Amesterdão, E. J. Bonset, 1967. Ver Georges Lanteri-Laura, *Histoire de la Phrénologie. L'homme et son cerveau selon F. J. Gall*, Paris, Presses Universitaires de France, 1970, 2.ª edição 1993; David de Giustino, *Conquest of Mind: Phrenology and Victorian Social Thought*, London, Croom Heim, Totowa, N.J., Rowman and Littlefield, 1975; Sigrid Oehler-Klein, *Die Schadellehre Franz Joseph Galls in Literatur Kritik des 19. Jahrhunderts: Zur Rezeptionsgeschichte einer Medizinisch-biologisch Begrundeten Theorie der Physiognomik und Psychologie*, Stuttgart e New York, Gus Fischer Verlag, 1990.

44. Johann Gaspar Spurzheim, *The Physiognomical System of drs. Gall and Spurzheim; Founded on an Anatomical and Physiological Examination of the Nervous System in General, and of the Brain in Particular; and Indicating the Dispositions and Manifestations of the Mind. Being at the same Time a Book of Reference for Dr. Spurzheim's Demonstrative lectures*, 2.ª ed., revista e aumentada, London, Baldwin, Cradock, and Joy, 1815.

45. Johann Gaspar Spurzheim, *Phrenology, in Connexion with the Study of Physiognomy Illustration of Characters. 1st American Ed., Improved, to Which is Prefixed a Biography of the Author*, ed., Nahum Capen, Boston, Marsh, Capen & Lyon, 1833; 2.ª ed. americana, revista, Boston, Marsh, Capen & Lyon, 1834; Claudio Pogliano, "Entre forme et fonction: une nouvelle science de l'homme", in: *L'âme au corps. Arts et sciences, 1793-1993* (catálogo da exposição), Jean Clair, ed., Galeries Nationales du Grand Palais, Outubro 1993-Janeiro 1994, Paris, Réunion des Musées Nationaux, Gallimard Electa, 1993, p. 238-265.

46. Orson Squire Fowler, Lorenzo Niles Fowler, *Phrenology Proved, Illustrated, and Applied, Accompanied by a Chart (...) Together with a View of the Moral and Theological Bearing of the Science. By O. S. & L. N. Fowler, Assisted by Samuel Kirkham*, New York, impresso para os autores, por W. H. Coyler, 1837; id., *Fowler's Practical Phrenology: Giving a Concise Elementary View of phrenology; Presenting Some New and Important Remarks upon the Temperaments; and Describing the Primary Mental Powers in Seven Different Degrees of Development; the Mental Phenomena Produced by Their Combined Action; and the Location of the Organs, Amply Illustrated by Cuts. Also the Phrenological Developments, Together with the Character and Talents, of [ ] as Given by [ ] with References to Those Pages of 'Phrenology Proved, Illustrated, and Applied', in Which Will Be Found a Full and Correct Delineation of the Intellectual and Moral Character and Mental Manifestations of the Above-named Individual*, 1.ª ed., Filadélfia, para venda por O. S. Fowler, New York, L. N. Fowler, e também em muitas livrarias, 1840; id., *The Illustrated Self-instructor in Phrenology and Physiology, with One Hundred Engravings, and a Chart of the Character, as Given by O. S. and L. N. Fowler*, New York, Fowler and Wells, (1849) 1857. Ver John Dunn Davies, *Phrenology. Fad and Science: a 19th-century American Crusade*, New Haven, Yale University Press, 1955; segunda edição, Hamden (Conn.), Archon Books, 1971.

Orson S. Fowler inventou o conceito de uma "casa para todos", convencendo mais de mil americanos a construir uma casa com planta octogonal, a figura que mais se aproxima da perfeição do círculo.[47]

Um outro exemplo duma ligação curiosa entre a arquitectura e a ciência foi o "Familistère", construído pelo industrial André Godin nos arredores da cidade de Guise no norte da França, entre 1858 e 1879.[48] Este filantropo foi um dos seguidores de Charles Fourier, que sonhara (e desenhara) construir um falanstério, um grande edifício para albergar a comuna socialista industrial que iria levar à fundação de uma comunidade-modelo. Estabelecida no campo, as suas unidades teriam contido 1620 pessoas, vivendo em absoluta harmonia através da atracção passional. Godin, um industrial produtor de fogões a carvão e fornalhas em ferro fundido, aderira à "Escola societária" formada por Victor Considérant, um líder entre os seguidores de Fourier, aluno da Escola Politécnica, e autor de muitas publicações, incluindo um livro sobre "Considerações sociais sobre o arquitectónico" (1834 e 1848).[49] Contudo, Godin rejeitou a noção da Falange e tentou adaptar as idiossincrasias de Fourier construindo um "familiastério", literalmente um falanstério para famílias, uma espécie de mosteiro para famílias operárias, organizado à volta de três pátios rectangulares cada um coberto por um tecto envidraçado. No interior, passeios e escadarias permitiriam a circulação necessária, conduzindo aos apartamentos de duas divisões. A cobertura envidraçada permitiria luz, a ventilação era suprida por extracção, a saúde pública era obtida por escoamento do lixo. Fontes com água potável e blocos sanitários eram colocados nos quatro cantos de cada piso junto da escada. Todas as comodidades eram fornecidas: berçário e jardim infantil onde eram postos em prática os novos métodos de Froebel; escolas e um teatro; um compartimento de lavagens com chuveiros, lavandaria e piscina, usando água quente

---

47. Orson Squire Fowler, *Home for All, or, a New, Cheap, Convenient, and Superior Mode of Building*, New York, Fowler and Wells, 1848; id., *A Home for All; or, The Gravel Wall and Octagon Mode of Building*, New York, Fowler and Wells, 1854; id., *The Octagon House; A Home for All*, com nova introd. de Madeleine B. Stern, New York, Dover Publications. 1973; Lanteri-Laura, *Histoire de la Phrénologie*, op. cit., menciona os irmãos L. N. e O. S. Fowler, p. 168-9.

48. Sobre André Godin (1817-1888), ver *Jean-Baptiste André Godin, Le Familistère de Guise ou les équivalents de la richesse. The Familistère at Guise or the equivalents of wealth*, Annick Brauman, Michel Louis, eds., colab. Guy Delabre, Jean-Marie Gautier, 2.ª edição, Bruxelles, Archives d'architecture moderne, 1980; *Jean-Baptiste André Godin et le Familistère de Guise: une utopie socialiste pratiquée en pays picard*, Guy Delabre, Jean-Marie Gautier, eds., Vervins, Société archéologique de Vervins et de la Thiérache, 1983; *Godin et le Familistère de Guise à l'épreuve de l'histoire, papers of the colloquium*, Guise, Guy Delabre, Jean-Marie Gautier, eds., Reims, Presses Universitaires de Reims, 1989.

49. Charles Fourier, Victor Considérant, *L'Avenir. Perspective d'un phalanstère ou palais sociétaire dédié à l'humanité* [d'après le plan de Ch. Fourier. Accompagné d'une description signée: V. Considérant], Bordéus, Imprimerie de H. Faye, s.d.; id., *Considérations sociales sur l'architectonique*, Paris, Les libraires du Palais Royal, 1834; Id., *Description du phalanstère et considérations sociales sur l'architectonique*, 2.ª ed. revista e corrigida, Paris, Librairie sociétaire, 1840; reimpressão, Paris, 1848; reimpressão: id., *Description du phalanstère et considérations sociales sur l'architectonique*, Paris, Guy Durier, 1979; id., *Exposition abrégée du système phalanstérien de Fourier*, 3.ª edição, Paris, Librairie sociétaire, 1845.

reciclada; e um refeitório, uma padaria e diversas lojas e armazém.[50] Como muitos outros durante este período, Godin pensava que as necessidades humanas tinham um lugar preciso nos órgãos do corpo. Por exemplo, podia encontrar-se na parte esfenoidal do crânio a localização para as necessidades de espaço livre, luz e ar puro. Porque o Familistério respondia aos requisitos da vida humana, também contribuía para o progresso dos seus habitantes: "A inteligência é proporcional ao modo como a luz ilumina a casa."[51] De certa forma o "Familistère" de Godin, que passa a ser assunto de romance americano,[52] era uma construção frenológica.

O iminente impulso para comparar crânios com cérebros foi também seguido pelo académico turinense Cesare Lombroso, que analisou de facto as obras deixadas por Kant, Volta, Foscolo e Gauss, no seu livro muito traduzido *Genio e Folia* (Milão, 1869).[53] Usando o princípio da organologia de Gall, Lombroso definiu por meios estatísticos a frequência do tipo criminoso no seio da população de pessoas condenadas e de pessoas honestas. O "tipo delinquente" era definido por *stigmata degenerationis*, o estigma dos degenerados. No seu sistema de antropologia criminal, cada estigma do criminoso contribuía para a constituição do tipo criminoso. O criminoso é-o por natureza e, como um selvagem num país civilizado, é um anacronismo; isolando cuidadosamente aqueles tipos, a sociedade poderia libertar-se deles.[54]

A própria noção de tipo humano, isto é, a ideia duma média fisiológica onde o ideal seria deduzido da observação do comum, tornou-se possível pelo sociólogo belga Adolphe Quételet no seu *Sur l'homme* (1835), no qual propunha os ins-

---

50. Jean-Baptiste André Godin, *La Richesse au service du peuple. Le Familistère de Guise* [Précédé d'une préface par Victor Poupin.], Paris, Librairie de la Bibliothèque démocratique, 1874; id., *La Richesse au service du peuple, le Familistère de Guise,* nova edição por Jean-Baptiste André Godin, Neuilly, Guy Durier, 1979.

51. Jean-Baptiste André Godin, *Solutions sociales,* Paris, A. Le Chevalier, 1871, p. 501; id., *Solutions sociales,* Jean-François Rey, Jean-Luc Pino, ed., Quimperlé, Brittany, França, la Digitale, 1979; id., *Social solutions,* por M. Godin, trad. de Marie Howland, New York, J. W. Lovell company, 1886.

52. "Mrs." Marie Howland, que traduziu o livro de Godin, *Social solutions*, era também autora de um romance, uma obra de ficção fantástica centrada no Familistério: Marie Howland, *Papa's own girl: a novel [Familistere]*, New York, J. P. Jewett, 1874; id., *Papa's own girl: a novel*, New York, John W. Lovell company, 1885; id., *The Familistere [Papa's own girl]*, 3.ª ed., Boston, Christopher Publishing House, 1918; reimpressão: id., *The Familistere; a novel [Papa's own girl]*, com uma nova introd. por Robert S. Fogarty, Filadélfia, Porcupine Press, 1975. Ver tb. a trad. fr. deste romance por Marie-Adèle Moret, mulher de André Godin: Marie Howland, *La Fille de son père, roman américain*, trad. de MM. [Marie Moret], Paris, A. Ghio, 1880.

53. Cesare Lombroso, *Genio e Follia*, Milano, cinco edições entre 1864 e 1894; ver: id., *Geni e Follia, in rapporto alla medicina legale, alla critica ed alla storia,* 4. ed. con nuovi studi sull'arte nei pazzi, sui grafomani criminali, sui profeti e sui rivoluzionari; su Schopenhauer, Passanante, Lazzaretti, Guileau, sulla geografia delle belle arti; sull'azione meteorica ed ereditaria, Roma, Fratelli Bocca, 1882; id., *L'homme de génie, traduit sur la 6. éd. itallienne par Fr.Colonna D'Istria et précédé d'une préface de Ch. Richet*, Paris, F. Alcan, 1889; id., *The Man of Genius*, London, Walter Scott; New York, C. Scribner'son, 1891.

54. Peter Strasser, "Cesare Lombroso: l'homme délinquant ou la bête sauvage au naturel", in: *L'âme au corps. Arts et sciences, 1793-1993* (catálogo da exposição), op. cit., Jean Clair, ed., p. 352-359. Ver tb. *Wunderblock. Eine Geschichte der modernen Seele* (catálogo da exposição), Jean Clair, Cathrin Pichler, Wolfgang Pircher, eds., Sonderausstellung des Historischen Museums der Stadt Wien, Wien, Löcker, 1989.

trumentos estatísticos para a definição dum tipo comum de humano, propondo o conceito do "homem médio" caracterizado como um "ser fictício".[55] Por consequência, as peculiaridades individuais observavam-se agora apenas à luz do significado fisiológico ou de média. Trata-se da inversão da noção de tipo clássica, neoplatónica, que vinha da singularidade para o ideal. A nova antropologia definia singularidade apenas como um tipo quantitativo, definido por estatísticas e médias. Este tipo prosaico, que apagava qualquer individualidade do ser humano, concretizou a figura exemplar do "homem indiferenciado". Assim, Quételet mostrou que a extrema variedade de indivíduos se conformava, para além das suas aparências óbvias, a uma lei geral e invariável. Duas consequências adviram desta filosofia: o corpo é apenas um invólucro impessoal; em segundo lugar, qualquer corpo tem de corresponder à norma.[56] Isto permitiu o melhoramento de métodos de identificação, visto que era agora possível medir a identidade pelo grau de partida da norma estatística. A fotografia tinha sido empregue para fins judiciais desde 1860. Contudo, como já referido, o processo foi criticado visto que duas fotografias da mesma pessoa podiam revelar-se muito diferentes. Este problema foi resolvido pelos estudos de Bertillon, um grande admirador de Quételet.[57]

Seleccionando os principais traços da face por palavras, Bertillon estava a equiparar a imagem com a linguagem. Era, literalmente, uma icono-logia. Sob o seu sistema, apenas uma divergência da média produz anotação. A média, ou a norma, é inexprimível e inefável. A identidade era agora definida pela medição de traços invariantes de corpos vivos, por exemplo, pela medição do crânio. O ser vivo é reduzido a segmentos, que são eles próprios reduzidos à essência de linhas geométricas. Esta combinação de linhas, entrelaçando o orgânico com o geométrico, já não imita mas configura o invisível. Esta geometrização, que também foi experimentada pelas cronofotografias[58] de Etienne-Jules Marey, provavelmente deu aos teóricos e aos artistas a oportunidade de analisar os diversos tipos morfológicos do ser humano,

---

55. Adolphe-Lambert-Jacques Quételet, *Sur l'homme et le développement de ses facultés, ou Essai de physique sociale*, Paris, Bachelier, 1835; Bruxelles, Hauman, 1836; id., *A Treatise on Man and the Development of His Faculties*, Edinburgh, Willi and Robert Chambers, 1842; uma reprodução em fac-símile da trad. ing. de 1842 com introd. de Solomon Diamond, Gainesville, Fla., Scholars' Facsimiles & Reprints, 1969.

56. Adolphe Quételet, *A Treatise of Man*, op. cit., p. 96-103; ld., *Pysique sociale, ou Essai sur le développement des facultés de l'homme* (1869), reedição anotada por Eric Vilquin e Jean-Paul Sanderson, Bruxelles, Académie royale de Belgique, 1997. Ver tb. Philippe Comar, "Les chaînes de l'art", in: *L'âme au corps. Arts et sciences, 1793-1993*, Jean Clair, ed., op. cit., p. 394-40.

57. Esp.: Adolphe Quételet, *Anthropométrie, ou Mesure des différentes facultés de l'homme*, Bruxelles, C. Muquardt, 1870.

58. Marta Braun, *Picturing Time. The Work of Etienne-Jules Marey (1830-1904)*, Chicago, The University of Chicago Press, 1992.

como na obra de Paul Richer *Canon des proportions du corps humain* (1893),[59] ou como no método de atribuição de pintura do coleccionador e conhecedor Giovanni Morelli, baseado nos *motivi sigla* (motivos assinatura); pormenores aparentemente insignificantes, como a representação de cabelo, unhas, ouvidos, etc., permitiam reconhecer a mão de um artista.[60] Esta geometrização do corpo conduziria eventualmente à divisão rectangular do corpo humano de Oscar Schlemmer, produzindo um *Schachtelmensch* ou "homem-caixa".[61]

Foi a redução do corpo a um tipo mensurável de Quételet que permitiu aos arquitectos pensarem na habitação como um lugar que podia ser definido estatisticamente, permitindo o estabelecimento da ideia de normalização. Reduzindo a análise da casa a dados mensuráveis e a um esquema diagramático, os casos sanitários de Paul Juillerat criaram tipos domésticos morfológicos que podiam depois ser usados numa política de intervenção. Naquilo que viria a tornar-se numa nova ecologia urbana, a Administração francesa conseguiu compilar 80 000 fichas representando todos os edifícios residenciais dentro dos muros de Paris entre 1894 e 1904.[62] Estes ficheiros foram usados para localizar o percurso e a origem da doença, casa a casa. Este ficheiro sanitário das casas foi o momento de encontro entre a medicina (o germe, a bactéria, o bacilo) e a sociologia (a habitação insalubre), criando uma nova definição da tipologia baseada não numa narrativa ficcional (os Arianos, por exemplo, ou a estepe), mas em números. O objectivo dos ficheiros era ajudar a erradicar "paredes que matam". Daqui em diante, a autoridade da evidência estabeleceu a "evidência" da autoridade, significando que a autoridade se tornara conspícua pelo

---

59. Paul Richer, Dr, *Anatomie artistique. Description des formes extérieures du corps humain au repos et dans les principaux mouvements*, Paris, E. Plon, Nourrit et Cie, 1890; id., *Anatomie artistique* (...), reprodução em facsímile da edição de Paris, 1890, Paris, Inter-livres, 1988; id., *Anatomie artistique* (...), reprodução em facsímile da ed. de Paris, 1890, Paris, Bibliothèque de l'image, 1996; id., *Canon des proportions du corps humain*, Paris, C. Delagrave, 1893; ld., *Physiologie artistique de l'homme en mouvement*, Paris, O. Doin, 1895; id., *Introduction à l'étude de la figure humaine*, Paris, Gaultier, Magnier et Cie, 1902.

60. Giovanni Morelli, *Della Pittura italiana, studi storico-critici di Giovanni Morelli (Ivan Lermolieff). Le gallerie Borghese e Doria Pamphili in Roma*, Milano, Treves, 1897; id., *Della pittura italiana, studii storico-critici: le Gallerie Borghese e Doria-Pamphili in Roma*, Jaynie Anderson, ed., Milano, Adelphi, 1991; id., *De la peinture italienne: les fondements de la théorie de l'attribution en peinture: à propos de la collection des galeries Borghèse et Doria-Pamphili*, Jaynie Anderson, ed., trad. de Nadine Blamoutier, Paris, Lagune, 1994.

61. Oskar Schlemmer, et al., *Die Bühne im Bauhaus*, 1.ª ed., München, Albert Langen, 1924; reimpressão: Oskar Schlemmer, Laszlo Moholy-Nagy [e] Farkas Molnar, *Die Bühne im Bauhaus*, posfácio de Walter Gropius, Mainz, Berlin, Kupferberg, 1965; e Oskar Schlemmer, *Man: Teaching Notes from the Bauhaus*; editado e introdução por Heimo Kuchling, prefácio de Hans M. Wingler, trad. de Janet Seligman, London, Lund Humphries, 1971.

62. Paul Juillerat, Louis Bonnier, *République française, Préfecture du département de la Seine. Direction des affaires municipales, Rapport à M. le préfet sur les enquêtes effectuées en 1906 [-1907] dans les maisons signalées comme foyers de tuberculose*, Paris, Chaix, 1907-1908, 2 fasc. em 1 vol.; id., *République française. Préfecture du département de la Seine. Direction des Affaires municipales. Rapport à M le préfet sur les recherches effectuées au bureau du casier sanitaire pendant l'année 1908 [1909, 1910, 1915-1916-1917], relatives à la répartition de la tuberculose et du cancer dans les maisons de Paris*, Paris, imprimerie de Chaix, 1909-1918, 4 vol.

uso de dados positivos e factos disponíveis como prova. Esta autoridade redefinida já não era moral, mas científica; como numa tentativa de crime, apresentava evidência legal, instituindo uma nova semiótica da casa. Neste período, houve mesmo uma proposta para se afixar uma placa em cada casa, indicando o seu estado sanitário. Curiosamente, foram os proprietários, um grupo com bastante representação no Parlamento, que derrotaram esta ideia, porque consideravam o estado higienista equivalente ao estado colectivista.[63] No sentido oposto a outros países do Norte da Europa, que atacavam a doença – a tuberculose –, o Governo de França preferiu organizar uma perseguição contra o doente – a pessoa infectada –, demolindo vizinhanças completas, concentrando os seus habitantes em hospitais sobrelotados, ou dispersando-os pela periferia mais afastada das cidades. Este processo de exclusão, baseado na noção de uma população doente, pôde ser facilmente estendido a uma "higiene da raça".[64]

Agregado orgânico

Dum ponto de vista metodológico, a ideia de fincar a história de uma nação com a história do *Volk*, ou Povo, pode ser reportada à obra *Die Naturgeschichte des Volkes als Grundlage einer deutschen Social-Politik*, em quatro volumes, de Wilhelm Heinrich Riehl, escrita entre 1851 e 1855. O título literal era "A História Natural do Povo como fundamento da uma política social alemã", mostrando que a sociologia e a antropologia de folclore (*Volkskunde*), de Riehl, tinha a exacta agenda conservadora de idealizar a vida rural, enquanto defendia as virtudes da organização social neocorporativista. Nos três primeiros volumes da sua maior obra (*Naturgeschichte*), centrada na "terra e povo", "sociedade civil" e "a família", a sociedade alemã era apresentada como uma totalidade orgânica, uma obra de arte natural, que explicava a ligação entre as topografias física e cultural inscritas nas formas da terra.[65] Na tradição de Friedrich Schelling e Johann Gottfried Herder, a exaltação de Riehl sobre o *ethos* (espírito característico dum povo) do povo alemão, que se encontra nas vilas, nas corporações e nas estados da sociedade, era um baluarte contra a socialização burocrática e um antídoto para o equalitarismo revolucionário. Sublinhando a oposição germânica tradicional entre cultura e civilização, Riehl pontificava, "ergo

---

63. Roger-Henri Guerrand, *Le Logement populaire en France: Sources Documentaires et Bibliographie. 1800-1960*, Paris, École Nationale Supérieure des Beaux-Arts, 1979, p. 97.
64. Paul Weindling, *Health, Race and German Politics between National Unification and Nazism, 1870-1945*, Cambridge, Cambridge University Press, 1989.
65. Wilhelm Heinrich von Riehl, *Die Naturgeschichte des Volkes als Grundlage einer deutschen Social-Politik*, Stuttgart, Tübingen, und Augsburg, J. G. Cotta, I vol.: *Land und Leute*, 1854; II vol.: *Die bürgerliche Gesellschaft*, 1855; III vol.: *Die Familie*, 1856; id., *The Natural History of the German People*, David J. Diephouse, ed., Lewistown, The Edwin Melten Press, 1990.

a minha voz em nome dos direitos das florestas, totalmente contra os campos, das montanhas totalmente contra as planícies, duma cultura popular natural sobre uma civilização homogénea".[66] O seu inimigo era o quarto estado, aquilo a que ele chamava o "estado de não-estado", incluindo operários fabris, operários pagos ao dia, burocratas, caixeiros-viajantes, especuladores de mercadorias, vendedores por grosso, intelectuais, jornalistas, judeus e ciganos. Nomeado professor da Faculdade de Ciências Sociais da Universidade de Munique, Riehl apresentou a família quer como modelo quer como metáfora para a sociedade em geral. A própria ideia de família, pensava ele, havia sido desintegrada pela vida moderna na Alemanha, pelo cosmopolitanismo na França, pelo nomadismo dos ciganos no resto da Europa, e pela ausência de raízes na América do Norte, onde a vida de família quase desaparecera por completo "na demanda para ganhar dinheiro".[67]

Central para a noção de declínio e degeneração de Riehl era a velha noção do "agregado familiar completo" (*das ganze Haus*), que tendia a desaparecer quando os membros individuais de uma família se dividiam em grupos diversos. O local do agregado familiar, quer arquitectónico quer na paisagem, continha a família alargada, incluindo não apenas familiares, mas criados e trabalhadores rurais, e impunha "disciplina doméstica" a cada um dos seus membros. "Este agregado familiar alargado", escreveu ele, "estende os benefícios da vida familiar a grupos inteiros que de outro modo estariam sem família (…) Para a estabilidade social da nação como um todo, tal prática é uma questão do mais profundo significado."[68] Afirmando que a renovação da sociedade dependia de uma renovação da casa, rejeitou a moderna arquitectura residencial, que descreveu como "versões em miniatura de propriedades urbanas em caixotes, concebidas para serem tão baratas e rentáveis quanto possível". Riehl lamentava o desaparecimento de átrios grandes, das grandes lareiras familiares e das galerias ornamentadas em cada piso. "É um facto da história da arte", escreveu ele, "que as casas medievais, os castelos e as igrejas eram construídos de dentro para fora, que as formas exteriores e as proporções eram livremente dispostas para corresponder aos requisitos do interior, aos usos práticos do edifício, enquanto que nós, modernos, na nossa maneira doutrinária, rotineiramente construimos de fora para dentro." Referia, como exemplo, os modelos fornecidos pelas "autênticas" casas rurais alemãs e os chamados *chalets* suíços, "que são construídos tendo em vista puramente a utilidade doméstica, contudo, graças à sensibilidade

---

66. Wilhelm Heinrich Riehl, *The Natural History of the German People*, David J. Diephouse, ed., Lewistown, (NY), The Edwin Melten Press, 1990, p. 324.
67. W. H. Riehl, ibid., p. 306-9.
68. W. H. Riehl, ibid., p. 312.

estética instintiva do povo comum, são tão encantadoras como a música folclórica, tão pitorescas como um traje camponês". Estaria Heinrich Tessenow, o arquitecto alemão tradicionalista, a pensar em Riehl quando escreveu, em *Hausbau und Dergleichen* (1916), "Deve construir-se uma casa de dentro para fora."?[69]

Curiosamente, no elogio ao *chalet* suíço, Riehl prefigurava o uso do mesmo exemplo de Semper e Viollet-le-Duc, e ambos estavam de acordo (paradoxalmente, visto que Riehl desprezara as atitudes e os modos franceses) em que a casa do futuro deveria ser construída "de dentro para fora", da mesma maneira que o agregado familiar social. Primeiramente a família tinha de ser reconstituída, para que construísse uma casa à sua própria imagem. "Depois de termos restabelecido uma tradição doméstica sólida", escreveu Riehl, "também emergirá uma nova e orgânica arquitectura residencial e os arquitectos terão dificuldade em explicar exactamente como isso aconteceu – porque o estilo virá ter com eles, e não ao contrário."[70] O agregado familiar orgânico tinha um nome, crescia como uma planta, e era cantado como uma melodia folclórica, enquanto que a casa moderna era mutável e temporária, produzida em massa e, pior ainda, arrendada. Como tal, tornara-se uma mercadoria, desenhada na voragem de uma sociedade urbana mais capitalista. Riehl influenciou bastante os estudos posteriores do agregado familiar e do seu assentamento (*Siedlung*), estudos como os de Friedrich von Hellwald (1842-1892), que escreveu uma história da civilização sob uma perspectiva evolucionista, dedicada a Ernst Haeckel, e considerada uma autoridade nos países germânicos.[71] Mais tarde, von Hellwald viria a escrever um livro sobre a história dos assentamentos humanos (*Haus und Hof*, 1888).[72] Uma boa representação da *Urgermanische Familie* ("a família alemã original") é dada por Wilhelm Baer em *Der vorgeschichtliche Mensch* (1874).[73] Entretanto, um guerreiro germânico wagneriano da idade do

---

69. Heinrich Tessenow, *Hausbau und dergleichen* (edição original 1916), München, Callweg Verlag, 1929; reimpressão da quarta edição (1953), Braunschweg/Wiesbaden, Vieweg & Sohn, 1986, p. 19; id., "Housebuildings and Such Things", trad. de Wilfried Wang, *9H*, 8, 1989, p. 9-33: "Man müsse ein Haus von innen nach außen bauen."

70. W. H. Riehl, Ibid., p. 318-23.

71. Friedrich von Hellwald, *Kulturgeschichte in ihrer natürlichen Entwicklung bis zur Gegenwart*, Augsburg, Lampart & comp., 1876-77, 2 vol.; Leipzig, Friesenhahn, 1896, 2 vol. Sobre a obra de Haeckel (1834-1919), ver Ernst Haeckel (Prof Dr.), *Kunstformen der Natur*, Leipzig und Wien, Verlag des Bibliographischen Instituts, 1899-1904, 3 pt. em 1 v., 100 lâminas; id., *Art Forms in Nature: the Prints of Ernst Haeckel*, München e New York, Prestel, 1998; sobre a influência de Haeckel, ver Christoph Kockerbeck, *Ernst Haeckels 'Kunstformen der Natur' und ihr Einfluß auf die deutsche bildende Kunst der Jahrhundertwende: Studie zum Verhältnis von Kunst und Naturwissenschaften im Wilhelminischen Zeitalter*, Frankfurt e New York, P. Lang, 1986; e Daniel Gasman, *Haeckel's Monism and the Birth of Fascist Ideology*, New York, P. Lang, 1998.

72. Friedrich von Hellwald, *Haus und Hof in ihrer Entwicklung mit Bezug auf die Wohnsitten der Völker*, Leipzig, 1888, ainda não localizei esta publicação.

73. Wilhelm Baer, *Der vorgeschichtliche Mensch: Ursprung und Entwicklung Menschengeschlechtes, für Gebildete aller Stände*, Wilhelm Baer, ed., Leipzig, O. Spamer, 1874, 2 vol.

ferro era associado ao *Tumulus* funerário, em Steinziet, perto de Waldhusen, na *Kulturgeschichte in ihrer natürlichen Entwicklung bis zur Gegenwart* (1876), de Hellwald.[74] Para dar outros exemplos representativos da *Kulturgeschichte*, na mesma obra compilada por 20 autoridades famosas, Ludwig Büchner escreveu um capítulo sobre "Raças e História", expressando crença na capacidade congénita dos "primitivos" para elevar o seu espírito ao nível das ideias abstractas.[75] A presença de Riehl pode também notar-se na obra de August Meitzen, em quatro volumes, *Siedelung und Agrarwesen der Westgermanen und Ostgermanen, der Kelten, Römer, Finnen und Slaven* (Berlim, 1895), que foi causa de grande preocupação para os eruditos franceses contemporâneos, porque estendia o tipo de casa germano-francês a metade da França, negando a existência histórica do modelo galo-romano.[76] Assim, os eruditos estavam já a preparar a guerra seguinte.

Reforma do vestuário

Poderia argumentar-se que as propostas para a reforma da habitação em França, no fim do século XIX, eram menos nostálgicas, ou reaccionárias, do que na Alemanha. A maior influência nessa altura era o movimento de artes e ofícios de William Morris, cujas teorias foram disseminadas pelo Dr. Henri Cazalis, que escrevia sob o pseudónimo de Jean Lahor. Nascido em 1840, Cazalis era um poeta pertencente ao grupo parnasiano.[77] Publicou o seu primeiro poema em 1859 e a sua principal obra literária foi *L'illusion* (1875), reeditada cinco vezes durante a sua vida.[78] Alguns dos seus versos foram musicados pelo compositor Camille Saint-Saëns. Trocou muita correspondência com o seu amigo Stéphane Mallarmé e traduziu obras do alemão,

---

74. Friedrich von Hellwald, *Kulturgeschichte,* op. cit.
75. L. Poliakov, op. cit., p. 273. Ver Ludwig Büchner (Louis Büchner), *Force et matière, études populaires d'histoire et de philosophie naturelles,* 2.ª ed., revista a partir da 8.ª ed. alemã, trad. de A. Gros Claude, Paris, C. Reinwald, 1865; id., *Força e matéria,* trad. de Jaime Filinto, pref. de Victor Davi, Porto, Liv. Chardron, 1991; id., *Conférence sur la théorie darwinienne de la transmutation des espèces et de l'apparition du monde organique. Application de cette théorie à l'homme. Ses rapports avec la doctrine du progrès et avec la philosophie matérialiste du passé et du présent,* trad. de Auguste Jacquot, Leipzig, T. Thomas, 1869; Ludwig (Louis) Büchner, *Lumière et vie. Trois leçons populaires d'histoire naturelle sur le soleil dans ses rapports avec la vie, sur la circulation des forces et la fin du monde, sur la philosophie de la génération,* par le professeur Louis Büchner, trad. de D.r Ch. Letourneau, Paris, C. Reinwald, 1883; id., *Luz e vida: três lições populares de história natural,* trad. de Fernandes Costa, Lisboa, Comp. Nac. Editora, 1889; id., *Darwinismus und Sozialismus, oder der Kampf um das Dasein und die moderne Gesellschaft,* Leipzig, E. Günther, 1894.
76. August Meitzen, *Siedelung und Agrarwesen der Westgermanen und Ostgermanen, der Kelten, Römer, Finnen und Slaven,* 4 vol., Berlin, W. Hertz, 1895. As duas obras de Friedrich von Hellwald *(Haus und Hof,* op. cit.) e de August Meitzen foram criticadas por Jacques Flach, professor no Collège de France, «Etude sur les origines et les vicissitudes historiques de l'habitation en France», in: *Enquête sur les conditions de l'habitation en France. Les Maisonstypes,* introd. de Alfred de Foville, Tomo II, com um ensaio de Jacques Flach, Paris, E. Leroux, 1899, p. 1-97, crítica na p. 7 e 17.
77. Lawrence A. Joseph, *Henri Cazalis: sa vie, son oeuvre, son amitié avec Mallarmé,* Paris, A. G. Nizet, 1972.
78. Henri Cazalis, *L'illusion,* Paris, Alphonse Lemerre, 1875.

italiano e inglês. Cazalis aparece em *Em Busca do Tempo Perdido*, de Marcel Proust, como médico – e poeta – com o nome de Legrandin.[79] Contudo, o seu gosto não se limitava à literatura, mas estendia-se à filosofia, história, belas-artes e música. Educado nas culturas do Extremo Oriente, escreveu uma das primeiras histórias da literatura francesa na Índia, em 1888. Por fim, era também médico, envolvido na terapia psiquiátrica. Sendo também o médico e confidente de Guy de Maupassant (de facto, foi Cazalis quem levou Maupassant para um clínica, após uma tentativa de suicídio do escritor), Cazalis curou o romancista Auguste Villiers de l'Isle-Adam de cancro e Paul Verlaine de esgotamento. O pseudónimo de Cazalis, Lahor, que fascinou Henry James,[80] referia-se de modo misterioso, e em anagrama, a "Le Horla", um pequeno conto de Maupassant em que, num sonho, o mobiliário de uma casa começa a mover-se, adquirindo uma vida fantasmagórica própria.[81]

Escrevendo sob o pseudónimo de Jean Lahor, publicou *W. Morris et le mouvement nouveau de l'art décoratif* (1897), onde o médico descreve a fealdade e a beleza como algo semelhante a uma "atmosfera" ou ambiência, podendo ser contagiante.[82] Na sua obra, referia-se a *Les Lois de l'imitation* (segunda edição, Paris, 1895; traduzida em Nova Iorque, 1903), de Gabriel de Tarde, uma análise sociológica da repetição, adaptação e imitação pelas classes mais baixas, das tradições, costumes e modas das classes dominantes (dando uma história das artes, bem como do luxo, boas maneiras, cortesia e civilidade). Tarde argumentava que o salão do século XVIII "apenas admitiria pares, ou equalizava aqueles que admitia", mostrando que os instrumentos de civilização eram também instrumentos de nivelamento social, geradores de sociedades democráticas, de um tipo de pessoas governadas pela opinião pública.[83] Usando a ideia de Tarde, Lahor pensava que o mau gosto poderia ser transmitido como o bom gosto, através do poderoso instrumento social da imitação. Para que a arte permanecesse elevada e pura era necessário que o medíocre ou vil contágio "vindo de baixo" fosse impedido de se espalhar à mais alta esfera.[84]

---

79. Marcel Proust, *A la recherche du temps perdu*, 3 vol., Paris, Bibliothèque de la Pléiade, 1954, vol. I, p. 67; id., *Em busca do Tempo Perdido*, 7 vol., trad. de Pedro Tamen, Lisboa, Relógio d'Água, 2003-2007.

80. *The Notebooks of Henry James*, F. O. Matthiesen e Kenneth B. Murdock, ed., New York, Oxford University Press, 1955, p. 213.

81. Lawrence A. Joseph, *Henri Cazalis* (...), op. cit., p. 195-203; ver Guy de Maupassant, "Le Horla" (1887), *Contes et nouvelles*, 2 vol., Paris, Gallimard, N. R. F., Bibliothèque de la Pléiade, 1979, vol. ll, p. 913-938.

82. Henri Cazalis (Jean Lahor), "W. [William] Morris et le mouvement nouveau de l'art décoratif", conferência realizada em Genebra na Aula da Universidade, 13 Janeiro 1897, Genève, C. Eggimann, 1897; já publicara um artigo sobre este tópico: "William Morris et l'art décoratif en Angleterre", *Revue encyclopédique*, 15 Agosto 1894, p. 349-359.

83. Gabriel de Tarde, *Les Lois de l'imitation*, 2.ª ed., Paris, 1895); id., *Les Lois de l'imitation*, Paris/Genève, Resources, Slatkine reprint, 1979, p. 409; id., *As leis da imitação*, trad. de Carlos Fernandes Maia e Maria Manuela Maia, Porto, Rés, 1983.

84. Henri Cazalis, Jean Lahor, *W. Morris* (...), op. cit., p. 59.

Em 1901, o médico publicou uma crítica da Exposição Universal de Paris de 1900, apontando o nascimento de uma nova arte, literalmente *l'art nouveau*.[85] A exposição pretendia ser uma afirmação daquilo que os seus inimigos chamariam *vermicelles*, significando o "estilo esparguete" na arte, representado pela obra de Antonio Gaudi, Victor Horta, Henry van de Velde, Emile Gallé, Hector Guimard e Louis Majorelle.[86] Um dos edifícios mais admirados era o salão de dança de Henri Sauvage para as representações de Loië Fuller, que imitava o famoso trajo leve da dançarina.[87] Citando os desenhadores belgas Victor Horta (*Casa do Povo*, Bruxelas, 1898) e Paul Hankar (*Casa para o pintor Ciamberlani*, 1897), Lahor, o seguidor de William Morris, era grande entusiasta desta revolução nas artes, ofícios e *design*, embora, tal como a condenação de Muthesius da linha "correia do chicote" ou curva,[88] ele estivesse um pouco perturbado pela "decoração linear, o *leitmotiv* desta linha curva ou quebrada, esta linha florescente, enrolando-se, ziguezagueando, como que ficando mais leve, temas que a exposição revelava como mais contagiosos do que uma doença".[89] Estas linhas flexíveis, "ondulando como os filamentos de algas", quebradas ou serpenteando, estavam a invadir todas as peças de mobiliário e toda a casa, e "através dessas torsões, dessas danças, atingiam este delírio de curvas para torturar os olhos".[90]

Os comentários de Lahor sobre a natureza sufocante das curvas no desenho inspiraram os reformadores de vestuário, que viam as mesmas constrições no vestuário feminino. Muitos congressos feministas haviam denunciado o espartilho como um instrumento de tortura, começando, por exemplo, por Catherine E. Beecher nas *Letters to the People on Health and Happiness* (Nova Iorque, 1855).[91] Reformadores

---

85. Henri Cazalis, Dr, Jean Lahor, *L'Art nouveau, son histoire, l'art nouveau étranger à l'Exposition, l'art nouveau au point de vue social*, Paris, Lemerre, 1901.

86. Ver: *Art nouveau Belgique* (catálogo da exposição), Société des expositions, Palais des Beaux-arts, Bruxelles, 19.12.1980-15.2.1981, Bruxelles, Européalia, 1980; Debora L. Silverman, *Art Nouveau in Fin-de-siècle France: Politics, Psychology, and Style*, Berkeley, University of California Press, 1989; Françoise Dierkelns-Aubry, Jos Vandenbreeden, *Art Nouveau in Belgium: Architecture Interior Design*, Paris, Duculot, Tielt, Lannoo, 1991; *L'Ecole de Nancy, 1889-1909: Art nouveau et industries d'art*, Nancy, galeries Poirel, 24 Abril 1999-26 Julho 1999, François Loyer, curador, Paris, Réunion des musées nationaux; Nancy, Ville de Nancy, 1999; *Art nouveau: Symbolismus und Jugendstil in Frankreich*, Renate Ulmer, ed., Stuttgart, Arnoldsche, 1999.

87. Para o Théatre de la Loïe Füller, Exposition Universelle de Paris (1900), desenho de Henri Sauvage (arquitecto), Francis Jourdain (decorador), e Pierre Roche (escultor), ver *Henri Sauvage, 1873-1932*, textos de Brian Brace-Taylor, Maurice Culot, Lise Grenier, François Loyer, etc., Bruxelles, Archives d'Architecture Moderne, 1978, p. 105-107; *Henri Sauvage. Les Immeubles à gradins*, François Loyer, Hélène Guéné, ed., Bruxelles, Mardaga, s. d. [1989], p. 14; *The Architectural Drawings of Henri Sauvage: the Works of an Architect-decorator*, Colecções do Institut Français d'Architecture e Archives de Paris, Jean-Baptiste Minnaert, ed., New York, Garland Pub, 1994, 2 vol.

88. Hermann Muthesius, *Style-Architecture and Building-Art: Transformations of architecture in the Nineteenth Century and its Present Condition* [1903], Santa Monica, CA, Getty Center Publications, 1994, p. 86.

89. Henri Cazalis, Jean Lahor, *L'art nouveau (…)*, op. cit., s.p.

90. Ibid.

91. Catharine Esther Beecher, *Letters to the People on Health and Happiness*, New York, Harper & brothers, 1855, ver tb. id., *Physiology and Calisthenics. For Schools and Families*, New York, Harper & brothers, 1856.

como Beecher – e como Orson Squire Fowler – ansiavam substituir o espartilho por um tipo de roupa completamente diferente.[92] A reforma das roupas *"fin de siècle"* (*Reformkleid*) foi também promovida por Paul Schultze-Naumburg – pintor, arquitecto e crítico de arte, que contribuía regularmente para a revista ilustrada *Der Kunstwart*, dirigida pelo seu amigo Ferdinand Avenarius – a cuja conferência Franz Kafka assistira em Praga, em Novembro de 1903.[93] Por volta de 1900, Peter Behrens apresentava novos modelos de vestuário, enquanto Henry van de Velde organizava uma exposição sobre "O melhoramento artístico do vestuário feminino" que uniria as preocupações de estética e de higiene.[94] O próprio Schultze-Naumburg organizara uma exposição semelhante dedicada a um novo trajo feminino, que publicou no seu famoso *Die Kultur des Weiblichen Körpers als grundlage der Frauenkleidung* (Leipzig, 1901).[95] Schultze-Naumburg baseava o seu modelo de vestuário natural em fontes gregas e góticas, e foi também o promotor daquilo que começava a chamar-se *Nacktkultur*, a cultura do nudismo. Defendendo o corpo no seu estado natural, Schultze-Naumburg prefigurava a moda na Alemanha para a prática da natação e do banho de sol nus, que se desenvolvia não apenas como uma reforma higiénica, mas também como uma reacção contra o pudor moral. A reforma do vestuário conduziu a uma reforma do corpo, pensado como uma obra de arte natural. Por exemplo, Schultze-Naumburg também publicou livros promovendo a arte na habitação.[96] O redesenho da mulher moderna fazia parte de uma redefinição da

---

92. Ver "Total abstinence, or no husbands", "Natural waists, or no wives" in Orson Squire Fowler, *Intemperance and Tight Lacing, Considered in Relation to the Laws of Life*, London, J. Watson; Wortley, impresso por Joseph Barker, 1849; ver Cecil Willett Cunnington, Phillis Cunnington, *The History of Underclothes* (originalmente: London, Michael Joseph, Ltd., 1951), agora, New York, Dover Pub. Inc., 1992; David Kunzle, *Fashion and Fetishism: a Social History of the Corset, Tight-lacing and Other Forms of Body-sculpture in the West*, Totowa, NJ, Row-man and Littlefield, 1982; Beatrice Fontanel, *Corsets et soutiens-gorge: l'épopée du sein de l'antiquité à nos jours*, Paris, Éditions de la Martinière, 1992; id., *Support and Seduction: the History of Corsets and Bras*, trad. de Willard Wood, New York, Abrams, 1997; R. L. Shep, *Corsets a Visual History*, Mendocino, CA, R. L. Shep, 1993; *Korsetts und Nylonstrumpfe: Frauenunterwasche als Spiegel von Mode und Gesellschaft zwischen 1890 und 1960*, Separata em simultâneo com a exposição no Museu do Castelo Jever, de 1 Julho 1994 a 15 Janeiro 1995, com textos de Heike-Maria Behrens, et al., Oldenburg, Isensee, 1994.
93. Mark M. Anderson. *Kafka's Clothes. Ornament and Aestheticism in the Habsburg Fin de Siècle*, Oxford, Clarendon Press, 1992, p. 50-73. Sobre Ferdinand Avenarius, ver: Gerhard Kratzsch, *Kunstwart und Dürerbund. Ein Beitrag zur Gechichte der Gebildeten im Zeitalter des Imperialismus*, Göttingen, Vandenhoeck u. Ruprecht, 1969.
94. Gisella Moeller, *Peter Behrens in Düsseldorf. Die Jahre von 1903 bis 1907*, Weinheim, VCH, 1991, ver ilustração n.º 88.
95. Paul Schultze-Naumburg, *Die Kultur des Weiblichen Körpers als Grundlage der Frauenkleidung*, Leipzig, Verlag Eugen Diederichs, 1901, com 133 ilustrações por J. V. Cissarz; segunda edição, Jena, E. Diederichs, 1922.
96. Paul Schultze-Naumburg, *Kunst und Kunstpflege*, 1901; e *Häuslische Kunstpflege*, 1905. Mais tarde, virá a publicar uma grande obra sobre as casas da cidade e do campo, desenhadas segundo o "Bidermeier style": id., *Der Bau des Wohnhauses*, München, G.D.W. Callwey, 1924, 2 vol.; para a sua última posição – reaccionário, racista e fascista – posição em "Kampfbund für deutsche Kultur", influenciado por Alfred Rosenberg, ver id., *Kunst und Rasse*, München, Lehmann, 1928; id., *Das Gesicht des deutschen Hauses*, München, Callwey, 1929; id., *Kampf um die Kunst*, München, F. Eher Nachf., GmbH. 1932; id., *Kunst aus Blut und Boden*, Leipzig,

estética da vida quotidiana, e do doméstico, baseada na noção de unidade orgânica entre arte e vida. A estetização e simplificação das roupas e da vida moderna conduziriam a um ambiente renovado, reformado.[97]

Tanto o *Jugendstil* como a *Art Nouveau* criaram paralelos entre a estética e a higiene. As curvas do corpo "natural" foram decalcadas para os edifícios, enquanto o edifício se curvava para receber a marca dos corpos. Lahor enaltecia, pela sua sobriedade, a arquitectura de ferro francesa de Paul Sédille, Lucien Magne e Jean-Camille Formigé, a obra do arquitecto Gustave Serrurier-Bovy (o fundador da escola de Liège, na Bélgica, que criara o "Pavillon Bleu" na Exposição de Paris de 1900), a arte de Eliel Saarinen, da Finlândia, que descrevia como "muito moderna" mas inspirada pela tradição, e a obra artesanal do Japão. Na exposição inglesa, preferia os aparadores espelhados e a decoração da casa-de-banho, e na apresentação americana, os candeeiros Tiffany. O médico estava particularmente ansioso quanto à higiene: "Pela primeira vez, desde a Antiguidade, esta nova arte dá à higiene o lugar que ela devidamente merece no desenho e na organização do edifício ou da casa."[98] Menciona a seguir uma exposição sobre a higiene dos hotéis e pousadas, enaltecendo a simplicidade e a limpeza dos países do Norte da Europa, observando que a estética era obrigada a ocupar-se da higiene, esta virtude muito humilde. Por fim, citando as experiências da Lever Corporation em Port Sunlight, perto de Liverpool,[99] e a casa de saúde construída pela fábrica Krupp em Bensdorf, que se encontravam expostas no Parque de Vincennes, Cazalis revelava o seu programa: "Queremos que a arte seja distribuída por toda a gente, como o ar e a luz, e queremos que esteja em toda a parte, na casa do operário, tal como na nossa, da escola à faculdade, dos barracões universitários geralmente tão feios e sempre lúgubres, aos hospitais, às estações de caminho-de-ferro, e a toda a parte onde se juntem multidões de pessoas, especialmente do povo."[100]

E. A. Seemann, 1934; id., *Die kunst der Deutschen, ihr Wesen und ihre Werke*, Stuttgart e Berlin, Deutsche Verlags-Anstalt [1934]; id., *Nordische Schönheit: ihr Wunschbild im Leben und in der Kunst*, München e Berlin, J. F. Lehmann, 1937; ver Barbara Miller Lane, *Architecture and Politics in Germany, 1918-1945*, Cambridge, MA, Harvard University Press, 1968, e: Norbert Borrmann, *Paul Schultze-Naumburg, 1869-1949. Maler, Publizist, Architekt (…)*, Essen, Verlag Richard Bacht GmbH, 1989.

97. Mark M. Anderson, *Kafka's Clothes*, op. cit., 61; mais tarde, Schultze-Naumburg estenderá o seu conceito de reforma à paisagem: Paul Schultze-Naumburg, *Die Gestaltung der Landschaft durch den Menschen*, 3. Aufl., München, Callwey, 1928. 3 volumes em um.

98. Jean Lahor, *L'art nouveau*, op. cit., n. p.

99. Edward William Beeson, *Port Sunlight; the Model Village of England, a Collection of Photographs*, New York, The Architectural Book Pub. Co., 1911; Thomas Raffles Davison, *Port Sunlight; a Record of its Artistic & Pictorial Aspect*, London, B. T. Batsford ltd., 1916.

100. Ibid.

A habitação ariana

A referência à multidão é, provavelmente, uma alusão às teorias de direita do fisiólogo Gustave Le Bon, que publicou uma obra sobre *Les civilisations de l'Inde*, em 1887, e cujo livro *Psychologie des foules* (Paris, 1895) faz referência ao nome de Cazalis.[101] Para Le Bon, a multidão era o receptáculo do inconsciente e oposta à elite consciente. Constituindo uma parte inferior da sociedade contemporânea, tinha de ser controlada por estratégias médicas. Le Bon avisava que a multidão, com a sua "mentalidade de rebanho", podia provocar o declínio psicológico das raças, porque a sua irracionalidade era a causa de contágio mental e permitiu a manipulação dos líderes. Deve notar-se que este livro teve dezoito edições até 1913, e foi cuidadosamente lido por, entre outros, Georges Sorel, o teórico do uso político da violência, e também por Benito Mussolini. "Uma multidão é um rebanho absolutamente incapaz de passar sem o pastor",[102] escreveu Le Bon. Chamava a atenção para o facto de o homem apanhado numa multidão estar sujeito a emoções "rapidamente contagiosas", o que explica não apenas a brusquidão do pânico, mas loucuras como a agorafobia. Uma afirmação "suficientemente repetida", pensava, podia levar, tal como nas campanhas publicitárias e políticas, ao convencimento de uma verdade pelo "poderoso mecanismo do contágio". O mesmo mecanismo estava em laboração, tão poderoso que podia fazer levar "não apenas a certas opiniões, mas também a certos modos de sentir".[103]

O próprio Le Bon foi provavelmente influenciado pelo psico-fisiólogo Jules Soury, um ultranacionalista que usava a biologia evolutiva para justificar as desigualdades raciais e sociais. Pretendiam fundar uma sociedade oficial francesa semelhante à Sociedade Eugénica de Francis Galton, fundada em Londres, em 1867,[104] que determinaria tipologias raciais através da craniometria (a medição do crânio) baseada na nova "ciência" da antropossociologia. Desde 1875 até 1885, Rudolph Virchow – um proeminente liberal e fisiólogo alemão, que passará por uma controvérsia muito publicitada com Ernst Haeckel em 1887, argumentando que o darwinismo era mais útil ao socialismo do que aos conservadores – lançou um colossal

---

101. Gustave Le Bon, *Les civilisations de l'Inde (...)*, Paris, Firmin-Didot & cie, 1887; e id., *Psychology of Crowds* (originalmente: *Psychologie des foules*, Paris, 1895), New York, The Macmillan Company, 1896, p. 139; id., *Psicologia das massas*, trad. de Rosário Morais da Silva, Lisboa, Ésquilo, 2005.

102. Gustave Le Bon, *Psychology of Crowds*, op. cit., p. 134. Le Bon é citado, por exemplo, em: Georges Sorel, *Les Illusions du progrès*, (originalmente: Paris, 1908), Paris, Marcel Rivière, 1911, 2.ª ed., p. 332; reimpresso, New York, Arno Press, 1979. Ver tb. Georges Sorel, *Reflections on Violence* (originalmente: Paris, 1908), New York, Collier Books, Macmillan Pub., 1974.

103. Gustave Le Bon, *Psychology of Crowds*, op. cit., p. 143-145.

104. Ruth Schwartz Cowan, *Sir Francis Galton and the Study of Heredity in the Nineteenth Century*, New York, Garland Pub., 1985.

inquérito, medindo o índice cefálico de 15 milhões de crianças das escolas (o exército recusara-se a participar), cujo objectivo era estabelecer uma estatística da morfologia do crânio em toda a Alemanha.[105] Num exercício semelhante, em 1891, o antropólogo social Georges Vacher de Lapouge, ajudado por Paul Valéry, mediu 600 crânios extraídos de um antigo cemitério. Vacher de Lapouge, autor de *L'Aryen. Son rôle social* (1899), acreditava que se deve evitar que os "incapazes" se reproduzam, por um processo de selecção médica (o seu livro foi reimpresso na Alemanha, em 1939).[106] Seguidor de Francis Galton e Ernst Haeckel, viria a desenvolver uma classificação racial entre "braquicéfalos" (homens com cabeça estreita, com cabelos e olhos castanho) e "dolicocéfalos" (com crânios longos e estreitos, cabelos louros e olhos azuis, e herdeiros dos "arianos" originais). Os "dolicocéfalos" correspondiam ao *Homo Europaeus* que emigrara para o Norte da Alemanha, Grã-Bretanha e Estados Unidos, enquanto os "braquicéfalos" produziram o *Homo Alpinus* que veio da Ásia Menor e dos Balcãs para a Suíça e França.[107]

Seguidor de Herbert Spencer, convencido da determinação biológica do destino humano, Gustave Le Bon acreditava que a luta pela vida causaria o desaparecimento das pessoas inferiores e a sobrevivência das raças humanas mais bem adaptadas. Esta espécie de racismo teve também implicações pessimistas, uma vez que nesta teoria o aperfeiçoamento do ambiente não melhorou a raça humana.[108] Tal como Le Bon, o Dr. Cazalis, aliás Jean Lahor – *Doctor Jekyll and Mister Hide* – era também um competente representante do darwinismo social: "Eduquemos a maioria, que é constituída pelo povo comum … para evitar destruir a nossa própria maioria; porque, como darwinista, repito que as inúmeras massas, donas da vida de hoje, … são

---

105. L. Poliakov, op. cit., p. 273-274.

106. Georges Vacher de Lapouge, *L'Aryen. Son rôle social. Cours libre de Science Politique professé à l'Université de Montpellier (1889-1890)*, Paris, Albert Fontemoing Editeur, 1899; id., *Der Arier und seine Bedeutung für die Gemeinschaft; Freier Kursus in Staatskunde, gehalten an der Universität Montpellier, 1889-1890*, Frankfurt, M. Diesterweg, 1939. Muitos livros foram escritos para refutar a tese de Vacher sobre a "raça dolicocéfala loura", incluindo: Emile Houzé, *L'Aryen et l'Anthroposociologie. Etude critique*, Bruxelles e Leipzig, Misch & Thron; Paris, Marcel Rivière, 1907. Ver tb. Georges Vacher de Lapouge, *Race et milieu social: essais d'anthroposociologie*, Paris, M. Rivière, 1909.

107. É interessante notar que estas mesmas categorias, sob as palavras irónicas de "dolicho-blond" (para *dolichocephalic blond*), seriam usadas no mesmo ano pelo sociólogo americano Thorstein Veblen na sua obra *The Theory of the Leisure Class* (1899), New York, Penguin Books, 1994, p. 134 ; id., *Teoria da classe ociosa: um estudo económico das instituições*, trad. de Olivia Krahenbühl, introd. de Stuart Chase, São Paulo, Livraria Pioneira, 1965. Ver tb. Richard Hofstadter, *Social Darwinism in American thought: 1860-1915*, Filadélfia, University of Pennsylvania Press, 1945; ed. revista, Boston, Beacon Press, 1955, Id., *Social Darwinism in American thought*, Boston, Beacon Press. 1992. E: Mark H. Haller, *Eugenics. Hereditarian Attitudes in American Thought*, New Brunswick, NJ, Rutgers University Press, 1963.

108. Linda L. Clark, *Social Darwinism in France*, Alabama, University of Alabama Press, 1984, p. 133-6; Jean-Marc Bernardini, *Le darwinisme social en France (1859-1918): fascination et rejet d'une idéologie*, Paris, CNRS éditions, 1997; Mike Hawkins, *Social Darwinism in European and American Thought, 1860-1945: Nature as Model and Nature as Threat*, Cambridge e New York, Cambridge University Press, 1997.

sempre uma causa de mediocridade ..."[109] A ideia política de Cazalis era instituir um governo autoritário e elitista, que apagasse a fatalidade de 1789 e reconstruísse uma nova democracia: "a higiene, um ramo da estética – porque a saúde e a limpeza são necessariamente as condições essenciais da beleza –, a higiene tenta já dar às habitações do povo aquilo que durante demasiado tempo lhes faltou: o ar puro e o sol que mata os germes patogénicos, e a luz que é tão necessária para o pensamento e a alma como para o corpo."[110] No mesmo sentido, o livro sobre eugenismo do Dr. Cazalis *La Science et le mariage, étude médicale* é dedicado ao autor nacionalista Maurice Barrès, que escreveu por sua vez um *best-seller* sobre a erradicação das tradições e a infeliz vida do povo desenraizado denominado *Les déracinés* (1897).[111] Enquanto William Morris pensava que a arte deveria ser feita pelo povo, Cazalis/Jean Lahor pensava que tinha de ser feita para o povo, conforme amplamente o demonstra o título do seu livro de 1902, *L'art pour le peuple*.[112] A sua democracia higiénica fazia parte de um eugenismo geral: o médico escreveu livros acerca do casamento "científico", da inspecção pré-nupcial, das doenças heriditárias e da protecção à doença e à raça.[113] Nesse momento a limpeza étnica e a higiene estética andavam lado a lado. Todas as propostas de Cazalis/Jean Lahor convergiriam para um dos seus últimos livros descrevendo "Habitações económicas e arte económica" (três edições entre 1903 e 1905), dedicados a Georges Picot, presidente da Sociedade das "Habitations à Bon Marché", a sociedade de promoção de habitações económicas de França.[114] Nesse livro recorda às autoridades francesas que A. de Foville já publicara um espantoso estudo dos tipos de casas. Nas zonas mais industrializadas do país, "temos de preparar imediatamente, para os trabalhadores destas regiões, tipos de casas individuais, como *cottages* ou *chalets*, que serão construídos no estilo da região, misturando-se harmoniosamente com a beleza e a atracção

---

109. Henri Cazalis, Dr. Jean Lahor, *L'Art nouveau, son histoire, l'art nouveau étranger à l'Exposition, l'art nouveau au point de vue social*, Paris, Lemerre, 1901.

110. Ibid.

111. Ver Bibliothèque Nationale de France, Paris: Henri Cazalis, Dr, *La Science et le mariage, étude médicale*, Paris, O. Doin 1900, (Don 80-1863 (2571)) "Envoi autographe de l'auteur à Maurice Barrès"; ver Maurice Barrès, *Les Déracinés*, Paris, Fasquelle, 1897; ver tb. Robert Soucy, *Fascism in France; the Case of Maurice Barrès*, Berkeley, CA., University of California Press, 1972; Zeev Sternhell, *Maurice Barrès et le nationalisme français*, Paris, A. Colin, 1972.

112. Jean Lahor, *L'art pour le peuple: à défaut de l'art par le peuple*, Paris, Larousse, 1902.

113. Henri Cazalis, *Dr, La science et le mariage* (...), op. cit.; e: id., *Conférence* (...) *à propos des risques pathologiques du mariage, des hérédités morbides, et d'un examen médical avant le mariage*, Bruxelles, imprimerie Van de Weghe, 1902; tb. id., *Quelques mesures très simples protectrices de la santé et de la race*, Paris, Doin, 1904.

114. Henri Cazalis, Jean Lahor, *Les Habitations à bon marché et un art nouveau pour le peuple*, Paris, Larousse, 1903; 2.ª edição, Paris, Larousse, 1904; 3.ª, Paris, Larousse, 1905.

dessas zonas rurais."[115] Este livro era muito mais prático do que os textos anteriores, publicando as habitações individuais cooperativas em Puteaux, chamadas *la famille,* e as casas para operários perto de Beauvais, por Léon Benouville (que também desenhou mobiliário para as casas dos trabalhadores num estilo *art nouveau* muito sóbrio), juntamente com os novos barracões em Madagáscar.[116] Na conclusão deste livro, o médico repetiu o seu "credo" darwinista, de que a desigualdade entre os homens é uma lei universal, natural e eterna. Pela eliminação dos mais fracos, a elite em França tem de ganhar e "como verdadeiros soldados têm de pensar apenas na vitória".[117] Contudo, para a humanidade a batalha não era somente política mas estética, era uma luta que continuava a dos arianos, que conseguiram inspirar "uma religião, ou uma filosofia futura que ajudaria a tornar a vida mais sedutora e emocionante para muitos espíritos que eram demasiado fatídicos, demasiado silenciosos (…) enquanto reveladores de tudo o que existe de mistério, de tudo o que existe de prodígio, de tudo o que existe de humano e divino, no mais pequeno animal e na mais pequena planta, sendo capazes de reconhecer e de afirmar, de acordo com o dogma ariano, a afinidade que une todos os seres (…)"[118]

Citando de novo um teórico da *Kulturgeschichte*, o Dr. Franz Carl Müller-Lyer, cuja obra *The History of Social Development* (1912) foi lida por muita gente na Alemanha nos anos 1920 (incluindo Walter Gropius): "Tal como na natureza orgânica existe um movimento progressivo da mónada para o mamífero, assim acontece na cultura. E em ambos os desenvolvimentos o movimento vai do pequeno para o grande, do simples para o complexo, do homogéneo para o heterogéneo e nestes processos de aumento, combinação e diferenciação (…) reside o progresso – e em nada mais. Esta é a fórmula objectiva da ideia do progresso da cultura [*sic*]. A felicidade do indivíduo não tem aí lugar. Porque a Natureza sacrifica o individual em toda a parte, com cruel indiferença no altar de – o Tipo."[119] O que aqui foi dado como uma espécie de programa social, era a eliminação darwinista do indivíduo no "altar do tipo".[120]

---

115. Henri Cazalis, Jean Lahor, *Les Habitations à bon marché* (…), 3.ª edição, Paris, Larousse, 1905, p. 37-38.
116. Ver *Exposition universelle de 1900, section française, groupe XII, classe 69. Meubles de luxe et à bon marché. Comité d'admission. Rapport de M. Léon Benouville,* Paris, Librairies – Imprimeries réunies, 1899.
117. Henri Cazalis, Jean Lahor, *Les Habitations à bon marché* (…), p. 89.
118. Henri Cazalis, J. Lahor, *L'art pour le peuple*, p. 25. Sobre o orientalismo do Dr Cazalis/Jean Lahor: René Petitbon, *Les sources orientales de Jean Lahor,* Paris, A. G. Nizet, 1962.
119. Dr. F. Müller-Lyer, *The History of Social Development,* op. cit., p. 349.
120. Ver Walter Gropius, "Sociological Foundations of Minimal Housing for the Urban Industrial Population" (*Die soziologischen Grundlagen der Minimalwohnung für die städtische Industriebevölkerung), Die Justiz,* 5, 1929; trad. de S. Deleule, "La ration raisonnée d'habitat, une sociologie du logement de Gropius", *Amphion, études d'histoire des techniques,* Jacques Guillerme, ed., 2, Paris, Picard, 1987, p. 59.

Muito provavelmente Argan não tinha conhecimento de todo este contexto quando usou o termo "tipologia" nos anos 50, o que não diminui, de modo algum, o significado do seu ensaio. O que Argan não discutiu com muita clareza foi a profunda diferença entre o tipo clássico como uma protogénese, que repetia a forma antiga, e a moderna morfogénese, que estabeleceu a abolição da mimese, a instituição da norma, a repetição do mesmo e a prescrição do novo. A noção clássica de tipo, e a neoclássica, baseava-se na personificação de ideais que se referiam, através da natureza e do tempo, a princípios e a regras que conferiam autoridade ao edifício, enquanto a "tipologia" levava à desincorporação. O novo tipo abstracto é agora conformado através de cálculos, determinado pelas leis da evolução, e gravado na pele por milhares de inscrições. Enquanto o tipo deixou de informar a arquitectura (excepto como uma renovação), a tipologia, contudo, reorganizou o ambiente pelas leis da evolução num modo completamente normativo. Numa época como a nossa, quando os arquitectos frequentemente atacaram qualquer aproximação tipológica, enquanto procuravam uma definição topológica do fundamento da arquitectura (que deveria também, um dia, ser analisada pelas suas ficções metodológicas), a análise sobre como a tipologia tem estruturado as ciências sociais e as artes nos últimos dois séculos, e quão normativa e prescritiva ela é, pode ajudar a compreender melhor a noção de corpo como tipo, isto é, o corpo como uma entidade a redesenhar, trazendo-o para o nível duma prótese.

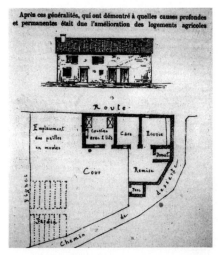

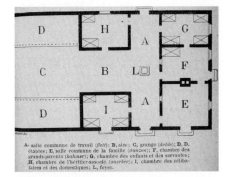

01 02
03 04
05

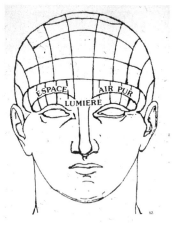
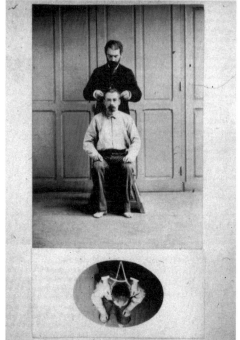

06 07
08 09
10

01 A casa primitiva dos Arya, a partir de Eugène Viollet-le-Duc, *Histoire de l'habitation humaine*, 1876.

02 O carro ariano (carruagem nómada com tenda), a partir de Eugène Viollet-le-Duc, *Histoire de l'habitation humaine*, 1876.

03 Corte por tubos de borracha comprimidos adquirindo formas hexagonais, a partir de: Eugène Viollet-le-Duc, *Histoire d'un dessinateur, comment on apprend à dessiner*, Paris, Bibliothèque d'éducation et de récréation, 1879.

04 Fachada e planta de uma casa na região do Beaujolais, a partir de *Enquête sur les conditions de l'habitation en France: les maisons-types*, com uma introdução por Alfred de Foville, Paris, E. Leroux, 1894-1899, 2 vol.

05 Tipos habitacionais francos e saxões, assentamento de Luttershof, próximo a Celle, a partir de Edmond Demollins, *Comment la Route crée le type Social. Les Grandes Routes des Peuples*, Géographie Social, Paris, Firmin Didot, 1905.

06 Laivos de Verão no pátio da ala esquerda, Familistério de Guise, França, construído por Jean-Baptiste Godin, foto de 1899 (*Habiter l'utopie: le familistère Godin à Guise*, Marc Bédarida, ed., Paris, La Villette, 2004).

07 Localização das necessidades humanas no crânio, a partir de Jean-Baptiste Godin, *Solutions sociales*, Paris, A. Le Chevalier, 1871.

08 Medição do crânio por Alphonse Bertillon, 1890; a partir de *Alfonse Bertillon's instructions for taking descriptions for the identification of criminals, and others, by the means of anthropometric indications*, Chicago, American Bertillon Prison Bureau, 1899.

09 A "família original germânica", a partir de *Der vorgeschichtliche Mensch: Ursprung und Entwicklung des Menschengeschlechtes*, Wilhelm Baer, ed., 2.ª ed. por Friedrich von Hellwald, Leipzig, Otto Spamer, 1879.

10 Mobiliário higiénico de baixo custo por Léon Benouville, publicado pelo Dr. Henry Cazalis (pseudo. Jean Lahor), *Les habitations à bon marché et un art nouveau pour le peuple*, Paris, Larousse, 1903.

Estranheza do Lar

Água e gás em todos os pisos: notas sobre a estranheza da casa

Domestic Revolution, na Grã-Bretanha, "Arquitectura doméstica monumental" programada por César Daly, na década de 1840 em França; relações ambíguas entre pátria (*Heimat*) e habitação (*Heimstätte*) na Alemanha, sob o signo da moradia ideal (*Heim*): a partir da primeira metade do século XIX, as fronteiras da arquitectura europeia deslocaram-se, abrindo-se a um novo campo, o da casa, da habitação, do *habitat* humano. Em virtude dessa deslocação, a arquitectura da casa deixa de se afirmar exclusivamente como uma "arte", ao mesmo tempo que se afasta do campo florido das "belas-artes". Abandona provisoriamente um paraíso de valores eternos, mantendo toda a disponibilidade para noutro momento a ele regressar e imerge-se num mundo de factos. A partir de então, o *Leitmotiv* será "aprender a habitar!" (*wohnen lernen*!).[1] Enquanto isso, Rainer Maria Rilke descobre que "ventos caseiros", "brizas débeis e domesticadas", atravessam todos os edifícios da cidade, que a "existência do terrível" agita "cada partícula do ar" que lá se respira, que "se deposita, se torna dura, adquirindo (…) formas aguçadas, geométricas…".[2]

O interior perturbado

A casa sonhada e desenhada no século XIX faz parte de um novo simbolismo da segurança, enunciado, por exemplo, no *Prospectus* (1822) de Auguste Comte: "O destino da sociedade que alcançou o seu pleno desenvolvimento é (…) construir (…) o edifício mais adequado às suas próprias necessidades e aos seus próprios prazeres".[3] A partir daí, tal como a filosofia positivista se deverá erigir em casa para toda a sociedade, qual habitação estável e segura (*Heim*), assim será necessário, em sentido absolutamente literal e não metafísico, construir casas para o povo e instalar fogos (*Heimstätte*). No centro desse duplo dispositivo é colocada a mulher e a mãe

---

1. Adolf Loos, "Wohnen lernen", in *Neues Wiener Tageblatt*, 15 Maio 1921, reed. in *Sämtliche Schriften*, 1.º vol.: *Ins Leere Gesprochen* (1897-1900); 2.º vol.: *Trotzdem* (1900-1930), Wien, München, 1962. O texto foi omitido na trad. it., Milano, 1972; id., *Paroles dans le vide* (1897-1900); *Malgré tout* (1900-1930), Paris, Champ libre, 1979, ver "Architecture (1910)," p. 218-228; id., "Ornement et crime (1908)", in *Ornement et crime*, Sabine Cornille, Philippe Ivernel, ed., Paris, Rivages Poche, 2003, p. 71-87.
2. Rainer Maria Rilke, *Os Cadernos de Malte Laurids Brigge*, trad. e prefácio de Paulo Quintela, Porto, Oiro do Dia, 1983; id., *The Notebooks of Malte Laurids Brigge*, trad. de John Linton, London, Hogarth Press, 1930, p. 43-44. Ver também id., *The Notebooks of Malte Laurids Brigge*, trad. de Stephen Mitchell, New York, Random House, 1983.
3. Auguste Comte, *Prospectus des travaux scientifiques nécessaires pour réorganiser la société* (1822), cit. por Sarah Kofman, *Aberrations: le devenir-femme d'Auguste Comte*, Paris, Aubier et Flammarion, 1978.

de família, que se torna garantia da segurança do "edifício adequado" positivista, e simultaneamente do domicílio do homem.[4]

É precisamente a essa espécie de inquietante estranheza (*das Unheimliche*), que Freud dedicou um belíssimo estudo publicado no quinto volume de *Imago*,[5] no qual explica porque é que, em alemão, o uso linguístico permite ao *Heimliche* transformar-se no seu contrário, o *Unheimliche*. Essa perturbante estranheza "não é, na realidade, nada de novo ou de fora do normal, mas antes algo de bastante familiar à vida psíquica, desde tempos remotos, e que só se tornou estranho em virtude de um processo de remoção".[6] É no centro daquilo que devia revelar-se como lugar por excelência do *Heimliche* e do *Gemütliche*, quer dizer, o teatro do supremo conforto do coração e da alma, a cena da *cosiness* inglesa, que surge essa nova perda do homem em relação à inquietante metamorfose dos objectos mais familiares. Cruéis e pérfidos objectos, produtos massificados e mercadorias, que deixaram de ser, como tal, objectos artesanais, ao revoltarem-se e criarem aquela má consciência fantasmagórica que o génio perverso de um Grandville havia de pôr em evidência nas *Petites misères de la vie humaine* (1843). Esse mal-estar suscitado pelo *Heimliche*, essa estranheza familiar daquilo que nos rodeia, ganhará outra vida com o surrealismo. "Um mundo novo nasceu, que Grandville seja louvado", lê-se numa litografia de Max Ernst. Desde o brinquedo ao objecto, desde a boneca ao bibelô e, depois, aos bibelôs,[7] essa espécie de brinquedos para adultos indica a abertura de uma área nova, outra, situada entre o homem e a coisa, verdadeiro e próprio lugar da nossa experiência de ser-no-mundo, ou de ser-em-casa.

Espaço potencial, área de ilusão, que são também lugar de conflito. Hugo von Hofmannsthal resumia assim a herança transmitida ao homem moderno, que entrou em posse de magníficos móveis antigos e, ao mesmo tempo, de nervos hipersensíveis: "Nos móveis, há todo um fascínio que nos atrai para o passado, nos nervos, o drama das dúvidas do presente".[8]

---

4. Auguste Comte, "Appel aux conservateurs" (1855), in id., *Du pouvoir spirituel*, Pierre Arnaud, ed., Paris, Le Livre de poche, 1978, p. 419-420.

5. Sigmund Freud, "Das Unheimliche," in *Imago*, 5, 1919, p. 297-324; id., *The Standard Edition of the Complete Psychological Works*, James Strachey, London, Hogarth Press, 1953-74, vol. 17, p. 241 (Ver também p. 219-252); id., "Il perturbante", trad. de S. Daniele, *Saggi sull'arte, la letteratura e il linguaggio*, Torino, 1975.

6. Ibid., trad. it., p. 294.

7. Giorgio Agamben, *Stanze. La parola e il fantasma nella cultura occidentale*, Torino, Einaudi, 1977, p. 68-69; id. *Stanzas: Word and Phantasm in Western Culture*, trad. de Ronald L. Martinez, Minneapolis, University of Minnesota Press, 1993; id., *Stanze: parole et fantasme dans la culture occidentale*, Paris, C. Bourgois, 1981; nova ed.: Paris, Payot & Rivages, 1994.

8. Num artigo de 1893, reed., *Loris. Die Prose des jungen H. von Hofmannsthal*, p. 85 e ss., cit. por Mario Praz, *La filosofia dell'arredamento*, Milano, Longanesi, 1964; reimpressão: 1981, p. 31; id., *L'ameublement. Psychologie et évolution de la décoration intérieure*, trad. fr.: (1964); nova ed.: id., *Histoire de la décoration d'intérieur. La philosophie de l'ameublement*, Paris, Thames & Hudson, 1995.

O social

A arquitectura da habitação, considerada como técnica e como política, torna-se parte integrante de um sector novo e bizarro do conhecimento, o "social". Esse novo campo na paisagem do saber, formado a partir dos séculos XVIII-XIX, é constituído por diferentes contributos tomados de empréstimo a um variegado conjunto de ciências aplicadas, que vai desde a estatística à sociologia, da criminologia à psiquiatria, ou do *design* à engenharia, mas sem nunca se confundir com nenhuma delas. De outra forma, o social oferece-lhes novas possibilidades de aplicação. Como mostraram Michel Foucault e Gilles Deleuze, o social não se confunde nem com o sector público nem com o privado, "mas induz, pelo contrário, uma nova figura híbrida de público e de privado, produzindo, ele próprio, uma repartição, uma trama original com as intervenções do Estado e o seu afastamento, ou com os seus deveres e a libertação de compromissos".[9] Não se trata de saber qual é a ideologia que exprime mas como se modelou o novo campo e como funcionam os seus mecanismos, o que equivale a traçar o desenho de uma nova cartografia, a do "híbrido moderno".[10] Esses mapas inéditos deverão descrever os insólitos confins entre o social e o habitat, que perturbam não só as relações entre o público e o privado como também as instâncias que, de vez em quando, regulamentam, ou seja, o administrativo e o consuetudinário, a riqueza e a pobreza, o urbano e o rural, o terapêutico e o patológico, o laico e o religioso, etc. Não se trata, na verdade, de continuar a dissertar infinitamente sobre "a crise do alojamento", mas de mostrar que a ascensão do social e a crise da habitação (da família, etc.) são "o duplo efeito político das próprias causas elementares".[11] É o que alguns autores tentaram fazer em campos tão diversos como a ordem psiquiátrica (Robert Castel[12]), a segurança das famílias (Jacques Donzelot[13]), as casas populares e o habitat unifamiliar (Robert-Henri Guerrand e outros[14]), as estratégias urbanas do higienismo e do eugenismo (Lion Murard

---

9. Gilles Deleuze, "L'ascension du social", posfácio a Jacques Donzelot, *La police des familles*, Paris, Éd. Minuit, 1977, trad. it. in *Aut Aut*, 167-168, 1978, p. 108-115.
10. Ibid., p. 220.
11. Ibid., p. 214.
12. Robert Castel, *L'Ordre psychiatrique: l'âge d'or de l'aliénisme*, Paris, Éd. Minuit, 1976.
13. Jacques Donzelot, *La Police des familles*, posfácio de Gilles Deleuze, Paris, Éd. Minuit, 1977.
14. Roger-Henri Guerrand, *Les origines du logement social en France*, Paris, Editions Ouvrières, 1966; Ver também id., *Le logement populaire en France: Sources documentaires et bibliographie 1880-1960*, Paris, Centre d'études et de recherches architecturales, 1979; reimpressão: Paris, École Nationale Supérieure des Beaux-arts, 1983. Ver também: Jean Taricat, Martine Villars, *Le Logement à bon marché. Chronique – Paris 1850-1930*, Boulogne/Seine, éditions Apogée, 1982; e Rémy Butler, Patrice Noisette, *Le Logement social en France. 1815-1981*, Paris, Maspero, 1983.

e Patrick Zylberman[15]), a urbanística do Estado (Alain Cottereau[16]), a economia social (Karl Polanyi, Michelle Perrot[17]), a política das cadeias (Michel Foucault[18]), ou a tecnologia do hospital (Bruno Fortier e outros[19]). E, antes de todos, já no ano de 1943 Georges Canguilhem tinha traçado o novo mapa do normal e do patológico.[20]

Estética da conjugalidade

Que *art nouveau*, *modern style* e *Jugendstil* tenham colocado a mulher no centro da decoração da casa, que tenham forrado as paredes com a ondulação das suas linhas, e que tenham representado os traços dos seus cabelos em todos os móveis, não pode surpreender. Antes de mais, porque, a partir do século XIX, a mulher é a protagonista-chave na reabilitação do espaço da casa e da vida doméstica, pelo menos na mente de artistas e "reformadores".

Fonte de vida, a mulher contrapõe a nova luz à noite. E eis o "candeeiro de mesa com a forma de uma figurinha feminina", de Peter Behrens, e os numerosos candeeiros-aplique ou mulheres-candeeiro… Todavia, esse movimento de panfeminização obsessiva que influencia toda a arte de 1880 a 1900 apresenta diversas facetas, sendo, por um lado, *Eros modern style* e, por outro, *Strom des Lebens* e *Kraft der Erde*, nos textos de Franck Wedekind ou de Émile Zola. É assim que, em *Fécondité* (1899), este último aspecto explode em metáfora vital: "o lago imenso das forças que banha o terreno da inesgotável nascente onde se alimenta a eternidade dos seres…".[21] As figuras do ciclo, do círculo e do "espasmo universal" (Zola) fundem-se no motivo de uma concepção contínua do mundo, em que o mal serve o bem e o

---

15. Lion Murard e Patrick Zylberman, *L'hygiène dans la République: la santé publique en France ou l'utopie contrariée: 1870-1918*, Paris, Fayard, 1996.
16. *Le Sublime ou le Travailleur comme il est en 1870 et ce qu'il peut être*, Denis Poulot, Alain Cottereau, eds., Paris, F. Maspero, 1980.
17. Karl Polanyi, (*The Great transformation*, 1980) *La Grande transformation: aux origines politiques et économiques de notre temps*; trad. de Catherine Malamoud et Maurice Angeno, prefácio de Louis Dumont, Paris, Gallimard, 1983; Michelle Perrot, ed., *Histoire de la vie privée*. 4, *De la Révolution à la Grande guerre*, Philippe Ariès et de Georges Duby, ed., Paris, Éd. Seuil, 1987.
18. Michel Foucault, *Surveiller et punir: naissance de la prison* (1975), Paris, Gallimard, 1994; id., *Vigiar e punir: nascimento da prisão*, trad. de Ligia M. Pondé, Petrópolis, Vozes, 1977; id., *Sécurité, territoire, population: cours au Collège de France, 1977-1978*, Michel Senellart, comp.; François Ewald e Alessandro Fontana, dir., Paris, Gallimard, Éd. Seuil, 2004; id., *Naissance de la biopolitique: cours au Collège de France, 1978-1979*, Michel Senellart, comp.; François Ewald et Alessandro Fontana, dir., Paris, Gallimard, Éd. Seuil, 2004; id., *Nascimento da Biopolítica*, Lisboa, Edições 70, 2010.
19. Michel Foucault, Blandine Barret Kriegel, Anne Thalamy, François Beguin, Bruno Fortier, *Les machines à guérir: aux origines de l'hôpital moderne*, Bruxelles e Liège, P. Mardaga, 1979.
20. Georges Canguilhem, *Le Normal et le pathologique* (1943), 2.º edição, Paris, Presses universitaires de France, 1972; 4.ª ed., Paris, PUF, 1993.
21. Émile Zola, *Fécondité*, Paris, Fasquelle, 1899, p. 326, cit. e comentado por Claude Quiguer, *Femmes et machines de 1900: lecture d'une obsession modern style*, Paris, Klincksieck, 1979, p. 92; id., *Fecundidade*, Lisboa, Tavares Cardoso & Irmão, 1900.

podre a eterna ressurreição da vida (Octave Mirbeau), para acabar numa gigantesca procriação, numa rotação eterna da substância vital, cantada, por exemplo, por Otto Julius Bierbaum no seu *Faunsflötenlied*, dedicado ao arquitecto Behrens e ilustrado pelo pintor Heinrich Vogeler, o futuro teórico da *Siedlung* autárcica: "Flauta, entoa a tua oração à voluptuosidade-rainha, a única a dar à vida a sua missão sagrada".[22]

Para dizer a verdade, o destino real da mulher na casa moderna, "anjo do lar", afasta-se notoriamente dessas visões florais e eróticas, ao mesmo tempo que se aproxima do modelo idealizado do casal impossível, que vive numa contiguidade sem contacto e num silêncio a dois. A transparência da casa moderna, logo invocada de viva voz pelos arquitectos, deverá trazer à luz a própria geometria *modern style*, que é uma geometria moderna, *tout court*, da conjugalidade, feita de proximidade sem união, de paralelismo interior de almas e de ambições, da justaposição de gestos e de olhares, ou seja, *die Nähe*, a proximidade. Essa topografia do amor conjugal, tacitamente partilhado, deve ficar fechada numa membrana protectora e natural. A membrana metálica leva ao sistema de ramos e de folhas do mundo vegetal, e as superfícies de vidro fazem sua essa ossatura.

A casa transforma-se no vidro de epitélio do casal, em luz e ar.[23]

A transparência do vidro

Ar e luz. Eis as duas novas palavras de ordem, lançadas por Paul Scheerbart no seu artigo "Licht und Luft", publicado na revista *Ver Sacrum* em 1898.[24] A arquitectura será de vidro, material do futuro, que por sua vez deve ser "transparente", como todos sabem. O vidro, nota Jean Baudrillard,[25] "é um isolante, é o milagre de um fluido fixo, e por consequência um conteúdo continente, que consente, como tal, a transparência de um lado e do outro". "Além disso", prossegue, "no vidro, coexiste o simbolismo de um estado segundo com o de um grau zero do material. Simbolismo do congelamento e, portanto, da abstracção. Essa abstracção leva à do mundo interior, qual esfera de cristal da loucura, e à do futuro, qual bola de vidro da

---

22. Otto J. Bierbaum, *Faunsflötenlied für Peter Behrens, Irrgarten der Liebe*, Berlin, Leipzig, Tusel Verlag, 1901, p. 352, cit. por C. Quiguer, op. cit., p. 90.

23. Inspiramo-nos na magnífica tese de Claude Quiguer, já citada, em particular, p. 178-179 e 400-402, cujas conclusões merecem, todavia, a nossa contestação, quando considera que os movimentos do "Jungendstil" teriam desembocado numa derrota, apenas resgatada pelo ulterior sucesso do "Bauhaus". Vd. também o trabalho precursor de Roger-Henri Guerrand, *L'art nouveau en Europe*, com prefácio de Louis Aragon, "Le 'modern style' d'où je suis", Paris, Plon, 1965.

24. Paul Scheerbart, "Licht und Luft", in *Ver Sacrum*, 1 (1898), 7, p. 13-14, reed. em apêndice a id., *Glasarchitektur*, München, Rogner & Bernhard, 1971, 2.ª ed., id., *Architettura di vetro*, trad. de G. Schiavoni, Milano, Adelphi, 1982.

25. Jean Baudrillard, *Le système des objets*, Paris, Gallimard, 1969, p. 57-58; id., *O sistema dos objectos*, trad. de Zulmira Ribeiro Tavares, São Paulo, Editora Perspectiva, 1989.

vidência…". O vidro é um material-modelo, incolor, inodoro, não degradável, sem esquecer que é moral e higiénico. O mundo em proveta…

Também Walter Benjamin se deixou atrair pelo lirismo expressionístico da *Glasarchitektur*. Material frio e sóbrio, "o vidro é sobretudo o inimigo do segredo".[26] Na realidade, isso não é inteiramente verdadeiro. Ernst Bloch, menos profético e contudo mais lúcido, pensa que por detrás da "fachada funcional", "objectiva, de níquel e de vidro, não existem senão panos sujos, embora sejam mesmo eles que a franqueza do vidro deve esconder (como uma luz abundante, que não serve para outra coisa senão para aumentar a escuridão)".[27] De outra forma, Benjamin pensa que o futuro se abre sob o "signo da transparência", e não só dos espaços como também das relações sociais e humanas: "para o habitar no velho sentido, em que a intimidade e a segurança estavam em primeiro lugar, chegou a última hora. Giedion, Mendelssohn e Le Corbusier transformam a morada dos homens, antes de mais, num espaço de passagem atravessado por todas as forças imagináveis e ondas de luz e de ar".[28]

Esses "espaços de passagem" flutuantes, percorridos por toda a espécie de fluidos, atravessados por ventos e por feixes luminosos, "onde já não mora ninguém", como diz Ernst Bloch, constituem a morada ideal do trabalhador moderno e nómada. O "alojamento de passagem" esvazia-se também de móveis. É, de resto, a imobilidade do móvel a consentir a mobilidade do habitante e a condicionar o seu nomadismo. Os móveis e os objectos "desaparecem, ficam reduzidos à sua função, vão para a parede", continua Bloch. No mínimo, limitam-se a elementos para arrumar objectos e a cadeiras. Esse binómio (elementos/cadeiras) corresponde a um discurso organizativo e de relação. A síntese do "homem que arruma" e do "homem de relação e ambiente" cria o "homem funcional" de que fala Jean Baudrillard.

Água e gás

No início do século XX numerosas placas de esmalte azul e branco anunciavam, sobre a fachada dos edifícios de luxo parisienses, "Gás em todos os pisos". A partir de uma dessas placas, Marcel Duchamp fez, em 1958, uma peça intitulada, *Água e gás em todos os pisos*. Para Duchamp, tratava-se apenas de chamar a atenção através de um jogo de palavras para os dois princípios opostos da aparência (a água escoa,

---

26. Walter Benjamin, "Erfahrung und Armut" (1933), *Gesammelte Schriften, vol 2, bk. 1. Aufsätze, Essays, Vorträge*, organização de R. Tiedemann e H. Schweppenhäuser, Frankfurt, Suhrkamp Verlag, 1977, 2, 1, p. 213-219; id., in *Metaphorein*, trad. de F. Desideri, 3, 1978.
27. Ernst Bloch, *Erbschaft dieser Zeit* (1935), Frankfurt, Suhrkamp Verlag, 1962; id., *Héritage de ce temps*, trad. de J. Lacoste, Paris, p. 27. Trata-se de um texto de 1930, sobre os "empregados" de S. Kracauer.
28. Walter Benjamin, "Die Wiederkehr des Flaneurs", *Gesammelte Schriften. 3. Kritiken und Rezensionen*; id., *Critiche e recensioni*, trad. de A. Marietti Solmi, Torino, Einaudi, 1979, p. 128.

cor) e da aparição (gás para a iluminação, luz) na pintura. Todavia, o gás e os vapores dão forma a um dos fantasmas mais difundidos no final de Oitocentos.

Já muitos críticos mostraram como todo o século XIX herdou o grande medo dos miasmas, gerado no século anterior, o horror suscitado pelos vapores mefíticos e pelas matérias da febre e da pestilência, capazes de abalarem profundamente todo o universo do homem. Os vapores nocivos, segundo se pensava, introduzem-se no âmago das substâncias transmitindo o seu gérmen mortal, que é o próprio princípio da decomposição. O ódio pelo gás difuso e pelos vapores impuros dá oportunidade, ao poder, de inventar um novo medo centrado na dinâmica da infecção e do contágio. Quando Joris Karl Huysmans, nos seus *Croquis parisiens,* de 1880, quer pintar o espectáculo, para ele repugnante, da *Brasserie européenne à Grenelle,* as suas imagens irão sobressair sobre o pano de fundo desse medo. A "Brasserie" está coberta por "toldos que, em tempos, foram verdes, mas agora se encontram desbotados pelo fogo do 'gás' e pela 'água' que goteja". Mais adiante descreve o imenso envidraçado que separa a sala de baile da cervejaria, que é parecida com a de uma "pequena estação de caminho-de-ferro", um envidraçado que "tremula ao 'gás', numa lufada de 'vapor'".[29]

Um outro fantasma *fin de siècle*, muito insidioso, é o da poeira.

Criação de pó

Na "casa de vidro", na "casa de bonecas" e, sobretudo, nos aposentos das crianças, está aberta a caça ao pó e aos micróbios. A partir de 1900, o terror suscitado pelos "ninhos de pó", no apartamento burguês e nas casas populares, mobiliza proprietários, inquilinos, filantropos, arquitectos e médicos.[30] A bacteriologia torna-se quase uma religião. "Era a época em que se inventavam as vantagens da higiene, das mãos lavadas e dos lençóis brancos, do ar livre, do ar puro e da montanha", conta Michel Serres.[31] "Comte", acrescenta, "procurou a pedra, o duro, e expulsou a decomposição". Higienistas e especialistas em assuntos domésticos pensavam que o principal agente de propagação dos micróbios, na casa, era o pó. Hoje sabemos que não é assim tão perigoso.[32] Mas por essa via pode ser dada rédea livre à paixão ocidental

---

29. Joris K. Huysmans, *En rade. Un dilemme: Croquis parisiens*, Paris, UGE, 1976, p. 49.
30. Anne Martin-Fugier, *La place des bonnes: domesticité féminine à Paris en 1900*, Paris, Grasset, 1979, p. 107 e ss.
31. Michel Serres, in *Hermes 4. La distribution*, Paris, Éd. Minuit, 1977, p. 174 e 178. Sobre o assunto, vd., em particular, "Le sain et le malsain", organização de Jacques Guillerme, *Dix-Huitième Siècle*, n. esp., 9, 1977.
32. Barbara Ehrenreich e Deirdre English, "The Manufacture of Housework", *Socialist Revolution*, 26, vol. 4, Outubro-Dezembro de 1975; trad. fr., "La science, le travail et la ménagère", in *Recherches*, 29, Dezembro de 1977, p. 198-199.

pela dicotomia, cortante e precisa, que não deixa qualquer tipo de resíduo. À oposição entre o bem e o mal substituem-se os pares do saudável e do insalubre, do limpo e do infectado, do alto e do baixo, das partes "nobres" e das partes "baixas", da sólida dureza e do pó voador.[33]

Essa obsessão da corrupção, encontramo-la também num texto de Scheerbart: "O tijolo apodrece. Daí o bolor. (...) Na cave das casas em tijolo, o ar encontra-se impregnado por esses bacilos. A arquitectura de vidro não tem necessidade de caves" ("A descoberto do bacilo do tijolo", em *Glasarchitektur*, 1914).[34] Ao que se poderia responder, com Gaston Bachelard, que uma casa sem cave (portanto, sem alicerces) é uma morada sem arquétipos,[35] e que a cidade de vidro, apoiada sobre o terreno como uma nave espacial, é uma cidade sem esgotos.

Junto à banca, o operário regenerado, ornamento da fábrica, dá uma ajuda à dona-de-casa, ornamento do *habitat*.[36] Talvez por reacção a toda essa voragem purificadora, Man Ray irá fotografar o *Élevage de poussière* do *Le grand verre* de Duchamp, que remonta a 1920.

Aquilo que se perde na "arquitectura do vidro" é o preciso significado da posse de objectos que são, como sublinhava Peter Altenberg em 1899, "prolongamentos de nós próprios". A sala, as paredes da sala, constituem a epiderme externa do corpo humano. Suprimir a parede corresponderia a deixar penetrar o olhar no nosso organismo. Em substituição do vidro epitelial, Altenberg aconselha-nos a "pintarmos todas as nossas paredes de branco", para, de seguida, colocarmos num canto uma maravilhosa taça de esmalte: "O objecto que foi colocado sobre a minha mesinha, ou que está pendurado na parede da minha sala, é parte integrante de mim próprio, como os meus cabelos ou a minha pele".[37]

---

33. Michel Serres, in *Hermes 4. La distribution*, p. 184.

34. Paul Scheerbart, [*Glasarchitektur*, 1914]; id., *L'Architecture de verre*, trad. de Pierre Galissaire, Strasbourg, Circé, 1995; capítulo 1: "Le Milieu et son influence sur le développement de la civilisation," p. 29-49. Ver também, Rosemarie Haag Bletter, "Paul Scheerbart's Architectural Fantasies," *Journal of the Society of Architectural Historians*, 34, Maio, 1975; p. 83-97; e "The Interpretation of the Glass Dream – Expressionist Architecture and the History of the Crystal Metaphor," *Journal of the Society of Architectural Historians*, 40, Março, 1981, p. 20-43. Ver também, *The Crystal Chain Letters: Architectural Fantasies by Bruno Taut and his Circle*, Iain Boyd White, ed., Cambridge, MIT Press, 1985.

35. Gaston Bachelard, *La terre et les rêveries du repos* (1948), Paris, José Corti, 1982, p. 105. Creio, porém, que não se deva levar Scheerbart demasiado a sério, como o fizeram os arquitectos da *Gläserne Kette*, sendo preferível inseri-lo, à semelhança de Alfred Jarry, seu contemporâneo, numa nova antologia do "humor negro".

36. Lion Murard, Patrick Zylberman, "La cité eugénique", *Recherches*, 29, Dezembro de 1977, p. 426; ver também id., *L'hygiène dans la République*, op. cit., Paris, Fayard, 1996.

37. Peter Altenberg, "In München" (1899), in *Was der Tag mir zuträgt, fünfundsechzig neue Studien*, Berlin, S. Fisher Verlag, 1921, p. 306-309, cit. por C. Quiguer, op. cit., p. 395.

Claustrofilia

Todavia, essa concepção da casa como extensão da epiderme pode levar a sintomas de regressão, de paralisia e de dissolução no nada da interioridade, como seja "o retorno ao ventre materno", *zurückkriechen in den Mutterleib*, posto em relevo por Hofmannsthal.[38] De acordo com Bachelard, "não se pode escrever a história do inconsciente humano sem escrever a história da casa".[39] Não foi por acaso que dedicou um livro inteiro à definição da lei do isomorfismo das imagens do profundo, a caverna, a casa, o "interior" das coisas ou o ventre da mãe, *La terre* (1948). E também não foi por acaso que o psicanalista Elvio Fachinelli publicou um magnífico estudo sobre a "claustrofilia", recordando que Freud tinha distinguido os símbolos dos genitais femininos (caixas, baús, estojos, malas, etc.), dos símbolos do ventre materno (armários, fornos e, sobretudo, salas).[40]

É verdade que o *intérieur* não se define senão através de uma separação. "A casa dá ao homem que sonha 'por trás da janela' (...) o sentido de um 'exterior', que se diferencia tanto mais do interior, quanto maior for a intimidade da sua sala", escreve Bachelard.[41] O étimo da palavra inglesa *window*, janela, revela uma combinação entre *wind*, vento, e *eye*, olho,[42] ou seja, entre um elemento externo e um aspecto da interioridade. A separação que se encontra na base do habitar é a possibilidade que um ser tem de se instalar. O filósofo Emmanuel Lévinas vai ainda mais longe ao sublinhar que "a interioridade da casa é feita de extraterritorialidade no interior dos elementos de prazer, dos quais se nutre toda a vida". Trabalho de separação, o recolhimento, à semelhança de qualquer outra forma de actividade humana, concretiza-se como existência numa morada, como existência económica. Mas "a separação não me isola, como se eu fosse simplesmente privado desses elementos. Torna possível o trabalho e a propriedade", mediante a actualização e o descanso consentidos pela permanência e pelo recolhimento na casa. As coisas que a mão produz são separadas do prazer imediato, e são depositadas na habitação, assim adquirindo o estatuto de uma pertença. Esse recolhimento, realizado na "extraterritorialidade" da casa, não é, de modo algum, fruto de uma situação, ou de uma preocupação em situação. Para Lévinas, que diverge de Martin Heidegger, "a casa que se escolhe é absolutamente o contrário de uma raiz". Só se concretiza através de uma libertação

---

38. Hugo von Hofmannsthal, "Das Bergwerk zu Falun", *Gesammelte Werke in Einzelausgaben, Gedichte und lyrische Dramen*, Stockholm, Bermann-Fischer, 1946, p. 420, cit. por C. Quiguer, op. cit., p. 386.
39. G. Bachelard, *La terre* (...), p. 115. Vd. também p. 6, 55, 121 e 151.
40. Elvio Fachinelli, *Claustrofilia*, Milano, Adelphi, 1983, p. 84.
41. G. Bachelard, *La terre* (...), p. 115.
42. Ernest Klein, *A Complete Etymological Dictionary of the English Language*, London, 1966, cit. por Ellen E. Frank, *Literary Architecture*, Berkeley, University of California Press, 1979, p. 263.

de compromissos face à situação, numa errância, "o que não significa algo 'a menos', relativamente ao assentamento".[43]

Mobilidade e flexibilidade

Aplicadas sucessiva ou simultaneamente à habitação, todas essas pequenas genealogias puras (conjugais, higiénicas e estéticas) e todas essas microtécnicas (transparência, privacidade e "móvel fixo") acabarão, bem cedo, por confluir no debate sobre a flexibilidade do espaço da habitação. Já em 1906, no seu romance *Münchhausen und Clarissa*, Scheerbart, sempre Scheerbart, descreve, recorrendo a uma Austrália imaginária, aquela que Claude Quiguer definiu como a ambição "totalitária" dos arquitectos: "Já expliquei esta manhã", diz Münchhausen,[44] "que os arquitectos australianos determinam não só o conjunto da decoração do interior de uma casa, como também a 'vida inteira' dos seus habitantes. A mobilidade de uma tal arquitectura fornece-lhes perspectivas renovadoras, e a mobilidade das paredes divisórias proporciona-lhes, continuamente, novas impressões, de tal modo que, nessas condições, também pessoas absolutamente estúpidas acabam por adquirir, sem dúvida, uma sensibilidade artística que se torna, por sua vez, infinitamente móvel e receptiva". Aquilo que é na altura uma brincadeira e uma paródia divertida, transformar-se-á num projecto muito sério, discutido nomeadamente pelos arquitectos alemães e austríacos, nos anos vinte, e pelos arquitectos italianos nos anos trinta e cinquenta do século XX.

O termo "flexibilidade" exprime a vontade manifestada pelos designers italianos de responder aos múltiplos e contraditórios objectivos da habitação mínima. As exigências mais refinadas do conforto, mas também a expressão de uma nova "liberdade" na habitação, as aspirações ao isolamento individual e a necessidade de controlo familiar, encontram nesse dispositivo de permutabilidade na utilização de espaços limitados a esperança de tornar flexível o inflexível.

Em 1954, num congresso organizado por Pio Montesi, director da revista *La Casa*,[45] o arquitecto Adalberto Libera avança com a proposta de um design flexível do ambiente baseado no sistema da "parede móvel". O designer Marco Zanuso teve ainda a ideia de fundar o "Ina-mobile", um organismo público dependente do

---

43. Emmanuel Levinas, *Totalité et infini, essai sur l'extériorité*, Den Haag, Martinus Nijhoff, 1974 (4.ª ed.), p. 124-147; id., *Totalità e infinito, saggio sull'esteriorità*, trad. de A. dell'Asta, Milano, 1977, p. 152-176; id., *Totalidade e Infinito*, Lisboa, Edições 70, 2006.
44. Paul Scheerbart, *Münchhausen und Clarissa, ein berliner Roman*, Berlin, Osterheld, 1906, reed., *Dichterische Hauptwerke*, organização de E. Harke, Stuttgart, H. Goverts Verlag, 1962, p. 403 e 409, cit. por Claude Quiguer, op. cit., p. 372.
45. Episódio cit. na tese de Cristina Chimenti, *La casa indossata. Note sulle culture dell'abitazione in Italia. 1945-1957*, Venezia, IUAV, 1981.

"Ina-casa", com o objectivo de reduzir ao mínimo os móveis pertencentes aos inquilinos e de produzir, à escala industrial, mobiliário fixo para as casas populares. Um ano depois e da mesma forma, nas páginas de *La Casa*, o historiador Giulio Carlo Argan fazia eco da proposta, retomando, também ele, o mesmo tema: "As plantas abertas, articuladas e flexíveis retiram às paredes a tradicional função de clausura e de limite espacial fixo, dando-lhes a qualidade e a função de 'móvel'". Nesse coro Libera, Zanuso e Argan são vozes que cantam em uníssono a harmonia moderna do flexível, as vozes do Design, da Indústria e da História…

Embora as formas tenham mudado, pensamos que se trata da mesma estratégia posta em prática por Henry van de Velde e pelos restantes artistas da *Kunstwerkstätten*. No seu "romance-automóvel", *La 628-E-8* (Paris, 1905), Octave Mirbeau, hóspede por uma noite do hotel *Bradenbrager-Ilof* (sic) de Düsseldorf, descreve essa confusão de géneros inaugurada pelo *modern style*: "As lareiras são bibliotecas, as bibliotecas biombos, os biombos armários e, os armários, sofás. A electricidade brota quer do soalho, quer do tecto…" O resultado é o seguinte: "*Tout tourne, se bistourne, se chantourne, se maltourne; tout roule, s'enroule, se déroule, et brusquement s'écoule*, não se sabe bem como, nem porquê".[46] Da pan-homogeneidade plástica da *art nouveau*, até à flexibilidade abstracta do modernismo dos anos cinquenta, não vai mais do que um passo, que não tardará a ser dado. Já em 1911, em *Neues Altes*,[47] Altenberg lamenta essa convulsão espacial que agita a arquitectura doméstica com sobressaltos, destruindo limites. Por detrás das "fachadas tagarelas" e do "assombro supérfluo" das novas construções, "pretensiosas barracas de quermesse", objecta, "nunca esperes encontrar paz, conforto, segurança, isolamento e intimidade". E grita, "Uma casa, senhores arquitectos, é feita para lá se habitar!…"

Por fim, recordemos a observação de Salvador Dalí perante as esculturas de Alexander Calder: o mínimo que se pode exigir de uma escultura, é que não se mova. Hoje sabemos que o mínimo que podemos pedir às paredes das nossas divisões, é que não sejam "móveis".

---

46. Octave Mirbeau, *La 628-E-8*, Paris, Fasquelle, 1905; reed. Paris, UGE, 1977, p. 320.
47. Peter Altenberg, *Neues Altes*, Berlin, S. Fischer Verlag, 1911, p. 155-156, cit. por C. Quiguer, op. cit., p. 359.

Água e gás em todos os pisos: notas sobre a estranheza da casa 111

01 02 | 06 07 08
03 04 | 09 10
05

01 "Le jour du terme" (o pagamento da renda ou de como evitá-lo através da saída), *L'Univers illustré*, n.º 343, 6 Julho 1864, p. 429 (Paris, Coll. Debuisson).

02 O serviçal trem eléctrico, ligando a cozinha e a sala de jantar, para Gaston Menier, *La Nature*, 1887 (de Leonard de Vries, *Knotsgekke uitvindingen van de 19e eeuw*, com Ilonka van Amstel, Bussum, De Haan, 1972).

03 Candeeiro móvel para escadas, sistema de Armand Murat (Paris), *De Natuur*, 1895, p. 308 (de Leonard de Vries, *Knotsgekke uitvindingen van de 19e eeuw*, com Ilonka van Amstel, Bussum, De Haan, 1972).

04 Peter Behrens, Candeeiro de mesa, Darmstadt, 1902, colecção privada, (Klaus-Jürgen Sembach, *Art Nouveau*, Köln, Taschen, 2007).

05 Aquecedor a gás, "Le Chauffage au Gaz, Compagnie Parisienne d'Éclairage et de Chauffage par le Gaz", Setembro 1895, capa impressa de um catálogo de produtos (Paris, Bibliothèque Historique de la Ville de Paris).

06 "Dans l'incandescence le 'BEC AUER' Seul triomphe", final do século XIX, panfleto impresso sobre iluminação a gás (Paris, Bibliothèque Historique de la Ville de Paris).

07 "Telephos" (aparelho para acender iluminação a gás à distância), a partir de um desenho de A. Guillaume, impressão a cores, cerca de 1900 (Paris, Bibliothèque Historique de la Ville de Paris).

08 Marcel Duchamp, "Eau & Gaz à tous les étages", painel esmaltado azul com inscrições a branco, 1958, escultura-instalação, colecção privada.

09 Man Ray, "Élevage de poussière" (Grand Verre de Marcel Duchamp), 1920, impressão fotográfica (*Man Ray: la photographie à l'envers*, Emmanuelle de L'Ecotais, Alain Sayag, eds. Paris, Centre Georges Pompidou, Éd. Seuil, 1998).

10 "L'œil sans yeux, la femme 100 têtes garde son secret", gravura, a partir de Max Ernst, *La femme 100 têtes*, Paris, Éd. du Carrefour, 1929.

Paisagem de interiores

Partimos de considerações quase óbvias, talvez proverbiais: "a casa será sempre a casa".[1] Perenidade essa que era sublinhada pelo "engenheiro" Carlo Emilio Gadda, quando se insurgia contra os "inovadores, '*coûte* que *coûte*'", "custe o que custar". Deitaram fora séculos de perícia, de experiência profissional e de arte, "enquanto 77 por cento das razões e das explicações físicas do mundo permaneceram as mesmas: gravidade, clima, sol, neve, chuva, vento, escoamento dos esgotos, água potável, mosquitos, tifo, bronquite, catarro, gravidez, silêncio".[2] Perenidade do habitar quer dizer que a memória contém, em si, todos os modos passados da habitação, incluindo, talvez, a imagem da permanência do homem no ventre materno. O motivo proto-histórico, arquetípico, nunca poderá ser eliminado do pensamento em torno do habitar.

Walter Benjamin notava que "a forma originária de habitar é viver não numa casa, mas numa casca, que, como tal, traz a marca do seu habitante. A habitação acaba por se tornar uma casca".[3] Sobre a figura arquetípica da casca, escreveu-se muito e bem. E quem melhor do que Gaston Bachelard, em *A poética do espaço*? Bachelard retoma o extraordinário sonho que é a *rêverie* do humanista francês Bernard Palissy, que aspira a uma construção feita "a partir de dentro", em forma de gruta ou de concha.[4] Na origem, o homem é animal e sonha com o seu primitivo alvéolo. Por coincidência, um outro filósofo francês, Alain, tinha já notado que, "em parte, a arquitectura seria como uma modelação escavada. É assim que a forma humana se imprime na escada, no parapeito, na abóbada, na cadeira, na cama".[5] Sabemos perfeitamente como é bem modelada uma casa antiga, quase como se tivessem sido os passos e o olhar de quem a habitou a darem-lhe forma, ano após ano. Parece que nasceu por

---

1. Exposição *Il progetto domestico. La casa dell'uomo: archetipi e prototipi*, XVIII Trienal de Milano, Palazzo dell'Arte, 19 de Janeiro a 23 de Março de 1986, direcção de Mario Bellini, responsável pela secção histórica Georges Teyssot, organização de Marco De Michelis, Monique Mosser e Georges Teyssot, com a colaboração de Lion Murard, Alesssandra Ponte, Massimo Scolari e Patrick Zylberman, consultoria de Anthony Vidler e Robin Middleton; *Il progetto domestico. La casa dell'uomo: archetipi e prototipi*, Georges Teyssot, ed., Milano, Electa, 1986; Georges Teyssot, *Paesaggi d'interni*, "Lotus Document," 8, Milano, Electa, 1987; id., *Interior Landscape*, New York, Rizzoli International, 1988. O texto aqui publicado corresponde a uma profunda reelaboração do segundo.
2. Carlo Emilio Gadda, "La nostra casa si trasforma: e l'inquilino la deve subire" (1959), reed., *Le meraviglie d'Italia. Gli anni*, Torino, Einaudi, 1964, p. 133-134.
3. Walter Benjamin, *Das Passagen-Werk*, organização de Rolf Tiedmann, Frankfurt, Suhrkamp Verlag, 1982, p. 1063; id., *Parigi, capitale del XIX secolo. I "passages" di Parigi*, organizado por Giorgio Agamben, Torino, Einaudi, 1986, p. 290.
4. Gaston Bachelard, *La poétique de l'espace*, Paris, PUF, 1957, p. 123-126; id., *A poética do espaço*, São Paulo, Martins Fontes, 1989.
5. Alain (Émile-Auguste Chartier), *Entretiens chez le sculpteur (1934-37)*, Paris, Gallimard, 1969, p. 79.

necessidade, e o próprio Alain insistia, noutro passo, sobre o tal sentido de criação "a partir de dentro": "pode dizer-se que uma velha casa se desenvolve, em certo sentido, a partir do seu interior (*par le dedans*); o espírito fica fechado dentro dela, e desenvolve-a, enquanto cada uma das suas partes, através da sua implantação e da sua forma, chama e determina as outras".[6] Daí resultam casas sem planta, sem projecto, dado que a ideia, ou a planta, não poderia dar conta desse processo.

O papel protector da casca: por exemplo, Jean-Jacques Rousseau exalta a geografia humana da Suíça, onde cada casa agrícola, o *chalet*, é um eremitério. O inverno que isola as casas com barreiras de neve "impede uma comunicação fácil", e faz com que "se fique fechado, quentinho, com uma numerosa família, na casa de madeira, bonita e limpa".[7] Thomas de Quincey celebra a protecção do seu *cottage* de Gales, investido pelo mau tempo invernal, enquanto lê Immanuel Kant, ao calor.[8] Entretanto lá fora, a neve acentua aquele sentido de anulação do mundo e de intimidade activa. Arthur Rimbaud escreve: "Era como uma noite de Inverno, com neve, para apagar, decididamente, o mundo".[9] E também em *A Obra*, de Émile Zola, a neve contribui para isolar o idílio entre o pintor Claude e a modelo Christine: "Quando a neve cobria os telhados circundantes, (...) sorriam por terem calor, e por estarem assim perdidos, no meio da cidade muda".[10] O tema ganha actualidade com o poeta italiano Giovanni Raboni: "Vai devagar devagar à janela / a ver se ainda neva, se continua / no escuro luminoso, lá fora / o infantil desastre do mundo".[11]

A casa antiga deu lugar a mil nomes em todas as línguas e em todos os dialectos. Quando chega a palavra douta, o "vernáculo", a polissemia e a polifonia são apagados. "Vernáculo: sábio adjectivo", escreve Michel Serres,[12] "que designa o popular, o dito não instruído. Atente-se na palavra 'verna', escravo nascido em casa, ignorante, vulgar, que fala mal o 'patois' local da quinta". A paisagem local é substituída por uma desadaptação global, pouco a pouco, com momentos de aceleração e de estagnação. Tal substituição, que vai do local para o global, é um movimento que

---

6. Alain, *Système des beaux-arts* (1926), Paris, Gallimard (Idées), 1978, p. 199.
7. Jean-Jacques Rousseau, *Lettre à D'Alembert*, cit. por Georges Poulet, *Les métamorphoses du cercle* (1961), Paris, Flammarion (Champs), 1979, p. 153.
8. Cit. por Charles Baudelaire, "Les paradis artificiels", in *Du vin et du hachisch; suivi de Les paradis artificiels*, organização de Jean-Luc Steinmetz, Paris, Librairie générale française, 2000; id., *Os paraísos artificiais; seguidos de O vinho; O haxixe*, trad. de Maria Bragança, Lisboa, Guimarães Ed., 1997; e por Gaston Bachelard, *La poetica dello spazio*, p. 65-67.
9. Cit. ibid., p. 67.
10. Émile Zola, *L'œuvre* (1886), Paris, Gallimard (Folio), 1983, p. 41; id. *A obra*, trad. de Manoel M. Rodrigues, Porto, Typ. Occidental, 1886.
11. Giovanni Raboni, "L'appartamento", in *Alfabeta*, 12, Abril 1980, p. 13. "Va piano piano alla finestra / a vedere se nevica ancora, se continua / nel buio luminoso, là fuori / l'infantile disastro del mondo".
12. Michel Serres, *Les cinq sens. Philosophie des corps mêlés-1*, Paris, Bernard Grasset, 1985, p. 278.

caracteriza a história da civilização ocidental, estendendo-se, com variações regionais e nacionais, do século XVII até hoje.

Voltemos, pois, à evocação dos arquétipos que alimentam a memória, o inconsciente e até, quem sabe, a própria história. A "cabana" primitiva de Franco Purini e Laura Thermes abre a nossa reflexão, com um pavilhão encimado por um templete, que recorda Vitrúvio, Marc-Antoine Laugier, Antoine Quatremère de Quincy, e que parece sair da floresta, embora os "troncos" das árvores já se encontrem ordenados segundo escansões regulares. Reina a harmonia da arte e do projecto, assinalando a passagem da natureza para a cultura. Do outro lado, quase a assinalar o eterno retorno do primitivo facto de habitar, da casca primordial, vemos o "igloo" de Mario Merz, atravessado pelos símbolos da informação: escalas logarítmicas em néon e pacotes de jornais. Dificilmente classificável, dado que evoca quer um arquétipo mítico, quer uma actividade tipicamente desenvolvida no interior doméstico, como a recolha ou a colecção, a fantástica "arca" de Massimo Scolari alude não só ao destino do classificador personificado por Noé, mas também à dupla realidade da habitação, que consiste, exactamente, segundo as palavras de Emmanuel Lévinas,[13] no acolhimento, *accueil*, e no recolhimento, *recueillement*. É ao mesmo desejo de encaixotar todas as coisas do mundo, para as possuir e para as nomear, que se refere a imensa "biblioteca" preparada por Mario Bellini, intitulada *La scatola dell'anima*, ou seja, *A caixa da alma*. Alinha em inúmeras prateleiras o impossível catálogo das casas do homem. Nelas se encontram expostas as maquetas dos alunos de Remo Buti, em Florença.

Outros projectos assumem funções mais metafóricas, a da extrema fragmentação que sofre o espaço doméstico na proposta intitulada *Soglie e passaggi* (*Limiares e passagens*), de Daniel Libeskind, ou o imenso *Teatro della vita domestica* (*Teatro da vida doméstica*), de Aldo Rossi, um corte vertical à Georges Perec, que alude à tipologia da casa de cidade, palco da vida vivida, lugar ordenado de humores condensados, de cheiros arrancados à passagem do tempo, de cores depositadas, enquanto estratificação de sucessivas gerações. As esculturas de George Segal habitam, como fantasmas, a reconstrução arqueológica de uma "habitação standard", conforme surge nas modernas periferias de qualquer cidade europeia ou americana. A escultora Alice Aycock, com obras que se atravessam, como se fossem espaços labirínticos e tecnológicos, tem vindo a desenvolver algumas das mais originais reflexões acerca das noções de habitação, de passagem e de ritual. A sua construção cosmogónica intitulada *La casa dell'infanzia* (*A casa da infância*), apoiada sobre um "inferno" esférico e

---

13. Emmanuel Levinas, *Totalité et infini, essai sur l'extériorité*, Den Haag, Martinus Nijhoff, 1974, 4.ª ed., p. 144; id., *Totalità e infinito, saggio sull'esteriorità*, trad. de Adriano Dell'Asta, Milano, Jaca Book, 1986, p. 173; id., *Totalidade e infinito*, trad. José Pinto Ribeiro, rev. Artur Morão, Lisboa, Edições 70, 1988.

com torres "paradisíacas", evoca quer a recordação onírica das primeiras habitações, quer o castelo de fadas nas histórias para crianças, quer a casa das bonecas.

Sucessivamente são introduzidas diversas secções históricas, para ilustrar os principais modos de habitar impostos a largas camadas da população ao longo de quase três séculos. A nossa tese é a de que cada um dos modelos culturais apresentados (monárquico, aristocrático, burguês, reformado, artístico e nómada) não é eliminado pelo sucessivo, pois todos eles vão permanecendo, como rasto, como memória, no interior de um processo de sobreposição de tipos. Uma vez reactualizados os mitos de fundação que contam a "história" das primeiras habitações, as outras sete secções implicam a recorrência desses mesmos modelos de vida, ligados ao seu nascimento, insistindo sobre a necessidade de considerar a tradição ocidental da habitação como uma estratificação de "modelos tópicos" que se sobrepõem.[14]

São imagens que saem do passado e do presente ao mesmo tempo, como num jogo de reflexos. Ninguém melhor do que a escritora inglesa George Eliot, em *Middlemarch* (1872), descreveu esse jogo de espelhos: "Dia e noite, sem interrupção, a não ser aquele breve sono que apenas entrelaçava o exame retrospectivo com o medo, num presente fantástico, sentiu as cenas da sua primeira vida a interporem-se entre si e qualquer outra coisa, de um modo tão obstinado como quando olhamos pela janela de uma sala iluminada, e os objectos aos quais viramos as costas continuam a estar à nossa frente, no lugar da erva e das árvores. As sucessivas vivências, internas e externas, estavam ali na mesma visão. Embora, para cada uma, se pudesse hesitar de vez em quando, o resto conservava ainda o seu efeito sobre a consciência".[15]

Estamos de tal modo cientes de não sermos os primeiros a assinalar as etapas da história da habitação ocidental que num primeiro momento pensámos erigir uma homenagem a alguns ilustres predecessores, colocando-os numa espécie de nichos ou de capelas. A "Paris, capital do século XIX", de Walter Benjamin, a "sociedade de corte" de Norbert Elias,[16] o "panorama" de Rolf Sternberger,[17] a "mecanização ao poder" de Sigfried Giedion,[18] a micro-história da vida familiar

---

14. Cf. Georges Teyssot, "Figure d'interni", introd. a *Il progetto domestico* (...), p. 18-27.
15. George Eliot, *Middlemarch* (1871-72), London, The Penguin English Library, 1985, p. 663.
16. Norbert Elias, (*Die Höfische Gesellschaft*) *The court society*, trad. de Edmund Jephcott, Oxford, Blackwell, 1983; id., *La Société de cour*, trad. de Pierre Kamnitzer e Jeanne Etoré, Paris, Flammarion, 1985; id., *A Sociedade de Corte*, trad. de Ana Maria Alves, Lisboa, Estampa, 1987.
17. Dolf Sternberger, *Panorama oder Ansichter vom 19. Jahrhundert* (1938); id., *Panorama of the Nineteenth Century*, New York, Mole editions, Urizen Books, 1977; id., *Panorama du XIXe siècle*, Paris, Gallimard, 1996.
18. Sigfried Giedion, *Mechanization Takes Command, a Contribution to Anonymous History*, New York, Oxford University Press, 1948; id., *La mécanisation au pouvoir: contribution à l'histoire anonyme*, nova edição francesa: Paris, Denoël Gonthier, 1983, 3 vol.

de Philippe Ariès,[19] o dispositivo da sexualidade de Michel Foucault,[20] o "sistema dos objectos" de Jean Baudrillard,[21] a história social da "*country house*" britânica de Mark Girouard,[22] a "filosofia da decoração" de Mario Praz,[23] o "ambiente bem temperado" de Reyner Banham,[24] a "grande revolução doméstica" nos Estados Unidos de Dolores Hayden.[25]

Definitivamente e por várias razões, como a de não querer monumentalizar o pensamento desses escritores, expusemos, como "homenagem", entre os mil objectos integrados na secção histórica da mostra que acompanhavam os projectos, tão-só o material do arquivo de Giedion, que está em Zurique, para ilustrar visualmente a sua fundamental pesquisa sobre *Mechanization takes command* (1948), bem como alguns quadros provenientes da colecção Praz. O que daí resulta é a presença implícita e explícita de cada uma dessas pistas de pesquisa, bem como de tantas outras mais específicas, ou menos conhecidas.[26]

Segundo alguns críticos, como, por exemplo, Umberto Eco,[27] são três os "desafios" que a partir de finais dos anos cinquenta, em paralelo com uma grave crise

---

19. Philippe Ariès, *L'Enfant et la vie familiale sous l'Ancien Régime* [édition abrégée], Paris, Éd. Seuil, 1975; id., *A criança e a vida familiar no antigo regime*, trad. Miguel Serras Pereira, Ana Luisa Farinha, Lisboa, Relógio d'Água, 1988.

20. Michel Foucault, *Sécurité, territoire, population: cours au Collège de France, 1977-1978*, Michel Senellart, comp., François Ewald e Alessandro Fontana, dir., Paris, Gallimard, Éd. Seuil, 2004; id., *O nascimento da biopolítica*, Lisboa, Edições 70, 2010; id., *Naissance de la biopolitique: cours au Collège de France, 1978-1979*, Michel Senellart, comp., François Ewald et Alessandro Fontana, dir., Paris, Gallimard, Éd. Seuil, 2004.

21. Jean Baudrillard, *Le système des objets*, Paris, Gallimard, 1968; id., *O sistema dos objectos*, trad. Zulmira Ribeiro Tavares, São Paulo, Perspectiva, 1989.

22. Mark Girouard, *Life in the English country house: a social and architectural history*, Harmondsworth – New York, Penguin Books, (1980), 1978.

23. Mario Praz, *La filosofia dell'arredamento. I mutamenti nel gusto della decorazione interna attraverso i secoli dall'antica Roma ai nostri tempi*, Milano, Longanesi, 1964; reimpressão: 1981; id., *An Illustrated History of Furnishing, from the Renaissance to the Twentieth Century*, trad. de William Weaver, New York, G. Braziller 1964; id., *L'ameublement. Psychologie et évolution de la décoration intérieure*, trad. fr. (1964); nova edição: id., *Histoire de la décoration d'intérieur. La philosophie de l'ameublement*, Paris, Thames & Hudson, 1995.

24. Reyner Banham, *The Architecture of the Well-tempered Environment*, Chicago, University of Chicago, 1969, 2.ª edição, rev. 1984.

25. Dolores Hayden, *The Grand Domestic Revolution: A History of Feminist Designs for American Homes, Neighborhoods, and Cities*, Cambridge, MA, MIT Press, 1981.

26. Não se encontravam disponíveis os volumes da monumental "história da vida privada": *Histoire de la vie privée*, dirigida por Philippe Ariès e Georges Duby, Paris, Éd. Seuil, 1985-1987; Seuil, Points Histoire, 1999, n.° 260-264: vol. 1. *De l'Empire Romain à l'an mil*, dirigida por Paul Veyne, Points Histoire, 1999; vol. 2. *De l'Europe féodale à la Renaissance*, dirigida por Georges Duby, Points Histoire, 1999; vol. 3. *De la Renaissance aux Lumières*, dirigida por Philippe Ariès e Roger Chartier, Points Histoire, 1999; vol. 4. *De la Révolution à la Grande Guerre*, dirigida por Michelle Perrot, Points Histoire, 1999; vol. 5. *De la Première Guerre mondiale à nos jours*, dirigida por Antoine Prost e Gérard Vincent, Points Histoire, 1999. *História da vida privada*, dir. por Philippe Ariès e Georges Duby, trad. com rev. científica de Armando Luis Carvalho Homem, Porto, Afrontamento, 1989. Ver a nossa contribuição para a versão italiana do último volume: Georges Teyssot, "L'Invenzione della Casa Minima," in *La Vita Privata*, vol. V, *Il Novecento*, dirigida por Philippe Ariès, e Georges Duby, Roma, Laterza Editore, 1988, p. 175-220.

27. Entre as numerosas manifestações mais recentemente consagradas ao nosso tema, recordem-se, *D'un espace à l'autre: la fenêtre (œuvres du XXe siècle)* (catálogo da exposição), organização de Alain Mousseigne, Saint-Tropez, Musée de l'Annonciade, 1978; Todd Williams, Ricardo Scofidio, *Window-Room-Furniture (Projects)*, New York, The Cooper Union, Rizzoli Int. Pub., 1981; *Le affinità elettive, ventuno progettisti*

"ideológica", desestabilizaram "o sistema das belas artes" e produziram "a normalização das vanguardas": as novas tecnologias, a invasão dos *mass media* e a extensão do conceito de arte a numerosas formas de vida do quotidiano. Pelo que diz respeito aos temas da arte, do design e do ambiente doméstico, têm vindo a delinear-se, pois, nos últimos anos, dois "géneros" de manifestações. Um primeiro que leva a novas descobertas de antiquário ou, também, de "modernário", é encorajado nessa direcção quer por uma renovada curiosidade do público, quer por um mercado que "exige". Um segundo género, que visa lançar continuamente inovadoras propostas de exposição, no campo do projecto de interiores, sendo frequentemente patrocinado pelo sector do mobiliário, que é extremamente dinâmico, bem como pelas indústrias produtoras de novos materiais, corresponde a um movimento artístico talvez comparável, pela grandeza e pela simultaneidade da sua difusão internacional, à *art nouveau* e à *art deco*.[28]

Conforme escreve Patrick Mauriès,[29] o estudo da origem do que é um fenómeno actual de "deriva cultural" bastante amplo mostra-se um campo de investigação que oferece enormes possibilidades de pesquisa. Tratar-se-á de indícios do refluxo de certas ideias políticas, ou, num outro sentido, do afinamento de uma questão que desliza das massas para os micropoderes, para as células individuais? Esgotamento de um certo tipo de procura, ou, em contraposição, curiosidade das novas gerações por escritas e conhecimentos que, até hoje, tinham ficado de reserva, ou num lugar periférico, como a erudição obstinada de um Mario Praz, de um Pierre Verlet[30] e de um Peter Thornton,[31] curiosidade que confina com certos aspectos narrativos próprios da experiência romântica e simbolista? Ou então, e mais radicalmente,

---

ricercano le proprie affinità, catálogo da exposição com o mesmo título, organização de Carlo Guenzi, Milano, Trienal de Milano, Ente Comunale del Mobile di Lissone, Electa, 1985; *La neomerce, il design dell'invenzione e dell'estasi artificiale* (catálogo da exposição), organização de Denis Santachiara, Milano, Trienal di Milano, Montedison – Progetto Cultura, Electa, 1985; *Caravelles. Enjeux de l'objet*, catálogo da exposição da Quadrienal Internacional de Design, coordenação geral de Vincent Lemarchands, Grenoble, Lyon, Saint-Étienne, 1986; Ezio Manzini, *La materia dell'invenzione: materiali e progetto*, Milano, Montedison – Progetto Cultura, Arcadia, 1986, que também se pode ler em versão ing., *The Material of Invention*, Milano, Arcadia, 1986. Depois da exposição, *Il progetto domestico*, ter fechado as suas portas, com uma afluência de público excepcional para a Trienal de Milano, o florescimento de iniciativas do mesmo tipo mostra bem como se difundiu o interesse pelo tema.

28. Pelo que diz respeito à *art déco*, vd. Luca Lotti, *La casa in mostra: una ricerca su alcuni progetti presentati all'"Exposition internationale des arts décoratifs et industriels modernes" a Parigi nell'estate 1925*, tese de licenciatura orientada por Georges Teyssot, Departamento de História da Arquitectura, IUAV, Venezia, 1985; e id., "Architettura dell'Ensemblier", *Rassegna*, 26, 1986, p. 12-18.

29. Patrick Mauriès, recensão à mostra, *Il progetto domestico*, *FMR*, 40, Março de 1986, p. 28-36, trad. de "Le théâtre de la Triennale", *City*, 20, Março de 1986, p. 79-83; vd. Patrick Mauriès, *Cabinets de curiosités*, Paris, Gallimard, 2002.

30. Pierre Verlet, *Les Meubles français du XVIIIe siècle*, 2.ª ed., Paris, Presses Universitaires de France, 1982.

31. Peter Thornton, *Authentic decor: the domestic interior 1620-1920*, [1984], London, Seven Dials, 2000, 1993; id., *L'époque et son style: la décoration intérieure 1620-1920*, trad. de Jean-François Allain, Paris, Flammarion, 1993.

trata-se de reconhecer, com as palavras de Michelle Perrot, que "a história da intimidade é, definitivamente, a história política do quotidiano"?[32]

Não penso que tenhamos sacrificado o experimentalismo projectual a uma historicidade ideal, como tem vindo a ser dito e escrito.[33] Mais do que isso, é facto que as próprias propostas perderam muito do "radicalismo" que caracterizava as "invenções", no campo habitacional, dos anos vinte e trinta. Sinal dos tempos? Acredito, pelo contrário, que possa implicitamente ficar delineado um forte conteúdo político, que não é seguramente diminuído por se concentrar na esfera do privado. Bastaria conceber o privado, não só como uma redescoberta dos últimos anos, ligada ao chamado refluxo, mas também como um sector mais vasto, que serve de alavanca a toda a política do Ocidente a partir do século XIX.[34] Com efeito, se o século XVIII foi o período do despotismo do poder monárquico exercido sobre as grandes famílias da nobreza, o século XIX introduz o princípio do autogoverno da família como o mais eficaz meio de controlo de massas, instrumento esse intimamente correlacionado com a função da economia, à qual a política de assistência, filantrópica e social, posta em prática pelo Estado e pelos industriais, dedica grande atenção. Tinha vindo a estabelecer-se uma espécie de fronteira de demarcação entre os núcleos familiares que eram capazes de se autogovernarem, reentrando na esfera da "normalidade", e os outros que, pelo contrário, "patologicamente", ficavam abaixo dessa linha, assim fazendo disparar procedimentos de assistência pública, de controlo ou de repressão. Mesmo que as distinções de hoje já não sejam tão límpidas, parece-me muito clara a forma como tudo o que diz respeito ao mundo da "casa" e do "privado" se tem vindo a tornar, cada vez mais, questão e material político.[35] Essa análise, ainda dramaticamente actual, em alguma zonas,

---

32. Michelle Perrot, "La nuova storia del privato", in *Il progetto domestico* (…), p. 28-35.

33. Cf. o interessante debate suscitado pela posição crítica de Vittorio Gregotti, "Lungo viaggio attraverso la casa", *Panorama*, 16 Fevereiro 1986, p. 19: "Perante algumas teses, bastante precisas, apesar de contestáveis, acerca da ideia de espaço doméstico, teses que não visam, de forma alguma, um futuro nebuloso, mas antes um sentido diverso do presente concreto e irresoluto, as respostas dos arquitectos foram, em geral, incertas e evasivas. Não faltam excepções (como Achille Castiglioni, Juan Navarro Baldeweg, Andreas Brandt, Massimo Scolari, n. d. a.), mas, em geral, as propostas de intervenção revelam um poeirento vanguardismo telemático, são um louvor à banalidade do quotidiano e à fuga, através dos meios impróprios das artes visuais. Uma responsabilidade que é também dos organizadores, os quais, ao escolherem Peter Eisenman ou Daniel Libeskind, sabiam muito bem o que estavam a fazer (…)". Cf., além disso, a mesa redonda organizada por ocasião da mostra, *Il progetto domestico* da Trienal de Milano, "La questione dell'abitazione", organização de Sandra Milesi, *Casabella*, 522, Março de 1986, p. 20-31.

34. Cf. Georges Teyssot, "'La casa per tutti': per una genealogia dei tipi", introdução à trad. de Roger-Henri Guerrand, *Le origini della questione delle abitazioni in Francia (1850-1894)*, organização de Georges Teyssot, Roma, Officina Edizioni, 1981, p. 1-101; id., "'Acqua e gas a tutti i piani': appunti sull'estraneità della casa", *Lotus International*, 44, 1984, p. 82-93; id., "Civilisation du Salarié et Culture de l'Employé: Variations sur Siegfried Kracauer, Ernst Bloch et Walter Benjamin," *Cahiers de la Recherche Architecturale*, 15-16-17, Montpellier, 1985, p. 36-41.

35. Cf. Jacques Donzelot, *La police des familles*, Paris, Les Éd. Minuit, 1977, com um posfácio de Gilles Deleuze, trad. it. *Aut-Aut*, 167-168, Setembro-Dezembro de 1978, p. 108-115.

era mesmo preciso enfrentá-la? Então, teria sido necessário apresentar a "situação" social, e não só social, de certos bairros, como, por exemplo, os bairros ex Incis de Pieve Emanuele, em Milão, ou a "zona expansão norte", dita Zen, de Palermo.

Interrogamo-nos, frequentemente, acerca das diversas formas de conceber a função da crítica. Por vezes, a melhor resposta é uma não resposta. A crítica não se anuncia como crítica, nem a história como história. Quero com isto dizer que a função crítica, pelo que nos diz respeito, talvez se exprima no plano mais subtil de um estilo "futurável-progressista" dos anos vinte e trinta, sem que por isso seja menos eficaz.

É uma crítica, e um modo de fazer história, que aceita o terreno dos outros (outras disciplinas, outros "media") e que recorre ao paradoxo. Nesse sentido, creio que actualiza em pleno a mensagem de Jean Baudrillard, segundo o qual, se é verdade que a crítica tem como objecto "estratégias banais" e dominantes, quando embate frontalmente com elas arrisca-se a ficar isolada e, como tal, a ser absolutamente ineficaz. Pelo contrário, a crítica torna-se produtiva quando conduz essas banalidades até ao paradoxo. Não lhes coloca obstáculos ou travões mas, levando-as até às suas últimas consequências, descobre os seus aspectos ridículos, revela as suas origens, percorre de novo as genealogias. De "banais", as estratégias de Estado, de mercado, de comunicação, transformam-se por essa via em "fatais", no sentido que é atribuído ao termo por Baudrillard.[36] É o que também tentaram concretizar, de forma diferente, é certo, Paolo Deganello e a OMA de Rem Koolhaas. A Casa-Ginásio de Koolhaas é uma tentativa trocista de fazer com que a sublimidade do pavilhão alemão de Barcelona de Ludwig Mies van der Rohe receba a benção dos *mass media*. O pavilhão, declara o autor, fica estacionado na "zona ambígua entre o prazer da ginástica e o prazer sexual". Mas, num tal espaço transformado, repleto de projecções sobre ecrãs pequenos ou gigantes, tanto um como outro deixaram de existir. Permanece apenas o simulacro desses prazeres. A "cena" do moderno foi substituída, como num *spot* publicitário, pela massagem-mensagem. O "obsceno", dilatação à escala de elefante da visibilidade de cada coisa até ao êxtase, é o fim de cada "cena".[37] Do banal ao fatal: missão cumprida.[38]

São três os temas que quase todas as exposições sobre a habitação humana (desde a exposição universal de Londres, de 1851, até hoje, a lista seria longa) ofereceram ao público, com cruel perseverança. Os dois primeiros são uma presunção implícita

---

36. Jean Baudrillard, *Les stratégies fatales*, Paris, Bernard Grasset, 1983; id., *Le strategie fatali*, trad. de Sandro D'Alessandro, Milano, Feltrinelli, 1984; id., *As estratégias fatais*, trad. de Manuela Parreira, Lisboa, Estampa, 1991.
37. Ibid., trad. it., p. 49.
38. OMA (Office for Metropolitan Architecture), "La casa palestra", *AA Files*, 13, Outono 1986, p. 8-12.

de "progresso" e uma declaração explícita acerca de uma esperança voltada para o "futuro". Não restam dúvidas de que a confiança em tais conceitos abstractos seja actualmente posta em causa. O terceiro tema, que muito frequentemente é reproposto nas mais recentes exposições de *design* e de arquitectura de interiores, é o da mistura entre "arte" e ambiente doméstico. A esse propósito, será talvez necessário recordar uma vez mais a precisão com que Adolf Loos se refere à natureza "revolucionária" da arte oposta à natureza "conservadora" da casa: "a casa deve agradar a todos. À diferença da obra de arte, que não precisa de agradar a ninguém".[39]

Essa ingénua esperança no futuro, estando em causa um tema que implica equilíbrios tão delicados como o ambiente doméstico, traz à memória "a casa que parece feita às avessas, o telhado implantado na terra e as portas a indicarem o céu com a soleira", intitulada *Le manoir à l'envers*, construída ao longo da "Estrada de Paris", na exposição universal parisiense de 1900. "Essa casita, em estilo gótico, foi construída, literalmente, às avessas, o telhado estende-se pelo solo, com chaminés e torrezinhas, ao passo que os alicerces se elevam em direcção ao céu. ... Por muito divertida que seja, ... essa ideia louca torna-se enfadonha, no interior. Também aí, tudo é às avessas, até ... as coisas que são para se ver".[40] Segundo Benjamin, essa tal "mansão" contretiza, em termos radicais, a ideia de habitação privada que estava em questão no *Jugendstil*.[41] A "casa às avessas" de 1900 era contudo uma metáfora, divertida e ridícula quanto se queira, uma imagem situada entre Júlio Verne e Georges Méliès, mas a metáfora de inversão dos usos e costumes, de que se fazia antecipação, pretendia que o público se preparasse. Hoje, as exposições sobre habitação deixaram de mostrar metáforas futuristas ou "futuríveis", mas muitas vezes apresentam a forma como se desenrola a vida no espaço, que é já uma realidade: telemática privada, "robot" e satélite orbital do "duas-assoalhadas-mais-cozinha".[42] É também esse o sentido dos projectos mais "sociológicos" aqui apresentados. O "robot" tomou o poder no stand estático de Denis Santachiara. O telecomando governa, no de Andrea Branzi. As telecomunicações imperam, na vivendazinha de periferia, decorada à maneira de Memphis, de Ettore Sottsass. O aparelho de ar condicionado, o aspirador, e outros

---

39. Adolf Loos, "Architecture" (1910), *Paroles dans le vide: malgré tout*, trad. de Cornelius Heim, Paris, Champ Libre, 1979, p. 226; id., *Parole nel vuoto*, trad. de Sonia Gassner, Milano, Adelphi, 1972, p. 253; id., *Sämtliche Schriften*, 1.º vol.: *Ins Leere Gesprochen (1897-1900)*; 2.º vol.: *Trotzdem (1900-1930)*, Wien, München, Verlag Herold, 1962.
40. *Die Pariser Weltausstellung, Wort und Bild*, red. de Georg Malkowsky, Berlin, 1900, p. 78 e 474-475, cit. por Walter Benjamin, *Parigi, capitale del XIX secolo*, p. 709.
41. Ibid.
42. Cf. Jean Baudrillard, *L'autre par lui-même. Habilitation*, Paris, Galilée, p. 15.

dispositivos maníacos de *vacuum cleaner* dirigem a "casa que respira", quase uma nave espacial, de Clino Castelli.

Quem mora num T2 virado para uma artéria central de Milão, num prédio dos anos cinquenta, mesmo que a construção seja de nível "médio", apercebe-se de que a qualidade se ressente do estado de urgência que caracterizou a Europa, nos anos da reconstrução do pós-guerra.[43] Como tal, faria suas as reflexões de Carlo Emilio Gadda, registadas precisamente nos anos cinquenta: "a casa de hoje, a casa reformada, a casa transformada, é impotente para preservar e para defender os habitantes e os seus nervos do ultrajante desgaste (da vida moderna). A estrutura em betão armado, em tijolo furado, especialmente nas partes 'esticadas' (laje de pré-esforçado), ressoa como a pele esticada de um tambor, ao mínimo botãozinho que caia. Caixotão de betão armado furado quer dizer, terei de ouvir, contra vontade, todos os rumores da casa, todas as notas e sílabas do falanstério".[44] As desvantagens acústicas e também térmicas das novas estruturas reencontram-se todas nos prédios de Milão, de Roma, de Paris, etc. Os apartamentos são pequenos, mas hoje, depois de 150 anos, estamos quase habituados a esse sofrimento.

É engraçado verificar como já Balzac exprimia a sua dor perante o "encolhimento" do ambiente doméstico. Na divertida "teoria da cama", exposta em *Physiologia do matrimónio* (1830), lamenta: "a civilização chegou, fechou um milhão de homens em quatro léguas quadradas, estacionou-os em estradas, em casas, em apartamentos, em quartos, em gabinetes de oito pés quadrados, e, ainda mais, tentará metê-los uns nos outros, como aos tubos de um binóculo".[45] Tal compenetração, telescópica e forçada, encontra-se em muitos passos do romancista: "o lugar necessário para as bibliotecas", escreve em *Ilusões perdidas* (1837), "será uma questão sempre mais difícil de resolver, numa época em que a diminuição, o *rapetissement*, geral das coisas e dos homens atinge tudo, até as suas habitações".[46] Uma primeira consequência, fruto da adaptação a uma nova condição, é a da polifuncionalidade das divisões da casa.[47]

---

43. Vd., pelo que diz respeito à Itália, Cristina Chimenti, *La casa indossata: note sulle culture dell'abitazione in Italia nel secondo dopoguerra (1945-1957)*, tese de licenciatura orientada por Georges Teyssot, Departamento de História da Arquitectura do IUAV, Venezia, 1981; id., "Le categorie di igiene e decoro nella casa degli anni Cinquanta. Continuità e rottura", *Donna-woman-femme*, 19-20, 1982, p. 27-38; id., "La casa indossata: le culture dell'abitare nell'Italia del secondo dopoguerra", *Parametro*, 127, Junho de 1984, p. 14-43 e 60-64.
44. Carlo Emilio Gadda, "La nostra casa si trasforma (…)", *Le meraviglie d'Italia. Gli anni*, p. 135.
45. Honoré de Balzac, *Physiologie du mariage* (1830), Paris, Garnier-Flammarion, 1968, p. 187-188; id., *Physiologia do matrimónio, ou meditações de philosophia acletica sobre a felicidade e infelicidade conjugal*, trad. de A. da Silva Dias, Porto, E. Chardron, 1875, 2 vol.
46. Honoré de Balzac, *Illusions perdues*, primeira parte (1837), Paris, Gallimard (Folio), 1981, p. 131; id., *Ilusões perdidas*, trad. de Beldemonio, Lisboa, Escritório da Empreza, 1887-1888.
47. Cf. Michel Reynaud, *Figures de la nécessité. Espace et littérature: Paris et Balzac*, Paris, ARDU, CORDA, 1978, p. 23-24.

Benjamin acrescentava: "talvez exista uma relação entre a diminuição do espaço e a evolução da decoração do *intérieur*". Acerca do primeiro desses dois aspectos, Balzac regista interessantes constatações: "hoje, só têm procura os quadros de pequenas dimensões, porque não há lugar para pendurar os grandes. Dentro de pouco tempo, arrumar uma biblioteca será um grande problema. ... Não há espaço para nada. E, portanto, compram-se coisas que duram pouco tempo".[48] No final do século, depois dos trabalhos do barão Haussmann, um outro escritor, Huysmans, reafirma a relação inversa entre gigantismo urbano e microscopia doméstica: "Dantes, as estradas eram estreitas e as casas espaçosas, hoje, as estradas são enormes e os quartos microscópicos e sem ar. O espaço permanece o mesmo, mas organiza-se de uma maneira diferente. Dizem que, do ponto de vista da higiene, isso constitui uma vantagem exorbitante".[49] Gadda, num artigo contemporâneo da redacção das experiências de Gonzalo Pirobutirro, em *La cognizione del dolore* (*O conhecimento da dor*), explora de novo o tormento moderno da habitação: a "sala" de Cantù, o bloco de aluguer, os bibelôs, o amaneirado, o delírio da publicidade imobiliária, a estandardização da altura normal dos vãos, a violência das "casas de cristal", a miniaturização dos espaços públicos: "pelo que diz respeito às escadas, note-se que as fazem apertadas, estreitas, com umas curvas de saca-rolhas, de escada em caracol, que nem sequer a mobília por lá pode passar".[50]

Na história da arquitectura, os anos que vão de 1880 a 1930 assistem ao aparecimento dessa invenção dolorosa, denominada da conhecida fórmula pela *Existenz-minimum*. De necessidade, passou a virtude. E é assim que Achille Castiglioni refaz, interpretando-o dramaticamente, o projecto do arquitecto inglês D. G. Hoey para "o melhoramento das habitações das classes mais pobres", publicado em 1889.[51] A construção de 72 metros quadrados para uma família de seis pessoas parece uma gaiola onde o pássaro não canta. É um exercício de "arqueologia do saber", alusão a centenas de projectos para o "melhoramento", o *improvement*, de gaiolas, de celas, de "células habitacionais", como se diz. A "gaiola" de Castiglioni é um monumento ao "chamado movimento moderno da arquitectura".

---

48. Ernst Robert Curtius, *Balzac*, Bona, F. Cohen, 1923; cit. por W. Benjamin, *Parigi, capitale del XIX secolo*, p. 295.
49. Joris-Karl Huysmans, *L'art moderne. Certains*, Paris, UGE (10 18), 1975, p. 314.
50. Carlo Emilio Gadda, "Quartieri suburbani", *Civiltà delle macchine*, 3, 6, Novembro-Dezembro de 1955, p. 72-76; reed., id., *Il tempo e le opere. Saggi, note e divagazioni*, organização de Dante Isella, Milano, Adelphi, 1982, p. 241-263; vd. as úteis considerações de Patrizia Lombardo, "Gadda: la fête de la langue et la douleur du monde", *Critique*, 41, 457-458, Junho-Julho de 1985, p. 644-660.
51. Cf. John Nelson Tarn, *Working Class Housing in 19th Century Britain*, London, Lund Humphries for the Architectural Association, 1971; e id., *Five per Cent Philanthropy*, London, Cambridge University Press, 1973.

Menos trágica, mas também acertada, é a reflexão de Andreas Brandt acerca da tradição consolidada das pesquisas sobre a "habitação racional", na Alemanha do século XX. Brandt pergunta-se se, na actualidade, será possível viver num *Existenz-minimissimus*, como fazem milhões de pessoas, sem sofrer excessivamente. No piso de baixo, tem-se acesso a uma minúscula divisão, cuja janela se abre para uma paisagem de periferia, pintada em anamorfose. Em cima, sobe-se para uma sala comum muito ampla, bem proporcionada, sustentáculo da sua proposta de uma nova distribuição do espaço da casa. Pela janela, avistamos uma outra paisagem, feita de estradas, de pórticos, de monumentos, onde esvoaça o espírito de Gunnar Asplund. Nas duas divisões, o branco que cobre tudo, incluindo os móveis, parece querer dizer que as únicas manchas de cor devem ser os habitantes.

Por fim, essa reflexão colectiva acerca das dimensões da casa é completada pela designer Cini Boeri, que enfrenta as condições específicas da vida a dois, e por Peter Eisenman, que contesta o conceito metafísico de casa como lugar originário, contrapondo-lhe os caminhos artificiosos da descontinuidade e da fragmentação. No âmbito das pesquisas sobre a "razional casa", são centrais as componentes que levam à definição da casa-de-banho, que passa a ser uma divisão autónoma dominada pela reluzente limpeza de cromados e azulejos.

Perante a banal repetição do sempre igual, do estereótipo, Juan Navarro Baldeweg erige um monumento de "hidráulica doméstica", recordando viadutos, reservatórios, fontes que estruturaram a paisagem. *Paysage au miroir*, "paisagem ao espelho", escreve o arquitecto, em francês, querendo também dizer, *paysage-eau-miroir*, "paisagem-água-espelho". O arquitecto madrileno faz-nos tocar, de novo, as coisas tangíveis incorporadas no mundo natural de que se ocupa a arquitectura. A casa transforma-se numa paisagem e, de seguida, o interior num exterior.

Pelo contrário, o interior do interior, em particular na casa do século XIX, é o móvel e sobretudo a gaveta. Lemos, de novo, Benjamin: "O século XIX teve, como nenhum outro, uma ligação mórbida com a casa. Concebeu-a como custódia do homem, e colocou-o lá dentro, com tudo o que lhe pertence, de uma forma tão profunda que faz pensar no interior de um estojo de compassos, no qual o instrumento é, habitualmente, engastado nas ranhuras de veludo roxo, com todos os seus acessórios. É quase impossível conseguir encontrar alguma coisa para a qual o século XIX não tenha inventado uma custódia: relógios de bolso, chinelos, ovos, termómetros, baralhos de cartas. Ou, à falta de custódias, forros, tapetes, revestimentos e coberturas".[52] As muitas vidas segregadas nas gavetas da escrivaninha, no armário ou nos arrumos do guarda-roupa podem, também, transformar-se num verdadeiro cemitério em miniatura. Sublinha-o Dolf Sternberger: seria uma proeza contar as inumeráveis madeixas de cabelo, cartas amareladas, roupas de criança, trevos secos ou rosas murchas, que encheram as gavetas, formando uma massa sempre mais consistente de sedutoras recordações, com um melancólico perfume![53]

O interior burguês do século XIX é fúnebre. E também poeirento. Aos criados dá voz o *Diário de uma criada de quarto* (1900), de Octave Mirbeau, romance que ganhou popularidade graças a dois grandes filmes, o primeiro realizado nos Estados Unidos em 1946 por Jean Renoir, intitulado, *The Diary of a Chambermaid*, com Paulette Goddard, e o segundo realizado por Luis Buñuel em França no ano de 1963, que adopta o título original, *Le journal d'une femme de chambre*, com Jeanne Moreau. Ouvimos essa nova voz, que fala também com o "coração simples" de Gustave Flaubert[54] e com a Solange[55] de *Les bonnes* (1947), de Jean Genet: "(…) Mas como é grande esta casa! Quantas coisas, quantos cantinhos há lá dentro! … Ah, bem! Obrigada! … Depois, armários, e guarda-vestidos, gavetas e cantinhos, e todo o tipo de trapalhadas, querem ver? Aqui está … Mas o interior … é triste, velho, treme, e tudo cheira a mofo … E tenho medo de nunca me poder habituar a esta falta de conforto, à falta de elegância, a tanto pó antigo, a tantas formas mortas…".[56] Por essa ordem de ideias, quisemos prestar uma homenagem à tal "filosofia da mobília". Heinz Tesar concebeu um toucador, baseando-se na tradição ocidental do móvel de *boudoir* para quarto: uma belíssima coluna que se abre em leque, mostrando inúmeras prateleiras, cantinhos e gavetas para arrumar os produtos de beleza. O arquitecto vienense fez uma nova proposta de reconfiguração dos mistérios do móvel transformável. Assim, também Richard Sapper projecta um móvel dedicado à bricolage, para equipar um ambiente semelhante ao *den* anglo-americano. Ferramenta fundamental, num mundo onde tudo deve estar à mão. Mas, ai de quem confundir as coisas! Como dizia, curiosamente, o filósofo Alain, em 1926, "É preciso que a sociedade seja sustida pelos seus móveis, como as mulheres pelo

---

52. Walter Benjamin, *Parigi, capitale del XIX secolo*, p. 290-291.
53. Dolf Sternberger, *Panorama oder Ansichten vom 19. Jahrhundert*, Hamburg, 1938; Dusseldorf, Frankfurt, Insel, 1981; Hamburg, Claassen Verlag, 1983; id., *Panorama del XIX secolo*, trad. de Martha Keller, Bologna, Il Mulino, 1985, p. 101.
54. Gustave Flaubert, «Un cœur simple», in id., *Trois contes*, dossier por Marie Basuyaux, Paris, Gallimard, 2003.
55. Jean Genet, *Les Bonnes*, Paris, Gallimard, 1978; id., *As criadas*, trad. Luisa Neto Jorge, Lisboa, Presença, 1972.
56. Octave Mirbeau, *Le journal d'une femme de chambre* (1900), Paris, Garnier-Flammarion, 1983, p. 44-45; id., *Diário de uma criada de quarto*, trad. Manuel João Gomes, Lisboa, Círculo de Leitores, 1979.

espartilho".[57] Hoje, as mulheres já não se "sustêm", ou não se "sustêm", pelo menos, assim. E a sociedade?

Os primeiros a mandar tudo ao ar serão os artistas, nos seus ateliês, onde o burguês não ousa, sequer, pôr o pé. "Diante do fogão," descreve Émile Zola em *A Obra*, "as cinzas do último Inverno ainda se acumulavam. Para além da cama, do pequeno toucador e do sofá, só havia um velho armário de carvalho, a desfazer-se, e uma grande mesa de abeto, cheia de pincéis, de tintas, de pratos sujos, com uma lamparina a álcool, em cima da qual tinha sido deixada uma panela de massa, toda suja. (...) E, através da vasta divisão, a colcha de sol ardente, que caía através das vidraças, viajava, sem ser temperada pela mínima cortina, como uma corrente de ouro líquido derramada sobre todas as ruínas de móveis, acentuando a sua descuidada miséria".[58] Em toda a iconografia do século XIX, entre quadros, gravuras ou fotografias, o elemento visual mais destacado, no ateliê do artista, além das grandes vidraças, é o tubo do aquecimento: "a pequena salamandra de ferro fundido," escreve Octave Mirbeau em *O calvário* (1887), "cuja tubagem, interrompida por ângulos bruscos, presa por arames e coberta de ferrugem, ziguezagueava pelo meio da sala, antes de se perder, num furo demasiado grande do telhado".[59] É sabido como a "estética da casa do artista" tanto influenciará a arquitectura dos "modernos" do início de século. Daí decorre a moda de instalar a própria casa em espaços abandonados pelo comércio e pela indústria. O artista do século XIX recorria, muitas vezes, a cavalariças que tinham deixado de ser usadas, ou, então, a velhos hangares. Hoje, há tendência para utilizar outra vez esses espaços amplos, transparentes à luz, como nos *lofts* de Nova Iorque. George Ranalli reconstruiu um *loft* "civilizado", duas-assoalhadas-mais-casa-de-banho-cozinha, como gostam de fazer nos Estados Unidos, "casas dentro de casas", onde o lugar de todos os objectos, habitantes incluídos, é pensado como num jogo de encaixe. Arduino Cantafora, arquitecto, pintor e "pintor de arquitectura", edifica na exposição o seu projecto para um "quarto de artista", que, pelo contrário, evoca Canova e o formalismo da tradição neoclássica italiana.

No seu livro de 1859 sobre a mulher, o historiador Jules Michelet escreve um capítulo intitulado, "O sol, o ar e a luz", que contém todo o programa de reforma da habitação, pelo menos até à Carta de Atenas: "Um ilustre observador afirma que

---

57. Alain, *Système des beaux-arts*, (1926), Paris, Gallimard, p. 190.
58. Émile Zola, *L'œuvre* (1886), Paris, Gallimard (Folio), 1983, p. 41-42; id., *A obra*, trad. de Manoel M. Rodrigues, Porto, Typ. Occidental, 1886; (nova trad. por António Guimarães, id., *A Obra*, Lisboa, Guimarães & C, 1948).
59. Octave Mirbeau, *Le calvaire* (1887), Paris, UGE (10 18), p. 96; id., *O Calvário*, trad. de Ribeiro de Carvalho, Moraes Rosa, Lisboa, A Editora, 1906; reedição Lisboa, Emp. Tip. Casa Portuguesa, 1966.

numerosos seres microscópicos que, quando vivem à sombra, permanecem vegetais, se apanham sol, animalizam-se, e tornam-se verdadeiros animais".[60]

Esse biologismo desenfreado representa bem tudo o que nos separa de outras civilizações, como a japonesa, por exemplo. "E é assim que, quando começamos a construir a nossa casa, antes de mais, estendemos um telhado, como um guarda-chuva que define, no solo, um perímetro protegido do sol, e, depois, nessa penumbra, dispomos a casa", eis a belíssima explicação dada por Tanizaki Junichiro, no famoso *Elogio da sombra*, escrito em 1933.[61] "Com efeito," continua, "a beleza dos compartimentos japoneses, unicamente conseguida através de um jogo com o grau de opacidade da sombra, dispensa acessórios. O ocidental, ao vê-lo, fica surpreendido com essa sobriedade, e pensa que isso só se deve às paredes cinzentas, desprovidas de qualquer ornamento, o que é uma interpretação perfeitamente legítima, do seu ponto de vista, mas que mostra que não desvendou o enigma da sombra".[62]

Essa oposição absoluta também fora posta em relevo por Benjamin: "O século XX, com a sua porosidade, a sua transparência e a sua inclinação para a luz e para o ar aberto, acaba com o que é habitar, no velho sentido da palavra".[63] E, assim, estamos reduzidos, como Gadda, ao protesto contra "a 'funcional' janela da minha habitação racional".[64]

É mesmo sobre o tema da janela e da transparência, da luz e da sombra, do ar e do sol, que foram avançadas duas propostas. Umberto Riva, arquitecto milanês, aprofundou o tema da economia energética, desenvolvendo um protótipo de janela considerado sob o olhar do arquitecto-tecnólogo, de forma a criar uma espécie de microestufa que permite, com muito realismo, transformar, atenuando-a, a transparência brutal da "janela 'funcional'". Também o projecto de Ricardo Scofidio e Elizabeth Diller proporciona uma reflexão sobre o tema da janela, entendido como uma espécie de fenomenologia construída da fenestração. As três "paredes furadas", feitas na exposição pelos dois arquitectos americanos, são um comentário poético aos meios de iluminação, de obscurecimento, de climatização e de recepção. Apresentadas para serem vistas em corte, são três protótipos, em tamanho natural. Todavia, ali, o protótipo é tanto real do ponto de vista da experiência, como

---

60. Jules Michelet, *La femme* (1859), Paris, Flammarion (Champs), 1981, p. 89.
61. Tanizaki Junichiro, (*In'ei Raisan* 1933), *Éloge de l'ombre*, trad. de René Sieffert, Paris, Publications Orientalistes de France, 1977, 1993, p. 50; id., *Elogio da sombra*, trad. de Margarida Gil Moreira, Lisboa, Relógio d'Água, 1999.
62. Ibid., p. 51-52.
63. Walter Benjamin, *Parigi, capitale del XIX secolo*, p. 291.
64. Carlo Emilio Gadda, *Il tempo e le opere*, Milano, Adelphi, 1982, p. 230.

objectivamente metafórico. Nos painéis, foram montadas projecções, à escala, do próprio protótipo. Como sempre, no trabalho de Diller e Scofidio, realidade objectiva e projecção geométrica dialogam numa experiência vertiginosa. No plano narrativo, e ao mesmo tempo metafórico, os três "tipos" são chamados a janela "urbana", a janela "suburbana" e a janela "rural", reproduzindo com esses temas os três tipos principais de paisagem americana.

A Diller e Scofidio, a Umberto Riva e, também, a John Hejduk, que ofereceu o seu projecto de uma "casa móvel", adaptada à condição nómada do nosso tempo, recusando-se implicitamente a deixar esse campo à pura tecnologia (alguma vez foi pura?), envio este projecto redigido por Stéphane Mallarmé, nos alvores do século XX. Ao projectar a máquina automóvel do futuro, o poeta vê "uma galeria envidraçada, abaulada (*bow window*), que se abre sobre o exterior, que se pode percorrer, sem nada à frente, como por magia. O mecânico está por trás, com a cabeça de fora, em cima do telhado ou do toldo, e segura o timão como um piloto. Entretanto, o prodígio avança, grande novidade".[65] E, finalmente, também como oferta, acrescentarei, por serem muito belos, alguns versos de um outro poeta, Léon-Paul Fargue, em *En rase-mottes*:[66] "Vejo casas em pivô / que rodam com o sol. / Vejo bairros desmontáveis / que partem sozinhos em viagem. / (…) Vejo camiões e carros de cristal / dar a volta às casas, pelos telhados. / Sem contacto aparente".

---

65. Stéphane Mallarmé, *Igitur. Divagations. Un coup de dés*, Paris, NRF, Gallimard (Poésie), 1976, p. 400-401.
66. Léon-Paul Fargue, *En rase-mottes*, *Le piéton de Paris, suivi de D'après Paris*, Paris, Gallimard, 1982, p. 303. "Je vois des maisons à pivot / qui tournent avec le soleil. / Je vois des quartiers démontables / qui s'en vont tout seuls en voyage. / (…) Je vois des camions et des voitures de cristal / faire le tour des maisons, par les toits. / Sans contact apparent"..

Paisagem de interiores

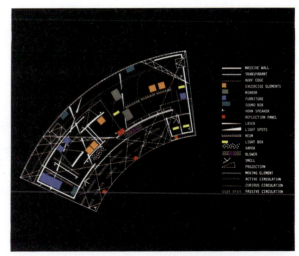

01 02
03
04 05

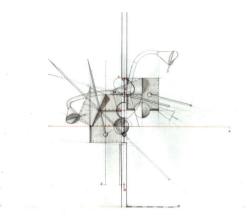

06 07
08 09
10

01 Danhauser, "Alcova", da série "Möbelfabrick", Viena, cerca de 1820-30, gravura a cores (Vienna, Österreichisches Museum für angewandte Kunst).

02 Arturo Martini, "La Veglia", 1931, terrracota (Milão, colecção privada), como exposto (*Il progetto Domestico: la Casa dell'Uomo, Archetipi e Prototipi*, XVII Trienal de Milão, Milano, 1986).

03 Massimo Scolari, "A Arca" (L'arca), vista da instalação para a exposição (*Il progetto Domestico: la Casa dell'Uomo, Archetipi e Prototipi*, XVII Trienal de Milão, Milano, 1986).

04 Aldo Rossi, "Teatro Doméstico" (Teatro domestico), vista da instalação para a exposição (*Il progetto Domestico: la Casa dell'Uomo, Archetipi e Prototipi*, XVII Trienal de Milão, Milano, 1986).

05 (OMA) Office for Metropolitan Architecture, desenhos preparatórios, "Body-building Home, the gymnasium house", (*Il progetto Domestico: la Casa dell'Uomo, Archetipi e Prototipi*, XVII Trienal de Milão, Milano, 1986).

06 (OMA) Office for Metropolitan Architecture, "Body-building Home, the gymnasium house", vista da instalação para a exposição (*Il progetto Domestico: la Casa dell'Uomo, Archetipi e Prototipi*, XVII Trienal de Milão, Milano, 1986).

07 Elizabeth Diller e Ricardo Scofidio, "Janela Urbana", desenho preparatório, (*Il progetto Domestico: la Casa dell'Uomo, Archetipi e Prototipi*, XVII Trienal de Milão, Milano, 1986).

08 Elizabeth Diller e Ricardo Scofidio, "Janela Urbana", vista da instalação para a exposição, (*Il progetto Domestico: la Casa dell'Uomo, Archetipi e Prototipi*, XVII Trienal de Milão, Milano, 1986).

09 René Magritte, "L'éloge de la dialectique" (elogio da dialéctica), 1936, aguarela sobre papel, Bruxelas, Musée communal d'Ixelles, tal como exposto, (*Il progetto Domestico: la Casa dell'Uomo, Archetipi e Prototipi*, XVII Trienal de Milão, Milano, 1986).

10 Mario Merz, "Caminho para aqui" (Sentiero per qui); e John Hejduk, "A casa móvel", 1986, vista da instalação para a exposição, (*Il progetto Domestico: la Casa dell'Uomo, Archetipi e Prototipi*, XVII Trienal de Milão, Milano, 1986).

Hábitos / Habitus / Habitat

Resultado do catolicismo de Augustus Welby Northmore Pugin em Inglaterra e do fourierismo de Victor Considérant e César Daly em França, a teoria arquitectónica deu um passo em direcção a novos objectivos moralizadores.[1] Em vez de responder servilmente às necessidades existentes, inscritas num espaço ordenado, a intenção do arquitecto era transformar os próprios "hábitos" dos futuros utilizadores. No século XVIII, a arquitectura devia "falar" e agir através da sua forma sobre as percepções; no século XIX, tinha de "moralizar" e agir para reformar.

A tecnologia e a sua transparência

Na longa história da literatura sobre habitação, surgem inovadores os textos de César Daly – fundador da *Revue générale de l'architecture et des travaux publics*, amigo íntimo de Victor Considérant e um dos seguidores mais brilhantes de Charles Fourier. Os escritos de Daly ultrapassam as considerações estritamente sanitárias ou higiénicas, como por exemplo as do arquitecto Rohault de Fleury lidas perante a Comissão Central de Saúde do Departamento do Sena no ano de 1832,[2] e as publicadas em 1844 por Léon Vaudoyer sobre os efeitos da humidade nas habitações.[3] Não que as dimensões hospitalares e higiénicas do problema da habitação fossem descuradas na *Revue générale de l'architecture (RGA)*; pelo contrário, acreditava-se ser apropriado que as disciplinas higiénico-médicas proporcionassem dados quantitativos e empíricos para o projecto bem "moderno" da transformação da envolvente construída. Bastam dois exemplos para demonstrar como a *RGA* de Daly dava muito ênfase a este tema. O primeiro é a discussão, em 1844, do sistema de René Duvoir para aquecer e ventilar salas de hospital,[4] que proporcionava uma base para reduzir o problema a critérios funcionais mensuráveis e fornecia dados para calcular a quantidade mínima de ar puro por pessoa: 20 m^3 por cama e hora. O segundo exemplo é o artigo referente ao *hôpital en fer, construit au Camp Jacob, île de la*

---

[1]. Phoebe Stanton, *Pugin*, New York, Viking Press, 1971; e Marc Saboya, *Presse et architecture au XIXe siècle: César Daly et la 'Revue générale de l'architecture et des travaux publics'*, Paris, Picard 1991.

[2]. "Département de la Seine, Commission centrale de salubrité, Rapport sur la salubrité des habitations", assinado por Rohault de Fleury, Janeiro de 1832.

[3]. Léon Vaudoyer, *Instruction sur les moyens de prevenir ou de faire cesser les effets de l'humidité dans les bâtiments*, Paris, Carilian-Goeury et V. Dalmont, 1844.

[4]. René Duvoir, "Du chauffage et de la ventilation (…)", *Revue générale de l'architecture et des travaux publics (RGA)*, 5, 1884, p. 208-14, 493-95.

Guadeloupe, de Antonin Romand.[5] Tendo publicado anteriormente uma obra sobre a construção em ferro (Bruxelas, 1842), foi encarregado de reconstruir o hospital militar, depois do terramoto de 1843. Os pavilhões do edifício foram transportados de barco para a ilha e foram erguidos em dois meses, sendo o hospital inaugurado a 1 de Maio de 1846. A estrutura era construída com peças estruturais de ferro forjado apoiadas numa base de betão. O exterior era coberto com chapas em ferro fundido fixadas à estrutura; uma prancha sobreposta ocultava a junta. Os aros de portas e janelas eram em ferro fundido e o interior coberto por uma forra de madeira que permitia que o ar circulasse pelo espaço entre as superfícies interiores e exteriores das paredes.

Esta não foi a primeira vez que se propôs uma solução puramente tecnológica para um edifício civil. No mecanismo do famoso Panóptico (1791), um sistema central que proporcionava a vigilância em hospitais, escolas, prisões, fábricas, etc., Jeremy Bentham havia já proposto a utilização de ferro e vidro, que lhe teria permitido realizar o seu sonho de uma arquitectura transparente, disciplinada e aprisionadora.[6] Também deve citar-se o texto recém-recuperado de Jean Frédéric de Chabannes, publicado em Paris em 1801, que propunha "a construção de casas novas, nas quais todos os cálculos e pormenores proporcionam uma poupança muito grande e muitas alegrias"; edifícios de ferro fundido e vidro, nos quais o ar e o aquecimento, postos a circular através de colunas metálicas, conseguiriam abrir e fechar as janelas ou abrir as portas por meio de mecanismos pneumáticos.[7] Estes exemplos, apresentados de maneira resumida, revelam a existência de uma afinidade entre o Panóptico e todos os projectos para falanstérios, "familistérios", "aerocúpulas", etc.; todos são, aparentemente, "utopias"; todos estão exactamente organizados para o que se considerava conforto, não para o indivíduo mas no aspecto colectivo da habitação, e prefiguram a chegada da tecnologia para a envolvente controlada com precisão, ou *environnement exacte*, para usar a expressão que Le Corbusier aplicou ao seu edifício do Exército de Salvação de Paris (1929-1933). Também evocam o sonho de atingir uma distribuição perfeita do espaço vital; o sonho de máquinas perfeitas para curar, para controlar, para viver. De facto, duas

---

5. Antonin Romand, «Note sur un hôpital en fer, construit au Camp Jacob, Île de la Guadeloupe», *RGA*, 7, 1847, p. 108-23.
6. Robin Evans, "Panopticon", *Controspazio*, 10, 1970, p. 4-18; id., *The Fabrication of Virtue: English Prison Architecture, 1750-1840*, London, Cambridge University Press, 1982.
7. Jean-Frédéric de Chabannes, "Prospectus d'un projet pour la construction de nouvelles maisons dont tous les calculs et les détails procureront une très grande économie et beaucoup de jouissance", Paris, Desenne, 1803; id., 'Projet pour la construction de maisons entièrement automatiques", 1806; id., "Prospectus publicitaire et brevet d'invention", *Culture technique*, 3, 15 de Setembro 1980.

genealogias se entrelaçam até 1840: a do saneamento total, que comporta a quantificação exacta dos fluidos canalizados dentro dos edifícios, e a da tecnologia total, que aponta, pelo uso de materiais novos, para a programação exacta e a utilização máxima de todos os espaços.

Na *RGA* encontra-se um bom exemplo do segundo dos paradigmas que assinalámos – a tecnologia: "Calcula-se", escreveu um dos redactores da revista em 1849, num artigo sobre "Arquitectura metalúrgica", "que a largura das paredes das casas de uma povoação ocupa a oitava parte da superfície habitável; as casas de ferro ocupariam somente a vigésima parte e proporcionariam protecção contra fogo, derrocadas, raios e terramotos, tudo isto além do custo inferior para as erguer."[8] Sigfried Giedion, em *Bauen in Frankreich: Eisen, Eisenbeton* (Leipzig e Berlim, 1928) – citado não por acaso em *Passagen Werk*, de Walter Benjamin,[9] mencionava um artigo deste mesmo redactor da *RGA*, "*Architecture de l'avenir*", publicado em 1849: "Como deve ser sabido que o vidro tem um papel importante na arquitectura do ferro e aço, em vez daquelas paredes grossas esburacadas por grandes aberturas que diminuem a solidez e a segurança do edifício, as nossas casas estarão marcadas por numerosas e elegantes aberturas que farão com que a luz penetre totalmente. Estas aberturas de variadas formas, tapadas com vidro grosso, simples ou duplo, translúcido ou opaco, claro ou colorido, conforme se queira, terão um efeito mágico no interior durante o dia e no exterior durante a noite devido ao jogo de luzes."[10] Em *Paris, capital cultural do século XIX*, Walter Benjamin observou como o ferro e o vidro se evitavam nas habitações, enquanto que estes materiais se usavam em galerias, mercados cobertos, pavilhões de exposições e estações de caminho-de-ferro – "edificações que serviam para uma finalidade transitória."[11] Dois tipos opostos de subjectividade começam a insinuar-se no mundo dos objectos: por um lado, a "transitoriedade" que determina um tipo de homem móvel e nómada; por outro, o antigo individualismo do habitante por excelência, que defende a sua "permanência" ou "dotação" tradicional. Baudelaire sublinhava "a individualidade – esse pequeno decoro (…)".[12]

---

8. Jobard, "Architecture métallurgique", *RGA*, 8, 1849-1850, p. 27-30, 29. O autor era o director do Musée de l'Industrie Belge.
9. Walter Benjamin, *Das Passagen-Werk*, ed. Rolf Tiedemann, vol. 5, livros 1 e 2 de *Gesammelten Schriften*, Frankfurt-am-Main, Suhrkamp Verlag, 1982. Aqui, e em toda a selecção, usam-se denominações assinadas por Benjamin. Reimpresso como Walter Benjamin, *Das Passagen-Werk*, ed. Rolf Tiedemann, vol. 1 e 2, o mesmo local, a mesma data: vol. 2, T1a, p. 4, 700. Benjamin cita a página 18 da obra de Giedion; id., *Passagens*, trad. de Willi Bolle, São Paulo, IMESP, 2006.
10. Jobard, "Architecture métallurgique", p. 30.
11. Walter Benjamin, "Paris, capital cultural do século XIX", in *Baudelaire: Poesia y Capitalismos. Iluminaciones. II*, prólogo e trad. de Jesús Aguirre, Madrid, Taurus, 1972.

12. Charles Baudelaire, *Œuvres complètes*, Paris, NRF Gallimard (La Pléiade), p. 949.

Evidentemente que é certo que estudos, como por exemplo sobre a casa de campo victoriana na Grã-Bretanha,[13] ou sobre os edifícios de apartamentos na época de Haussmann,[14] tendem a confirmar a afirmação de Benjamin de que "o ferro, então, se combina imediatamente com momentos funcionais da vida económica".[15] Sem dúvida que também é certo que estes elementos estruturais de metal se escondiam dentro das paredes. Resumindo, embora os documentos mostrem um uso muito difundido do ferro na construção doméstica, continua a ser certo que é a própria civilização que tende a travar o passo para a transparência completa dos espaços domésticos. Não são o ferro e o aço que provocam receio, mas a possibilidade que oferecem de o olhar penetrar por todos os lados.

A inovação tecnológica impôs a sua ordem, que só podia favorecer a transparência. Sob a fórmula aparentemente antiquada utilizada pelos arquitectos em meados do século XIX, torna-se necessário saber como reconhecer não tanto o que "prefigurava" o nosso ser contemporâneo, mas o que Benjamin denominava a "pré-forma" (*Urform*), "quer dizer, aquilo que converte todo o século XIX no 'pré-fenómeno' (*Urphänomen*) da nossa história contemporânea. Não se trata de procurar 'arcaísmos', nem de demonstrar a pré-história (*Urgeschichte*) em função de um inventário das formas do século XIX, mas de fazer que toda a época seja identificável nesta pré-história".[16] No caso presente, interpretamos os efeitos "pré-históricos" com a transparência que a técnica e a tecnologia não podem evitar de impor às relações entre as coisas e as pessoas. É o que Benjamin observava num fragmento de *Passagen-Werk:* "É característica peculiar das formas técnicas da criação (em oposição às formas artísticas) que o seu progresso e o seu êxito sejam proporcionais à transparência do seu conteúdo social. (Daqui vem a arquitectura de vidro.)"[17]

O local onde se vive, "a casa", não pode conceber-se simplesmente como a cela transparente de um panóptico, na qual a silhueta do utilizador, sempre iluminada por trás, fica permanentemente visível para o observador na torre central; e ainda menos se converterá no tubo de ensaio de vidro que proporciona as condições ideais para a reprodução perfeita da humanidade, ainda que haja um número suficiente de reformadores que só sonhem em reduzir o "proletariado" a coelhinhos-da-índia num laboratório. Deverá-se-á tentar outros meios, abordar-se-á uma grande

---

13. Mark Girouard, *The Victorian Country House*, Oxford, Clarendon Press, 1971. Ver também Jill Franklin, *The Gentleman's Country House and its Plan*, London, Routledge and Kegan Paul, 1981.
14. Jeanne Gaillard, *Paris, La ville (1852-1870)*, Paris, Éditions Honoré Champion, 1977.
15. Walter Benjamin, *Das Passagen-Werk, op. cit.*, vol. 1, F2, p. 9, 216.
16. Ibid., N3a, p. 2, 579.
17. Ibid., N4, p. 6, 581; id., "N", p. 10.

variedade de temas, porque a casa, como pode imaginar-se perfeitamente, não se reduz a um mecanismo monofuncional e monocultural. Apesar disto, durante toda a segunda metade do século XIX até à época dos *slogans* do chamado "movimento moderno" da arquitectura, a tendência foi precisamente para reduzir a habitação a um simples mecanismo.

Demonstrou-se que foi precisamente o arquitecto Adolphe Lance quem, em 1853, propôs a ideia de uma "máquina para habitar": "Não seria possível ir mais além e desenhar os nossos edifícios ou as nossas casas também em relação com o homem que as frequenta ou as habita, não só para determinar a sua disposição e distribuição gerais, mas também para descobrir os milhares de aplicações especiais, as assistências múltiplas, as economias de tempo e de energia que a introdução nas nossas habitações dos resultados do progresso da ciência e da indústria poderiam proporcionar à vida doméstica? Uma casa é um instrumento, é uma máquina, por assim dizer, que não só serve de refúgio ao homem, mas que deve submeter-se, tanto quanto possível, a todas as suas necessidades, de acordo com as suas acções, e multiplicar os resultados do seu trabalho. Os edifícios industriais, fábricas, pavilhões de todo o tipo, são neste sentido modelos quase perfeitos e dignos de imitação."[18]

Entre a mecanização dos serviços e a nova dotação funcional do espaço, o "conforto" converte-se no axioma da teoria arquitectónica até ao ressurgimento, em tons dramáticos e amplamente publicados, do tema da "máquina para habitar", a que Le Corbusier dava apoio em *Esprit nouveau,* de 1921. Aqui confirma a hipótese já articulada da continuidade substancial dos objectivos em tudo aquilo que contribuía para a formação do corpo disciplinar da arquitectura, desde os primeiros discursos higiénicos e tecnológicos, de cerca de 1830, até à sua recapitulação da forma prescritiva e totalizadora da *Carta de Atenas,* de 1933."[19] No centro desta continuidade na política do conforto, intrínseca a este aspecto da história, aparece a questão contratraditória do "estilo", que nenhuma dialéctica simples pode resolver. É novamente Daly, no seu livro *L'architecture privée au XIXè siècle sous Napoléon III* (1864), quem afirma: "A casa exige conforto, uma qualidade que nem sempre é conciliável com o que caracteriza uma obra de estilo."[20]

---

18. *Encyclopédie d'architecture*, Paris, Morel, Maio 1853, crónica de Adolphe Lance sobre um tratado arquitectónico de M. Léonce Reynaud.
19. Bernard Huet, "The City as Dwelling Space: Alternatives to the Charter of Athens", *Lotus Intemational*, 41, 1984, p. 6-16.
20. César Daly, *L'architecture privée au XIXe siècle sous Napoléon III. Nouvelles Maisons de Paris et des environs*, Paris, A. Morel et Cie., 1864, p. 38; 2.ª ed., *Architecture privée au XIXe siècle (Deuxième série). Nouvelles maisons de Paris et des environs*, Paris, Ducher, 1872.

Esta reflexão mostra, entre outras coisas, até que ponto o Giedion de *Bauen in Frankreich: Eisen, Eisenbeton* (1828), seguidor de Heinrich Wölfflin e secretário dos CIAM, converteu a sua investigação sobre o século XIX num catálogo de formas que eram análogas ou opostas às do *neues Bauen* e às do *befreites Wohnen*, sem compreender a multiplicidade de processos político-sociais. Apesar de tudo, há aspectos da sua obra que actualmente têm para nós intuições esclarecedoras: a sua intenção de escrever um livro sobre o mau gosto predominante (*Der herrschende Geschmack*, 1936); a criação de uma secção sobre "Um dia na vida de um homem moderno" integrada na Exposição Nacional Suíça, realizada em Zurique em 1936; a sua investigação de 1937 nas bibliotecas de Londres sobre o edifício inglês do século XIX para um livro que nunca chegou a escrever, ao qual daria o título *Konstruktion und Chaos*. É certo que, a partir de 1939-1940, Giedion é um social-democrata que "descobre a América", sobretudo através dos seus contactos com Walter Gropius, Richard Neutra e Robert Moses – o criador da rede de avenidas arborizadas da área metropolitana de Nova Iorque, o "pastoralismo tecnológico" que será glorificado em *Space, Time and Architecture* (publicado pela primeira vez em 1941).

Paralelamente a isto, a sua investigação sobre a vida doméstica, levada a cabo durante a sua segunda permanência nos Estados Unidos entre 1941 e 1945, levou Giedion a concentrar-se na "história material" da tecnologia. Ao escrever *Mechanization Takes Commmand* (1948), resultado desta investigação, Giedion mostrava que estava inspirado pelas colagens de Max Ernst e que, portanto, estava consciente do "surrealismo" de unir o "delírio" de certas patentes norte-americanas do século XIX, o aspecto onírico da tecnologia doméstica e o mau gosto persistente e dominante. Existe, portanto, um Giedion radical, que se "radicalizou", para utilizar um termo de Benjamin,[21] e que deu um giro à cultura material, um giro espantoso segundo Le Corbusier: "A atmosfera americana (do livro) só lhe dá um perfume surrealista e uma sensação de erotismo clandestino. Meu Deus, estes americanos sabem tão pouco da vida!" Esta radicalização será contradita pelas sucessivas circunvoluções de Giedion. O seu legado radical foi transmitido ao Reyner Banham de *A home is not a house*, de 1965 e *The Architecture of the Well-tempered Environment* (1969), escritos característicos do optimismo neofuturista em favor de um sistema tecnocientífico para a arquitectura, também presente nas experiências do grupo inglês Archigram.[22]

---

21. Sigfried Giedion, *Befreites Wohnen*, Zürich, O. Füssili, 1929; id., *Mechanization Takes Command*, New York, Oxford University Press, 1948, reimpresso por New York, W.W. Norton and Co. 1969, 1975.
22. Reyner Banham, *The Architecture of the Well-tempered Environment*, London, The Architectural Press, 1969; id., "A Home is not a House", *Art in America*, n. 2, April 1965.

Um ano depois da revolução de Paris de 1848, foi decidido levar à prática a construção da primeira grande *Cité*, a *Cité Napoléon*, ainda existente na rua Rochechouart de Paris, financiada pelo Estado e desenhada pelo arquitecto Marie-Gabriel Veugny e o administrador Chabert. No interior do edifício principal, que dá para a rua, há uma grande galeria: um sistema completo de galerias cavernosas e vestíbulos empilhados um em cima de outro, ligados por escadarias e iluminados de cima por uma grande clarabóia. Esta galeria interior, uma espécie de *passage* com diversos pisos, filtra uma luz, como a de um aquário ou a de um jardim-de-inverno para plantas tropicais, para dentro das janelas dos apartamentos existentes ao longo da galeria. Esta oferece um grande espaço comum para circulação entre os pisos; ligando as habitações privadas, proporciona locais de encontro, jogos infantis, conversas de velhotes. Outros "pavilhões", situados na parte de trás do complexo residencial, eram mais tradicionais: escadarias e corredores centrais, estreitos e escuros, com apartamentos de cada lado.

Esta prodigalidade social do príncipe-presidente Luís Napoleão, futuro Napoleão III, foi muito discutida. Na imprensa opunham-se as posições liberais, como a do advogado Alphonse Grün, chefe de redacção do *Moniteur universel* e promotor da intervenção estatal,[23] e posições conservadoras, como a de Amédée Hennequin (publicado em *Le Correspondant*, em 1848), defensor da "liberdade doméstica" e propulsor de empreendimentos particulares em vez das prescrições coercivas do Estado.[24] Se para o fourierista Victor Meunier (1817-1903), autor de artigos científicos para os diários republicanos durante a revolução de 1848 e o Segundo Império, a *Cité Napoléon* foi acolhida como uma bênção, embelezada por "jardins-de-inverno climatizados para o florescimento das sementes socialistas",[25] para o conservador Villermé – médico, higienista e reformador social – só podia "excitar a loucura socialista" entre os jovens trabalhadores, e "a economia, que se lhes tornaria acessível, transformar-se-ia numa orgia" (*sic*).[26]

Segundo Villermé, o plano da *Cité* da rua Rochechouart impedia o isolamento: nada se faz para "impedir a comunicação" ou "proibir a conversação"; e acrescentava, com realismo pessimista: "Já se sabe que esta conversa frívola distrai os vizinhos dos cuidados da casa, criando desordem, discussão, hostilidade e ociosidade

---

23. Alphonse Grün, *État de la question des habitations et logements insalubres*, Paris, Guillaumin, 1849.
24. Amédée Hennequin, "De l'amélioration des petits logements dans les villes", *Le Correspondant*, Julho-Agosto 1848.
25. Victor Meunier, *Les Cités ouvrières*, Tolón, 1849.
26. Louis-René Villermé, "Sur les Cités ouvrières," extracto de *Annales d'Hygiène publique et de médecine légale*, 1849, p. 42, ll, Paris, 1850.

incorrigível."[27] Entre outros perigos que denunciava encontrava-se a promiscuidade: os operários solteiros dedicavam-se "a espiar, esperando a oportunidade para debilitar os princípios morais das jovens";[28] e também a ameaça da sedição política (todos se recordavam dos *slogans* de 1848): "Não há que temer que as *Cités*, que contêm entre as suas fortes paredes um grande número de operários, os marginalizem ainda mais da sociedade em geral, e portanto reforcem a inveja contra aqueles a quem chamamos ricos, aos quais se lhes atribuem injustiças imaginárias?"[29]

Parece que desde o século XIX, os objectivos dos reformadores são muito contraditórios: por um lado, abrem a habitação aos quatro ventos por razões higiénicas, tornando-a transparente à luz e ao olhar; não obstante, por outro lado interceptam a comunicação e obstruem a visibilidade para fazer oposição ao contágio político e moral.

Arquitectura do sonho

Sigfried Giedion observava com perspicácia em *Bauen in Frankreich* (1928) – uma passagem citada não por acaso por Walter Benjamin em *Passagen-Werk*:[30] "O século XIX: uma compreensão notável das tendências individualistas e colectivistas. Tal como a época anterior põe em todas as acções a etiqueta 'individualista' (Eu, Nação, Arte); apesar disso, clandestinamente, no menosprezado território quotidiano, deve criar, como num delírio, os elementos para uma criação colectiva (…). Temos de aceitar estes materiais despojados; com edifícios cinzentos, mercados cobertos, lojas, exposições." O "delírio" a que Giedion se refere traduz-se em sonhos – o passado como sonho colectivo – recuperados por Benjamin: "Não só não podemos negar que as manifestações do sonho colectivo do século XIX", escreve, "não só assinalam muito mais claramente que qualquer outra coisa tudo o que se passou, mas também são, vistas sob a perspectiva correcta, de uma extrema importância prática. Deixam-nos reconhecer o oceano em que navegamos e as costas de onde embarcamos."[31]

A resistência dos reformadores como Villermé às consequências práticas da transparência, que apesar de tudo vai converter-se em universalmente predominante no comércio de coisas e pessoas durante este período, é semelhante à resistência burguesa

---

27. Ibid., 18.
28. Ibid.
29. Ibid., 10.
30. Sigfried Giedion, *Bauen in Frankreich, Eisen, Eisenbeton*, Leipzig, Berlin, Klinkhardt Biermann, 1928, p. 15; citado em Walter Benjamin, *Das Passagen-Werk*, op. cit., vol. 1, K1a, p. 5, #493.
31. Walter Benjamin, *Das Passagen-Werk*, op. cit., vol.1, K1a, p. 6, #493.

à tecnologia, tal como evoca outro dos trechos de Benjamin: "Contra os aros de vidro e ferro, a arte do papel pintado defende-se com os seus tecidos".[32] O que será negado ao operário nas *Cités* por causa da paranóia do reformador e o que o burguês repele da sua sala de estar, já existe na sua pré-forma (*Urform*) na grande cidade: a transparência da contemplação através das janelas das casas cria, precisamente, as condições para uma poética metropolitana que não escapava à observação de Benjamin: "Como é que o olhar de desconhecidos através das janelas encontra sempre uma família a comer ou um homem solitário diante de uma mesa, sob uma luz de tecto, atarefado com algo misterioso? Esta visão é a célula original da obra de Kafka."[33] E, deveríamos acrescentar, também de muitas obras cinematográficas do século XX.

Entre os séculos XIX e XX, na base de milhares de propostas para habitações podemos detectar a ideia fixa da circulação de bens e pessoas, os imperativos da mobilidade e a descentralização. Vale a pena determo-nos a recordar o projecto, durante este período, de um autor anónimo, provavelmente do círculo do arquitecto Jacob lgnaz Hittorf (1792-1867), o desenhador da magnífica Gare du Nord de Paris, de 1863. Este autor desconhecido submeteu à opinião pública a ideia de *Cités de chemins de fer* ou "Palácios do caminho-de-ferro".[34] Construídos junto da rede nacional de caminhos-de-ferro, estes núcleos eram necessários para resolver uma série de problemas, principalmente o da "mobilidade ilimitada" e da migração da população; além disso, o de oferecer sempre uma "instalação doméstica completa e permanente a cada família obrigada a mudar-se", e por último, o de remediar o "mal-estar que aflige actualmente as classes médias", a sua incapacidade para viajar (um luxo reservado até então a uma pequena classe abastada). As *Cités* do caminho-de-ferro eram de diversos tipos: desde "casas simples", quer dizer, um "elemento independente" que servira como estação de um povoado, até *Cités* de primeira classe, "cuja cadeia rodeará, como uma tiara, a orla da gloriosa Paris".[35] As *Cités* permitirão a dissolução no território dos antigos aglomerados urbanos mal formados e insalubres, ligados a um velho sistema de locomoção, para as transformar num circuito imenso onde, numa metáfora biológica típica, fluirá "a circulação abundante de sangue limpo e o movimento livre da vida".[36]

Neste urbanismo móvel e "onírico", a concepção da arquitectura só pode ser "parecida com o caminho-de-ferro" ou com o estilo das Exposições Universais:

---

32. Ibid., I3, p. 288.
33. Ibid., I3, p. 3, 288.
34. *Les cités de chemins de fer*, Paris, 1857.
35. Ibid., p. 44.
36. Ibid., p. 49.

"O génio da arquitectura", continuava o autor anónimo, "sufocado dentro das paredes da cidade terá o caminho livre para lutar juntamente com o novo ideal que o espírito moderno começa a alcançar; (...) na concepção dos seus planos será livre de utilizar audazmente os acidentes da natureza." Imaginemos, sugere, "um prado inclinado, lindo, diante dos nossos olhos", como por exemplo o lago Léman; a *Cité* "estendendo-se a partir de um edifício central situado no topo, desce pelas duas encostas de um imenso anfiteatro de campos cobertos de relva e jardins, rodeados por uma linha de pequenas casas independentes orientadas para a vista (...) enquanto cúpulas de vidro, que servem como telhados destes edifícios, destacam do alto o plano geral com uma torrente de luz que surgirá pelas duas encostas como escadarias cintilantes, como se quisesse suster a cúpula transparente do edifício central."[37] Hino ao ferro, ao vidro e à pastoral metropolitana, canção à ideia de "progresso", "modernidade" e "mobilidade", este texto de 1857 é um genuíno manifesto do "estilo" pitoresco-tecnológico; característica esta que encontramos em diversas "utopias" célebres, realizadas ou não realizadas, como o "familistério" de Guise, construído a partir de 1858;[38] ou a menos conhecida *Cité Napoléon* de Lille. Esta *Cité*, promovida pelo advogado A. Houzé de l'Aulnoit, foi projectada e construída pelo arquitecto Émile Vanderbergh em 1860: um conjunto de grandes pavilhões com corredores centrais, que alojava entre 900 e 1000 "pobres". Nela a solução de um plano original de divisões móveis permitia às famílias beneficiárias dividir a seu gosto o espaço atribuído de quatro metros por quatro.[39] O mesmo fascínio pelo "estilo" totalmente tecnológico volta a encontrar-se nos conhecidos *superblocs*, com as suas ruas internas, pátios envidraçados, ascensores até ao 11.º piso, escolas nos terraços, propostas com o nome de *Aérodômes* pelo engenheiro Henri-Jules Borie em 1865.[40]

Finalmente, a multiplicação de "utopias", sociais ou tecnológicas, para residências colectivas provoca, também entre os seus contemporâneos, uma certa irritação, tal como testemunha o personagem Sénécal de *A educação sentimental*, de Gustave Flaubert: "Conhecia (...) toda a pesada multidão de escritores socialistas, os que reclamam para a humanidade a rasoira dos quartéis, os que queriam usufruí-la num lupanar ou dobrá-la sobre um mostrador; e da mistura de tudo isso fazia-se

---

37. Ibid., p. 50-51.
38. *Jean-Baptiste André Godin, 1877-1888, le familistère de Guise ou les équivalents de la richesse*, Annick Brauman et Michel Louis, 2.ª ed., Bruxelles, Archives de l'Architecture moderne, 1980.
39. Aimé Houzé de L'Aulnoit, *Des logements d'ouvriers à Lille, la Cité Napoléon*, Lille, lmpr. à Danel, 1863.
40. Henri-Jules Borie, *Aérodômes, nouveau mode des maisons d'habitation à dix et onze étages, applicable aux quartiers les plus mouvementés des grandes villes*, Paris, Hennuyer, 2.ª ed., 1867.

um ideal de democracia virtuosa, que tomava o duplo aspecto de uma quinta e de uma tecelagem, uma espécie de Lacedemónia americana na qual o indivíduo não existiria senão para servir a Sociedade, mais omnipotente, absoluta, infalível e divina do que os grandes lamas e os 'nabucodonosores'."[41]

Genealogia (da moral)

Todas estas experiências conduzem à Exposição Universal de Paris de 1867, dirigida por Frédéric Le Play e visitada por 11 milhões de pessoas.[42] Uma exposição de casas-modelo construídas por Sébastien Krantz em volta da Galeria de Máquinas no meio do Champ de Mars; quatro edifícios de pisos de aluguer para 142 residentes foram desenhados pelo arquitecto Eugène Lacroix num local próximo; uma linha de 41 casas em banda foi construída em betão armado na Avenue Daumesnil, desenhadas num estilo neo-renascentista e financiadas pelo próprio imperador Napoleão III; uma fila dupla de casas unifamiliares em volta de uma larga rua foi realizada por Thénard (e dedicada à sua mãe, Madame Jouffroy-Renault) e pelo arquitecto Hervey Picard em Clichy, numa entrada da muralha de Paris, etc.: todos estes exemplos servem para demonstrar que a melhor solução arquitectónica para o problema das habitações da classe operária, fora dos centros urbanos principais, é a casa pequena. Perto do povoado-modelo da Exposição Universal destinaram-se 769 m^2 para exposição de "objectos domésticos para a melhoria das massas".[43]

A *Cité Jouffroy-Renault* (ainda existente) despertou entusiasmo até aos mais conservadores, como o conde Alexandre Foucher de Careil. Depois de lamentar a falta de um "tipo" para a vida moderna da família operária, ficou admirado perante a pequena casa suburbana: "Não há nada mais apto para as condições reais das vidas dos operários: nada que se assemelhe a um Eldorado ou a um paraíso terreno ou ao *familistère* de Guise (…) O problema da higiene e da arquitectura consiste na arte de ter em conta as transições e de dar ao trabalhador urbano algo do campo; ou seja, um pouco da virilidade e da saúde perdidas, agora desaparecidas. A arquitectura pode e deve ajudar-nos, pode dispor bairros com uma forma semi-rural." O conde continuava cinicamente: "O homem, e principalmente o homem do primeiro estrato social, impropriamente chamado o último, está a meio caminho entre

---

41. Gustave Flaubert, *La educación sentimental*, trad. de M. Salabert, Madrid, Alianza Editorial, 1981; id., *A educação sentimental*, trad. de João Barreira, Porto, Lello & Irmão, 1971.

42. Ver Christian Devillers e Bernard Huet, *Le Creusot: naissance et développement d'une ville industrielle, 1782-1914*, Champ Vallon, Seysell, 1981. Sobre a Exposição Universal de Paris de 1867, ver as resenhas da *RGA*, 24, 1866, p. 221-28; 25, 1867, p. 158-63; 26, 1868, p. 64-71, 110-13, 209-13, 256-61; ver também Charles-Alfred Opperman, *Visites d'un ingénieur à l'exposition universelle de 1867*, Paris, J. Baudry, 1867.

43. Jules Mesnard, *Les merveilles de l'Exposition de 1867*, Paris, C. Lahure, 1867, vol. 1, p. 39.

o artista e a criança. Por isso, é duplamente susceptível às ilusões. Vós, os que desejais procurar-lhes casa e proporcionar-lhes benefícios, não lhe tireis a ilusão do lugar, símbolo da família. Dai-lhes, se é possível, a ilusão dos campos."[44]

O que Foucher de Careil e as pessoas como ele propunham era um processo de aculturação da classe de empregados de escritório e trabalhadores especializados. Resumindo, tratava-se de criar um simulacro da relação do camponês com a terra ligando a nova família nuclear a uma parcela de terra da cidade. Contrariamente à proposta progressista ou "socialista", cujas teorias pretendiam acelerar o fluxo migratório e a vida colectiva com "novas" propostas tecnológicas, o objectivo dos conservadores era ancorar a "casa" a uma pequena parcela de terra. Deste modo, escolhe-se a qualidade arcaica da eleição arquitectónica que é, ao mesmo tempo e tal como se disse, "política". Portanto, não é uma escolha baseada numa análise racional do "uso", "necessidades" ou qualquer "função", mas uma escolha de governação e de domínio. Excluindo a solução da "questão de alojamento" perante um edifício tanto público como colectivo, a escolha imposta baseava-se no modelo de edifício privado e individual: o único modelo que permitia monopolizar e marginalizar as estruturas familiares, dar ao operário uma sensação simulada de identidade local e bem-estar material, incutir um sentimento de propriedade, estabilizar o equivalente simbólico da "casa" como compensação por uma vida de trabalho, era o único modelo disponível capaz de disciplinar o corpo e regularizar o hábito. Foucher de Careil usava a noção de "tipo", extraída do vocabulário da antropologia, da sociologia e da criminologia.

Nenhuma necessidade programática ou funcional alimenta este desejo irresistível, que é o efeito de estratégias impostas pelo Estado moderno. A "causa" do equipamento público ou privado criado pelo Estado não são as necessidades sociais, mas é o próprio Estado, nas suas diversas entidades, que impõe o equipamento que determina necessidades específicas, na sua função de "servir". Estas necessidades existiam mas foram deformadas por esta mesma provisão de equipamento. O sujeito está, portanto, acomodado ao domínio e existe só para o Estado. Evidentemente, não há uma estratégia única, e as estratégias nem sempre produzem os efeitos desejados. Além disso, não se diz que o Estado, quando configura e forma o "social" perante a divisão do espaço (cidade-campo), a escolha dos meios de propriedade (pública-privada), a individualização das formas de consumo (individual-colectivo) e a classificação de categorias na população (criança-adulto, normal-anormal, masculino-feminino), consegue sempre conferir, com estas estratégias múltiplas, um valor e uma funcionalidade positivas.

---

44. Alexandre-Louis Foucher de Careil, *Exposition universelle de 1867, classe 93, groupe X: les habitations ouvrières*, Paris, E. Lacroix, 1867; 2.ª ed. com Lucien Puteaux, *Les habitations ouvrières et les constructions civiles*, Paris, E. Lacroix, 1873.

Não há nada de paradoxal nesta descrição do Estado dominador. Nietzsche demonstrou, na sua obra *A Genealogia da Moral* "(...), que a causa da génese de uma coisa e a utilidade final desta, a sua efectiva utilização e inserção num sistema de finalidades, são feitos *toto coelo* (totalmente) separados entre si; que algo existente, algo que de algum modo chegou a realizar-se, é interpretado, uma e outra vez, por um poder superior a ele, em direcção a novos propósitos".[45]

A racionalização de coisas como os objectos domésticos, assim como qualquer outra reforma, deve implicar também uma "super-acção" e um "deixar atrás", que precisamente "(...) é um reinterpretar, um reajustar, nos quais, por necessidade, o 'sentido' anterior e a 'finalidade' anterior têm de ficar obscurecidos ou mesmo totalmente apagados". Os dominadores darão a sua interpretação da verdade. "Por muito bem que tenhamos compreendido a utilidade de um órgão fisiológico (ou também de uma instituição jurídica, de um costume social, de um uso político, de uma forma determinada nas artes ou no culto religioso), nada se compreendeu ainda no que diz respeito à sua génese (...)."[46] E isto serve como aviso para quem quer que tente escrever uma história da casa como uma "resposta às necessidades", como o planeamento racional de espaços, como uma reacção a novos desenlaces, novas funções e novos "usos": "Mas todas as finalidades, todas as utilidades" – continua Nietzsche – "só são indícios de que uma vontade de poder se assenhoreou de algo menos poderoso e imprimiu nele, partindo de si mesma, o sentido de uma função." A ilusão de uma história da casas, centrada na sua mecanização, na sua crescente funcionalização, na qual se confunde a evidência clara ou os sintomas com os processos reais de subjugação. (...) E a história completa de uma 'coisa', de um órgão, de um uso, pode ser assim uma ininterrupta cadeia indicativa de interpretações e reajustes sempre novos, cujas causas nem sequer têm necessidade de estar relacionadas entre si; pelo contrário, por vezes sucedem-se e relevam-se mutuamente de um modo inteiramente casual. O 'desempenho' de uma coisa, de um uso, de um órgão é, deste modo, qualquer coisa mais do que o seu *progressus* para uma meta, e menos um progresso lógico e brevíssimo conseguido com o mínimo consumo de força e de custos, é antes a sucessão de processos de subjugação mais ou menos profundos, mais ou menos independentes." Finalmente, Nietzsche adverte: "A forma é fluida, mas o 'sentido' é-o ainda mais."[47]

---

45. Friedrich Nietzsche, *A Genealogia da Moral*, trad. de Carlos José de Meneses, Lisboa, Guimarães, 1997 (1.ª ed. s.d.).
46. Ibid., p. 88.
47. Ibid., p. 88 e 89.

A tarefa do historiador será, portanto, interrogar a natureza da casa no momento em que a casa se converte numa acumulação de equipamento para serviços. Que significa equipamento? Para responder a esta pergunta será necessário, embora não suficiente, analisar os planos das casas, mas também contribuir para aquilo que pode denominar-se uma "genealogia de equipamento", uma vez que um equipamento não é só um mecanismo económico. Há que saber calcular o benefício não económico, o sistema de produção, os efeitos induzidos. Neste sentido, disse-se que cada equipamento "produz uma produção"; ou seja, produz não só bens ou mercadoria, mas cria um sector de actividade, novas estruturas de controlo, implica novos serviços administrativos, novas instituições. Um equipamento também produz novas "necessidades" ou procuras; a criação de um mercado produz, com efeito, um "consumidor", com as suas necessidades, com todas as suas petições de assistência. Finalmente, um equipamento normaliza, ou seja, ajusta a produção da produção à produção da procura e equilibra estes dois níveis, classificando, dividindo, impondo regulamentos e estabelecendo limites e exclusões.

Uma topologia das constelações quotidianas

Tal como disse Gilles Deleuze, a repetição opõe-se tanto à antiga categoria da memória como à categoria moderna de *habitus*.[48] A memória *(Mnemósine)*, a síntese activa do tempo como um passado puro, organiza a repetição segundo um ciclo de recordação e esquecimento. *Habitus,* a síntese passiva do tempo como um presente vivo, é a memória das práticas no espaço. O *habitus* resolve a repetição de acordo com um presente contemporâneo segundo um ciclo de consumo.[49] Benjamin definia o "moderno" como o novo no contexto daquilo que sempre existiu.[50] Na esfera da produção capitalista de artigos de consumo, o novo, a novidade, servem para estimular a procura introduzindo significados renovados. Ao mesmo tempo, os processos de repetição, organizados para a produção em série, impõem o-mesmo-de-sempre *(Immer Gleich)*.[51] Num mundo de estereótipos, a questão é saber como separar o novo de o-mesmo-de-sempre: "É propriedade única da experiência dialéctica dissipar a aparência de permanência (o-mesmo-de-sempre), inclusivamente de repetição na história."[52] Como acto preliminar, esta "dissipação",

---

48. Gilles Deleuze, *Différence et répétition*, 4.ª ed., Paris, Presses Universitaires de France, 1981, p. 125-26; id., *Diferença e repetição*, trad. de Luiz Orlandi, Roberto Machado, prefácio de José Gil, Lisboa, Relógio d'Água, 2000.
49. Ibid.
50. Walter Benjamin, *Passagen-Werk*, vol. 2, S1, p. 4, #675.
51. Ibid.
52. Ibid., N9, p. 5, #591; id., N21.

ou dissolução exigida por Benjamin na obra histórica implicará "categorias 'humanísticas', como por exemplo as denominadas *habitus,* estilo, etc.".[53]

Trasladar, portanto, as "imagens" do *intérieur* para rituais de sempre, habituais: ao fim e ao cabo, Beckett descreveu esta experiência fundamental de repetição como a "solução de compromisso a que se chega (...) entre o indivíduo e a sua própria exaltação orgânica, a garantia de uma invulnerabilidade sombria."[54] Este compromisso da consciência com estereótipos fixos foi explorado em *A poética do espaço*, de Gaston Bachelard, que investigava o imaginário dos emprazamentos domésticos: o "ninho", a "casca", o "recanto", o "íntimo", o "exterior" e o "interior".[55] Uma análise como esta teria desfeito, diluído e desacreditado a "regularidade" da complexa topografia de interior e exterior, sujo e limpo, cheio e vazio, interno e externo, diante e detrás, exposto e escondido, feminino e masculino, sótão e cave, perto e longe, vegetal e mineral. O costume e a regularidade concretizam-se em hábitos. O habitual é uma maneira de alcançar o tempo, perdido e encontrado. O hábito e o esquecimento são os dois extremos do não-saber. O habitual, confortante na segurança garantida da proximidade de coisas e pessoas, perverte o olhar. A supressão do habitual é, portanto, um poderoso e perigoso momento de conhecimento.[56]

Em "Central Park", Walter Benjamin nota: "As neuroses manufacturam artigos produzidos em série na economia psíquica. Aí têm a forma de uma obsessão. Estas aparecem na casa (*Haushal*) do neurótico em grande quantidade, como o-mesmo-de-sempre". E acrescenta: "O retorno das constelações quotidianas (...) Nietzsche disse 'adoro os hábitos curtos', e Baudelaire, no curso da sua vida, foi incapaz de desenvolver hábitos estáveis". Tal como o próprio Benjamin.

Esta investigação do poético não seria suficiente se não estivesse apoiada numa história de espaços, uma topografia das complexas "constelações quotidianas" da sociedade, para usar a terminologia de Benjamin; ou seja, se não se investiga, tal como escreve o filósofo Michel Serres, "os acidentes ou catástrofes do espaço e a multiplicidade de variedades espaciais. O que é o fechado? O que é o aberto? (...) O que é o contínuo e o descontínuo? O que é um umbral, um limite? Programa elementar de uma topografia. Já não há *O Jogo da Glória*[57] que conte de uma maneira tranquilizadora

---

53. Ibid., vol. 1, N3, p. 1, #577; id., N8.
54. Samuel Beckett, *Marcel Proust*, Zürich, 1960, p. 15; citado por Krista R. Creffrath, «Proust et Benjamin» in *Walter Benjamin et Paris*, Heinz Wismann, ed., Paris, Les Éditions du Cerf, 1986, p. 115.
55. Gaston Bachelard, *A poética do espaço*, São Paulo, Martins Fontes, 1989.
56. Krista R. Creffrath, "Proust", p. 115.
57. Aqui, Serres refere-se a um jogo de grupo comum na Europa, *le jeu de l'oie*, "o jogo da glória" (*sic*), no qual dois ou mais jogadores lançam os dados e seguem um caminho (num tabuleiro de jogos), passando por casinhas, ou lugares assinalados, como, por exemplo, o poço, a ponte, etc.

todos os mitos possíveis, (…) de agora em diante, há o espaço ou os espaços que são a condição das antigas histórias (*racontars*). Os espaços mediante os quais tenho a possibilidade de adquirir um novo conhecimento. E os mitos estão escritos neles."[58]

A genealogia dos diagramas de organização ("os da linguagem, da fábrica, da família, dos partidos políticos, e assim sucessivamente"),[59] os meios de gerar regimes de práticas culturais e sociais, a fenomenologia dos valores da intimidade dos espaços interiores, as topo-análises do secreto e escondido, as classificações estilísticas da forma construída, a cartografia das ligações e enlaces que o corpo deve praticar nesta grande família de espaços: todos estes instrumentos, não estão já presentes nas observações de Victor Hugo? "Alguém está deitando abaixo neste momento, no *Boulevard du Temple*, a casa Fieschi (que tentou assassinar o rei Luís Filipe). As mísulas do telhado perderam os ladrilhos. As janelas sem vidro e sem aros permitem ver o interior das habitações (…) O que caracterizara a habitação de Fieschi parece ter sido ornamentado e decorado por diferentes inquilinos que aí viveram outrora. Um papel de forrar estampado com uma delicada figura esverdeada cobre as paredes e o tecto, no qual uma corda, também de papel, desenha um Y. Tal como o resto, este tecto já está aberto e muito fendido pelas picaretas dos pedreiros."[60]

A casa, produto de uma tecnologia que oscila entre a norma do transparente e os desvios do opaco, deve situar-se algures entre a ciência, a arquitectura e a literatura. Escutando a sua linguagem em poesia, revelar-se-á nas aberturas ao pensamento oferecidas pela leitura de Poe, Baudelaire, Valéry, Benjamin, Borges, … e Rilke?: "(…) Casas? (…) Casas que tinham demolido de cima abaixo (…) Perto das paredes das habitações, ao longo de toda a parede, subsistia ainda um espaço branco, sujo, de onde se insinuava, em espirais vermiculares que pareciam servir para alguma digestão repugnante, a conduta descoberta e ferrugenta da cloaca das sanitas (…) A vida tenaz deste quarto não tinha podido ser totalmente triturada. Continuava ali (…) Percebia-se nas cores que lentamente, ano a ano, tinha transformado: o azul em verde mofento, o verde em cinzento e o amarelo num branco fatigado e rançoso. (…) E destas paredes, antes azuis, verdes ou amarelas, enquadradas pelos relevos dos tabiques transversais derrubados, aflorava o hálito desta vida, um hálito persistente, vagaroso e espesso, que nenhum vento tinha ainda dissipado."[61]

---

58. Michel Serres, "Discours et parcours" in Claude Lévi-Strauss *et al.*, *L'identité*, Paris, Bernard Grasset, 1977, p. 25-39, 29-30.
59. Ibid., 30.
60. Victor Hugo, *Choses vues (1830-1885)*, Herbert Juin, ed., Paris, Gallimard, 1972, vol. 1, p. 229.
61. Rainer Maria Rilke, *Los cuadernos de Malte Laurids Brigge*, trad. de Francisco Ayala, Losada, Buenos Aires, 1958, p. 46-47; id., *Os Cadernos de Malte Laurids Brigge*, trad. e prefácio de Paulo Quintela, Porto, Oiro do Dia, 1983.

Hábitos / Habitus / Habitat   149

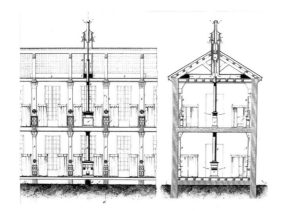

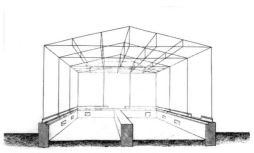

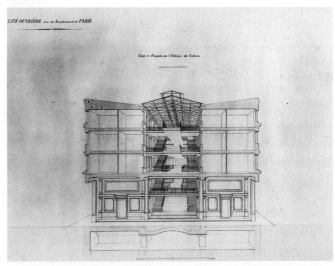

01 02
03 04
   05

06 07
08 09
10

01 Sistemas de ventilação e aquecimento para enfermarias de hospitais, por René Duvoir, a partir de *Revue Générale de l'Architecture*, vol. V, 1844, Pl. 27.

02 Hospital Militar construído em ferro (Hôpital construit au Camp Jacob sur l'île de la Guadaloupe en 1846 en ossature en fer, par l'ingénieur A. Romand), a partir de *Revue Générale de l'Architecture*, vol. VII, 1847, Pl. 4.

03 Siegfried Giedion, "Surrealismus" (autógrafo), assemblagem com clip da gravura de Max Ernst *La femme 100 têtes* e um anúncio publicitário, cerca de 1946-48, documentos preparatórios para o livro de Giedion, *Mechanization takes command: a contribution to anonymous history*, New York, Oxford University Press, 1948 (Zürich, E.T.H., Giedion Archive).

04 Vista em *vol d'oiseau*, primeiro projecto para a Cité Napoléon, projectada por Marie-Gabriel Veugny, 58 rue Rochechouart, Paris, 1849-53 (Paris, Bibliothèque des Arts Décoratifs, colecção Maciet).

05 Corte em perspectiva, Cité Napoléon, rue Rochechouart, Paris 1849-53 (Paris, Bibliothèque des Arts Décoratifs, colecção Maciet).

06 Vista das galerias iluminadas por clarabóias, Cité Napoléon, rue Rochechouart, Paris, 1849--53 (fotografia por Bernard Leroy).

07 Vista de "Cidade Operária", Avenue Daumesnil, Paris (XII), quarenta e uma casas em banda para 123 famílias, construídas durante a Exposição Internacional de 1867, projectada e financiada por Napoleão III; a partir de *Exposition universelle de 1867. Classe 93, grupo X. Les Habitations ouvrières*, por M. le Cte [Alexandre] Foucher de Careil,..., Paris, E. Lacroix, 1867.

08 Vista em perspectiva, Cité Napoléon, pelo Bureau de Bienfaisance de Lille, projectado pelo arquitecto Émile Vandenbergh, rue Gantois, Lille (Norte, França), publicado por Dr. A. Houzé de L'Aulnoit, 1863 (Paris, Bibliothèque Nationale).

09 Betonando paredes (sistema de Joseph Tull) na "Cidade Operária", Avenue Daumesnil, Paris (XII), 1867; a construção foi completada pela companhia britânica Shephard and Newton; a partir de: *Exposition universelle de 1867. Classe 93, grupo X. Les Habitations ouvrières*, por M. le Cte [Alexandre] Foucher de Careil,..., Paris, E. Lacroix, 1867.

10 Projecto do engenheiro Henry-Jules Borie para "Aérodômes" (sic), frontispício da primeira edição de: *Aérodômes: essai sur un nouveau mode de maisons d'habitation applicable aux quartiers les plus mouvementés des grandes villes*, par Henri-Jules Borie, Paris, impr. De Morris, 1865 (Paris, Bibliothèque Nationale).

A supressão do habitual: para uma demonologia doméstica[1]

Poderá haver algo como uma "arquitectura de todos os dias", semelhante à noção de "vida de todos os dias"? Antes de mais, temos de perguntar o que é a vida de todos os dias? Como se manifesta? Tem forma ou é informe? Talvez a melhor resposta seja dada por Jun, o turista japonês que aparece no filme de Jim Jarmusch *Comboio Mistério*, de 1989. Jun fotografa apenas o interior dos quartos de motel onde dorme durante a sua viagem pelos Estados Unidos. Inquirido sobre a razão por que fotografa este tipo de material tão banal, até mesmo trivial, em vez das cidades, monumentos e paisagens que visita, ele responde que fotografa aquilo que facilmente poderia vir a esquecer: "As outras coisas estão na minha memória. Os quartos de hotel e os aeroportos são as coisas que vou esquecer."

Um exemplo característico de uma "arquitectura de todos os dias" poderia encontrar-se numa daquelas inserções do século XIX numa secção de *immeubles* parisienses. Poderia obter-se o mesmo efeito visual ao passar os olhos sobre um pátio interior numa cidade mediterrânica ou sobre um enorme edifício residencial em Nova Iorque: particularmente ao anoitecer, é como se se estivesse a fazer um corte no edifício, revelando em cada um dos seus apartamentos os múltiplos e pequenos acontecimentos da vida de todos os dias. Claro que, tal como Grace Kelly e James Stewart no filme de Alfred Hitchcock *Janela Indiscreta*, de 1954, uma pessoa sente culposamente que não deveria estar a olhar. O que é que aparece nesse corte? Alguns trabalham, outros não; alguns são velhos, outros são novos; alguns são barulhentos, outros são sossegados; alguns são ricos, outros são pobres; alguns estão bem de saúde, outros estão doentes.

Disease deriva de *dis*, "o contrário de", e *ease*, do francês *aise*, ou, no plural, *les aises*, referindo-se a conforto em geral. Antes de ser aplicado a padecimentos ou a estados patológicos de saúde, *dis-ease* referia-se a alguma coisa literalmente desconfortável. A palavra *comfort* em inglês deriva do francês *confort*, originalmente significando conforto moral ou psicológico. Assim, bem-estar e "sentir-se bem" começou por ter um significado moral. Foi apenas no século XVIII que "conforto" adquiriu

---

1. Este artigo foi já apresentado no simpósio *Turning the House Outside Out, Addressing Domestic Space*, American Institute of Architects, New York Chapter, 1993; e também na série *Nuevos Modos de Habitar*, Colégio Oficial de Arquitectos, Valencia, Espanha, 1995.

o seu significado moderno, sugerindo circunstâncias materiais e tecnológicas que proporcionavam "bem-estar" físico.

Doença da alma

Há doenças ou padecimentos que pertençam particularmente a habitações e apartamentos, aos lugares onde se vive? É uma pergunta que vagueia pelo filme de Todd Haynes *Seguro*, de 1995, cuja personagem central, Carol, se torna alérgica ao ambiente que a envolve. A fim de considerar a vida de quotidiano (quando e onde se vive), temos de considerar as duas principais categorias da nossa existência: o tempo e o espaço. Podemos criar listas duplas: doenças do tempo, ou "doenças temporais", e doenças do espaço, ou "doenças espaciais". A "ansiedade" é uma desordem da percepção do tempo; este pânico é descrito como um medo do instante. A "nostalgia", uma doença social, uma saudade do tempo passado, é também um padecimento temporal.[2] Outro padecimento do tempo, a "melancolia", a medieval *melancholia*, pensava-se ser provocada por uma superabundância nos órgãos do corpo de "bílis negra", um dos quatro humores do corpo que determinam a disposição normal. Desde o século XIX que os fisiólogos descrevem o corpo humano como uma espécie de motor termodinâmico e analisam a sua dispersão de energia através da entropia: é esta a noção subjacente a "fadiga", tanto física como psicológica. O *jet lag*, um resultado da ruptura dos ritmos circadianos do corpo, resume a doença do tempo contemporâneo. Das doenças espaciais, a mais óbvia é a "claustrofobia" ou, em inglês-americano, *cabin fever* – que ocorre quando um indivíduo fica longo tempo encerrado num espaço limitado. Em contrapartida à claustrofobia, a "claustrophilia", o gosto ou a necessidade de ficar encerrado ou confinado, e a "agoraphobia", o medo de grandes espaços abertos. O padecimento de "saudades de casa" (*homesickness*) é o correspondente espacial da nostalgia. Outra forma de doença do espaço, a "inquietação" (*Unheimlichkeit*) é a sensação perturbadora e desconfortável provocada pelo ambiente habitual que de repente se torna demasiado familiar.

De todos os padecimentos que passam pela discussão da arquitectura de todos os dias, aquele que parece mais comum, e talvez menos trágico, é o "aborrecimento", um estado peculiar de melancolia e tristeza ligado à percepção do tempo e muito próximo das doenças que acabamos de descrever. Tem origem, provavelmente, na

---

2. Sobre interessantes correlações entre as noções do "mundo da vida quotidiana", nostalgia e repetição, ver Susan Stewart, *On longing: Narratives of the Miniature, the Gigantic, the Souvenir, the Collection*, Durham, Duke University Press, 1993, p. 3-36, esp. 23: "Pelo processo narrativo da reconstrução nostálgica", observa Stewart, "o presente é negado e o passado assume uma autenticidade de existência, uma autenticidade que, ironicamente, só pode atingir pela narrativa. A nostalgia é uma tristeza sem objecto."

"acedia" medieval, o torpor que afligia os monges no claustro, a consequência psicológica do *taedium vitae*. Instilado pelo temido "sol do meio-dia", ele aparece no espaço da alma, abstracto e transparente.[3] Nos tempos modernos, a *acedia* transformou-se em "depressão e tédio". A depressão manifesta-se como uma protecção fora do corpo: a cor negra da bílis melancólica emerge para envolver o corpo nas vestes do dândi, o *flâneur*, imerso na multidão da metrópole. O tédio move-se para além dos limites físicos do corpo, para se revelar no *intérieur*, nos quartos interiores da domesticidade, onde o espaço íntimo esconde o corpo com as formas inquietantes da familiaridade.[4]

O estado do eterno retorno, a imutável monotonia no aparentemente novo, o *semper idem*, pode gerar o tédio. Walter Benjamin abordou este tema num dos seus primeiros importantes ensaios, *Trauerspiel und Tragödie* ("Drama Trágico e Tragédia"), de 1916, no qual distinguiu dois princípios "metafísicos" da repetição: o processo cíclico da eterna recorrência representado pelo círculo e pela repetição da alternância.[5] Esta, baseada na oscilação dos quadrantes de um relógio, encontra-se estabelecida em intervalos básicos de duração. É o monótono tic-tac que divide as horas em minutos, os minutos em segundos, cortando a duração em pequenas fatias. Claro que nunca sentimos esta medição do tempo como uma dimensão exacta, mas antes como uma percepção "subjectiva". As premissas de Benjamin[6] foram repetidas e ampliadas na sua tese sobre a *Trauerspiel* [Tragédia] alemã, de 1928, o drama barroco cujas personagens lamentam o seu destino na Terra e aguardam a sua

---

3. Estes temas foram frequentemente discutidos num dos meus seminários de licenciatura, "The Domestication of Space: Disembodiment and Displacement of Architecture", na Escola de Arquitectura da Universidade de Princeton. Pela suas brilhantes sugestões, gostaria de agradecer a Catherine Seavitt (Outono de 1994). Ver Reinhard Kuhn, *The Demon of Noontide: Ennui in Western Literature*, Princeton, NJ, Princeton University Press, 1976, e Wolf Lepenies, *Melancholy and Society*, trad. de Jeremy Gaines e Doris Jones, Cambridge, MA, Harvard University Press, 1992.

4. Ver Giorgio Agamben, *Stanzas: Word and Phantasm in Western Culture*, trad. de Ronald L. Martinez, Minneapolis, University of Minnesota Press, 1993; esp. a primeira parte, "Os fantasmas de Eros", 3-28. Sobre *acedia, taedium vita*, ver 4ff.; sobre uma discussão de Baudelaire, o dândi e a melancolia, ver 8, n.º 4. Agamben chama a atenção para o facto de Heidegger usar *filiae acediae*, evocativo de estudos de patrística, na sua análise do quotidiano: *evagatio mentis* torna-se escape, diversão, entretenimento; *verbositas*, conversa inútil; *curiositas*, curiosidade que "procura aquilo que é novo apenas como forma de saltar para aquilo que é ainda mais novo"; a instabilidade, a "impossibilidade de fazer uma pausa", a disponibilidade constante para a distracção, n.º 5. Sobre a melancolia e o seu tratamento antes de Sigmund Freud, ver 11-28.

5. Walter Benjamin, "Trauerspiel und Tragödie", vol. 2, lv. 1, de *Gesammelte Schriften*, Frankfurt, Suhrkamp Verlag, 1970, p. 133-137; id., *A origem do drama trágico alemão*, trad. de João Barrento, Lisboa, Assírio & Alvim, 2004.

6. Walter Benjamin, *Origem do Drama Trágico Alemão*, trad. de João Barrento, Lisboa, Assírio & Alvim, 2004. Em alemão, *Trauerspiel* sugere "representação fúnebre", distinta de tragédia. *Trauerspiel* tem por objecto a história e não o mito, mesmo que, dada a barroca fatuidade de qualquer ser temporal, a história seja para a *Trauerspiel* mais do que "história natural" ou "destino", uma alegoria da precariedade de todo o poder mundano. Sobre a *Trauerspiel* barroca, no teatro de Calderón de la Barca, as tragédias românticas do destino (*Schicksaltragödie*), e a sua leitura em Benjamin e Brecht, ver "Puppet Play and *Trauerspiel*", in Rainer Nägele, *Theater, Theory, Speculation: Walter Benjamin and the Scenes of Modernity*, Baltimore e London, John Hopkins University Press, 1991, p. 12 f.

libertação da vida e o resgate para o Céu. É o trabalho de sublimação do negativo que está a ser desempenhado e redesempenhado.[7]

As ideias de tristeza (*Trauer*) e de melancolia de Benjamin sofreram uma mudança em *Passagen-Werk*: partindo de análise da tristeza nos períodos renascentista e barroco, gera uma teoria do aborrecimento ou tédio (*Langweile*, literalmente "delongamento"), que se estende por todo o século XIX. Nas suas notas, Benjamin aludia a uma interpretação histórico-materialista deste estado: "trabalho fabril como suporte para o aborrecimento ideológico das classes superiores".[8] O aborrecimento sentido no trabalho repetitivo da produção industrial corresponde ao dos novos *boulevards* de Paris do Segundo Império e da Terceira República: "Estas grandes ruas, estes grandes cais, estes grandes edifícios, estes grandes esgotos, a sua fisionomia mal copiada ou pobremente imaginada (…) exalam aborrecimento."[9] Pensamos nas muitas pinturas de Gustave Caillebotte, *La place de l'Europe, temps de pluie*, de 1877, ou a famosa *Le Pont de l'Europe* ou *Jeune homme à sa fenêtre*, de 1876. Para escapar a este tédio, esta "doença da alma" presente nos salões parisienses desde o século XVIII, recorremos a jogos e diversões:[10] tomando atitudes de um dândi e distraindo-nos imergindo na multidão, tal como resumia Charles Baudelaire e o seu "pintor da vida moderna", Constantin Guys.[11] Segundo Benjamin, "a ociosidade do *flâneur* é uma manifestação contra a divisão do trabalho";[12] aqui, "manifestação"

---

7. O trabalho do luto (*Trauersarbeit* de Freud) reconhece a tragédia, literalmente uma *Trauerspiel*: o desempenho do papel de uma pessoa de luto, a peça fúnebre. Ver Sarah Kofman, *Mélancolie de l'art*, Paris, Galilée, 1985, p. 86. Como uma representação artística, o lamento do drama barroco tomará a forma de palavras proferidas no palco, mas, a partir do século XVII, mudará para música, *teatro dell'opera*, ou seja, a forma de ópera. Søren Kierkegaard descreveu uma transposição semelhante: "Um poeta é um ser infeliz cujo coração está despedaçado por sofrimentos secretos, mas cujos lábios tomam forma tão estranhamente que, quando se lhes escapam os suspiros e os gritos, estes soam como música linda". (Kierkegaard, *Either-Or* [1843]; citado por Philip Sandblom, *Creativity and Disease*, New York, Marion Boyars, 1992, p. 24).

8. Walter Benjamin, *Das Passagen-Werk*, ed. Rolf Tiedmann, vol. 5, livros 1 e 2, de *Gesammelte Schriften*, Frankfurt, Suhrkamp Verlag, 1982, livro 1, D2a, 4, 162. Ver também Siegfried Kracauer, "Boredom" (1924), in id., *The Mass Ornament: Weimar Essays*, ed. e trad. de Thomas Y. Levin, Cambridge, MA, Harvard University Press, 1995, p. 331-334.

9. Louis Veuillot, *Les Odeurs de Paris*, Paris, 1914; citado por Benjamin, *Passagen-Werk*, lv. 1, D2, 2, 160.

10. Ver, por exemplo, Benedetta Craveri, *Madame du Deffand e il suo mondo*, Milano, Adelphi Edizioni, 1982, p. 141-153, 338, para uma discussão sobre o tédio como uma "doença da alma". Podemos citar a carta de Madame du Deffand a Horace Walpole, de 1 de Maio de 1771: "Todos estão aborrecidos, ninguém é suficiente para si próprio, e é este detestável aborrecimento, que nos persegue e ao qual tentamos escapar, que põe tudo em movimento." (143). Ver também Robert Mauzi, "Les Maladies de l'âme au dix-huitième siècle", *Revue des sciences humaines*, 100 (Outubro-Dezembro 1960): p. 459-493; e id., *L'Idée de bonheur dans la littérature et la pensée françaises au XVIIIe siècle*, Paris, Armand Colin, 1965.

11. Ver Roger Kempf, *Dandies: Baudelaire et cie*, Paris, Éd. Seuil, 1977, e Charles Baudelaire, "Le Dandy", in *Le Peintre de la vie moderne*, in *Œuvres complètes*, Paris, Gallimard, 1962, p. 1177-1180. Benjamin, *Passagen-Werk*, lv. 1, D5, 3, 168, cita a paráfrase de Baudelaire de Guys em *Le Peintre*: "qualquer homem (…) que esteja aborrecido no meio da multidão, é um idiota!" Ver também ibid., D4a, 2, 167, onde Benjamin cita Roger Callois, "Paris, mythe moderne", in *Nouvelle revue française*, 25, n.º 284, 1 Maio 1937, p. 695 e 697: "o romantismo conduz a uma teoria do aborrecimento, o sentimento de vida *moderno* a uma teoria de poder, ou, pelo menos, de energia."

12. *Passagen-Werk* citado, M5, 8, p. 538.

deve entender-se no sentido político. O aborrecimento cria, então, as condições para a dedicação frenética a jogos que Benjamin teria comparado às acções repetitivas do trabalho industrial. E foi esta comparação que o levaria a uma interessante teoria de choque, o fundamento de uma nova percepção metropolitana.[13]

Privação dos sentidos

O tédio, como se disse, é um "demónio doméstico". Esta observação do filósofo Arthur Schopenhauer revela que dentro do espaço da casa e do tempo da vida de dia-a-dia, algo acontece que tem a ver com o tédio: o aborrecimento pertence a uma espécie de demonologia, ou, de facto, um "eudemonismo", num sentido aristotélico.[14] Outro filósofo, Vladimir Jankélévitch, fez um estudo em que distingue "aventura", "seriedade" e "tédio".[15] A vida é absorvente quando é condensada, isto é, quando o tempo passa muito depressa. Os momentos mais interessantes da vida estão relacionados com inícios: partir para uma aventura, quer em relação a um caso de amor ou a uma viagem, faz-nos experimentar o advento do futuro dentro do presente. A partir daí, vive-se uma condensação da duração: tudo parece entrar em colapso a todo o instante. A outro nível, alguém sério considera a possibilidade de um futuro distendendo o tempo presente. Organiza a sua própria actividade de

---

13. Ver ibid., O ["Prostitution, Games"], todas as entradas, 612-642. De particular interesse é O12a, 2: "O significado do tempo para a intoxicação do jogador já foi avaliado por Gourdon e também por Anatole France. Contudo, ambos apenas observam que significado tem o tempo para o prazer do jogador no seu lucro indolente, que se multiplica a si próprio cem vezes pelas incontáveis possibilidades de o gastar, que permanecem abertas, e especialmente através do um-para-um que se multiplica cem vezes *como mise en jeu* na imaginação. Nem Gourdon nem France, contudo, observam que significado tem o tempo para a operação do jogo em si. O valor de entretenimento do jogo é bem outra questão. Um jogo empreende cada vez mais, quanto mais abruptamente o risco se manifesta, e quanto mais pequeno o número ou mais pequena a sequência de combinações que podem ser colocadas no decorrer do jogo (*des coups*). Por outras palavras: quanto mais alta for a componente de risco, mais depressa o jogo se move. Esta condição é decisiva dado que a solução é a determinação daquilo que causa a real "intoxicação" do jogador. É baseado na peculiaridade de o jogo provocar a presença de espírito revelando em sequência rápida as constelações que apelam, independentes umas das outras, a uma reacção completamente nova e original do jogador. Este facto reflecte-se no costume do jogador em colocar a aposta, se possível, apenas no último momento. Este é simultaneamente o momento em que só há espaço para um comportamento puramente reflexivo. Este comportamento reflexivo do jogador inclui a interpretação da "sorte". O jogador reage antes à sorte como o joelho reage ao martelo no reflexo patelar." De igual interesse é O14, 4: "A experiência ideal do choque é a catástrofe." A sua última nota da teoria do choque encontra-se em "Über einige Motive bei Baudelaire", in *Gesammelte Schriften*, 1: lv. 2, 605-53. Ver também a edição crítica dos escritos de Benjamin sobre Baudelaire em Walter Benjamin, *Écrits français*, Paris, Éditions Gallimard, 1991, p. 231-45.

14. Arthur Schopenhauer, citado por Vladimir Jankélévitch, *L'Aventure, l'ennui, le sérieux*, Paris, Montaigne/Aubier, 1963, p. 163. Dum ponto de vista etimológico, *bore*, em inglês, é uma palavra bastante misteriosa, que surge "depois de 1750", segundo o *Oxford English Dictionary*. A primeira citação do substantivo *boredom* data de 1864. Em inglês, o uso da palavra francesa tornou-se moda em finais do século XVII. *Ennui*, em francês, remontando ao século XII, deriva do latim *in ódio* e *inodiare*, associada ao ódio da vida. *Ennui*, em inglês está também relacionado com antigas adaptações à palavra francesa, tais como *annoyance* ou *to annoy*. Supostamente, *ennui* era especificamente francês, tal como depressão (*spleen*) se assume como sendo tipicamente inglês.

15. Jankélévitch, *L'Aventure, l'ennui, le sérieux*. Para um rápido olhar sobre a bibliografia do filósofo francês, ver id., *Une vie en toutes lettres (Lettres à Louis Beauduc, 1923-1980)*, Françoise Schwab ed., Paris, Liana Levi, 1995.

acordo com um "projecto" e projecta (literalmente, atira-se para a frente) para o futuro. É isto que uma pessoa séria faz quando "desenha", "projectando", uma família, uma casa, ou qualquer outra edificação. Alguém que está aborrecido, contudo, vive exclusivamente no presente: está totalmente imerso no "intervalo" da duração. Para ele, o futuro está muito longe para que seja interessante ou ofereça qualquer possibilidade de esperança. Assim, o tédio nem está dirigido para o passado, como na nostalgia, nem para o futuro, como na aventura, mas para um presente exclusivo.

Jankélévitch estabeleceu igualmente uma diferença entre ansiedade e tédio. A pessoa ansiosa aguarda receosa o limite do instante. Cada episódio da vida, a qualquer momento, acarreta para o ansioso uma espécie de perigo. Por contraste, a pessoa aborrecida, o *ennuyé*, existe "entre" dois instantes; é seu o estado de espírito definido como a infelicidade de ser demasiado feliz. Esta forma de tédio, "do pleno", é a "doença da pessoa feliz", o "fruto podre da civilização e do prazer", segundo Emile Tardieu em *L'Ennui: Etude psychologique*, de 1903.[16] O tédio também era, para Tardieu, uma "doença do nada", uma condenação pelo "sentido do nada da vida". O poeta Giacomo Leopardi descreveu o tédio, em italiano *noia*, como *figlia della nullità, [...] madre del nulla*: filha de coisa nenhuma, mãe do vazio.[17] A noção de tédio foi inventada para explicar esta percepção dum vazio, um vazio habitualmente reconhecido nas circunstâncias da vida de dia-a-dia. Aparece como uma possibilidade pura e caracteriza-se como uma indiferença para a forma. Na verdade, o aborrecimento nega qualquer forma: induz o uniforme, o disforme. Ao mesmo tempo também é multiforme: uma contrariedade, o efeito de um "contratempo". O aborrecimento pode ditar uma espécie de polimorfismo, um excesso de ornamento; ou, como no apartamento burguês do século XIX, pode induzir efeitos de policromia exagerada.

O tédio também tem de ser entendido numa espécie de causalidade paradoxal, pois não é muito claro o que produz o quê. Parece haver causas gerais: inacção ou indolência, isolamento ou solidão, monotonia ou marasmo, fadiga ou lassidão. Mas será que estes geram, de facto, tédio? Jankélévitch sugere que o tédio produz estes efeitos, que por sua vez restabelecem o próprio tédio, num ciclo de causa e efeito. Podemos concluir que o tédio isola o aborrecido, homogeneizando as coisas à sua volta e aumentando a sua disposição para a inércia. A inacção, o isolamento, a monotonia, a fadiga, nascidos do tédio, reforçam o tédio.

A bibliografia sobre o aborrecimento é imensa. Devemos, contudo, mencionar uma das primeiras teorias sobre o tédio apresentada num tratado estético de 1715, *Traité du*

---

16. Emile Tardieu, *L'Ennui psychologique*, 2.ª ed., Paris, Alcan, 1913, p. 136.
17. Giacomo Leopardi, *Zibaldone*, frag. 1815, 13 Setembro 1821. Sobre o tédio, ver também id., *Pensieri*, 1845, Milano, Adelphi, 1982, p. 63-64.

beau, de Jean-Pierre de Crousaz, um calvinista de Lausanne que escreveu imenso sobre a ciência, pensando na beleza como um efeito de diversos incitamentos sensoriais:

> "Os sentimentos são, de facto, aquilo que determina a nossa felicidade e a nossa infelicidade. Nascidos para sentir, quanto mais intensos são os nossos sentimentos – desde que não sejam dolorosos –, mais perfeitos e prontos estamos para preencher os nossos objectivos. Assim, todos gostamos de estar ocupados com sentimentos fortes. De todos os estados emocionais, o tédio é aquele que consideramos mais insuportável e, apesar da nossa repugnância pelo infortúnio, as tarefas mais trabalhosas cessam de nos afastar assim que se tornam necessárias para nos arrancar do tédio. Contudo, há três qualidades principais que dão aos objectos que as possuem o poder de nos ocupar com sentimentos intensos. Estas três qualidades são a nobreza, a inovação e a diversidade".[18]

Naquilo que se chamou "estese", doutrina da sensação intensa, Crousaz sugeriu que o mérito essencial do belo é oferecer ao Homem um escape ao tédio.[19] Descobrimos uma intrigante continuidade entre a estese do século XVIII e a teoria dos estímulos usada na cosmonáutica contemporânea. Para combater a "fome sensorial" lamentada pelo cosmonauta Yuri Gagarin e pelo psicólogo espacial Lébédev, os sentidos são estimulados artificialmente: "Para missões longas ..., enviamos aos cosmonautas cheiros e gravações de barulhos que constituem o seu ambiente terrestre habitual: sons de pássaros ..., de vento nas árvores ..., de água a correr."[20] Também devemos lembrar-nos que, para os fisiólogos e engenheiros do século XX, a noção de conforto está ligada à alegada preferência do corpo por um estado não perturbado por distúrbios externos: o grau zero da excitação do corpo. Neste ponto de vista, o conforto é igual à ausência de estimulação externa, uma espécie de leveza sensorial semelhante à "privação dos sentidos" promovida nos Estados Unidos como técnica de relaxamento. Este estado é definido como "bem-estar". Atinge-se este "ideal" homogéneo pelo uso de aparelhos tecnológicos que garantem o controlo climatérico (arejamento, ventilação, aquecimento, humidade), gestão da energia, ligação em rede (iluminação, electrónica, telecomunicações).[21]

---

18. Jean-Pierre de Crousaz, *Traité du beau*, chap. 7, "De l'empire de la beauté sur nos sentiments"; citado por Baldine Saint-Girons, *Esthétiques du XVIIIᵉ siècle: Le Modèle Français*, Paris, Philippe Sers Éditeur, 1990, p. 59.
19. O termo *aesthesis* (do neologismo francês *esthésique*) usado por Saint-Girons foi retirado de Jean Deprun, *La Philosophie de l'inquiétude*, Paris, Vrin, 1979, cap. 5.
20. Claudette Sèze, "Habiter dans les étoiles", *Autrement*, 10, Janeiro 1994, p. 62.
21. Ver Philippe Dard, "Le Destin de la norme", in *Du luxe au confort*, Jean-Pierre Coubert, ed., n.p., Berlin, 1988, p. 115-35, esp. 119.

Nos séculos XIX e XX, o tédio tornar-se-ia um assunto favorito da psicologia e da sociologia. O psicanalista Otto Fenichel, em *On the Psychology of Boredom*, de 1934, definiu aborrecimento como a auto-evidente "experiência desagradável de uma falta de impulso"[22]. Baseando o seu diagnóstico na distinção "clássica" entre o "patológico" e o "inocente" (equivalente ao "normal"), Fenichel tentou estabelecer a seguinte distinção: "O primeiro tipo de aborrecimento é o indivíduo orgiasticamente impotente que se encontra num estado de desejo porque é incapaz de tirar partido do prazer. O segundo tipo é o 'neurótico de domingo' acima mencionado (sintoma de Sandor Ferenczi, de alguém que se aborrece aos domingos ou durante as férias). Acreditamos que em ambos os casos o aborrecimento tem um fundamento psicológico, nomeadamente, o de condenar a líbido."[23] Cientistas americanos do comportamento, como Mihaly Csikszentmihalyi, procuraram "modelos teóricos para o divertimento" em vários jogos e desportos, incluindo "xadrez, escalada de montanhas, dançar rock".[24] E o sociólogo americano Orrin E. Klapp tentou estabelecer, com a ajuda da "ciência", a ligação entre o aborrecimento e o fenómeno da entropia na teoria da informação: mostrar "como a comunicação podia falhar no envio de informação (surpresa), de extremos tanto da redundância como da variedade. Não nos podemos surpreender se as coisas são todas iguais ou todas diferentes. A entropia, como perda de significado, esconde-se sempre nos dois extremos do *continuum*, da banalidade ao ruído." Redundância e variedade soletram aborrecimento exactamente de maneira idêntica.[25]

Na opinião de Jankélévitch, o tédio não é um fenómeno económico, nem médico, nem mesmo sócio-psicológico: atribuir causas fisiológicas ou psicológicas ao aborrecimento seria como tentar curar a nostalgia com comprimidos. O tédio é para ser enfastiado pela variedade, não pela monotonia. O tédio é para ser enfastiado pelo descanso, não pela lassidão. O tédio é para ser enfastiado pela indolência, não pelo trabalho. O tédio é para ser enfastiado pela felicidade, não pela tristeza. Provavelmente a melhor representação, na literatura, de um *ennuyé* é a existência do

---

22. Otto Fenichel, "On the Psychology of Boredom", in *The Collected Papers of Otto Fenichel*, New York, Norton, 1953, p. 292; citado por Patricia Meyer Spacks, *Boredom: The Literary History of a State of Mind*, Chicago, University of Chicago Press, 1995, p. 4-5.
23. Otto Fenichel; citado por Donald Moss *Documents*, 1-2, Outono-Inverno 1992. No mesmo número, ver Geoff Waite, "On the Politics of Boredom", p. 93-109. Ver também Patrice Petro, "After Shock: Between Boredom and History", in *Fugitive Images: From Photography to Video*, ed. Patrice Petro, Bloomington and Indianapolis, Indiana University Press, 1995, p. 265-84, onde o interesse do autor oscila entre as categorias do "aborrecido" e do "banal". Sobre o banal, ver Naomi Segal, *The Banal Object: Theme and Thematics in Proust, Rilke, Hofmannsthal, and Sartre*, London, University of London, 1981.
24. Mihaly Csikszentmihaiyi, *Beyond Boredom and Anxiety*, San Francisco, CA, Jossey-Bass, 1975.
25. Orrin E. Klapp, *Overload and Boredom: Essays on the Quality of Life in the Information Society*, New York, Greenwood Press, 1986, p. 82.

roupão da personagem de Ivan Goncharov na novela de 1859 que tem o seu nome, Ilya Ilytch Oblomov, que não conseguiu levantar-se da cama e vestir-se. Poderia dizer-se que o tédio é uma doença do luxo, uma doença luxuosa. A sua natureza é paradoxal, equívoca, contraditória, ambígua. Foi sugerido que o tédio é o oposto do masoquismo, uma vez que não consiste no prazer de sofrer, mas antes na dor do prazer. O tédio é uma falha da felicidade, o resultado de uma decadência, um desmazelo do instante no intervalo da duração. A felicidade é vivida e experienciada no *flash* de um instante; é uma alta condensação do tempo. Qualquer tentativa para manter este instante de felicidade no decurso da duração cria uma confusão entre o instante e o intervalo. Esta confusão induz uma forte decepção que, por sua vez, pode produzir o tédio. Assim, quando alguém propõe uma estabilização do prazer, como fizeram muitos filósofos, no final do século XVIII e no século XIX, através de teorias do utilitarismo e do positivismo, apenas provoca tédio.

O espelho do espaço interior

A felicidade só se usufrui completamente se duplicar a sua própria imagem no espelho da reflexão. A felicidade quer ser sujeito e objecto: o sujeito do seu objecto e o objecto do seu sujeito. Não há felicidade se se está sozinho: a felicidade tem de ser partilhada, necessita de um público. Se não houver mais ninguém, precisamos de um espelho para nos reflectirmos a nós próprios. O filósofo dinamarquês Søren Kierkegaard, do século XIX, quando vivia num pequeno apartamento, via o sujeito como a única verdade e acreditava que a realidade consistia apenas naquilo que ele pensava dentro do seu quarto. Qualquer coisa que acontecesse fora da sua janela, qualquer representação pública, era mera ilusão, exactamente o contrário daquilo que Hegel andara a dizer em Berlim. Kierkegaard foi talvez o primeiro teórico da intimidade, o primeiro teórico da essência íntima que os Alemães haviam definido pela palavra *Innerlichkeit*. A "essência íntima" anda normalmente associada aos interiores das casas de família de classe média que, de um ponto de vista estilístico, descreveram o período Biedermeier entre 1820 e 1850.

Considere-se a aguarela "Quarto de Berlim" (*Berlin Zimmer*), *ca*. 1820-25, de Johann Erdmann Hummel, contemporâneo de Caspar David Friedrich. Durante este período, na Alemanha, desenvolvia-se um género na pintura que representava o espaço entre um interior e aquilo que está fora, visto através de uma janela. Dentro deste espaço está um "mundo interior", o mundo da "consciência interior". Neste mundo interior ocorrem quer os sentimentos pessoais quer o pensamento privado, momentos tradicionalmente identificados pelo idealismo como "reflexão". Este espaço interior torna-se, assim, o espaço de reflexão. No século XVII, o espaço privado era frequentemente definido como o lugar do relacionamento entre um indivíduo e Deus, o lugar da oração. Durante os séculos XVIII e XIX, este lugar foi transformado num espaço de intimidade. Espaços íntimos, então, são aqueles onde o indivíduo pode ter as suas próprias reflexões e sentimentos. Se alguém estivesse sem casa ou sem "um quarto seu", não podia pertencer a este mundo de reflexão.

O quadro de Hummel faz uma clara divisão entre o interior e o mundo das coisas fora da janela. O quarto grande é como uma caixa, num lado da qual está colocado o observador. Um espelho centrado entre as duas janelas reflecte a porta fechada na parede oposta, a parede onde o observador, ou o pintor, deveria estar. Mas o observador está ausente. Aquele que vê o quadro olha para um quarto que parece estar para trás de si através de um espelho; mas ele não aparece. Poderia interpretar-se esta ausência como uma inclusão do sujeito no quarto. Porque ele não está representado no quarto, é como se o sujeito se tivesse tornado parte do próprio quarto. Também se poderia notar os inúmeros reflexos dentro do quarto: não apenas o reflexo no eixo central, que realça a simetria geral do aspecto de caixa, mas também os reflexos que ocorrem entre os diversos espelhos. As janelas também estão reflectidas nos espelhos, pelos quais se dá uma importante transformação. Tanto os espelhos como as janelas, porque adquirem a mesma luminosidade e peso cromático, tornam-se no mesmo tipo de objecto nesta representação pictórica. E se as janelas são espelhos, talvez o exterior seja uma total ilusão: não há mundo exterior. Aqui, o mundo exterior é apenas uma espécie de representação. Existimos apenas dentro desta *Innerlichkeit*, desta intimidade. Alguém escreveu que os interiores alemães se regem "pelo princípio do espelhamento e da dobragem".

O conhecimento reconhece a imagem de um indivíduo no espelho; mas ao mesmo tempo, à medida que o indivíduo se aproxima de si próprio reflectido no vidro, o espelho cobre-se de névoa com a respiração. O ser desaparece; tenta-se limpar o espelho, mas não se pode deixar de respirar. A imagem está embaciada por uma névoa. Este interior refere-se à felicidade, à protecção; mas contém também as sementes do aborrecimento. Talvez porque protege demasiado, esta interioridade reflectida conduz a uma espécie de vida interior, um exagero de introspecção.

O refúgio do interior aparentemente oferecia uma alternativa ao aborrecimento, como Benjamin descrevia nas suas notas sobre as arcadas de Paris: "O aborrecimento é um tecido quente cinzento que é almofadado no seu interior com o mais brilhante e colorido forro de seda. Embrulhamo-nos a nós próprios neste tecido quando sonhamos. Então estamos em casa nos arabescos do forro. Mas aquele que dorme parece cinzento e aborrecido sob o tecido. E então, quando acorda e quer contar o que sonhou, muitas vezes comunica apenas o seu aborrecimento. Pois quem seria capaz de virar do avesso, num movimento, o forro do tempo?" Talvez seja possível virar do avesso este forro do tempo, que não é só o arabesco da caixa, mas também o design do tapete, da parede, e do reflexo entre os espelhos e as janelas.

Para compreender esta relação entre o sujeito e o espelho, devíamos observar o desenho a pastel *Autoportraits*, de Léon Spilliaert, de 1908, ou observar a gravura a água-forte *O Filósofo*, de Max Klinger, de 1909, da série *Da Morte*, que ilustra a tensa relação entre as noções de interior, reflexão e introspecção. Estas imagens, por sua vez, deveriam ser associadas ao espelho em que *Igitur*, uma criação literária de Stéphane Mallarmé, se vê a si próprio. Aqui, num dos seus textos mais obscuros e interessantes, o poeta descreve um colapso entre o passado, o presente e a possibilidade de um futuro. No momento da sua tentativa de suicídio, quando Igitur se vê no espelho, passado, presente e futuro juntam-se para formar o puro tempo do aborrecimento, cristalizando apenas no momento da morte: "O passado compreendido da sua raça que pesa sobre ele na sensação de finidade, a hora do relógio precipitando este tédio em tempo pesado e sufocante, e a sua espera da realização do futuro, formam o tempo puro, ou tédio". Quando morre, Igitur procura-se a si próprio em vão no "espelho transformado em aborrecimento".

Duas espécies de experiências foram definidas: a primeira é a do dândi ou *flâneur*, o homem que tem tempo para desperdiçar. Deambula pelas ruas, parando a cada coisa que acontece, qualquer ocorrência, qualquer acidente. A cidade e a multidão são um enorme espectáculo para ele. A segunda, por outro lado, é a do filósofo, mais bem personalizado por Kierkegaard, ou o homem no *intérieur* burguês. Theodor Adorno chamou a Kierkegaard o *flâneur* que se passeia no seu quarto: "o mundo só lhe aparece reflectido por intimidade pura". Para o filósofo, "intimidade" e "melancolia" são os constituintes, "os contornos da 'domesticidade' que (...) constituem a arena da existência". Adorno continua: "Aquele que olha para o espelho-janela, contudo, é uma pessoa privada, solitária, inactiva e separada do processo económico de produção. O espelho-janela atesta a falta de objecto, junta no apartamento apenas a semelhança das coisas, e a privacidade isolada. Daqui em diante, o espelho e o luto pertencem um ao outro." Na leitura que Adorno faz de Kierkegaard, encontramos esta notável ligação entre o espelho e a noção de aborrecimento.

Famílias neuróticas

No ambiente doméstico os temas de aborrecimento, melancolia e repetição estão muitas vezes intrinsecamente ligados. Num ensaio de 1938-39, com o título "Central Park", Benjamin escreveu: "As neuroses manufacturam artigos produzidos em série na economia psíquica, onde tomam a forma de obsessão. Aparecem na família

[*Haushalt*] dos neuróticos como o sempre-o-mesmo em quantidades incontáveis." Mais adiante, acrescentaria: "O regresso das constelações do quotidiano". Benjamin refere-se à renovação neurótica, ou compulsiva, das coisas no interior da família. As coisas têm sempre de ser novas e são continuamente renovadas de acordo com a moda. A necessidade de habitar está tradicionalmente associada a ter hábitos. De facto, há uma ligação etimológica entre *habit* e *habitation*. As habitações são na realidade lugares para longos hábitos, lugares onde os hábitos podem inscrever-se num espaço que os aguarda. Mas logo que surja a condição, em que tudo tem de ser contínua e neuroticamente renovado, um indivíduo tem de reduzir os seus hábitos. Na verdade, pode pensar-se que a modernidade, pelo menos no ambiente doméstico, provocou uma diminuição dos hábitos. Nietzsche, na sua época, diria: "Adoro os hábitos mínimos." Um poeta como Baudelaire era já incapaz de desenvolver hábitos fixos; por exemplo, teve imensas moradas em Paris ao longo da sua vida. O mesmo se aplica a Benjamin, até à sua morte na fronteira franco-espanhola em 1940.

O tédio é uma forma de ser, enredada na rotina diária da vida. O tédio pode viver-se; raramente causa morte ou desespero pessoal. O tédio é viável; pode tornar-se habitual. Na etimologia inglesa, a palavra *malady* vem de *male habitus* ou "em má forma". *Habitat, habit, habitus* e padecimento todos pertencem à mesma família de palavras, que revela ligações impressionantes. Gilles Deleuze definiu *habitus* como "a síntese passiva do tempo como presente vivo, a memória de práticas no espaço". E continua: "*Habitus* resolve a repetição em conformidade com o presente contemporâneo de acordo com um ciclo de costumes."

Como padecimento de duração, o tédio pode conduzir a uma falta de esperança, a uma falta de crença em valores. Num estado de aborrecimento, quaisquer critérios de avaliação desaparecem. Tanto quanto a perspectiva se refere a uma projecção, uma projecção sempre em direcção a um futuro que se quer construir, um mundo de tédio, um espaço/tempo de tédio, é um mundo sem perspectiva. Os artistas *pop* britânicos, como David Hockney e Richard Hamilton, ofereceram uma interessante iconologia do aborrecimento. Com o seu ecrã de seda *Interior II*, de 1964-65, por exemplo, Hamilton descreveu a neurose moderna no interior: a mulher no interior desenhado parece estar completamente desalojada, falta-lhe "perspectiva".

No seu filme *True Stories*, produzido em 1986, David Byrne abordou exemplos semelhantes. A personagem de Miss Rollings, "a mulher mais preguiçosa do mundo", nunca se levanta da cama. Como Oblomov, ela não precisa de o fazer, pois tudo lhe é trazido: comida, sexo, entretenimento, etc. Ela nunca usa vestuário real, apenas uma série de roupas de duas dimensões aplicadas à frente do seu corpo. Contudo, todos os dias muda estas frentes. Em inglês, há um anagrama perfeito entre *bedroom* e *boredom*, que enlaça a relação tantalizante entre meio, percepção e afecto. O quarto da mulher preguiçosa é um espaço "sem perspectiva", sem futuro. "A incapacidade de tolerar o espaço vazio limita o espaço disponível." Apresenta as características de qualquer quarto, talvez um quarto de motel, e é descrito por Byrne pela sua falta de qualidade. Note-se uma coisa: o observador, que neste caso é o *camera man*, ocupa exactamente o mesmo lugar que o observador, ou que o pintor, no quadro de Hummel "*Quarto de Berlim*", ao longo do eixo central do quarto. Também o *camera man* não está representado dentro do enquadramento; mais uma vez, o sujeito está de fora, porém completamente integrado no quadro. Para onde está a olhar a mulher preguiçosa? Nada mais do que para o observador. Vendo o filme, compreende-se que ela está na verdade a olhar para a televisão, pois o aparelho está colocado exactamente diante dela. Como a televisão foi frequentemente descrita como o espectador do interior, estabelece-se uma ligação comprometedora entre o interior, onde se vê televisão, e aquilo que é mostrado na televisão. Por exemplo, no espaço de uma *sitcom* há uma espécie de simetria espelhada entre o interior da televisão e o interior do próprio observador. Este é o tipo de dissimetria que Byrne analisou no seu filme: o colapso híbrido, ou grotesco, do interior e do exterior, da realidade e da sua representação. Podemos dizer que estes espaços já não são a três dimensões, pois o espaço perde a sua dimensão projectada. Assim, a "mulher preguiçosa" veste roupa a duas dimensões. As coisas que usa para a comida, para a saúde, para os cuidados, distribuem-se no espaço, a partir de um centro pensante (a mulher) para círculos concêntricos. Ao mesmo tempo, o ser deixou de ser o centro privilegiado da perspectiva. Hoje, tal como no quarto da mulher preguiçosa, cada ser pensa em si como uma coisa entre coisas, como um corpo indiferente entre outros corpos.

Hábitos reduzidos

O interior é frequentemente descrito por rituais usuais ou habituais. Samuel Beckett caracterizou esta experiência fundamental da repetição como "o compromisso que é estabelecido (…) entre o indivíduo e a sua própria exaltação orgânica, a garantia duma invulnerabilidade sombria". Hábito e esquecimento são os dois extremos do não-saber. O habitual, reconfortando na sua segurança garantida de proximidade das coisas e das pessoas, perverte a contemplação. Hoje, em resposta ao conforto e à repetição da vida do quotidiano, muitos artistas e arquitectos tentam suprimir o habitual. Pode ser impossível suprimir hábitos completamente, mas, evocando Nietzsche, podemos tentar reduzi-los. De certo modo, esta tentativa para suprimir o habitual inspirou o trabalho de muitos artistas americanos dos anos 1970s e 1980s: desde *Splitting*, de Gordon Matta Clark, de 1974, a *The Board Room*, de Vito Acconci, também intitulado *Where We Are Now (Who Are We Anyway)*, de 1976, e *Multi-Beds*, de 1991-92.

Outro exemplo é a casa do artista David Ireland. Pode chamar-se-lhe escultor, mas ele também fez uma espécie de experiência de doze anos em sua própria casa, no n.º 500 de Capp Street em São Francisco. Originalmente construída por um capitão da marinha, do exterior parece tratar-se de uma normal casa de cidade do século XIX. Contudo, no interior o artista tem estado a retirar as camadas que constituem a vida da casa. Nada é substituído; tudo é deixado no seu estado original, mas é reparado se for reparável (aparelhos, canalização, ombreiras das portas). A casa existe como uma espécie de ruína tecnológica; toda a sua história é revelada ao observador por um processo de desmontagem, raspagem, etc. Para insistir neste processo, alguns objectos, como a televisão, são abertos e desmontados. A televisão funciona perfeitamente, mas foi despida da sua pele exterior. O mecanismo da janela também está desfeito e revelado ao olhar fixo. O trabalho que Ireland faz como escultor encontra-se pendurado em casa, "objectos não identificados" que tomam a aparência de utensílios de casa.

O trabalho de Elizabeth Diller e Ricardo Scofidio também tentou abordar este tipo de redução do habitual. Na instalação de 1987 para o Capp Street Project, San Francisco, intitulado *with Drawing Room*, analisaram e revelaram os diferentes códigos que constituem a envolvente doméstica, criando um processo de desmontagem semelhante ao de Ireland.[26] A casa foi cortada de acordo com linhas escondidas, que apenas têm significado em relação àquilo que está a acontecer na cidade. A televisão foi despida da sua estrutura e pele. A mesa de jantar da família está elevada a um nível desconfortável, indicado por uma linha tracejada. Estes artistas e arquitectos trabalham com as marcas deixadas pela vida de todos os dias, as marcas dos anteriores ocupantes – pregos nas paredes onde outrora estiveram pendurados quadros, restos de tinta que se esvaneceram com o tempo, marcas de uma porta solta no chão – e abordam os sinais que os objectos inscrevem no ambiente doméstico.

Outro projecto que quebra as noções do habitual é o dos artistas e arquitectos Kate Ericson e Mel Ziegler, *Picture Out of Doors*. Em 1988, o Fórum de Arte Contemporânea em Santa Bárbara patrocinou uma exposição intitulada *Home Show*, na qual algumas casas privadas foram entregues a diversos artistas como lugares para experiências e abertas ao público, durante um mês a horas determinadas. Numa destas casas, Ericson e Ziegler criaram uma peça removendo todas as portas – de quartos, aparadores,

---

26. Georges Teyssot, "The Mutant Body of Architecture", introd. a Elizabeth Diller e Ricardo Scofidio, *Flesh: Architectural Probes*, New York, Princeton Architectural Press, 1995.

cómodas, gabinetes – e empilhando-as numa sala de estar, por ordem decrescente da altura. Aconteceu uma rotura na casa: tudo o que habitualmente se encontrava fora da vista foi revelado. Esta operação criou uma nova visão, a possibilidade de um novo olhar, que era "in-habitual". Os artistas observaram: "Expondo e tornando público as partes mais privadas de uma casa, colocamos o hóspede convidado numa situação desconfortável de voyeurismo."[27] Instintivamente, os donos, David e Pat Eanner, quiseram reorganizar os objectos nas suas prateleiras e nos seus gabinetes, percebendo de repente que havia estranhos a quererem olhar para as suas coisas:

"A remoção duma porta de armário num átrio traseiro de pouco uso foi um forte ataque ao nosso ego colectivo. Foi espantosa a acumulação de itens não relacionados, desnecessários, indesejados, revelada naquelas prateleiras poeirentas. Além disso, esta evidência maciça de protelação escondida do mundo, de nós próprios, sentiu-se vergonhosa. Retirando as portas do quarto e da casa de banho criou uma sensação diferente. Tal como o sonho clássico de aparecer nu diante duma audiência de espectadores completamente vestidos, a vida em espaços abertos ao olhar de não-íntimos está cheia duma vulnerabilidade assustadora. Por isso, passámos pela experiência duma profunda mudança na nossa casa, envolvida com toda a nossa acção, dia e noite. Contudo, a realidade de auto-exposição tornou-se apenas moderadamente perturbadora. Estávamos mais estimulados do que embaraçados, mais deliciados do que incomodados".[28]

Estas obras fornecem estratégias possíveis de suprimir ou "desfazer" o habitual; estratégias que não são apenas teóricas, mas que apresentam maneiras de pensar que conduziram a experimentação real. É pensar em conforto que requer pensar em desconforto; por exemplo, pensar no que significa estar "à vontade", não apenas etimologicamente mas também subjectivamente. Conforto e comodidade podem entender-se hoje apenas em relação com aquilo que é não-caseiro: o inabitável (*Unheimlich*), que muitas vezes pode ser o "inquietante". Estes pensamentos poderiam levar a considerações daqueles que não têm um lar, a noções de nomadismo ou de sem-abrigo. A supressão do habitual é, assim, um momento poderoso e perigoso do conhecimento.

---

27. *Home show: 10 artists' installations in 10 Santa Barbara homes*, [10 de Setembro a 9 de Outubro, 1988], Santa Barbara Calif., Santa Barbara Contemporary Arts Forum, 1988.
28. Ibid.

01 02 | 05 06
03 04 | 07 08
      | 09 10

A supressão do habitual: para uma demonologia doméstica

01 Gustave Caillebotte, "O Homem à janela", 1876, óleo sobre tela, colecção privada (a partir de Frances Borzello, *Intérieurs: Les peintres de l'intimité*, traduzido por Claire Mulkai, Vanves, Hazan, 2006).

02 Walter Richard Sickert, "Ennui", 1914, óleo sobre tela (Tate Gallery) (de *Degas, Sickert, and Toulouse-Lautrec: London and Paris, 1870-1910*, Anna Gruetzner Robins e Richard Thomson, eds., London, Tate Publishing, 2005).

03 Johann Erdman Hummel, "Quarto de Berlim" („Berlin Zimmer"), cerca 1820-25, (cortesia Museum für Kunsthandwerk, Frankfurt-am-Main).

04 Max Klinger, (Da Morte) *Vom Tode*, 2nd part, Pl. 3, "O Filósofo", op. XIII, 1909 (Leipzig: Museum der bildenden Künste), (de *L'Âme au corps: arts et sciences, 1793-1993*, catálogo da exposição, Jean Clair, ed., Paris, Réunion des musées nationaux, Gallimard, Electa, 1993).

05 A mulher preguiçosa, fotograma de David Byrne, *True Stories*, 1986, (de David Byrne, *True stories*, London, Boston, Faber and Faber, 1986).

06 Gordon Matta-Clark, "Splitting" (322 Humphrey Street, Englewood, New Jersey), 1974, (de Gordon Matta-Clark, *Works and Collected Writings*, Gloria Moure, ed., Barcelona, Ediciones Poligrafa, 2006).

07 Vito Acconci, "Multi-Beds: Five Types of Interconnected Single Beds", Bed Nr. 5, 1991, (de *Vito Acconci: The City Inside Us*, exposição, 17 Março a 29 Agosto 1993, MAK-Austrian Museum of Applied Arts, Vienna, Peter Noever, Wien, [MAK], 1993).

08 David Ireland, vista interior com TV esventrada (em 1988), 500 Capp Street, San Francisco (1985-), (de Betty Klausner, *Touching Time and Space: a Portrait of David Ireland*, Milano, Charta, 2003).

09 Elizabeth Diller and Ricardo Scofidio, "with Drawing room", 1987 (cortesia Diller + Scofidio).

10 Kate Ericson e Mel Ziegler, vista de sala de estar, "Picture Out of Doors", Santa Barbara Contemporary Arts Forum, California, Setembro a 10 de Outubro, 1988, (de *America Starts Here: Kate Ericson and Mel Ziegler*, Ian Berry, Bill Arning, eds., Cambridge, MA, MIT Press, 2005).

O Fantasma da Ágora

Entre mapa e grafo: o fenómeno metropolitano

Quer consideremos o aspecto político, o aspecto urbanístico ou o aspecto estético, não é fácil responder à pergunta: que acontece, hoje, com a metrópole? "Metropolis", "cidade-mãe" na Grécia antiga e, depois, com a passagem do tempo, capital, sede de arcebispado. Sinónimo, finalmente, de Grande Cidade, de *Großstadt*, no léxico dos urbanistas do final do século XIX, na Alemanha.

Partimos do princípio de que temos uma metrópole quando o fenómeno urbano ultrapassa uma certa dimensão, ela própria sujeita a variações por depender de diversos factores, como sejam a densidade de ocupação do solo, as características geográficas do sítio, os diferentes tipos de edificação, etc. O parisiense que subia à torre Eiffel podia abarcar quase a totalidade de Paris, "capital do século XIX".

Na sequência da expansão das superfícies urbanizadas e do aumento da população, a visão e a compreensão da totalidade tornaram-se lacunares. Devemos continuar a interrogar-nos acerca do conceito de dimensão, demasiado simplista, quando entendido no sentido restrito de superfície, densidade, etc.

Para o turista que anda à toa, orientar-se numa metrópole desconhecida é um verdadeiro desafio, sobretudo quando está ao volante de um automóvel no fluxo abstracto das auto-estradas. Em Nova Iorque, mal temos um instante para nos decidirmos entre um "Van Wyck EXPWY" e um "Interboro PKWY", antes do desvio nos engolir para sempre numa direcção desconhecida, ou não desejada. De outra forma, se andamos sempre para trás e para diante, ou se fazemos o mesmo percurso todos os dias, perdemos a vertigem. "Quanto à ligação rodoviária", escreve Michel Serres, "é um nó múltiplo sem intersecções, ou, se se preferir, uma intersecção sem cruzamentos, nem encruzilhadas. Recebe e redistribui, separa sem misturar e simula localmente, a partir de uma estação pontual, a totalidade da rede eferente e aferente. É quase um ponto que analisa, através de múltiplas sobreposições ao longo de uma dimensão perpendicular ao espaço da rede, as linhas de fluxo das quais é receptor... É, ao mesmo tempo, um ponto que se move sobre uma linha única, ponto de inflexão, ponto cuspidado ou de retorno, como uma fitinha, um anel, nó simples e múltiplo, circuito aberto ou fechado... Nesse sentido, é, de facto, a projecção local da rede total. Aquele arco é a simulação daquele percurso e de nenhum outro, aquele outro é a simulação daqueloutro percurso e não de nenhum outro, etc... Desta feita, a estrada lê-se como um mapa que tem várias dimensões, contemporaneamente, pois tem uma profundidade em relação a si mesma. A ligação recupera, através de uma direcção ortogonal às dimensões planas que nos aprisionavam, a alteridade global de rede… É que um nó é um ponto, se quisermos, mas com várias dimensões. Longe de anular o mapa ou o gráfico, contém-os em si".[1]

Veiculados por esses "nós topológicos", não nos podemos (teoricamente) perder. Pelo contrário, a dimensão plana e o desenho tradicional do labirinto, ponteado por numerosos cruzamentos em forma de leque como numa floresta real ou estatal, "nós górdios", oferecem-nos a ocasião de nos perdermos, de vaguearmos, de voltarmos a dar os mesmos passos, de atravessarmos de novo o mesmo ponto. Pelo contrário, com a ligação rodoviária, ainda que regressemos ao mesmo ponto, estaremos numa outra estrada. A partir desse momento, deixámos de habitar uma cidade regulada por esquemas axiais, formada por uma hierarquia de espaços bem caracterizados (as avenidas, as praças, as ruas). Habitamos um gráfico. Circulamos num mapa.

Desta feita, entrámos na era da "desterritorialização". Foi transposta uma ombreira de percepção.

Essa transposição perceptiva implica, pelo menos, duas consequências. Por um lado, a realidade "física" do ambiente urbano, a partir de agora, só pode ser apreendida de modo fragmentário, ou através de representações. Por outro lado, e seu corolário imediato, cada forma de "holismo" urbano pertence para sempre ao passado, e o facto metropolitano, na sua inabarcável totalidade, só através de um tratamento abstracto poderá ser pensado, projectado, organizado e equipado, superando, definitivamente, o mundo da experiência sensível, o mundo do visível, do táctil, do audível, do olfactivo, em poucas palavras, do que eram os dados fundamentais da estética clássica. Os programas de desenvolvimento dos diversos poderes públicos e financeiros apenas concebem os aglomerados urbanos como um emaranhado de redes, e só se preocupam com o perigo da sua mais que provável saturação, quando se trata de tomar decisões acerca de um novo desenvolvimento. Perante a propagação das redes múltiplas, que logo entram em comunicação, e da qual o filme *Brazil* (1984), de Gillian, nos dá uma visão tragicómica, interrogamo-nos acerca do que permanece dos "valores" urbanos tradicionais, da cena pública, da vida citadina, do monumento, do espaço público, da arquitectura e das belas-artes, da paisagem e do sítio, do jardim e do parque público, do arranjo urbano…

A exposição temática da XVII Trienal de Milão, que tem por título *Para além da cidade, a metrópole*, optou por se interrogar acerca do estatuto da representação, no universo metropolitano. Esse tipo de aproximação exclui outro, analítico,

---

1. Michel Serres, *Hermès 2. L'interférence*, Paris, Éd. Minuit, 1972, p. 131-133.

ou até burocrático, e, o que é mais, aquele tipo de aproximação que consistiria em dividir a realidade metropolitana em sectores, que constituem outros tantos problemas funcionais: casa, trabalho, transportes, cultura, comunicação, tempo livre, verde público, equipamentos, etc. De outra forma, a exposição propõe-se avaliar os efeitos produzidos pelos novos fenómenos metropolitanos sobre o domínio das artes, das técnicas e dos processos de representação. Além disso, em termos teóricos, coloca-se a questão da reciprocidade. Será que as múltiplas representações técnicas, da cartografia, da estatística, etc., geram, como resposta, "efeitos de projecto" sobre a realidade, determinando, no momento da sua própria elaboração, escolhas na configuração futura dos espaços da metrópole?

No plano filosófico, e sem querer remontar à longa cadeia de textos consagrada à *Vorstellung*, há uma tese rigorosamente intelectualista que subordina a vida à representação. Defende-se que, para agir, é necessário representar, previamente, aquilo que se irá fazer. Pode-se também pensar que a representação, longe de ser impassível, seja condicionada. "A sua pretensão transcendental", sublinha Emmanuel Lévinas, "é constantemente desmentida pela vida, desde sempre instalada no ser que a representação quer constituir. Mas a representação pretende, afinal, substituir-se a essa vida na realidade, mesmo para constituir essa realidade".[2] Lévinas prossegue, valorizando a possibilidade de uma "representação constitutiva ... baseada, porém, no prazer de um real previamente constituído", organizado por uma vontade de resistência, de oposição, de desenraizamento, a situar num lugar de recolhimento escolhido, e que só assim captaria o sentido autêntico da morada e do habitar. Desta feita, Lévinas parece propor uma alternativa ao processo de "desterritorialização" da vida metropolitana: "Os elementos em que vivo e de que vivo são também aquilo a que me opus". Ao mesmo tempo, evoca a possibilidade de uma actuação da "extraterritorialidade", pensada como um descomprometimento perante a situação, como uma errância, como o contrário de uma raiz.

Mas consideremos o processo semiológico. Pensemos no período clássico e, em certa medida, na cidade e na arte modernas, e facilmente compreenderemos como é possível captar a essência distintiva de uma cidade, ou, pelo menos, uma das suas tantas características, mediante o uso de toda uma instrumentação ligada à *repraesentatio*. Para o fazermos, podemos recorrer, fundamentalmente, a dois métodos: a

---

2. Emmanuel Lévinas, *Totalité et infini, essai sur l'extériorité*, Den Haag, Martinus Nijhoff, 1974, 4.ª ed., p. 143-145; id., *Totalidade e Infinito*, trad. de José Pinto Ribeiro, rev. de Artur Morão, Lisboa, Edições 70, 1988; id., *Totalità e infinito. Saggio sull'esteriorità*, Milano, Jaca Book, 1980, p. 171-177.

pintura-descrição, em inglês, *depiction* e a simbolização. Nelson Goodman[3] propõe dois exemplos de *depiction*, o texto que é uma descrição, e a imagem que possui a capacidade de "pintar". Segundo a teoria de Goodman sobre a representação pictórica, que é o aspecto mais conhecido e também mais amplamente discutido da sua estética, em ambos os casos se encontra activo o processo sémico de denotação. A maqueta de um edifício, para esse crítico, constitui um dos casos de "exemplificação". Nesse caso, temos um exemplo da forma geral da construção, simplificada e em miniatura. Em suma, umas linhas, uma pintura, ou uma música podem simbolizar elementos que não estão literalmente contidos em si. O que nos leva a evocar as reflexões de Goethe, para quem "o verdadeiro símbolo é aquele que, no particular, representa o universal, não enquanto sonho ou sombra, mas enquanto revelação viva e instantânea do inexplorável".[4] Cada um desses *media* tem a possibilidade de exprimir uma das características de uma cidade.

É só através do uso de toda uma série de meios denotativos ou simbólicos que uma coisa se pode transformar num objecto compreensível e "real". Observa, justamente, Jacques Guillerme que "desse modo, o mesmo objecto pode ser identificado com recurso a representações diferentes. Noutros termos, os processos de *depiction* figurativa (que é dizer, de descrição pictórica) subordinam a princípios de economia o esforço que visa a fidelidade da semelhança… Assim se definirão como eficazes as figuras que pertencem a uma instrumentação simbólica que pode discriminar uma característica, ou um corpo de características, no seio de uma colecção de objectos, teóricos ou empíricos, a fim de os apresentar de forma expressiva".[5]

Segundo a tradição científica herdada de Descartes e de Pascal, a representação é o acto de recodificação de um original, que visa a produção de um modelo. Essa recodificação procede por redução e por abstracção. Marginalizam-se os pormenores supérfluos e eliminam-se os aspectos que não são pertinentes, para então abstrair uma espécie de esqueleto capaz de solucionar o problema na sua generalidade. Supõe-se, implicitamente, que o modelo mantenha todos os elementos pertinentes

---

3. Nelson Goodman, *Languages of Art* (Hackett, 1968), Indianapolis, 1976, 2.ª ed.; id., *Il Saggiatore*, Milano, 1976; id., *Linguagens da Arte: uma abordagem a uma teoria dos símbolos*, trad. de Vítor Moura, Lisboa, Gradiva, 2006; id., *Ways of Worldmaking* (1978), Indianapolis, Hackett, 1981, trad. it., Bari, Laterza, 1981; id., *Modos de fazer mundos*, trad. de António Duarte, Porto, Asa, 1995; cf. também, Catherine Z. Elgin, Nelson Goodman, "Changing the Subject", *The Journal of Aestetics and Art Criticism*, n. esp., *Analytic Aesthetics*, 46, 1987, p. 219-223; Douglas Arrell, "What Goodman Should Have Said about Representation", *The Journal of Aesthetics and Art Criticism*, 46, 1, 1987, p. 41-49.
4. Johann Wolfgang von Goethe, *Écrits sur l'art*, org. de Tzvetan Todorov, Paris, Klincksieck, 1983, p. 273.
5. Jacques Guillerme, *La figuration graphique en architecture. 2. Le théâtre de la figuration*, Paris, Dgrst, Area, 1976, p. 67; id., *La figurazione in architettura*, Milano, F. Angeli, 1982, p. 51-53.

do original. Essa suposição, quotidianamente utilizada, aliás, na prática científica, coloca numerosas questões, na medida em que o modelo estabelece uma relação de verdade com o original, ou seja, com um determinado mundo, a cidade, por exemplo.

Consequentemente, a verdade é concebida como correspondência, *homoiosis*, entre o modelo (abstracto) e a realidade (original). O erro é excluído, por definição. A abstracção actua através de uma série de transformações que mantém, teoricamente, factores invariantes, como uma "omotetia" conceptual. Assim, a denotação apenas seria um caso particular do processo de recodificação actuante em vários campos, como sejam, as ciências, as artes, a linguística, ou a figuração gráfica. Mas Guillerme detém-se, precisamente, em torno do "enigma constante do nascimento do sentido". Não obstante, o que o autor parece dar como certo é que "a força da figuração depende, essencialmente, da denotação que lhe anda associada". Como tal, poderíamos falar da tirania da denotação.

Resta o facto de que, de acordo com a perspectiva de toda a filosofia europeia do século XX, a noção de verdade, entendida como "correspondência", *adaequatio ad rem*, não é satisfatória. Martin Heidegger, conforme é sabido, desmontou-a e fê-la tremer, em prol de uma verdade concebida como *aletheia*, revelação da palavra original ao homem.[6] É significativo que certas tendências da actual filosofia analítica, nos Estados Unidos, tenham também formulado sérias dúvidas em relação a uma tal concepção da verdade e àquilo que "garante" a relação pertinente e correcta entre modelo e referente, como é o caso das chamadas "entidades matemáticas".[7]

Voltando à cidade e ao ambiente urbano, o estudo de Guillerme mostra que a figuração gráfica possui as características lógicas da representação: "É 'não simétrica', 'reflexiva' e 'transitiva'. Quer dizer que o objecto não representa (habitualmente) a própria imagem, que essa pode ser considerada como a melhor representação de si mesma, e que, por fim, se *a* representa *b*, o qual, por sua vez, representa *c*, então *a* representa *c*".[8] Concluindo, Guillerme nota que esse carácter transitivo cria os fundamentos da prática de qualquer cultura iconográfica e que a atitude da figuração que "figura de novo o já figurado" constitui a própria condição das virtudes heurísticas da figuração gráfica.

---

6. Martin Heidegger, "A origem da obra de arte," in *Caminhos de Floresta*, coord. cient. da edição e trad. de Irene Borges-Duarte, Lisboa, Fundação Calouste Gulbenkian, 2002.
7. Cf. o debate entre Hilary Putnam e Bas C. van Fraassen, *Livelli di realtà* (1984), organização de Massimo Piattelli Palmarini, Milano, Feltrinelli, 1987.
8. Jacques Guillerme, op. cit., p. 68 da ed. fr.

Na linha daquele nominalismo que caracteriza o seu pensamento, Nelson Goodman não receia acrescentar que o aspecto específico de uma cidade "é realizado" através das modalidades da sua própria representação: "A forma como a terra mexe, a forma da cidade, não só está sujeita a variações, como é concebida através do modo como é representada".[9] Goodman parece enunciar esse tipo de paradoxo como antídoto contra as tentativas reducionistas, à maneira de Rudolf Carnap. Há um debate, cujas actas foram publicadas em Itália,[10] que explica claramente a direcção que foi seguida pelo nominalismo, no seio da filosofia analítica. Carnap partia "'das' sensações elementares para chegar 'ao' mundo físico. Goodman e Willard Quine mostravam que, 'se' é possível 'reduzir' o mundo físico comum às sensações elementares e às suas múltiplas combinações, então também é possível fazer o inverso. ... A redução pode ser feita nos dois sentidos, e não é legítimo afirmar que uma redução é 'melhor' do que a outra. ... Qual seja, de entre elas, a redução 'certa', depende somente dos objectivos que nos propomos". Em 1956, Goodman mostrou que "cada mapa, por necessidade de lógica interna, deve ser selectivo e parcial". E, recentemente, insistiu no facto de que "se se fizerem desaparecer todos os mapas, deixa de haver território".

Na introdução ao mesmo debate, Piattelli Palmarini elabora uma definição das metáforas que, nos dias de hoje, dominam as consciências científicas. Enquanto *analogon* que governa o pensamento há algumas décadas, essas metáforas inspiram-se na teoria dos jogos e na cartografia: "As primeiras sofrem o fascínio da estatística, cada vez mais voraz de física, química, biologia e de uma boa parte de ciências sociais. ... As segundas, inspiradas nas projecções de Mercatore e nos mapas dos céus, são metáforas de estilo astronómico ou geológico, que, nestes últimos anos, foram retomadas pela genética, pela neurofisiologia, pela embriologia, pela psicologia e pela linguística. ... O termo *to map* é banal no dia-a-dia dos laboratórios, sejam eles de genética ou de linguística."[11]

A *mimesis* grega não acaba nunca de morrer e a estética continua a anunciar a sua superação. A "reprodutibilidade técnica" destruiu a "aura" da obra de arte, de acordo com a ilustre tese de Walter Benjamin, dissolvendo a autenticidade e a unicidade do meio expressivo. Mas, através da objectiva fotográfica, fria, "sem alma", *cool*, os vestígios do original, do único, são transferidos, deixando marcas indeléveis.

---

9. Nelson Goodman, *Quaderni di Lotus*, 15, 1991.
10. Cf. a introd. de Massimo Piattelli Palmarini, *Livelli di realtà*, p. 18-20.
11. Ibid., p. 15-16.

O "inconsciente óptico" seduz o original e amplia-lhe os confins, através de uma espécie de transferência que envolve o modelo na sua própria duplicação.[12]

Metrópole e representação, apresentação da metrópole. Estamos a enfrentar uma análise complexa, a meio caminho entre uma epistemologia impossível e uma hermenêutica a contas com uma totalidade fragmentada pelo choque com a multiplicidade das vozes, das linguagens, das técnicas e dos ícones. Por um lado, as chamadas ciências exactas deleitam-se com uma "realidade reduzida aos seus níveis de representação", por outro lado, recentes conceptualizações críticas (como seja, o termo "anti-estética", cunhado por Hal Foster[13]) prescrevem a (des)construção "da/as representação/ões ocidental/ais e das 'supremas ficções' da modernidade". Imersa numa totalidade cujos confins e cujas articulações não é possível distinguir, numa totalidade metropolitana que desconhece limites, a soma das variáveis produz, aparentemente, um efeito de desorientação, algo de labiríntico, de caótico, mesmo se na metrópole não nos perdemos assim tão facilmente. Trata-se, pois, de recompor, a cada instante, um mosaico de impressões e sentimentos, de mensagens e linguagens. Com efeito, como decidir, como "prognosticar" a superioridade de uma determinada tendência sobre uma outra que assinala uma direcção oposta de desenvolvimento? A uniformidade dominante, ou a crescente heterogeneidade das formas? Quem dispõe, hoje, dos meios para tomar decisões, no âmbito da escolha entre formal e informal, visível e invisível, velho e novo, fragmento e continuidade, móvel e imóvel, representável e não representável, analógico e digital, material e imaterial, espectáculo e sobrevivência? E se deixasse de ser dada, a quem quer que seja, a possibilidade de decidir dialecticamente, e todos esses pares de oposições não fossem mais do que, "nem um, nem outro", formando um híbrido, continuamente, sem limites precisos? Mas também há que nos perguntarmos se a generalizada hibridação, nas sociedades pós-modernas, só produzirá escórias, próteses e metástases, ou se não conduzirá, através do fio das redes interligadas, a novos arquivos do conhecimento, a radicais disseminações, a uma imersão, generalizada e massificada, num universo de comunicação, ou a experiências de estilos de vida não redutíveis a uma centralidade perdida.

---

12. Cf. Aldo Marroni, "L'immagine ambigua", *Rivista di Estetica*, 26, 24, 1986, p. 141. Pelo que diz respeito a esse tema, remetemos para o nosso artigo, nesta edição, "Ansiedade pela origem: notas sobre o programa arquitectónico".

13. *The Anti-Aesthetic. Essays on Post-Modern Culture*, org. de Hal Foster, Port Townsend (Washington), Bay Press, 1983.

O Fantasma da Ágora

01 02
03 04
05

01 Paul Citroën, "Metropolis", 1923, fotomontagem, (Leyde, Rijksuniversiteit, Prentenkabinet); de Ruth Eaton, *Cités idéales: L'utopisme et l'environnement (non) bâti*, Anvers, Fonds Mercator, 2001.

02 Ed Ruscha, "Good Year Tires, 6610 Laurel Canyon, North Hollywood", em id., *Thirty-four Parking Lots*, 1967; de *Ed Ruscha, photographer*, Margit Rowell, ed., Göttingen, Steidl, New York, Whitney Museum of American Art, 2006.

03 Stephen Shore, "Amarillo, Texas, October 2, 1974"; de Stephen Shore, *Uncommon places: The Complete Works*, ensaio de Stephan Schmidt-Wulffen, New York, Aperture, 2004.

04 Andreas Gursky, "Atlanta", 1996; de *Andreas Gursky*, Peter Galassi, ed., New York, Museum of Modern Art: Distributed by H.N. Abrams, 2001.

05 Philip-Lorca diCorcia, "Los Angeles, 1997"; de Philip-Lorca diCorcia, *A Storybook Life*, Santa Fe, NM, Twin Palms Publishers, 2003.

Os interiores e a fantasmagoria das coisas

Na arquitectura do século XIX, há sempre alguma coisa que pertence à dimensão do sonho. O rigor do positivismo e do utilitarismo, cujo projecto tinha sido garantir que uma "casa" fosse um lar estável e seguro, foi de repente vítima da invasão demolidora do onírico. Honoré de Balzac apercebeu-se de que isso poderia acontecer em *Les Employés* [*Os funcionários*], que escreveu entre 1836 e 1849: "De todas as mudanças de mobília que se fazem em Paris, as das administrações são as mais grotescas. O génio de Hoffman, vate do impossível, nunca inventou coisa mais fantástica (...) Mesas com as quatro pernas para cima, cadeirões gastos pelo uso e os incríveis melhoramentos com que a França é administrada, têm fisionomias assustadoras. Partilham alguma coisa simultaneamente com os instrumentos do teatro e a maquinaria dos acrobatas."[1]

Casas de sonho

Era esta a dimensão a que Walter Benjamin aludia quando reuniu os seus apontamentos sobre "arquitectura de sonho", ou "casa de sonho" (*Traum-Haus*), no projecto *Das Passagen-Werk*. Mais tarde, num outro exemplo, Benjamin abriu *Zentral Park*, o seu texto de 1938-1939, com uma referência ao sonho de um bordel de Baudelaire, descrevendo um complicado espaço interior composto por um labirinto de passagens. No seu sonho, descrito numa carta a Asselineau, de 13 de Março de 1856, Baudelaire entra na *maison de prostitution*, como lhe chama (ou *maison close*, como seria conhecida no século XIX), onde encontra "vastas galerias, interligadas – mal iluminadas – de um carácter triste e desvanecido – como velhos cafés, antigos gabinetes de leitura, ou feias salas de jogo".[2] Nestas galerias, ele encontra desenhos de todas as espécies, "nem todos obscenos", sendo alguns deles desenhos de arquitectura, outros de figuras egípcias e provas fotográficas e miniaturas", que "representavam aves coloridas (...) cujos olhos estão *vivos*".[3] É depois conduzido a um museu de medicina, onde encontra um monstro, "nascido nesta casa" e colocado num pedestal como uma peça viva, que está rodeada por qualquer coisa escura, "como uma grande cobra": "Um acessório monstruoso que começou na cabeça,

---

1. Honoré de Balzac, *Les Employés*, Paris, Gallimard, 1985, p. 105; id., *Os Funcionários*, trad. de Carlos Cardoso, Lisboa, Padrões Culturais, 2007.
2. Charles Baudelaire, *Correspondance, I (1832-1860)*, Paris, NRF Gallimard, 1973, p. 339.
3. Ibid.

qualquer coisa elástica como se fosse borracha, e tão comprida, tão comprida (…) que foi obrigado a enrolá-lo à volta dos seus membros…"[4] O que Baudelaire revela neste sonho é uma ligação entre o bordel, literalmente, em francês, uma "casa" de prostituição, e o museu. Ambos – aqui mediatizados significativamente pela "galeria", um espaço de exposição doméstico e institucional – se tornam espaços de exibição; neste caso a exibição do corpo, em ambas as suas configurações erótica e monstruosa. Na *Maison close*, os mais íntimos actos tornam-se espectáculo público e o reino do interior é convertido num exterior.

No projecto *Das Passagen-Werk*, Benjamin registou o seu próprio "sonho arquitectónico".[5] Escreveu: "Toda a agente conhece, dos seus próprios sonhos, o medo suscitado por portas que não se fecham…" Como ele recordou mais tarde, "conheci o fenómeno numa forma mais intensa, num sonho descrito assim: estando com um amigo, um fantasma aparece-me pela janela do rés-do-chão de uma casa situada à nossa direita. Continuamos e o fantasma segue-nos pelo interior de todas as casas (passando de uma a outra). Segue o seu caminho, atravessando todas as paredes e ficando sempre ao mesmo nível que nós".[6] Benjamin notou que o seu sonho recordava a experiência de deambular pelas Arcadas de Paris, avançando através de portas e paredes. O que Benjamin parece implicar é que o seu sonho se tornara uma metáfora das *passages* parisienses, ou Arcadas. Aqui, referia-se ao duplo sentido da palavra *passage* em francês, que é tanto uma passagem, ou via de comunicação, como uma arcada. Como tal, uma arcada é uma via de comunicação que permite "passar através de portas fechadas e paredes". Deste modo, as *passages* estavam relacionadas com a noção e a experiência de sonhar de Benjamin; desprovidas de um exterior, tornam-se a alegoria do próprio sonho. A arcada era para ele um interior revelado como exclusivamente exterior: o interior envidraçado retinha a qualidade exterior da rua que interiorizava. O tema da "arquitectura do vidro" está subjacente a toda a *Passagen-Werk*, sugerindo a inversão de interior e exterior, vivida como se estivesse num estado de "ebriedade". Como o próprio Benjamin afirma: "A interpenetração, como que em estado de embriaguês, de rua e apartamento que se alcançou na Paris do século XIX (…) tem um valor profético. Porque esta interpenetração transforma a nova arquitectura em sóbria realidade."[7]

---

4. Ibid., p. 340.

5. Walter Benjamin, *Das Passagen Werk*, Konvolut L, 2,7. Citado da edição francesa: *Paris Capitale du XIXe Siècle*, Paris, Cerf, 1989, p. 427.

6. Walter Benjamin, ibid.

7. Ver tb. Burkhardt Lindner, "Le *Passagen-Werk*: Enfance berlinoise et l'archéologie du 'passé le plus récent'", in *Walter Benjamin et Paris*, ed., Heinz Wismann, Paris, Cerf, 1986, p. 13-32 (especialmente p. 21, que cita o texto de Benjamin "Der Sürrealismus", *Schriften*, vol. 2, livro 1; p. 295-310).

Neste sentido, a interpenetração dos espaços na verdade significa transparência. Provavelmente Benjamin refere-se aqui a alguma da iconografia que já ocupara Siefried Giedion, particularmente as estantes de Henri Labrouste na biblioteca de Sainte-Geneviève (1843-50) e o armazém *Bon Marché* de Louis-Charles Boileau e Gustave Eiffel (1876).[8] Nestes edifícios, para Benjamin, tal como para Giedion, o fascínio não era tanto pelo uso de metal e vidro, mas mais pela capacidade de o olhar penetrar em camadas de espaços imensos.

O espectro

A *Passagen-Werk* de Benjamin também actua como um desses dispositivos. Em muitos aspectos funciona como um *Traumdeutung*, como uma interpretação dos sonhos de uma época, isto é, a compulsão oniromântica que tem dela própria. Esta obra analítica, ou dispositivo, conduz à contínua revelação duma modernidade que desde o seu início foi dominada por fantasmagorias.[9] "Fantasmagoria" foi o termo usado para descrever o popular espectáculo inventado pelo artista belga Etienne-Gaspard Robertson em Paris nos anos 1790.[10] Estas fantasmagorias tinham a máscara de espectros que podem revelar-se, dispositivos ópticos que evocam espectáculos de fantasmas, um espectáculo "literalmente iluminativo" de lanternas mágicas.[11] Benjamin estava obcecado pela definição de Karl Marx do "carácter fetichista da mercadoria e do seu segredo". Como produtos, no mercado de economia global, as coisas são apenas uma aparência, uma fantasmagoria. Isto deve-se à separação, dentro da apreensão de um bem, entre o valor de uso duma coisa e o seu valor de troca. Como é bem sabido, o valor de uso responde às necessidades e usos e é um produto material do trabalho do homem. O valor de troca duma coisa transforma-a e confere-lhe "um carácter místico", porque só pode ser desfrutado pelo processo de acumulação e troca. Indo através de tal metamorfose, o objecto tornou-se imaterial, surgindo pela repetição de idênticos sublimados e assim adquire o seu carácter fetichista.[12] Para Marx, o dispositivo óptico das fantasmagorias, criando a ilusão do aparecimento de seres imateriais, e o espectáculo da acumulação de coisas sob

---

8. Sigfried Giedion, *Building in France, Building in Iron, Building in Ferro-Concrete*, introd. de Sokratis Georgiadis, trad. de J. Duncan Berry, Santa Monica, CA, The Getty Center for the History of Art and the Humanities, 1995.
9. Max Milner, *La Fantasmagorie. Essai sur l'optique fantastique*, Paris, Presses Universitaires de France, 1982.
10. Etienne-Gaspard Robertson, *Mémoires récréatifs, scientifiques et anecdotiques*, 2 vol., Paris, L'auteur, vol. 1: 1831, vol.: 1833; reimpressão: id., *Mémoires récréatifs (…)*, editado por Philippe Blon, Langres, Clima, 1895.
11. Margaret Cohen, *Profane Illumination: Walter Benjamin and the Paris of Surrealist Revolution*, Berkeley, CA, University of California Press, 1993, p. 232.
12. Ver Alfred Binet, *Le fétichisme dans l'amour* (1887), Paris, Payot, 2001.

o Palácio de Cristal, de Paxton, na Exposição Universal de Londres de 1851, criam ambos uma "terra justa". Para Marx, como para Benjamin, a verdadeira natureza do objecto já não é material, mas imaterial.

A modernidade, dominada por fantasmagorias, tem o rosto dos sonhos: as suas aparências históricas são equivalentes às suas aparências oníricas, embora se deva notar que as suas "aparências históricas" podiam, como resultado, ter a qualidade de ilusões conjuradas. Muitos autores, incluindo Giorgio Agamben, repararam na ligação e no relacionamento analógico entre a economia imaterial de Marx e a economia do desejo no texto de Sigmund Freud.[13] Esta analogia estabelece-se entre a divisão do valor do objecto em Marx e a perversão do objecto fetichista dividido em Freud, dividido porque corresponde à divisão do Ser entre a percepção da realidade e a negação da percepção.

Os interiores são o receptáculo de sentimentos e afectos. Durante o período *fin-de-siècle*, os diversos sentimentos de desejo, aspiração e lamentação foram moldados num interior concebido como um estojo feito de fios de seda, e tornaram-se também numa preciosa prisão, especialmente para as mulheres.[14] A inquietação sobre esta panfeminização dos interiores fora já expressa por escritores como Edith Wharton, uma romancista americana, que como autora também teoriza sobre a decoração barroca e rococó.[15] Wharton viria a notar com melancolia que o corpo da mulher era como uma grande casa, cujos inúmeros quartos não eram suficientemente explorados. Em *Fulness of Life*, um conto de 1891, escreveu: "Tenho por vezes pensado que a natureza de uma mulher é como uma grande casa cheia de quartos: há o átrio, que toda a gente atravessa entrando e saindo; a sala de visitas, onde são recebidas visitas formais; a sala de estar, onde os membros da família entram e saem à vontade; mas além disso, muito além, há outros quartos, com portas cujos puxadores nunca são girados; ninguém sabe o caminho até lá: ninguém sabe até onde conduzem; e no quarto mais secreto, o santo dos santos, a alma senta-se sozinha e espera por passos que nunca vêm." Nesta confissão desesperada, a sucessão de quartos pode conduzir em última análise a um estado de histeria, tanto do homem como da mulher, ficando o quarto mais secreto metaforicamente vazio.[16] Como

---

13. Giorgio Agamben, *Stanze. La parola e il fantasma nella cultura occidentale*, Torino, Einaudi, 1977, p. 57.
14. Deborah L. Silverman, *Art Nouveau in Fin-de-Siècle France. Politics, Psychology, and Style*, Berkeley, CA, University of California Press, 1989.
15. Ver Edith Wharton e Ogden Codman, Jr., *The Decoration of Houses*, New York, Charles Scribner's Sons, 1902; id., *The Decoration of Houses*, introd. de John Barrington e William A. Coles, New York, W. W. Norton & Co., 1978.
16. Encontra-se o mesmo tema melancólico em Charlotte Perkins Gilman, *The Yellow Wall-Paper* (1892), New York, CUNY, 1996. Ver Polly Wynn Allen, *Building Domestic Liberty: Charlotte Perkins Gilmans Architectural Feminism*, Amherst, University of Massachusetts Press, 1988.

apropriadamente diz Elizabeth Grosz, a histeria caracteriza-se pela transposição de sentimentos sexuais dos órgãos sexuais para outras partes do corpo, e completamente exteriores a ele, para "diferentes objectos com diferentes objectivos".[17] Neste período, o interior da casa burguesa foi organizado como o corpo do doente, com quartos como metáforas para sentimentos internos: a casa adquiriu zonas erógenas e histerógenas.[18]

Coisas sonhadas

Os interiores são também receptáculos de coisas. O romance de Georges Perec, *Les choses: une histoire des années soixante*, foi publicado em 1965.[19] Pode ser lido à luz de determinados discursos eruditos e críticos que marcam os anos 50 e 60, tais como *Mitologias* (1957), de Roland Barthes, e *Obra aberta* (1962), de Umberto Eco.[20] É como se o romance de Perec fosse a prefiguração de *O Sistema da Moda* (1967), de Roland Barthes, e *O Sistema dos Objectos* (1968), de Jean Baudrillard.[21] Ironicamente, toda uma enciclopédia de citações científicas abunda em *Les Choses*, incluindo descrições de psicossociologia americana, como os estudos de Charles Wright Mill sobre os *'white collars'* [empregados de escritório] (1951), as pesquisas de Paul Felix Lazarsfeld sobre o casamento, a família, ouvintes de rádio (da época da Depressão até aos anos 1950), entre outros.[22] A paródia apoia-se no excesso técnico dos inquéritos de mercado e estudos de motivação. Esta acumulação constitui os elementos de Bouvard e Pécuchet para o século XX.[23] Uma linguagem especializada

---

17. Elizabeth Grosz, *Volatile Bodies: Towards a Corporeal Feminism*, Bloomington, Indiana University Press, 1994, p. 78. Ver tb. Jacqueline Carroy, "L'hystérique, l'artiste et le savant", in *L'âme au corps. Arts et sciences, 1793-1993* (catálogo da exposição), Galeries Nationales du Grand Palais, editado por Jean Clair, Paris, Réunion des Musées Nationaux, Gallimard Electa, 1994, p. 455-456.
18. Ver T. J. Jackson Lears, *No Place of Grace. Antimodernism and the Transformation of American Culture, 1880-1920*, Chicago, The University of Chicago Press, 1981, p. 150; Katherine C. Grier, *Culture and Comfort. Parlor Making and Middle-class Identity, 1850-1930*, Washington, DC, Smithsonian Institution Press, 1988, p. 66-67; e Tom Lutz, *American Nervousness, 1903. An Anecdotal History*, Ithaca, NY, Connell University Press, 1991, p. 231-238.
19. Georges Perec, *Les choses: une histoire des années soixante*, Paris, Julliard, 1965.
20. Roland Barthes, *Mythologies*, Paris, Éd. Seuil, 1957; id., *Mitologias*, trad. e prefácio de José Augusto Seabra, , Lisboa, Edições 70, 1973; Umberto Eco, *Opera aperta: forma e indeterminazione nelle poetiche contemporanee*, Milano, Bompiani, 1962; id., *Obra aberta: forma e indeterminação nas poéticas contemporâneas*, 2.ª ed., São Paulo, Perspectiva, 1971.
21. Roland Barthes, *Système de La mode*, Paris, Éd. Seuil, 1967; id., *O sistema da moda*, trad. de Maria de Santa Cruz, Lisboa, Edições 70, imp. 1981; Jean Baudrillard, *Le Système des objets*, Paris, Gallimard, 1968; id., *O sistema dos objectos*, trad. de Zulmira Ribeiro Tavares, São Paulo, Editora Perspectiva, 1989.
22. Charles Wright Mills, *White Collar; the American Middle Classes*, New York, Oxford University Press, 1951; Paul Felix Lazarsfeld, *The Varied Sociology of Paul F. Lazarsfeld: Writings*, editado por Patricia Kendall, New York, Columbia University Press, 1982.
23. Nicole Biloux, "Les choses dans les choses", *Le Cabinet d'amateur. Revue d'Etudes Perecquiennes*, 1, Primavera 1993, Les Impressions Nouvelles, p. 99-119, ver esp. p. 106. Evidentemente que a referência é a Gustave Flaubert, *Bouvard et Pécuchet: avec un choix des scénarios, du Sottisier, L'album de la marquise et Le dictionnaire des idées reçues*, editado por Claudine Gothot-Mersch, Paris, Gallimard, 1979; id., *Bouvard*

que descreve a realidade dum modo técnico baseia-se simultaneamente na descrição léxica e sintáctica de si própria, criando assim uma "metalinguagem". A descrição técnica que aparece em *Les Choses*, quer pastiche científico ou catálogos de vendas, transforma as coisas em objectos de desejo.[24] Inventariadas em listas, não têm passado. Estas coisas já não são o "objecto material"[25] em que a memória se apoia e que ajudou Marcel Proust a recordar a sua infância, nem mesmo, novamente para Proust, aqueles "objectos desconhecidos" encontrados num ambiente estranho e não familiar, "que o rodeava, forçando-o a colocar as suas percepções em permanente posição de defesa vigilante".[26]

Os caracteres em *Les Choses* são tomados entre um passado *petit bourgeois* algo sinistro e um futuro frustrante. Este novo panorama é ocupado pela proliferação de novos objectos que são ao mesmo tempo impossíveis de possuir porque são incomportáveis. Como notou Baudrillard, "aqui aparece a vocação dos objectos para assumirem o papel de substitutos das relações humanas". Qualquer tensão social ou psicológica, "qualquer conflito individual ou de grupo tem de ser resolúvel por um objecto".[27] Perec, que se considera discípulo de Roland Barthes, definiu o seu romance como uma descrição de "locais de fascínio mercantil". Tais locais são marcados pela fenda intransponível que separa a tensão do desejo e a impossibilidade de o satisfazer. Nas palavras do sociólogo francês Jean Duvignaud, é isso que provoca o "efeito de distanciamento" em relação às coisas.[28]

Em *Philosophie des Geldes* (Leipzig, 1900), Georg Simmel distingue entre dinheiro e todos os outros bens de consumo: apenas o dinheiro está livre da desilusão que ameaça todas as possessões.[29] Este efeito de distanciamento das coisas pode também explicar-se pelo alto potencial para a desilusão no que diz respeito aos bens duráveis. Como explica Albert Hirschman, a nossa vida quotidiana é governada por um equilíbrio muito instável entre as necessidades ligadas ao conforto

---

and Pécuchet, com o *Dictionary of received ideas* de Flaubert, trad. de A. J. Krailsheimer, Harmondsworth, Baltimore Penguin, 1976.
24. Adrian Forty, *Objects of desire. Design and Society, 1750-1980*, London, Thames and Hudson, 1986.
25. Marcel Proust, *À la recherche du temps perdu*, Paris, Gallimard (Pléiade), 1954, vol. I, p. 44; id., *Em busca do Tempo Perdido*, 7 vol., trad. de Pedro Tamen, Lisboa, Relógio d'Água, 2003-2007.
26. M. Proust, I, p. 666.
27. Jean Baudrillard, *Le système des objets*, Paris, Gallimard, 1968, p. 177.
28. Jean Duvignaud, "Effet d'éloignement par rapport aux choses", *L'arc*, 76, 1979, p. 23-27; citado por Andrea Borsari, "Le cose e la memoria: Georges Perec", in *L'esperienza delle cose*, editado por Andrea Borsari, Fondazione Collegio San Carlo di Modena, Genova, Marietti, 1992, p. 240. Ver tb. Christoph Asendorf, *Batterien der Lebenskraft: zur Geschichte d. Dinge u. ihrer Wahrnehmung im 19. Jh.* Giesen, Anabas-Verlag, 1984; id., *Batteries of Life. On the History of Things and their Perception in Modernity*, trad. de Don Reneau, Berkeley, CA, University of California Press, 1993; e Francesco Orlando, *Gli oggetti desueti nelle immagini della letteratura. Rovine, reliqui, rarità, robaccia, luoghi inabitati e tesori nascosti*, Torino, Einaudi, 1993.
29. Georg Simmel (*Die Philosophie des Geldes, 1900*) *The Philosophy of Money*, editado por David Frisby, trad. de Tom Bottomore e David Frisby, London, New York, Routledge, 1990.

e aos estímulos que provocam prazer.[30] A nossa desilusão perante as coisas advém do facto de os bens duráveis, fornecedores dos nossos espaços de vida, serem portadores de um equilíbrio entre prazer e conforto – um equilíbrio que pende para o conforto, em detrimento do prazer.

Topografia privada

A topografia clássica do global/local residia sob a concepção victoriana de privado e público, na qual se baseia a existência jurídica da habitação. Esta noção de espaço privado ainda hoje perdura, se se acreditar na descrição da porta que nos dá Georges Perec: "A porta quebra o espaço em dois, separa-o, evita a osmose, impõe a divisão. De um lado, eu e o *meu lugar*, o privado, o doméstico (um espaço sobrepreenchido com as minhas possessões: a minha cama, o meu tapete, a minha mesa, a minha máquina de escrever, os meus livros, os meus estranhos exemplares da *Nouvelle Revue Française*); do outro lado, outras pessoas, o mundo, o público, a política."[31] A porta, então, parece ser o limiar entre o Eu e o mundo, entre o privado e o político. Primeiramente, deve contudo notar-se que há uma longa história do ambiente privado, que é ao mesmo tempo uma história "política". Em segundo lugar, a porta já não é uma barreira para o espaço público, se alguma vez o foi. Nem é concebível como um obstáculo à permeabilidade, como pensava Perec. Assim, os limiares tornam-se filtros complexos, crivos que deixam o exterior entrar. É a própria noção de limite que tem de ser questionada.

Nas nossas sociedades, continua Perec: "O espaço parece ser mais domesticado e mais inofensivo do que o tempo; iremos sempre encontrar pessoas que têm relógios, mas raramente pessoas que têm uma bússola. Estamos sempre a precisar de saber que horas são (quem ainda as sabe deduzir a partir da posição do sol?), mas nunca nos perguntamos onde estamos. Julgamos saber: estamos em casa, no escritório, no metropolitano, na rua."[32] E contudo, de vez em quando, acrescenta Perec, temos de nos perguntar onde estamos, ver o nosso rumo para nos orientarmos. É possível descobrir isto, mesmo com uma bússola? Um instrumento tão exacto como um GPS será realmente capaz de nos dar a nossa localização? Esta dissolução da unidade de tempo e lugar contribui para o processo da "de-limitação" da casa, da "de-laminação" da própria noção de limite.

---

30. Albert O. Hirschman, *Shifting Involvements: Private Interest and Public Action,* Princeton, NJ, Princeton University Press, 1982; A. Hirschman, *Bonheur privé et action publique,* Paris: Fayard, 1983, p. 60 e 79-80.
31. Georges Perec, *Espèces d'espace,* Paris, Editions Galilée, 1974; id., *Species of Spaces and Other Pieces,* New York, Penguin Books, 1997, p. 37.
32. Perec, ibid., p. 83.

Na lógica tradicional da "ocupação do espaço", quer por meio dos limites da casa compreendidos classicamente, da cidade, ou do país, existe um centro e uma periferia, e estas duas áreas têm características visíveis. Mas, segundo Paul Virilio, o *interface* entre homem e máquina tomou o lugar das fachadas dos edifícios e dos lotes, como o que define limites. Com a abertura de um "espaço-tempo" tecnológico, formou-se um "centro do tempo", cuja característica principal é a urgência do trabalho, enquanto uma espécie de "periferia do tempo" se configura ela mesma, tomando a aparência de tempo livre ou entretenimento de férias, desemprego, doença, reforma antecipada. É só através da cessação das actividades laborais que as pessoas podem exilar-se numa vida "privada", privada no sentido etimológico da palavra (em latim *privare*, privar de). A anterior concepção de privado/público, e a distinção entre casa e rua, é substituída por uma nova "topologia electrónica", na qual a grelha da imagem numérica renova as antigas divisões, tais como a divisão das parcelas de terreno urbano, substituindo-a por uma sobreexposição que anula a distinção rígida entre proximidade e distância.[33]

O público fantasma

Tem havido um debate contínuo sobre a esfera pública e a sua transformação, perante a expansão de incómodas tecnologias *media* e a multiplicação de redes. Este debate, de diversas formas, tem grassado ao longo do século XX. Nos Estados Unidos, o problema da escassez de vida pública na sociedade começou a surgir nos anos 20. Esta questão foi dirigida por um pensador liberal como Walter Lippmann num livro chamado *The Phantom Public* (1925).[34] O "público fantasma" pode ter frequentado salas de concerto ou instituições culturais como museus, ou ficado muito feliz por se juntar a uma multidão em acontecimentos desportivos, ou deambulado pelos parques públicos, mas, e isto era um comportamento chocante numa sociedade democrática, não apareceu *en masse* para participar em eleições políticas. John Dewey envolveu-se na mesma discussão com o livro *The Public and its Problem* (1927). Questões muito importantes de natureza legal e constitucional estavam a ser levantadas na altura em que a controvérsia sobre a propriedade privada e a natureza do "colectivismo" estava a levar o povo a tomar posições opostas. Nos Estados Unidos, a questão da privacidade foi definida pelo Supremo Tribunal entre 1928 e 1930, na famosa decisão de Louis D. Brandeis, um juiz progressista cujo objectivo

---

33. Paul Virilio, *L'espace critique: essai*, Paris, C. Bourgois, 1984, p. 11-13.; id., *The Lost Dimension*, trad. de Daniel Moshenberg, New York, Semiotexte, 1991.
34. Walter Lippmann (1889-1974), *The Phantom Public*, New York, Harcourt, Brace, 1925.

político era limitar o direito de entrada em casa e evitar que as vidas privadas das pessoas se tornassem completamente transparentes pela vigilância da polícia, a busca nas casas, gravações secretas e espionagem.

Depois da Segunda Guerra Mundial, escritores da Escola de Frankfurt na Alemanha, como Jürgen Habermas, na sua obra sobre *Mudança estrutural da esfera pública*, publicada na Alemanha em 1962, e sociólogos nos Estados Unidos, como Richard Sennett em *O declínio do homem público* (1974), insistiram no desaparecimento desta "esfera": segundo o seu argumento, o carácter público aparecera e estabelecera-se ao longo dos séculos XVII e XVIII, para só desaparecer depois, derrotado pelas forças individualistas do capitalismo.[35] Recentemente, um autor pôs mesmo em questão a "mítica praça de cidade", declarando que ela nunca existira realmente nos Estados Unidos, abrindo caminho à discussão.[36] O que significa que nunca ninguém vai realmente para esta praça pública, mas todos falam nela e instigam os outros a fazê-lo. Constantemente se vertem lágrimas de crocodilo sobre o "desaparecimento do espaço público" compreendido como um espaço de encontro por excelência. Esta pequena praça no coração duma cidade, que há muito desapareceu, tornou-se uma verdadeira "fantasmagoria". Ao mesmo tempo, se me perdoam o trocadilho, uma *phantom agora* (ágora fantasma), em referência ao fórum público da civilização grega.

Jacques Derrida sublinhou recentemente a dificuldade – e necessidade, ao mesmo tempo – de pensar na esfera do público, de voltar a imaginar o espaço público e de relacionar estas noções com as noções incómodas da opinião pública e do barulho branco produzido pelos *mass media*. Esta esfera – estes espaços, estas opiniões, estas imagens, estes sons – é com efeito o que determina as características do ambiente contemporâneo. Jogando com o termo cunhado por Lippmann, Derrida emprega a expressão "silhueta dum fantasma".[37] Os limites móveis entre o público e o privado criaram uma nova zona, ofuscada, onde as coisas mais íntimas são expostas publicamente: a nova expressão da subjectividade *fin-de-siècle* é voyeurismo e exibicionismo. O espaço público tornou-se um espectro. Para ter a certeza, esta dimensão espectral de espaço refere-se à dos *media* e às imagens computadorizadas. Derrida

---

35. Jürgen Habermas, (*Strukturwandel der Öffenlichkeit*). *The Structural Transformation of the Public Sphere: an Inquiry into a Category of Bourgeois Society*, trad. de Thomas Burger e Frederick Lawrence, Cambridge, MA, MIT Press, 1989; id., *Mudança estrutural da esfera pública: investigações quanto a uma categoria da sociedade burguesa*, trad. Flávio R. Kothe, Rio de Janeiro, Tempo Brasileiro, 1984; e Richard Sennett, *The Fall of Public Man*, New York, Knopf, 1977, 1.ª ed. 1976; id., *O declínio do homem público: as tiranias da intimidade*, trad. Lygia Araujo Watanabe, São Paulo, Companhia das Letras, 1995.
36. Bruce Robbins, ed., *The Phantom Public Square*, Minneapolis, MA, University of Minnesota Press, 1993.
37. Jacques Derrida, "La démocratie ajournée", in *L'autre cap*, Paris, Éd. Minuit, 1991, p. 103.

declara que é hoje necessário discutir os aspectos públicos das coisas em termos de "cenas" ou "lugares de visibilidade".[38] No passado – e na Europa –, o espaço era muitas vezes central e centralizado: era fácil distinguir aquilo que estava colocado no centro daquilo que estava na periferia. Esta centralidade era a afirmação visual do Uno, da unidade. Associamos frequentemente a dimensão pública das coisas com a unidade, a unidade do povo ou da nação, por exemplo, e contrastamo-la com a multiplicidade do privado. O privado é visto como uma deriva na pluralidade, dispersão, divisão ou fragmentação.

A questão que hoje se levanta é a de verificar se conseguimos imaginar um espaço público fundamentado em pluralidade, isto é, um espaço público que não é concebido como um espaço único, um lugar único, mas dentro de uma multiplicidade, como uma espécie de deriva ou afastamento. Aquilo que talvez precise de ser explorado são as novas fronteiras entre público e privado. Estes novos limites criam uma nova zona onde é possível habitar.[39] Há novos limiares a serem explorados entre a dimensão do íntimo e a do público. Há ainda um novo quiasma a descobrir, que já fora revelado pelo filósofo Emmanuel Lévinas,[40] o da exterioridade da interioridade.

---

38. Ibid., p. 116.
39. Ver nesta edição "Uma topologia de umbrais".
40. Emmanuel Lévinas, *Tolalilé et infini. Essai sur l'extériorité,* Den Haag, Martinus Nijhoff, 1971; id., *Totalité et infini. Essai sur l'extériorité*, Paris, Librairie générale française, 1990; id., *Totalidade e Infinito*, trad. de José Pinto Ribeiro, rev. de Artur Morão, Lisboa, Edições 70, 1988.

Os interiores e a fantasmagoria das coisas 193

01 02
03
04 05

06 07
08 09
10

01 Constantin Guys, «Étude de maison close», cerca 1860, tinta e aguarela, (Paris, Musée Carnavalet), (de Emmanuel Pernoud, *Le bordel en peinture: l'art contre le goût*, Paris, A. Biro, 2001).

02 Grandville (Jean Ignace Isidore Gérard, dito), «Les gardiens feront bien d'empêcher les visiteurs d'approcher de ces tableaux, de peur d'accident», série de «Le Louvre des marionnettes», in id., *Un autre monde*, Fournier, Paris, 1844; (de Grandville, *Das Gesamte Werk*, München, Rogner & Bernhard, s. data, vol. 2, p. 1222).

03 Arthur-Henri Roberts, «Cabinet de Monsieur Sauvageot», 1856, óleo sobre tela (Paris, Musée du Louvre).

04 Vista, Passages des Panoramas, Paris, 1816-1837 (foto digital de Georges Teyssot).

05 Louis-Charles Boileau, com Gustave Eiffel, grande armazém «Bon Marché», Paris, 1876 (de John Pile, *A History of Interior Design*, 2.ª ed., Hoboken, NJ, J. Wiley & Sons, 2005).

06 Fantasmagoria, «Fantasmagorie de Robertson dans la Cour des Capucines en 1797», gravura de Lejeune, a partir de Etienne Gaspard Robertson, 1831 (de *Mémoires récréatifs, scientifiques et anecdotiques du physicien-aéronaute E. G. Robertson* [...], Paris, de Wurtz, 1831, 2 vol.).

07 Vista do Palácio de Cristal (construído por Joseph Paxton), Londres, 1851; Joseph Nash, "Hardware at the Great Exhibition" (de *Dickinson's Comprehensive Picture of the Great Exhibition of 1851*, litografia a cores, 1852).

08 Julius Jacob, "Stair in the new Friedrichstrasse", Berlim, 1887, aguarela e têmpera (Berlin, Märkisches Museum).

09 Vilhelm Hammershøi, "Open Doors", 1905, óleo sobre tela, colecção privada (de Frances Borzello, *Intérieurs: Les peintres de l'intimité*, traduit par Claire Mulkai, Vanves, Hazan, 2006).

10 Toyo Ito, "Egg of Winds", Portão de Okawabata River City 21, Chuo-ku, Tokyo, Japan, 1990-91 (de: *Works, Projects, Writings: Toyo Ito*, Andrea Maffei, ed., London, Blackwell, Electa, 2002).

O relvado americano: encenar o dia-a-dia

> "(…) he was in front of his house, inspecting the grass parking between the curb and the broad cement side-walk."
>
> Sinclair Lewis, *Babbitt*, Nova Iorque, 1922

Após um longo período durante o qual os Americanos celebravam incontestavelmente os ritos sazonais do relvado, os anos cinquenta trouxeram-lhes uma dúvida. Foi como se o continente tivesse de súbito despertado de um longo sonho. Aquilo que constituíra o próprio fundamento da paisagem americana, a sua pedra de toque há pelo menos dois ou três séculos, estava a ser posto em causa. Em 1953, num artigo intitulado "Deserto Verde", publicado na revista *Landscape*, John Brinkerhoff Jackson exprimia receios quanto à universalidade do relvado no horizonte americano: "Não sabemos bem se vale a pena (ter relvados). Que espécie de satisfação tira o público destas grandes superfícies de relva tão frequentes?", interrogava-se o autor, o qual, depois de estudar a situação, a considerou "quase fora de controlo".[1] Dir-se-ia, porém, que o preocupava menos a ubiquidade da relva do que o facto de tão imensa superfície ser inacessível ao público. O que estava em questão não era o relvado, mas o seu uso público ou privado. Fosse como fosse, vinte anos mais tarde um responsável de Milwaukee por programas de rádio sobre jardinagem, Lorrie Otto, que nos anos setenta tinha dado uns cursos sobre "relvados alternativos", foi atingido por uma revelação. De súbito, a faixa relvada ao longo da sua rua surgia como uma superfície vazia, artificial e hostil: "Os relvados aparados para onde dava o meu quintal eram tão nus, tão desolados, tão cruéis… tão sem vida".[2]

Domesticação

As variedades de relva, na verdade espécies de gramíneas, que constituem um relvado são produto de uma longa adaptação que teve lugar nos países do Norte da Europa (Inglaterra, Norte de França, Alemanha, regiões alpinas, etc.). As várias ervas, anuais e perenes, tiveram que se adaptar às duras necessidades da pecuária, logo, da pastorícia.[3] Os animais sedentários como a vaca (*Bos taurus*) pastavam

---

1. John B. Jackson, "Green Desert", *Landscape*, 3:1, Verão 1953, p. 3-4; cit. 3.
2. "The Garden of Lorrie Otto, Milwaukee, Wisconsin", in Rosemary Verey e Ellen Samuels, *The American Woman's Garden*, Boston, Little, Brown Co., 1984, p. 136; ver também Virginia Scott Jenkins, *The Lawn: A History of an American Obsession*, Washington, DC, Smithsonian Institution Press, 1994, p. 171.
3. Geoffrey P. Chapman, "Domestication and Its Changing Agenda" in G. P. Ghapman, ed., *Grass Evolution and Domestication*, Cambridge, Cambridge University Press, 1992, p. 316-334.

essas plantas. Além disso, as espécies de ervas europeias que se encontram num relvado, como a erva-de-febra (*Poa pratensis*), o azevém (*Lolium*), o panasco (*Agrostis*) e a erva-carneira (*Festuca*), por exemplo, evoluíram em climas frios, desenvolvendo processos próprios de fotossíntese adaptados a climas como o de Inglaterra, país por norma húmido durante todo o Verão. Pelo contrário, as espécies nativas das grandes planícies americanas, das pastagens do Oeste americano, como a *Andropogon gerardii* (*zaburro*), suportaram a alimentação de animais nómadas como o búfalo (*Bison bison*) e desenvolveram um processo fotoquímico diferente que lhes permitiu sobreviver à seca de Verão.[4] O padre Jacques Marquette (1637-1675) e o seu discípulo Louis Jolliet, que descobriram a grande pradaria americana, usaram a palavra francesa *prairie* (prado) aplicando-a a um ambiente que não conheciam. De um ponto de vista ecológico, a pradaria de ervas altas é na verdade semelhante a uma estepe árida. Uma outra questão é o fogo. Originariamente, a pradaria americana, de ambos os lados do Mississippi, era propícia a fogos espontâneos que mantinham o ambiente dos prados impedindo a incursão de plantas florestais. A inevitável combustão de zonas de pastagem proporcionava uma defesa natural contra a progressiva expansão das florestas do leste da América do Norte. Portanto, o fogo tornou-se parte integrante da própria ecologia da pradaria. Por outras palavras, as terras secas ardem com frequência e o fogo mata as árvores mas não as ervas.[5]

Além disso, os historiadores da colonização do continente americano demonstraram que, a partir de 1633, os primeiros colonos introduziram espécies europeias perenes de erva, aparentemente mais adequadas ao pastoreio do que as espécies nativas anuais.[6] É esta a origem – botânica – do problema específico do relvado norte-americano: como aclimatar plantas dos países frios com as dos climas quentes? Isto explica, em certa medida, porque é que o relvado surge aos colonos americanos como coisa doméstica ou pelo menos domesticada. Foram plantas importadas que ajudaram a colonizar o novo mundo. Produzido por uma evolução milenar e adaptado às necessidades específicas do pastor sedentário da Europa do

---

4. Edward Knobel, *The Grasses, Sedges and Rushes of the Northern United States: An Easy Method of Identification*, Boston, B. Whidden, 1899; reed. Edward Knobel e Mildred Elizabeth Faust, *Field Guide to the Grasses, Sedges and Rushes of the United States*, revisão de Mildred E. Faust, ed., New York, Dover Publications, 1977; e Jack Rodney Harlan, *Crops and Man*, Madison, WI, American Society of Agronomy, Crop Science Society of America, 1975; 2.ª edição, 1992; Lauren Brown, *Grasses, An Identification Guide*, Boston, Houghton Mifflin Co., 1979.

5. O. J. Reichman, *Konza Prairie: a Tallgrass Natural History*, Lawrence, KAN, University Press of Kansas, 1987; Richard Manning, *Grassland. The History, Biology, Politics, and Promise of the American Prairie*, New York, Penguin Books, 1995, p. 2-3.

6. John R. Stilgoe, *Common Landscape of America, 1580 to 1845*, New Haven, Yale University Press, 1982, p. 182-184; William Cronon, *Changes in the Land: Indians, Colonists and the Ecology of New England*, New York, Hill and Wang, 1983, p. 141-144.

Norte, este coberto vegetal exigia uma pecuária. Na ausência desta, era cegado ou aparado artificialmente. Em 1906, Léonard Barron, na qualidade de editor de *The Garden Magazine*, conta-se entre os muitos especialistas que explicaram esta necessidade: "Aparar é necessário porquanto impede as plantas de formarem sementes; e impedir as sementes promove o crescimento vegetativo vigoroso, o que significa folhagem abundante e uma cor verde viva e saudável".[7] É lícito considerar o relvado uma superfície que, sendo vegetal, é artificial, pois apenas atinge o seu esplendor esmeralda quando sujeito a perpétua tortura. "A amputação contínua é um aspecto fundamental do tratamento dos relvados", observou um horticultor. "Cortar regularmente a relva, impedindo-a de maturar e dar flor, força-a a produzir mais folhas, mais rizomas, mais raízes, a tornar-se um tapete cada vez mais impenetrável" até se transformar no "relvado perfeito, o vedante perfeito através do qual nada mais pode crescer".[8] O botânico John Greenlee parece fazer eco desta opinião quando escreve: "Os nossos relvados muito bem cuidados não são plantas, são animais. Distinção fundamental: os animais não geram o seu próprio alimento, mas as plantas geram."[9]

Um número de 1915 da revista *Country Life in America* tinha como título: "Mr. Taylor aplicou os seus eficientes métodos ao cultivo da relva".[10] Com efeito, Frederick L. Taylor, o inventor do *Scientific Management* (taylorismo), trabalhava no problema desde 2 de Dezembro de 1910. Num apontamento desse dia publicado em 1916 escreveu: "Ando a dedicar uma porção do meu tempo e do meu pensamento ao cultivo da relva (…) A avaliar com justiça, creio que a única qualidade forte que possuo é a capacidade de esperar um longo período de tempo e de continuar a trabalhar, haja ou não haja resultados. Penso que isto é consequência de anos de hábito. Creio que costumava ser excessivamente impaciente por resultados imediatos de tudo aquilo em que me metia".[11] Estas experiências, levadas a cabo em Boxley, a propriedade de Taylor perto de Filadélfia, procuraram acima de tudo produzir "um solo sinteticamente fabricado onde a erva se dá melhor do que em qualquer outro solo do passado".[12] Taylor tentou também desenvolver um

---

7. Léonard Barron, *Lawns, and How to Make Them, Together With the Proper Keeping of Putting Greens*, New York, Doubleday, Page & Co., 1906, p. 4-9; reed. como *Lawn Making, Together With the Proper Keeping of Putting Greens*, Garden City NY, Doubleday, Page & Co., 1923; e de novo Doubleday, Doran, 1928.
8. Sara Stein, *Noah's Garden. Restoring the Ecology of Our Back Yards*, Boston, Houghton Mifflin Co., 1993, p. 137-138.
9. Graham Wade, "The Grassman: Can John Greenlee Do Away With the Lawn?", *New Yorker*, 19 Agosto 1996, p. 34-37, cit. 36.
10. *Country Life in America*, Abril 1915, v. 27, p. 55.
11. Frederick W. Taylor, "Personal History", *Bulletin of the Taylor Society*, 2: 5, Dezembro 1916, p. 5-7, cit. 6.
12. Ibid., p. 6.

sistema de irrigação capaz de assegurar que "a erva se mantenha sempre verde".[13] O testemunho do seu assistente Harold Van Du Zee mostra com que entusiasmo Taylor buscava a invenção de um solo artificial: "Não podia evitar a sensação de que, ao realizar estas grandes experiências (com a erva), o Dr. Taylor tinha uma espécie de alegria inconsciente na aplicação de métodos fabris. Havia a exacta classificação dos materiais, as proporções medidas com precisão, uma percentagem de água bem determinada a aplicar aos materiais secos. Era como se ele tivesse constantemente presente um traçado de orientação para as raízes e para a água. Havia provisões para as raízes mais jovens, provisões para as raízes de meia idade e para as raízes adultas e sem dúvida as raízes eram mais felizes do que se deixadas entregues a si próprias, gozavam de mais luxos do que as ervas anteriores".[14] Até mesmo a produção de relva teve que ser taylorizada. Outra viragem significativa foi o aperfeiçoamento de relva sem ervas daninhas efectuado por um lavrador do Ohio, Orlando Mumford Scott, fundador da firma Scott que continua a produzir uma linha de produtos para relvados, incluindo fertilizantes, desde 1928, e herbicidas químicos desde 1946.[15]

Mais recentemente, nos anos trinta e quarenta, foi Howard Sprague, um dos fundadores do centro de pesquisas da Rutgers University (Nova Jersey), que pesquisou novas espécies de *Gramineae* para serem usadas como sementes de relva. O seu trabalho foi continuado pelo agrónomo G. Reed Funk, que dedicou toda a sua vida à demanda da relva ideal; de 1962 a 1996, esta "lenda viva dos relvados" dirigiu o Centro de Estudos Interdisciplinares de Ciência das Ervas de Relvado, agora com outro nome, em Rutgers. "O relvado evita a erosão e embeleza as nossas vidas", afirmava.[16] Durante muito tempo a ciência e a indústria procuraram ervas naturalmente adaptadas às condições de utilização do relvado americano: uma planta que pudesse ser pisada, com boa resistência à seca, que fosse perene e sempre verde. A demanda deste novo "graal" ainda hoje prossegue e os peritos trabalham no sentido da invenção de uma super-erva: forte e sóbria; compacta; adaptada ao calor do sol estival; indestrutível por xixi de cão, cogumelos e insectos – para não falar do tom verde escuro, para ficar bem na televisão. Este objectivo será sem dúvida atingido

---

13. Ibid.
14. Harold Van Du Zee, "Frederick Winslow Taylor's Grass Experiments", in *Frederick Winslow Taylor: A Memorial Volume*, Taylor Society, ed., New York, Taylor Society, 1920, p. 86-97, p. 94.
15. Charles Panati, *Extraordinary Origins of Everyday Things*, New York, Harper & Row, 1987, p. 160-161.
16. Sobre G. Reed Funk e o Turfgrass Breeding Program na Rutgers University, New Brunswick NJ, ver Charles Fenyvesi, "His Whole World Is Grass: Lawn Guru Reed Funk Speaks to the Tough Little Cultivar Inside Us All", *U.S. News and World Report*, 28 Outubro 1996, p. 61-62; cit. 62. Entre outros centros de pesquisa, ver The National Turfgrass Evaluation Program do U.S. Department of Agriculture; e o Lawn Institute. Também: Andy Newman, "The Cutting Edge of Grass Research, from Rye to Fescue", *New York Times*, 6 Julho 1997, secção de New Jersey.

em breve, provavelmente por mutações genéticas programadas, já consubstanciadas por experiências efectuadas por duas empresas, Scott Co. e Monsanto Co., no laboratório de Marysville, Ohio. Testaram uma variedade de erva que cresce lentamente, a chamada *Slow Mow*, e uma outra que resiste aos herbicidas, para permitir o uso de químicos fortes que eliminem do relvado os parasitas indesejados, ervas como a erva-dedal (*Digitaria*), a pé-de-galinha (*Cerastium vulgatum*), a beldroega (*Portulaca oleracea*), a tanchagem comum (*Plantago*), o dente-de-leão (*Taraxacum officinale*), o trevo-branco (*Trifolium repens*), as margaridas (*Bellis perennis*), o musgo e as violetas (*Viola*).

Tapete aveludado

O relvado não consiste apenas na soma das suas partes vegetais, dos seus inúmeros tufos de relva. Na extensão relvada há um todo que parece obedecer a imperativos visuais, estéticos e talvez mesmo sensuais dignos de nota. Combina-se um certo número de fenómenos para organizar esta superfície conferindo-lhe uma consistência têxtil e mesmo uma espécie de profundidade. Já em 1837 Thomas Bridgeman recomendava uma prática que iria repetir-se todos os dias durante século e meio: "Se houver relvados ou caminhos com relva, devem ser frequentemente (…) cortados e penteados, (…) para dar ao conjunto uma aparência lisa, regular, de carpete".[17]

O relvado é entendido como um tapete diante da porta, um capacho vegetal. Já em 1844 Andrew Jackson Downing observava que "é proverbial a beleza inigualável dos 'relvados de veludo' de Inglaterra".[18] O ideal é que este tecido que cobre o solo do jardim seja muito macio. Em *Horticulturist* (1850), a revista fundada por Andrew Jackson Downing, ao explicar como criar pequenos espaços, um jardineiro aconselhava a plantar "apenas um pouco de relvado diante da porta". Dispondo pequenos tufos de rosas e plantas anuais de cores vivas consegue-se "bordá-lo, como um tapete".[19] O tema decorativo vitoriano da renda parece assim traduzir-se facilmente para o da carpete. Num tratado sobre *cottages* publicado em 1856, Henry Cleaveland repetia a metáfora do capacho ao mesmo tempo que aconselhava os leitores a não cobrirem um "canteiro duro, estéril, de terra com pés finos de gramas e azedas dos

---

17. Thomas Bridgeman, *The Young Gardener's Assistant: Containing a Catalogue of Garden and Flower Seeds, With Practical Directions Under Each Head, for the Cultivation of Culinary Vegetables and Flowers, With Directions for Cultivating Fruit Trees, the Grape Vine, &c.*, 7.ª ed., New York, Mitchell & Turner, 1837, p. 122.

18. Andrew Jackson Downing, *A Treatise on the Theory and Practice of Landscape Gardening Adapted to North America, with a View to Improving Country Residences*, New York/London, Wiley & Putnam, Boston, G. G. Little & Co., 1841; 2.ª ed., 1844, p. 421. N. B.: O apêndice sobre o relvado ("Appendix II – Note on the treatment of Lawns") foi publicado pela primeira vez na 2.ª ed., 1844.

19. *Horticulturist*, Março 1850, IV:9, p. 395.

caminhos" e preparar antes um desenho, plantado e disposto por forma a obter "uma carpete diante de casa que durará infinitamente mais do que qualquer uma que estendam no interior".[20] Em *The Art of Beautifying Suburban Home Grounds*, o seu *best-seller* de 1870, Frank J. Scott exprimiu a curiosa relação entre dois instrumentos domésticos, corta-relva e lâmina de barbear: "A superfície macia, bem escanhoada da relva é de longe o mais essencial elemento de beleza nos terrenos de uma habitação suburbana. Moradias em que todas as divisões podem ser enchidas de mobiliário elegante, mas com chãos em tosco sem tapetes, não são mais incongruentes nem de pior gosto do que os quintais com sebe, árvore e umas florzitas, da maior parte dos terrenos onde arbustos e flores se misturam numa confusão com ervas altas ou contornos mal definidos de solo cultivado. Arrumação e ordem são essenciais para o efeito agradável do mobiliário de jardim, tal como para o de casa".[21] Os primeiros especialistas do relvado americano exultavam com esta metáfora têxtil. Em 1897, Nils Jonsson-Rose louvava a "relva aveludada" e recomendava "relvados bem aparados, fechados e aveludados";[22] em 1906, Léonard Barron andava encantado com os "quintais aveludados (…)".[23] Apreciava a lisura e maciez dos relvados, reforçadas pela homogeneidade da sua superfície nivelada: "Pentear, cortar e regar são os três pormenores essenciais que requerem atenção todos os anos (…) o objectivo geral (…) é obter um relvado uniforme e uma textura regular em toda a superfície do relvado".[24]

Uma vez que o tapete oriental e o tapete verde fazem parte da mesma lógica figurativa na era vitoriana, uma correspondência quase geométrica associa o exterior e o interior da casa. Pano tecido horizontalmente, o tapete de relva pode ser erguido verticalmente de modo a formar um pano de fundo sobre o qual compor o quintal suburbano. Segundo Herbert Kellaway, um arquitecto paisagista que publicou em 1907 um tratado intitulado *How to Layout Suburban Home Grounds*, "a ventura e delícia de quem constrói a sua casa é um bom relvado. Sem ele, serão inúteis todos os esforços de decoração. O tapete verde é a tela, de que casa, árvores, arbustos e

---

20. Henry W. Cleaveland, William Backus e Samuel D. Backus, *Village and Farm Cottages: The Requirements of American Village Homes*, New York, D. Appleton and Co., 1856; reed.: *Village and Farm Cottages*, Watkins Glen NY, American Life Foundation, 1976; *Village and Farm Cottages: A Victorian Stylebook of 1856*, Watkins Glen NY, American Life Foundation, 1982, p. 154.
21. Frank Jesup Scott, *The Art of Beautifying Suburban Home Grounds of Small Extent; the Advantages of Suburban Homes Over City or Country Homes; the Comfort and Economy of Neighboring Improvements; the Choice and Treatment of Building Sites; and the Best Modes of Laying Out, Planting, and Keeping Decorated Grounds*; (…), New York, D. Appleton, 1870, p. 107-108.
22. Nils Jonsson-Rose, *Lawns and Gardens: How to Plant and Beautify the Home Lot, the Pleasure Ground and Garden*, New York, G.P. Putnam's Sons, 1897, p. 105 e p. 112.
23. Léonard Barron, *Lawns, and How to Make Them, Together With the Proper Keeping of Putting Greens*, New York, Doubleday, Page & Co., 1906, legenda do frontispício; reed.: *Lawn Making, Together With the Proper Keeping of Putting Greens*, Garden City NY, Doubleday, Page & Co., 1923; Doubleday, Doran, 1928.
24. Ibid.

flores dependem para se enquadrarem".[25] Carpete, tapeçaria, tela e em breve cortinado – as metáforas tendem para uma unificação das imagens que reclassifica o relvado no seio dos elementos da mobília. Nos anos cinquenta esta terminologia do veludo (etimologicamente referenciado ao cabelo, do latim *pillosus*, peludo) esteve em maior evidência. Frederick F. Rockwell e Ester C. Grayson, por exemplo, descrevem uma "zona de veludo verde" no jardim.[26] Macio e confortável, este produto artificial – em breve seria tecnológico – dá um coberto agradável, como um casaco de peles.

Por último, esta atenção à textura do material exalta as suas capacidades têxteis, uma vez que estas atraem o sentido do tacto, proporcionando assim uma satisfação quase imediata. O relvado adquire as suas qualidades agradáveis e aprazíveis não apenas por causa da sua hirsuta consistência vegetal ou da sua cor, mas também por causa da sua forma lisa ou delimitada. Em 1964 o famoso arquitecto paisagista Fletcher Steele observou o seguinte: "Textura é o que o artista chama à substância de uma coisa no sentido em que o tacto ou a vista a revelam".[27] Steele, que foi o criador original do jardim de Naumkeag, perto de Stockbridge, no Massachusetts, nos anos trinta, passou ao papel estas considerações já com uma certa idade. Tal como Frank J. Scott escrevera em 1870, "em certo sentido o homem comum é extremamente sensível à textura"; "aplica o refinamento diário da acção nervosa a uma superfície tão pequena que se torna invisível – o gume da sua navalha de barba".[28] Com este exemplo, tanto Scott como Steele chamam a atenção para a relação paradoxal entre duas formas de corte doméstico: as do cortador de relva e da lâmina de barbear. Barbear o pêlo facial, cortar a erva do relvado e aparar os ramos das sebes, tudo isso era considerado operações de higiene e limpeza. Limpeza e ordem são termos equivalentes para o psiquismo humano. O que aqui se enuncia não é apenas a total continuidade entre o interior da casa e o seu exterior, como também a perfeita correspondência entre a noção de limpeza e a de ordenamento. Como demonstrou a antropóloga Mary Douglass em *Purity and Danger*, de 1966, a sujidade corresponde a um excesso que tem de ser rotineiramente obliterado.[29]

---

25. Herbert J. Kellaway (1867-1947), *How to Layout Suburban Home Grounds*, New York, John Wiley and Sons, 1907, p. 55.
26. Frederick Frye Rockwell e Ester C. Grayson, *The Complete Book of Lawns; How to Determine What Kind of Lawn You Should Have, and Sure-Fire Methods for Constructing and Maintaining It, Lawn Grasses (and Grass Substitutes) for All Sections of the United States, and Their Particular Requirements*, 1.ª ed., Garden City NY, American Garden Guild, 1956, p. 21.
27. Fletcher Steele, *Gardens and People*, Boston, Houghton Mifflin Co., 1964, p. 66.
28. Ibid.
29. Mary Douglass, *Purity and Danger. An Analysis of the Concepts of Pollution and Taboo* (1966), New York, Routledge, 1996; id., *Pureza e Perigo: ensaio sobre as noções de Poluição e Tabu*, trad. de Sónia Pereira da Silva,

O próprio termo "relvado" corresponde, em francês, a duas palavras diferentes: *gazon*, do frâncico *wason*, que designa o terreno coberto de relva, e *pelouse*. Ao longo do século XVII, os franceses usaram a expressão *tapis de gazon* (tapete de relva), criação artificial em grandes parques formais, diferente das *prairies* naturais (prados). Contudo, como os relvados eram plantados com pés de relva dos prados, recebiam também o nome "medes floridos". A relva era bordejada de flores silvestres delicadas e, evidentemente, não era cortada.[30] Os "medes" floridos ingleses reportam-se à *prairie émaillé* francesa (literalmente, "prado pintalgado") do fim da Idade Média e ambos evocam irresistivelmente uma específica forma de arte, a tapeçaria de tessitura infinitamente complexa.[31] O termo francês para relvado no século XVIII, *pelouse*, tem origem no adjectivo do século XIII *pelous*, "peludo", do latim *pilosus*, "coberto de pêlos". Segundo o *Oxford English Dictionary*, lawn parece derivar da corruptela do anglo-saxão *launde*, que designa um matagal – isto é, um sítio com ervas selvagens. Contudo, há uma palavra relacionada, *laune*, que poderia indicar uma outra origem. No século XV, os relvados recebiam o nome *lawn* de um tecido com borboto, de textura irregular, fabricado na cidade francesa de Laon. Nos séculos seguintes, quando os *launes* se tornam muito maiores, convidam-se as ovelhas a entrar nos recintos para pastarem no campo.[32] Deste modo, a etimologia capta os possíveis alinhamentos entre a actividade ancestral da tecelagem e o activismo tecnológico do relvado industrial. O cortador de relva mecânico foi uma invenção de Edwin Budding, um capataz empregado numa fábrica têxtil inglesa que conhecia bem as máquinas rotativas de tosquia usadas para desfelpar o pano de algodão. Nos anos de 1820 adaptou a sua máquina para cortar a relva de sua casa. Por volta de 1830, em Stroud, Gloucestershire, Budding estava pronto para patentear a sua máquina, equipada com um conjunto de lâminas rotativas que operavam contra outras, fixas.[33]

Estas relações entre padrões tecidos e plantados não pertencem apenas ao passado; persistem no desenho impresso no chão pela passagem da máquina ao cortar a relva: "Gosto de criar desenhos", confidenciou um artista e poeta canadiano,

---

rev. de Artur Lopes Cardoso, Lisboa, Edições 70, 1991.
30. Sara Stein, *Noah's Garden. Restoring the Ecology of Our Own Back Yards*, Boston/New York, Houghton Mifflin Co., 1993, p. 153. Ver também Jacques Darras, "Propos en l'air sur le gazon", in *Campagne Anglaise. Une symphonie pastorale*, Brigitte Mitchell, ed., Paris, Autrement, sem data (Série monde, hors série, 44), p. 23-27.
31. Monique Mosser, "The Saga of Grass. From the Heavenly Carpet to Fallow Fields," in *The American Lawn*, Georges Teyssot, ed., Centre Canadien d'Architecture (Montréal), New York, Princeton Architectural Press, 1999, p. 40-63.
32. Sara Stein, *Noah 's Garden*, op. cit.
33. Charles Panati, *Extraordinary Origins of Everyday Things*, op. cit., p. 162-163.

Michael Dean, "gosto de ver um padrão tomar forma nas ervas crescidas. Gosto muito de ver a linha entre a relva cortada e a relva por cortar. A linha move-se, revelando assim a verdade do relvado".[34] A arte do desenho listado, que consiste em estabelecer padrões geométricos na relva dos estádios, reporta-se a técnicas de tecelagem que reproduzem padrões idênticos aos dos tabuleiros de xadrez e damas ou das mantas escocesas. Estes motivos, são literalmente tecidos pelas muitas impressões deixadas na superfície da relva com cortadores rotativos ou de rolo, assentadores ou vassouras de relva. Estes instrumentos são capazes de alinhar as lâminas da relva para um lado ou para o outro, dando-lhes diferentes ângulos de reflexão, desenhando arabescos rendados de tiras mais escuras e mais claras. O tecido desta imensa tela cria um fundo geométrico para ser visto em perspectiva, para que a acção do jogo seja mais visível no ecrã de televisão. O listrado da erva de relvado nos estádios americanos mostra que esta tradição têxtil persiste até no mais industrializado e mediatizado dos mundos.[35]

O tema das geometrias secretas gravado no solo encontra-se com frequência na obra de vários artistas americanos. Mel Ziegler (juntamente com a falecida Kate Ericson) tornou explícito este contraste no tema de uma instalação, sem título, de 1986 que dividia o relvado de uma casa dos subúrbios em duas metades opostas: uma bravia e por cortar, a outra perfeitamente alinhada e aparada. Mais tarde, numa série de obras intituladas *Prodígios da Natureza*, entre 1992 e 1997, Gregory Crewdson produziu dioramas, fotografados em grandes *cybachromes* brilhantes, de jardins vulgares, em que oferece fantásticos relances da vida secreta do mundo subterrâneo dos vermes, insectos e lagartas (larvas de besouros). Na sua produção intitulada *Suspensão*, de 1996-1997, por meio de fotografia a preto-e-branco Crewdson traçou um conjunto de sinais fantásticos, incluindo um círculo perfeito, inscrito na relva de um quintal suburbano, numa alusão a séries de misteriosos "geóglifos". No mesmo contexto doméstico, Crewdson parodiou a contínua expansão deste relvado universal quando aplicou relva a uma rua dos subúrbios, ligando dois quintais na emenda das últimas linhas remanescentes que serviriam para diferenciar o terreno privado da via pública.[36] Finalmente, de 1998 a 2000, o artista Robert Irving realizou uma instalação permanente intitulada *Planos Inclinados* no jardim do coleccionador

---

34. Michael Dean, *In Search of the Perfect Lawn*, Windsor, Ontario, Black Moss Press, 1986, p. 13.
35. David Melior and Steve Wightman, "Establishing mowing patterns", *Grounds Maintenance*, 32:5, May 1997, p. 34, p. 36 e p. 40; e David R. Melior, *Picture Perfect. Mowing Techniques for Lawns, Landscapes and Sports*, Chelsea, Ann Arbor Press, 2001.
36. Gregory Crewdson, *Dream of Life*, Centro de Fotografia, Salamanca, Ediciones Universidad de Salamanca, 1999.

Howard Rachofsky, em Dallas (Texas): um quadrado de relva dividido em quatro quadros iguais mais pequenos que sobem em direcções diferentes, limitados por uma fina parede retentora em aço Corten.[37] Do mesmo modo, graças à sua técnica exímia de corte de relva, o residente dos subúrbios desenha figuras misteriosas no seu relvado, transformando-o num palimpsesto onde todas as semanas se inscrevem novas mensagens – ou será a mesma mensagem reescrita semanalmente?

Simulacros de prado

Segundo um dicionário de horticultura, "a maior parte dos antigos relvados da Grã-Bretanha foram feitos mediante o assentamento de relva cortada nos campos selvagens, depois batida com um malho de madeira, o *beetle*".[38] Os Americanos insistem sempre na diferença entre os seus relvados e os que revestem os grandes parques da aristocracia inglesa, de Stowe a Holkham Hall, criados por jardineiros-pintores como William Kent ou Lancelot Capability Brown. Como escreveu Kenneth T. Jackson, "os primeiros Americanos" e os colonos concordavam pelo menos num ponto: "os prados e campos devem servir objectivos de utilidade e não meramente ornamentais".[39] Esta opinião persistiu ao longo de todo o século XIX e atesta uma importante diferença de mentalidade. Downing explica esta disparidade com base no trabalho: "Cortar uma grande superfície de relva (...) foi coisa que se tentou apenas em uns poucos lugares da América, dado o elevado preço da mão-de-obra".[40] Por conseguinte, propõe o uso dos rebanhos fechados dentro de vedações de arame de ferro. Por sua vez, Gervase Wheeler, no seu tratado sobre *Casas Rurais*, aconselhava, uma vez estabelecido o relvado, "deixem que umas quantas ovelhas sejam os vossos jardineiros, sabendo que a despesa de uma vedação de arame invisível será muito menor do que manter um homem que o corte e mantenha em ordem e que as ovelhas se pagarão a si próprias".[41] A passagem do raciocínio prático ao consumo desenfreado teve também lugar no Novo Mundo, movimento examinado por Thorstein Veblen, cujo *The Theory of the Leisure Class* descreve esta mudança do valor de uso para o valor de luxo na apreciação do objecto de consumo. "Pela

---

37. Philip Nobel, "Mixed Media for an Artist Lawn (...)" *The New York Times*, 15 Junho 2000 p. F8.
38. *Dictionary of Gardening*, Anthony Huxley e Mark Griffiths, ed., Royal Horticultural Society, London, The McMillan Press Ltd, 1992, v.3, p. 26.
39. Kenneth T. Jackson, *Crabgrass Frontier. The Suburbanization of the United States*, New York/Oxford, Oxford University Press, p. 54.
40. "To use sheep and wire-fences", *Horticulturist*, Março 1850, IV: 9, p. 395.
41. Gervase Wheeler, *Rural homes, or sketches of houses suited to American country life, with original plans, designs &c*, New York, Charles Scribner, 1851; reed.: New York, Charles Scribner, 1852; Auburn e Rochester, Alden & Beardsley, 1851, 1853, 1855; Detroit, Kerr & Doughty, 1854; New York, The American News Co., 1867; New York, G. E. Woodward, l868, p. 19.

progressiva habituação", refere Veblen, "a uma percepção apreciadora dos sinais do alto preço dos bens e pelo hábito de identificar beleza com reputação, acontece que um artigo belo que não é caro é tido por não belo (…) A mesma variante em matéria de gosto (…) é também visível no que se refere a muitos outros tipos de bens consumíveis, como, por exemplo, mobília, casas, parques e jardins".[42] Esta transição teve por base a reputação económica de certos bens, conferindo-lhes respeitabilidade em termos estéticos e, consequentemente, assegurando-lhes um certo estatuto que confirma a ascensão do dono a um nível social mais alto".[43] Veblen dá como ilustração o exemplo do "quintal ou parque muito cultivado, que agradar sem afectação ao gosto dos povos ocidentais. Parece apelar especialmente aos gostos das classes abastadas (…) O relvado tem incontestavelmente um elemento de beleza sensual, simplesmente como objecto de percepção, e como tal apela sem dúvida, muito directamente, ao olhar de quase todas as raças e de todas as classes (…) de homens".[44] Assim sendo, os relvados não passam, "no seu melhor", de "imitações de pastagens".[45] O grande interesse por estas superfícies espectaculares de relva verde manifesta as origens étnicas dos seus entusiastas: "um povo de pastores que habita uma região com clima húmido".[46] Por trás dos seus traços estéticos está o verdadeiro significado do relvado: em termos simples, é pasto para vacas.

Muitas vezes, observou Veblen ironicamente, contemplar uma vaca, ovelhas, ou mesmo veados, antílopes e outros animais exóticos na relva reanima os sentimentos idílicos do ocidental – originalmente os de um pastor "dolicocéfalo" louro de olhos azuis. Veblen explica que "estes substitutos, embora menos belos aos olhos pastoris do ocidental do que a vaca, são preferidos nesses casos por serem extremamente caros ou supérfluos e terem fama disso".[47] Aos olhos da nova classe de lazer americana, para a qual alto preço significa grande beleza, o relvado confere sinais de nobreza adquirida. Tal como o castelo gótico do século XIX, por exemplo, Lindhurst, construído sobre o Hudson, perto de Tarrytown (NY), entre 1836 e 1873, o relvado conheceu um renascimento, o "revivalismo" de uma primitiva civilização

---

42. Thorstein Veblen, *The Theory of the Leisure Class. An Economic Study of Institutions*, New York, The Modern Library, 1899, p. 133-133; id., *A Teoria da Classe Ociosa: um estudo económico das instituições*, trad. de Olívia Krahenbuhl, apres. de Maria Hermínia Tavares de Almeida, São Paulo, Abril Cultural, Victor Civita, 1983.
43. Veblen, op. cit., p. 133.
44. Veblen, ibid., p. 133-134.
45. Veblen, ibid., p. 135.
46. Veblen, ibid., p. 134.
47. Veblen, ibid., p. 134-135.

de pastores. Portanto, o relvado faz o papel de uma preexistência, o "sobrevivente" de uma economia transcorrida.[48]

Erva, caminhos de saibro, vacas, ovelhas e veados – estes elementos reconstituem simbolicamente o mundo pastoril e instalam uma *mise-en-scène* primitivista que durou ao longo de todo o século XX. Durante a I Grande Guerra, o presidente americano Woodrow Wilson "tinha um rebanho de ovelhas e um carneiro que mascava tabaco no relvado da Casa Branca" para demonstrar a sua participação no esforço de guerra.[49] Em 1957, um "grupo de residentes de Westport adquire rebanhos de ovelhas para manter os seus relvados ornamentais aparados".[50] Esta tradição talvez explique porque é que os relvados suburbanos estão povoados por uma série de animais de cimento pintados com cores berrantes: coelhos, corças com as suas crias; uma pletora de bâmbis; flamingos rosados. Na medida em que o relvado da grande propriedade, com o seu carácter substitutivo, é um simulacro do pastoril, o relvado popular torna-se um simulacro do substituto. Atravancada de efígies de gesso ou plástico, a *ménagerie* de relva é uma *ferme ornée*, uma quinta ornamental, onde se prolonga a estética do grotesco.[51]

Em solo comum

Um artigo publicado na *Horticulturist*, em 1849, tentava dar uma definição do "gosto rural americano". O autor, referindo que se trata de um gosto nacionalista, afirmava que o gosto rural americano estava ainda em formação. Este gosto era diferente do dos europeus pois os americanos não são apenas ocupantes do solo, mas também os seus "donos".[52] No mesmo periódico, um autor anónimo de Brooklyn explica como a jardinagem dos subúrbios difere da paisagística e defende que a aparente falta de gosto generalizada dos jardins americanos se deve à tentativa de pôr em prática ideias estrangeiras de jardinagem. "Devemos pois ter… um sistema americano de jardinagem", escreve ele, um que seja "peculiar ao nosso solo e clima"

---

48. O relvado concretiza o que Léo Marx chama "pastoralismo complexo", ver Léo Marx, *The Machine in the Garden, Technology Ideal in America*, New York, Oxford University Press, 1964; nova ed. 2000. Ver também Scott Donaldson, *The Suburban Myth*, New York/London, Columbia University Press, 1969, p. 210. E Bennett M. Berger, "American Pastoralism, Suburbia and the Commune Exercise in the Microsociology of Knowledge," in *On the Making of Americans: Essays in Honor of David Riesman*, Herbert J. Gans *et al.*, ed., Philadelphia, University of Pennsylvania Press, 1979, p. 235-250; cit. 239; e Alessandra Ponte, "Professional Pastoralism: The Lawn, 1850-1950," in *The American Lawn*, op. cit., p. 89-115.
49. "Woodrow Wilson: The White House Wool Grower", *National Wool Grower*, 82:11, Novembro 1992, p. 29.
50. Citado por Donaldson, Scott, *The Suburban Myth*, op. cit., p. 210.
51. Jean-Yves Jouannais, *Des nains, des jardins. Essai sur le kitsch pavillonnaire*, Paris, Hazan, 1993.
52. S. B. Gookins, "Hints on the formation of rural taste," *Horticulturist*, 3:10, Abril 1849, p. 469.

bem como do "bom gosto e hábitos simples do povo republicano".[53] Neste esquema, tanto ricos como pobres devem ter os seus jardins, por utilidade e por prazer.

Um artigo de 1916, na *Countryside Magazine and Suburban Life*, fornecia aos seus leitores um rápido inventário das condições que proporcionam o bem-estar doméstico: "O homem comum que gosta de mulheres, de flores e da Natureza quer uma esposa e um lar com relva, árvores e flores à volta. Esta classe está interessada em tornar atraentes os terrenos da casa".[54] Estes testemunhos traçam um retrato da fisionomia genérica do cliente ideal do jardim americano: deve ser dono da sua terra, cidadão de uma república e um homem vulgar. Esta fórmula, que vai buscar o seu título a uma obra sobre a geografia dos Estados Unidos, indica as modalidades e características do que deverá ser uma "paisagem vulgar" adaptada ao "homem vulgar".[55]

De certo modo, Downing tinha prenunciado esta "paisagem vulgar" da América num artigo sobre "As Nossas Vilas Rurais", em que explicava como desenvolver uma "vila rural – planeada de raiz nos subúrbios de uma grande cidade e com um plano, também,…".[56] Destacava a importância de uma superfície de "relvado comunitário" para as vilas rurais que associava ao republicanismo: na América, afirma, o povo dispõe de zonas para o conforto físico de todos, ao passo que na Europa esta preocupação é só dos reis e dos príncipes. Adoptando os modelos fornecidos pela primeira vaga de colonização da América, Downing decretava ser "desiderato indispensável" da aldeia ser: "primeiro, um grande espaço aberto, comum, ou parque situado no meio da aldeia – com não menos de 20 acres; (…) Deve ser bem plantado de grupos de árvores e conservado como um relvado. As despesas do corte devem ser, em alguns casos, pagas pela erva ou pela criação de ovelhas". Este parque seria "o núcleo ou coração da vila e conferir-lhe-ia o seu carácter essencialmente rural".[57] Segundo Downing, os espaços centrais destas aldeias ideais devem ser transformados em terrenos de fruição pública para assegurar o "gozo social e colectivo deles. Sobre áreas relvadas bem aparadas, à sombra das árvores da floresta, formar-se-iam assentamentos rústicos".[58] O que Downing propõe é a importação e reciclagem de uma série de elementos típicos, ou originais, da paisagem de Inglaterra e do Norte da

---

53. P. B. M. "Suburban Gardening", *Horticulturist* 7:10, Outubro, 1852, p. 447-448.
54. J. G. Beavers, "The Lawn: Its Making and Its Care", *The Gountryside Magazine and Suburban Life*, 22:3, Março 1916, p. 153-155.
55. Donald W. Meinig, ed., *The Interpretation of Ordinary Landscapes: Geographical Essays*, New York/ Oxford, Oxford University Press, 1979.
56. Andrew Jackson Downing, "Our Country Villages", *Horticulturist*, 4:12, Junho 1850, p. 536-541.
57. *Horticulturist*, ibid.
58. *Horticulturist*, p. 540-541.

Europa: os tipos que John B. Jackson posteriormente designaria "protopaisagem". Estas *Ur-paisagens* são constituídas por conjuntos de coisas que um povo recorda e venera ao longo da passagem das gerações.[59]

Em 1868, Frederick Law Olmsted usou a mesma formulação do "relvado comunitário" para se referir a Shady Hill, a propriedade de Charles Eliot Norton em Cambridge, Massachusetts. Olmsted admira Shady Hill por possuir as "agradáveis características rurais de uma aldeia da Nova Inglaterra" e propõe a criação de "um pequeno jardim ou relvado próprio para ser usado como parque de recreio para as crianças do Bairro".[60] Em 1868, serviu-se do "Relatório Preliminar" sobre a criação do arrabalde de Riverside, junto a Chicago, para clarificar a doutrina que com tanta eficácia ali poria em prática. Sublinhando que o subúrbio é um ambiente especificamente doméstico, observa que "do lado público de todas essas linhas divisórias, o facto de as famílias que moram dentro de um subúrbio se divertirem em comum e se divertirem tanto mais quanto o fazem em comum (...), deve ser em toda a parte manifesto na perfeição, selecção e beleza dos meios ao seu dispor para se reunirem, especialmente os de se recrearem e divertirem juntos em terrenos comunitários ou à sombra das mesmas árvores".[61] A imagem produzida em Riverside pelo sinuoso traçado das ruas, a obrigação de plantar árvores e o recuo das casas em relação à rua não é a de uma propriedade comunitária, mas de uma comunidade de interesses.

A exemplo de muitos subúrbios da era vitoriana, Riverside surge como um conjunto de casas instaladas num parque. Embora tenha tido o cuidado de preservar os limites da propriedade, Olmsted parece ter querido manter pouco precisa a divisória entre quintais privados e espaços públicos. Em relação a isso, observou Robert Fishman: "O relvado é o principal contributo do seu dono para a paisagem suburbana – o bocado do 'parque' que conserva para si próprio".[62] Também Scott Donaldson sublinhou que "ao tratar do seu jardim, o residente suburbano desempenha uma acção nascida de um sentido de comunidade (toda a gente tem o seu papel na aparência de determinada rua ou bairro)".[63] Claramente, as propostas de Downing e Olmsted quiseram desenvolver espaços relvados que evocassem

---

59. John B. Jackson, "Ghosts at the Door", *Landscape* 1:2, Outono 1951, p. 3-9.
60. "Memorandum accompanying drawing for G. E. Norton, Cambridge, MA, Fev.8, 1868", *The Papers of Frederick Law Olmsted*, vol. VI, *The Years of Olmsted, Vaux & Company 1865-1874*, David Schuyler Jane Turner Censer ed., Baltimore, The Johns Hopkins University Press,1992, p. 257-261.
61. "Preliminary Report upon the Proposed Suburban Village at Riverside, Near Chicago, by Olmsted, Vaux, & Co., Landscape Architects", *The Papers of Frederick Law Olmsted*, Vol. VI, *op cit.*, p. 273-290. cit. 288.
62. Robert Fishman, *Bourgeois Utopias. The Rise and Fall of Suburbia*, New York, Basic Books, 1987, p. 147; ver também Cynthia L. Girling and Kenneth I. Helphand, *Yard, Street, Park. The Design of Suburbia Open Spaces*, New York, John Wiley & Sons, 1994, p. 40.
63. Scott Donaldson, op. cit., p. 116.

a imagem dos *commons* e *greens* que existiam e ainda existem na Nova Inglaterra.[64] O "homem vulgar" é assim colocado numa zona suburbana que é a versão doméstica da famosa "paisagem média" de Jefferson. Situada entre o velho mundo corrupto e os novos espaços bravios, era o cenário a partir do qual o colono podia estimular os ritos sazonais em que o lavrador virtuoso punha a sua esperança para garantir uma boa colheita.[65]

Linhas imaginárias

O colonizador do novo mundo ordenou a terra do seu lar em torno de três pólos concêntricos; primeiro, o lote ocupado; a seguir, os campos cultivados; mais longe, o pasto e a floresta.[66] Os historiadores traçam a lenta emergência do jardim ornamental, rodeado por um gradeamento e situado geralmente na frente ou ao lado da casa. Confirma-o a iconografia dos séculos XVIII e XIX. Em muitas pinturas de 1795 a 1865, a vedação é feita de estacas de madeira pintadas de branco; um selo colorido datado do século XIX representa a quinta leiteira de Randolph Bayard, na Pensilvânia, e mostra um relvado plantado de coníferas e centrado num pórtico ocupado por mulheres e crianças.[67] O carácter familiar do jardim é confirmado por numerosas gravuras populares, como as de Currier & Ives que representam *Vida Rural na América*, em 1855.[68] Nos seus primórdios, o espaço do jardim ornamental parece feminino e muito privado, na medida em que este reino privado é exposto, porém, é também um espaço aberto ao olhar e portanto ao público. Este duplo aspecto revela-se numa litografia colorida à mão, de cerca de 1875, uma vista aérea da residência de James Edmund, perto de Brighton, no Estado de Nova Iorque, que

---

64. Ronald Lee Fleming e Lauri A. Halderman, *On Common Ground. Caring for Shared Land from Town Common to Urban Park*, Cambridge, MA., The Harvard Common Press, 1982.

65. Scott Donaldson (op. cit., p. 208) escreve sobre a "versão domesticada da paisagem média". Afirma também (p. 212) que "O perfeito 'ponto médio entre selvajaria e civilização' foi definido por Jefferson (...) como sendo a 'quinta familiar'". Ver também Charles L. Sanford, *The Quest for Paradise. Europe and the American Moral Imagination*, Urbana, University of Illinois Press, 1961, VIII "Os Americanos, consciente ou inconscientemente, procuram estabelecer o ponto médio entre selvajaria e civilização (...)".

66. John B. Jackson, *A Sense of Place. A Sense of Time*, New Haven, Yale University Press, 1994, p. 118-133, ver p. 125; David P. Handlin, *The American Home: Architecture and Society, 1815-1915*, 1.ª ed. Boston, Little, Brown, 1979, p. 167-231; Thomas J. Schlereth, *Victorian America. Transformations in Everyday Life, 1876-1915*, New York, Harper Perennial, 1991, p. 133-139; Patricia Tice, "Gardens of Change", in *American Home Life, 1880-1930. A Social History of Spaces and Services*, Jessica Foy e Thomas J. Schlereth, ed., Knoxville, The University of Tennessee Press, 1992, p. 190-308.

67. *Residence of J. Randolph Bayard, Dairy Farm, (...) Greene Co., Pa.*, estampa colorida à mão, Delaware, Winterthur Library.

68. Currier & Ives, *American Country Life*, estampa colorida à mão, 1855, Rochester, NY, The Strong Museum. Ver também May Brawley Hill, *Grandmother's Garden. The Old-Fashioned American Garden. 1816-1913*, New York, Harry N. Abrams. Inc., 1995, p. 11-25.

apresenta um quintal privado de desenho formal rodeado por uma vedação branca e plantado com relva, tufos de flores e árvores.[69]

Esta ambiguidade do relvado, no limiar entre o espaço público da rua e o espaço privado, familiar, doméstico, tem-se mantido como uma constante da paisagem americana desde o tempo da colonização. Talvez seja por isso que já em 1855, em *Homes for the People in Suburb*, o arquitecto Gervase Wheeler pôde enunciar a ideia de cedência de vistas. Imigrante de Inglaterra para os Estados Unidos, onde começou a sua carreira como discípulo de Downing, Wheeler explicou que "numa perspectiva muito alargada, por mais pequena que seja a terra pertencente a um dono ele pode chamar a atenção para os seus limites e transportar o olhar do seu domínio para os dos vizinhos adaptando habilmente o traçado do seu sítio às formas em redor. Para tal, a rigidez das vedações de demarcação tal como representadas nas linhas limítrofes do mapa do topógrafo nunca deve ser reproduzida. No desenho, evidentemente, devem existir, mas a sua forma e direcção podem ser escondidas por plantios adequados e o olhar do espectador ser levado para além delas, ignorante da sua existência".[70] A cedência de vistas, praticada pelos jardineiros ingleses desde o século XVIII, de Charles Bridgeman a Humphry Repton, espelha esta ideia de uma vista que se estende para além da linha da propriedade. Inspirado, em especial, pelos escritos de Uvedale Price, este conceito reaparecia já na obra de Downing. O que é notável no texto de Wheeler, à parte a sua data precoce e clareza de exposição, é a sua aplicação desta fórmula à composição arquitectónica e urbanística do "subúrbio".[71] Wheeler teorizou uma prática a um tempo social e estética, em que o arquitecto paisagista dá substância ao "olhar do espectador" negando visualmente as linhas desenhadas no solo. O seu livro, reeditado seis vezes por volta de 1868, ajudou a estabelecer a cedência de vistas como característica universal do continente norte-americano. É possível, até provável, que a ideia de partilhar vistas comuns já vigorasse há muito tempo. Contudo, é errado atribuí-la, como frequentemente se

---

69. *Res.(idence) of James M. Edmunds, Town of Brighton*, (NY), 1875 c., estampa colorida à mão, Rochester (NY), The Strong Museum.

70. Gervase Wheeler, *Homes for the People in Suburb*, 1855, p. 439-440.

71. Em 1850, ano em que expôs a sua Casa Rockwood, perto de Tarrytown (NY), Wheeler (c. 1815, c. 1872) morava no n.º 70 de Walnut Street, em Philadelphia; ver *Catalogue of the Twenty-Seventh Annual Exhibition*, Philadelphia, T. K, e P. G. Collins, 1850. Quanto à polémica de Downing contra *Rural Homes* de Wheeler, New York, 1851, ver, *Horticulturist*, 6, 12, 1 Dezembro1851, p. 567-570, onde o inglês Wheeler é classificado entre os "pseudo-arquitectos estrangeiros" (p. 570). Ver também Vincent Scully, *The Shingle Style and the Stick Style. Architectural Theory and Design from Richardson to the Origins of Wright (1955)*, New Haven, Yale University Press, 1971, XXIII-LIX; *Macmillan Encyclopedia of Architects*, Adolf K. Placzek, ed., New York, Macmillan, 1982, vol. 4, q. v.; *Biographical Dictionary of Philadelphia Architects: 1700-1930*, Sandra L. Tatman, Roger W. Moss, ed., The Athenaeum Philadelphia, Boston MA, G. K. Hall, 1985, p. 849-850. Em 1848-49, Wheeler foi empregado de Henry Austin, um amigo e vizinho de Ithiel Town, sócio de Alexander Jackson Davis; daí a ligação com Downing, que publicou alguns dos seus desenhos na *Horticulturist*.

observa, ao génio do Olmsted mais velho; na realidade, ele tentou diminuir a sua aplicação. No seu *Relatório Preliminar* de 1868 sobre Riverside (Illinois), Olmsted opõe a ideia de transformar a terra num "parque" a rodear lotes de construção com as suas linhas divisórias "sobretudo imaginárias" e "vendido como a procura quiser".[72] Com efeito, embora aceitasse as vistas compartilhadas sobre o lado da rua, tentou impedir a sua aplicação às traseiras da casa criando uma delicada rede de vegetação que filtrasse as vistas dos quintais de uma rua para a outra. Para Olmsted, portanto, o plano de Riverside tinha que proporcionar "através da disposição dos meios de divisão" uma passagem entre "solo privado e público".[73] "Estes meios de divisão e de passagem (…) têm de ser cuidadosamente estudados", aconselha. "Devem ser em si agradáveis; de modo nenhum devem ser linhas imaginárias, nem devem ser obscurecidas ou ocultas". Segundo Olmsted, a falta de vedações foi o que falhou em Llewellyn Park, a comunidade suburbana vedada, estabelecida na década de 1850 em 750 acres de West Orange, New Jersey, a umas doze milhas da cidade de Nova Iorque. O seu promotor, Solomon Haskell, pusera de parte 50 acres de terreno para criar o Ramble, o parque comunitário, e proibira o uso de vedações a dividir a propriedade. Não havia nada a marcar os limites entre as propriedades no solo e as casas tinham mais ou menos o aspecto de um pavilhão isolado num parque público.

Olmsted e Wheeler estavam de acordo pelo menos num ponto: a "linha imaginária" da propriedade privada é da alçada do topógrafo e não deve aparecer como tal.[74] Mas se Wheeler gostava de ver desaparecer essa linha, Olmsted preferia traçá-la com vegetação. Afirmou o seu gosto pelas demarcações numa carta de 1869 dirigida a Edward E. Hale, autor de *Sybaris and Other Homes*: "Gosto de vedações, você, aparentemente, não".[75] Para Olmsted, o criador do Central Park, em Nova Iorque, um parque público não se deve confundir com um bairro residencial: no primeiro, edifícios e outras "construções artificiais" devem subordinar-se à qualidade "utilitária", ao passo que o segundo deve destacar as qualidades da habitação e da

---

72. "Preliminary Report", op. cit., p. 287.
73. "Preliminary Report", op. cit., p. 287-288.
74. Um professor de arquitectura rural do Oregon explicaria mais tarde que para construir um jardim, esta linha deve ser efectivamente desenhada no solo: "Faz-se um levantamento com a ajuda de instrumentos para determinar os limites da propriedade, os ângulos formados nos cantos (…)" L. Eugène Robinson, *Domestic Architecture*, New York, The MacMillan Co., 1917, p. 295-296.
75. "To Edward Everett Hale", *The Papers of Frederick Law Olmsted*, vol. VI, op. cit., p. 346-349; cit. 347; carta a Edward E. Hale, autor de *Sybaris and other Homes,* Fields, Osgood & Co., 1869; o Rev. Edward E. Hale escreve uma crítica entusiástica de Riverside, publicado de novo em: *Riverside in 1871, with a Description of its Improvements together with some Engravings of Views and Buildings*, Chicago, Office of the Riverside Improvement Co., tipografia Blakely, 1871; (reed., sem data). E: *Riverside. Then and Now. A History of Riverside*, Illinois, Herbert J. Bassman, ed., Riverside ILL, 1936; 3.ª ed. corrigida: Riverside ILL, Riverside Historical Society, 1995.

domesticidade. A utilidade da vedação reside no facto de permitir traçar a divisão entre a família e os outros; como uma casa precisa "de divisões tanto públicas como privadas", raciocina Olmsted, ele era "obrigado a encarar a vedação como uma espécie de parede mais exterior da casa".[76]

Transparência e obstrução

A eminente domesticidade do jardim submete-o a muitos dos mesmos imperativos que configuraram a casa, incluindo a tendência dos Americanos (como dos Ingleses) para se empenharem em aumentar a comodidade da existência doméstica e o conforto da vida quotidiana a um nível quase "artístico". No seu *Handbook for Planning and Planting Small Home Grounds*, de 1899, Warren Manning pretende oferecer aos seus leitores os meios de compor os pequenos espaços à volta da casa de maneira a que se tornem "tão livres do olhar do desconhecido curioso ou do vizinho metediço … como os quartos da casa, mas sempre atraentes à vista".[77] O arquitecto paisagista Frank A. Waugh compartilha esta preocupação: "As vedações servem um objectivo. Respondem a um desejo legítimo e premente do coração do homem comum que tem uma casa: ao desejo de recato e privacidade e de fruição do lugar de dono da casa sem ser incomodado nem observado".[78] Mais que uma metáfora, o jardim como extensão da casa é uma realidade, de novo enunciada por Fletcher Steele em 1924: "Um pequeno relvado vedado é uma divisão exterior à casa, susceptível de tratamentos tão variados como qualquer quarto dentro dela. Os limites do pequeno relvado constituem não apenas os seus muros mas também muito da sua decoração".[79]

Aconselhando os leitores do seu livro sobre "as artes do embelezamento da casa suburbana" a "adoptar um desenho que esconda menos o relvado", Frank J. Scott, um amigo de Calvert Vaux e empresário activo em Toledo (Ohio), cria um quase paradoxo, o ideal da vedação transparente: "As nossas vedações deviam ser, figurativamente falando, transparentes".[80] Scott opunha-se veementemente às sebes: "A prática de pôr sebes no terreno para que o transeunte não possa contemplar a sua beleza é um dos barbarismos da jardinagem à antiga, tão absurdo e tão pouco cristão nos nossos dias como os pátios amuralhados e as janelas gradeadas dos

---

76. "To Edward Everett Hale", ibid.
77. Warren H. Manning, *A Handbook for Planning and Planting Small Home Grounds*, Menominee WI, Stout Manual Training School, 1899, p. 5.
78. Frank A. Waugh, *Landscape Gardening*, p. 24.
79. Fletcher Steele, *Design in the Little Garden*, Boston, Atlantic Monthly Press, 1924, p. 25.
80. Frank J. Scott, *The Art of Beautifying Suburban Home Grounds*, p. 77-88.

mosteiros espanhóis e tão desnecessariamente ofensivo como o véu opaco das mulheres egípcias".[81] Não obstante, Scott reconhecia que os gradeamentos de ferro são muito caros e propunha a construção de umas curiosas "vedações relvadas", uma espécie de molhes cobertos de relva.[82] Caso o proprietário decidisse conservar a tradicional barreira de estacas brancas, Scott propunha que a linha de estacas só seria aceitável na medida em que "as estacas sejam tão pequenas e afastadas que não interceptem as vistas sobre o interior do relvado".[83] Para obter o efeito visual desejado, sugere que "todas as vedações, sem carácter maciço, devem ter por baixo um espaço vazio, de maneira a que uma foice possa passar". A superfície do relvado deve parecer deslizar sob a vedação, estabelecendo uma amplitude visual desobstruída. Embora tenha manifestado interesse pelo livro de Scott, Olmsted exprime uma opinião diferente sobre o tema das vedações numa recensão publicada a 26 de Outubro de 1871: "O Sr. Scott não usa plantações limitativas e (…) mistura a superfície dos terrenos com o que quer que confine com eles. Passaria bem sem vedações, se pudesse e, não lhe sendo isso permitido, gostaria delas tão transparentes quanto possível".[84] Segundo Olmsted, a omissão de cercados poderia levar o urbanista inexperiente a complicadas e confusas disposições prejudicando a protecção da vida privada proporcionada pelas vedações e outras barreiras.

Em contrapartida, tanto Olmsted como Scott afirmam explicitamente que a parte "pública" da superfície relvada é da responsabilidade cívica do proprietário: "Ninguém deve considerar o seu terreno bem conservado se o passeio à frente ou à volta das suas instalações não estiver tão bem arranjado como as partes vedadas", afirma Scott; o dono da casa deve aparar a relva "de ambos os lados da linha".[85] Assim, Olmsted, tal como Scott, codificaram o que viria a tornar-se a microestrutura do bairro suburbano da América: a rua residencial que inclui a via pública, os dois lados dos espaços relvados com árvores plantadas e o passeio artificial de pedra.[86] Estas superfícies destinam-se a estabelecer filtros, passo a passo, entre os espaços públicos de transporte e os espaços privados da vida doméstica. Até à invasão do automóvel, estes vários planos permitem estabelecer lugares confortáveis, idílicos, de interacção social. Estes lugares, capazes de dar corpo ao ideal suburbano

---

81. Frank J. Scott, op. cit., p. 55.
82. Ibid.
83. Frank J. Scott, op. cit., p. 54.
84. "Suburban Home Grounds", *The Papers of Frederick Law Olmsted*, vol. VI, op. cit., p. 472-479, cit. 473.
85. Frank J. Scott, p. 53.
86. Ver Fred Gabelman, "Roadway and Lawn Space Widths and Maintenance of Boulevards and Streets in Kansas City, Missouri," *The American City*, VII, 4, Outubro 1912, p. 350-353.

mas também ao seu pesadelo latente, surgem muitas vezes representados na cinematografia americana, desde *The Swimmer* (1968) de Frank Perry até *Blue Velvet* (1986) de David Lynch e na fotografia de Bill Owens, Robert Adams, Joe Deal, William Eggleston, Stephen Shore até Henry Wessel e Larry Sultan.[87]

No mesmo ano em que saiu o livro de Scott, o arquitecto paisagista Jacob Weidenmann publicou o seu *Beautifying Country Homes*, que utilizava belos desenhos para ilustrar a composição correcta das residências suburbanas.[88] Suíço com estudos em Munique, Weidenmann fora nomeado superintendente dos parques de Hartford, Connecticut, em 1861. Numa gravura intitulada *Terrenos Recreativos Indivisos* mostra o projecto de duas casas adjacentes, com setas esquemáticas levemente marcadas a indicar a possibilidade de atravessamento de vistas para lá da "linha imaginária". Outra gravura da mesma obra mostra o projecto para uma urbanização fora da cidade em que Weidenmann abre os terrenos dianteiros à vista, criando a continuidade e transparência que posteriormente se tornaria um dos principais prazeres da paisagem suburbana.[89] Toda a história do jardim suburbano se desenrola como se duas correntes, duas genealogias se defrontassem e fundissem num híbrido: de um lado, o descendente "vernacular" do pequeno jardim colonial; do outro, a tradição "aristocrática" que Downing importou dos teóricos ingleses Uvedale Price, Humphry Repton e John Claudius Loudon. Entre 1870 e 1890, as barreiras entre estas duas tendências começam a desaparecer rapidamente, deixando apenas a "linha imaginária", visualmente apagada, em torno da qual decorre a cena da vida quotidiana idílica e o espectáculo do pastoralismo suburbano.

---

87. Bill Owens, *Suburbia*, (San Francisco), Straight Arrow Books, New York, Quick Fox, 1973; reed., id., *Suburbia*, introd. David Halberstam, Robert Harshom Shimshak, ed., New York, Fotofolio, 1999; *William Eggleston's Guide*, John Szarkowski, ed., New York, Museum of Modern Art, Cambridge MA, MIT Press, 1976; William Eggleston, *The Democratic Forest*, introd. Eudora Welty, 1.ª ed. EUA, New York, Doubleday, 1989; Robert Adams, *The New West: Landscapes Along the Colorado Front Range*, John Szarkowski, ed., (Boulder), Colorado Associated University Press, (l974); Robert Adams *et al.*, *New Topographies: Photographs of a Man-altered Landscape*, Rochester NY, International Museum of Photography, George Eastman House, 1975; Robert Adams, *Denver: a Photographic Survey of the Metropolitan Area*, State Historical Society of Colorado, (Denver), Colorado Associated University Press, 1977; id., *Prairie: Photographs*, Denver, Denver Art Museum, 1978; Joe Deal, *Joe Deal: Southern California Photographs, 1976-86*, prefácio de J. B. Jackson, Mark Johnstone, Edward Leffingwell, ed., Los Angeles Municipal Art Gallery, Albuquerque, University of New Mexico Press, 1992; Joe Deal *et al.*, *Between Nature and Culture: Photographs of the Getty Center by Joe Deal*, Los Angeles CA, J. Paul Getty Museum, 1999; Henry Wessel, *Henry Wessel, Jr: an Exhibition*, Jerry D. Szymanski, ed., El Cajon CA, Grossmont College Art Gallery, 1976; id., *Henry Wessel*, Tóquio, Japão; Santa Monica CA, Gallery Min, 1987; id., *House Pictures*, San Francisco, CA, Fraenkel Gallery, 1992; Larry Sultan, *Pictures from Home*, New York, Abrams, 1992; Stephen Shore, *Uncommon Places: Photographs*, Millerton NY, inauguração, 1982; id., (Stephen Shore, *Fotografien 1973 bis 1993*). Trad. ing. id., *Photographs 1913-1993*, Heinz Liesbroc, ed.; com textos de Hilla e Bernd Becher et al., London, Schinner Art Books, 1995.

88. Jacob Weidenmann, *Beautifyng Country Homes A Handbook of Landscape Gardening*, New York, Orange Judd Co., 1870; reed: *Victorian Landscape Gardening*, David Schuyler, ed., Watkins Glen NY, American Life Foundation, 1978.

89. Ibid., fig. 74, e est. 7.

Em 1874 Weidenmann torna-se colaborador do Olmsted mais velho e surge como um dos teóricos do cemitério "americano".[90] Um dos primeiros cemitérios rurais no estado de Nova Iorque é Mount Hope, em Rochester, iniciado em 1836. As suas vastas superfícies de relva sem vedações ou outras barreiras são de uma monumentalidade comedida e mesmo contida. Mount Hope assemelha-se tanto a um parque que foi necessário instruir o público quanto ao propósito deste lugar encantado: "Vimos aqui não apenas para contemplar (...) o viçoso relvado", explicava um dos fundadores, "mas (...) com o nobre propósito de comungar com um mundo superior".[91] Embora Mount Hope tenha sido concebido como lugar público, este tipo de paisagem teve difusão nacional com a criação, na segunda metade do século XIX, de "cemitérios em parque relvado" privados onde grandes áreas de relva são pontuadas por monumentos e árvores, como em Kensico, a norte de Nova Iorque, ou Pinelawn, em Long Island. Este tipo de paisagem funerária, desnudado de monumentos, como para eliminar todas as referências à mortalidade, conquistou fama mundial com a criação, por Hubert Eaton, do Forest Lawn Memorial Park, entre 1913 e 1930, um cemitério privado nos cabeços de Glendale, Califórnia. As desventuras desta lucrativa empresa comercial são descritas de um modo hilariante e extremamente macabro no romance de Evelyn Waugh *The Loved One* (1948), filmado por Tony Richardson em 1965.[92] Símbolo de igualitarismo que é, o apagamento das linhas imaginárias ocorre tanto no cemitério como no subúrbio, assim assimilando vivos e mortos num único espectáculo. Todavia, é hoje um pastoralismo altamente tecnológico, tornando-se também uma mercadoria na moda.

Tácticas de embelezamento

A primeira metade do século XX foi marcada por uma contínua oscilação entre as mais extremadas convicções por e contra as vedações. Generalizando muito, é possível ver neste debate dois campos opostos: de um lado, um gosto acentuado pela abertura e transparência do relvado à frente de casa e do seu lado da rua; do outro, a aspiração à reclusão que converge no quintal e nas traseiras da casa. Estes são os lugares, respectivamente, da intimidade burguesa e da intimidade familiar.

---

90. Ver Jacob Weidenmann, q.v., in *Dictionary of American Biography*, Dumas Malone, ed., v. 19, New York, Charles Scribner's Son, 1928.

91. Reverendo Pharcellus Church, *An Address Delivered at the Dedication of Mount Hope Cemetery*, Rochester, 2 Outubro 1838, Rochester, 1839, p. 16-17; citado em: David Charles Sloane, *The Last Great Necessity. Cemeteries' in American History*, Baltimore, The Johns Hopkins University Press, 1981, p. 75.

92. David Charles Sloane, *The Last Great Necessity* (...), op. cit., p. 159-190. Ver Evelyn Waugh, *The Loved One*, New York, 1948; e Kenneth T. Jackson e Camilojose Vergara, *Silent Cities. The Evolution of the American Cemetery*, New York, Princeton Architectural Press, 1989.

No seu tratado de 1884 *Ornamental Gardening for Americans*, Elias A. Long recomendava um certo grau de visibilidade e publicidade por razões de ordem cívica e emulação social: "Quando um belo jardim dá para uma via pública recomenda-se que o dono permita aos transeuntes apanharem vislumbres do interior, bem como que pense no efeito que uma bela casa tem num bairro".[93] Num texto de 1907, o arquitecto paisagista de Boston Herbert Kellaway tinha por assente esta convenção: "Existe a ideia dominante de que deve haver um jardim à frente e um quintal atrás em todas as propriedades".[94] Não obstante, um outro autor, que escreve na revista *Suburban Life*, observava em 1907 que "as sebes formam belas linhas divisórias entre casas e, até há muito pouco tempo, os gradeamentos eram desconhecidos; mas ultimamente parece haver a disposição para cercar os terrenos com vedações, mais ou menos ornamentais, o que, sem dúvida, dá um certo grau de privacidade que de outro modo não se pode obter. É de lamentar, em muitos aspectos, que os tempos da vedação venham aí".[95] O autor lamentava esta vitória – por provisória que fosse – das sebes e barreiras em torno do espaço privado do quintal.

Num artigo de 1903 em *House Beautiful*, Vernon Parrington aponta os Americanos como "o povo com mais espírito público do mundo". Criticando a transparência das casas rurais, observa: "Logo ao fazer uma casa planeamos obter a aprovação dos nossos vizinhos e dos estranhos da rua. Para tanto, sacrificamos o nosso conforto e a privacidade que é essencial numa casa".[96] A despeito destas opiniões expressas pelas classes cultas e pelos anglófilos da América, a abertura do quintal à rua foi inexoravelmente ganhando terreno. Esta preferência exprime-se abertamente num livro de 1930 de Leonidas Ramsey, *Landscaping the Home Grounds*: "A minha casa pode ser o meu castelo, mas o seu jardim pertence ao público. Pelo menos, é este o caso na grande maioria dos lares americanos. A prática universal de estabelecer linhas de construção e recuar a casa da rua criou o típico jardim americano à frente da casa. O costume tem levado a que esse jardim se mantenha aberto, proporcionando uma vista da casa e do terreno".[97] Doravante, o que até então era moda contestada do fim do século XIX, confirma-se como costume aceite.

---

93. Elias A. Long, *Ornamental Gardening for Americans. A Treatise on Beautifying Homes, Rural Districts, and Cemeteries*, New York, Orange Judd Co., 1884, p. 192.
94. Herbert J. Kellaway, *How to Layout Suburban Home Grounds*, New York, Johm Wiley and Sons, 1907, p. 16.
95. F. E. M. Gole, "Chicago's Most Unique Suburb", *Suburban Life*, 5:5, Novembro 1907, p. 383-285; cit. 384.
96. V. L. Parrington, "On the Lack of Privacy in American Village Homes", *House Beautiful*, 13:2, Janeiro 1903, p. 109-112, p. 109.
97. Leonidas W. Ramsey, *Landscaping the Home Grounds*, New York, Mac Mill and Co., 1930, p. 54.

O princípio da visibilidade

Ramsey justificava esta tradição ligando-a ao dever cívico de contribuir para a estética da paisagem circundante. "O dono da casa deve ter sempre presente que tem o dever de fazer tudo ao seu alcance para tornar a sua rua mais atraente", prossegue. "Se os moradores não plantarem os seus lotes (…) integrados no conjunto do quarteirão ou da rua, esta não apresentará um aspecto harmonioso, por mais bem traçada ou por mais importante papel que desempenhe na planta da cidade".[98] Com esta passagem Ramsey anunciava algo que daí em diante se tornaria não apenas a regra da composição arquitectónica no subúrbio americano mas também uma lei moral tácita: o morador deve manter o seu relvado como lugar comunitário.

Em 1937, por exemplo, numa obra sobre *Planning the Home Grounds*, esta quase-lei que rege a paisagem nos seus mínimos pormenores surgia como uma necessidade de conformidade, não apenas formal, como também social. Com efeito, o capítulo intitulado "Os relvados e o seu tratamento" principia com esta afirmação: "A zona semipública, sejam quais forem as vossas preferências pessoais, obedecerá necessariamente, e em grande medida, às casas à sua volta".[99] Um manual de manutenção editado na Califórnia dos anos cinquenta descreve o jardim como braços abertos ao visitante, para melhor o acolher: "Onde houver leis de planeamento urbanístico exige-se habitualmente um recuo da linha edificada em relação à rua. Resta assim uma faixa de relva que é (…) um tapete de boas-vindas para qualquer visita e que constitui a sua primeira impressão do lugar".[100] A paisagem do subúrbio é também o lugar da microtáctica inscrita no terreno: "Para separar um relvado de outro (e evitar ofender as sensibilidades do vizinho) há quem use pedras mal desbastadas como fronteira 'natural'".[101] Nos anos cinquenta e sessenta, os editores da revista *Sunset* abundavam em idênticos conselhos: "Um relvado tem uma maneira maldosa de expor o jardineiro desleixado aos seus vizinhos quando fica castanho, com ervas daninhas ou com um aspecto geral descuidado e desolador".[102]

Este estendal de regras e instruções sustenta o que o sociólogo William Dobriner chamou o "princípio da visibilidade" na sua notável tese sobre *A Psicologia dos Subúrbios*.

---

98. Ibid., p. 55-57.
99. Cecile Hulse Matschat, *Planning the Home Grounds*, Boston, Houghton Mifflin Co., 1937, p. 60.
100. Frederick Frye Rockwell, e Ester C. Grayson, *The Complete Book of Lawns*, op. cit., p. 28.
101. P. J. McKenna, e Anna B. McKenna, *Small Home Landscaping*, New York, Sterling Publishing Co. Inc., 1953, p. 49.
102. Sunset Editorial Staff, *How to Install and Care for Your Lawn*, Menlo Park CA, Lane Book Co., 1955, p. 4.

Característica definidora dos subúrbios, o princípio da visibilidade encerra uma abertura de vistas que permite aos residentes "observar-se mutuamente nos seus comportamentos e no estilo de vida em geral, muito mais facilmente do que o morador do centro da cidade".[103] Explorando mais as implicações desta visibilidade generalizada, o corpo editorial da *Sunset* anunciou, e enunciou, em 1964, a singularidade do relvado, como se o proprietário-jardineiro afirmasse a sua individualidade no cultivo da relva: "Não há dois relvados iguais (…) Percebe-se porque é que cada relvado tem que ser diferente, em certa medida, do relvado do vizinho ou de um relvado de outra cidade ou de outro Estado".[104] Esta explicação manifesta todas as premissas do que a sociologia *pop* definiu já como "um compromisso forte com o jardim". O estudo realizado em 1958 por Meyersohn e Robin Jackson, *Jardinagem nos Subúrbios*, dá a seguinte interpretação: "Em geral, o jardineiro excessivamente dedicado indicia desequilíbrio. Trabalhou muito, mas não fruiu. Sobrevalorizou as expectativas da comunidade…".[105] Talvez tenha sido, pelo contrário, a sociologia que subestimou o poder da sujeição aos imperativos da comunidade.

Ao tempo da I Grande Guerra, muitas cidades e vilas americanas organizaram campanhas de embelezamento e limpeza, seguindo o exemplo do escritor George Washington Cable, que operou a reforma cívica de Northampton, Massachusetts, iniciada em 1887.[106] Num artigo de 1911 intitulado "Cada Relvado um Teatro", alguém sugeria até que o relvado se tornasse o pano de fundo de um teatro privado: "É possível um teatro de ar livre tanto para o pobre como para o rico, (…) mesmo no coração de uma cidade com muitos habitantes, mas especialmente todos os que tiverem um relvado deviam considerá-lo um teatro".[107] Na cidade de Salibury, Carolina do Norte, em 1913, o cartão de membro da Liga Cívica das Mulheres de Cor atestava um contrato feito pela sua possuidora: "Eu (nome), como membro desta organização, juro melhorar as condições sanitárias da casa em que vivo (…) Plantando flores e verduras e mondando as ervas daninhas".[108] No seu número de

---

103. William Mann Dobriner, *Class in Suburbia*, Englewood Cliffs NJ, Prentice-Hall, 1963, p. 9; ver também: "O princípio da visibilidade pode ser a principal força subjacente às relações informais suburbanas e não uma predisposição psicológica", ibid., p. 62-63.
104. Joseph F. Williamson, com o Sunset Editorial Staff, *Lawns and Ground Covers*, Menlo Park CA, Lane Books, 1964, p. 7.
105. Rolf Meyersohn e Robin Jackson, "Gardening in Suburbia", in William Mann Dobriner, ed., *The Suburban Community*, New York, Putnam, 1958, p. 271-286, cit. 283.
106. Sobre G. W. Cable, ver David P. Handlin, *The American Home*, op. cit., p. 189 e Thomas J. Schlereth, *Victorian America*, op. cit., p. 138.
107. Katherine G. Budd, "Every Lawn A Theatre", *The World's Work*, 22:6, Outubro 1911, p. 14927-14939, cit. 14927.
108. "Clean-Up Campaign", *American City*, 9:4, Outubro 1913, p. 333.

Setembro de 1916, o jornal urbanístico *American City* empreendeu uma análise rigorosa das condições sanitárias criadas pelas vedações: "A habitual vedação de madeira em volta dos quintais esconde das vistas a parte inferior da casa, bem como os terrenos circundantes. Por causa disto, o pendor artístico do jardim ou relvado de casa (…) não tem a importância que podia ter para a beleza da paisagem em geral. O tipo de vedação rouba portanto beleza à cidade. Além disso, essas vedações podem, na realidade, esconder condições sanitárias graves. Montes de lixo, ou uma grande porção de detritos podem ser segregados para a parte inferior da vedação (…) Usar uma vedação transparente serve o duplo objectivo de mostrar a beleza conseguida na concepção da casa revelando ao mesmo tempo quaisquer aspectos feios ou menos sanitários de outros espaços abertos. Os quintais assim cercados não são gaiolas fechadas, mas atraentes zonas recreativas".[109] A transparência das cercas dos relvados assegurava o controlo visual permanente e contínuo.

Neste período abundavam os concursos de relvados, como o realizado em Norfolk, Virgínia, em 1918, descrito numa notícia que parecia concebida para incitar o entusiasmo pela conservação dos relvados: "Quem não exultaria por ter um relvado assim?".[110] Distribuíam-se aos agentes imobiliários panfletos sobre a organização dos relvados, como em Kansas City, no Missouri, em 1924: "O espírito comunitário irá reflectir-se na concepção arquitectónica das habitações, de ambos os lados do relvado, tanto do lado do jardim como do lado da rua, na disposição interior; nos reposteiros, quadros e mobília dos donos e nas atitudes mental e espiritual dos próprios moradores".[111] Assim, o movimento pela "Cidade Bela" traduziu-se no concurso "Casa Bela", como em Hutchinson, no Kansas, em 1927, em que os quintais eram avaliados segundo uma escala rigorosa: "Os pontos a atribuir aos relvados são: relvados plantados, 40 por cento; arbustos, 20 por cento, rosas-chá e perenes, 20 por cento; arranjo geral, 20 por cento".[112] A partir daqui, o aspecto competitivo do cultivo de relvados passou a fazer intrinsecamente parte do estilo de vida dos subúrbios, como revela o título proverbial de um artigo de 1951 na *House Beautiful*:

---

109. "A Contrast in Back Yards", *American City*, 15:3, Setembro 1916, p. 343-345, cit. 344-345.
110. Johnston, Glemmer, "Permanent Lawns for Norfolk," *American City*, 19:2, Agosto 1918, p. 115-116, cit. 116.
111. J. C. Nichols, "Suburban Subdivisions with Community Features: Suggestions for Realtors and Community Organizations, as Exemplified in the Country Club District of Kansas City, Mo.", *American City*, 31:4, Outubro 1924, p. 335-338, cit. 338.
112. F. G. Drennen, "Influence of Home Beautiful Contests and Systematic Tree Planting in Hutchinson", *American City*, 37:5, Novembro 1927, p. 633.

"O seu relvado deixa-o ficar mal? Sabemos como se sente. No quintal do seu vizinho a relva está sempre mais verde".[113]

A vitória sobre as barreiras suscitou a ausência das divisões e um sentido de aparente abertura democrática para acolher os soldados no seu regresso da Segunda Guerra Mundial. "Todas as vedações, artificiais ou naturais, são proibidas", declarava abruptamente um número de 1948 do *Levittown Tribune*, o jornal fundado pioneiro dos promotores dos subúrbios, Abraham Levitt.[114] Com efeito, o contrato de arrendamento da Levittown Corporation estipulava: "O inquilino compromete-se a cortar ou mandar cortar o relvado (…) pelo menos uma vez por semana entre quinze de Abril e quinze de Novembro (…)".[115] Para Levitt, o "relvado é o mais importante".[116] O Departamento Paisagístico da Levitt and Sons dava aos moradores um pequeno guia de iniciação na manutenção de relvados, sublinhando o seu contributo para a subida do valor da propriedade.[117] No momento em que a liberdade do cidadão do pós-guerra era proclamada, recorda J. B. Jackson, "no contrato de venda encontra-se uma cláusula que garante a inviolabilidade perpétua do relvado à frente da casa".[118] As pessoas eram simplesmente "livres" de cuidar bem dos seus relvados. As memórias romantizadas de W. D. Wetherell, publicadas em 1985 com o título *The Man Who Loved Levittown*, descrevem esta abertura total, quase panorâmica dos relvados à frente das casas através do filtro de nostalgia por um passado que se desvaneceu, um paraíso perdido: "Em conversa, falávamos do tempo em que não havia sebes (…) nem vedações, nem portas trancadas. Cada casa era uma casa

---

113. "Is Your Lawn getting You Down?", in *House Beautiful,* 93:3, Março 1951, p. 120, p. 194-197, cit. 194.
114. Em: "Restrictions Affecting Houses, & Sample Contract," in *Levittown Tribune* (Levittown NY), 24 Junho 1948, p. 2.
115. Levittown Corporation. Cópia do Arrendamento entre a Levittown Corporation e H* C*, original 1948, parágrafo 24; outras restrições aos relvados: parágrafo 20 (proibe as vedações), (Levittown Historical Society). Ver também: "Os relvados devem ser cortados e mondadas as ervas daninhas pelo menos uma vez por semana entre 15 de Abril e 15 de Novembro", in *Summary of Covenants and Restrictions on Levittown Ranch Homes*, Levitt & Sons Legal Documents, s. d. (Levittown Historical Society).
116. Abraham Levitt, "Chats on Gardening", *Levittown Eagle* (ou talvez o *Levittown Tribune*), 24 Abril 1952: 8. Abraham Levitt, "Fruit is Fine for Little Gardens", in *American Home*, Janeiro 1950, p. 72-73: "(…) plante também no seu relvado à frente da casa uma ou várias árvores de fruto, como eu fiz no meu e em muitos outros de Levittown.", (Levittown History Collection); para um guia sobre o tratamento de relvados: Dolores Russell, "Build a Better Lawn.", in *Thousand Lanes*, Primavera 1956, p. 24.26 (Levittown History Collection).
117. Departamento Paisagístico da firma Levitt and Sons, *The Care of Your Lawn and Landscaping*, Levitt and Sons, 1947 (Levittown History Collection):
"O objective deste pequeno manual (…) é orientar quem não tiver experiência de relvados, árvores e arbustos." E: "A estabilização dos valores, sim, o aumento dos valores encontra-se quase sempre nos bairros onde os relvados se apresentam como tapetes verdes (…)", "pois as mobílias, casas e a maior parte das coisas materiais tendem a depreciar-se com os anos, o seu relvado, árvores e arbustos tornam-se cada vez mais valiosos, tanto estética como monetariamente."(s.p.).
118. John B. Jackson, "Green Desert", op. cit., cit. 4.

de todos; íamos de uma para outra como se fosse tudo um grande parque".[119] Por um breve período, a cidade tornara-se uma grande casa comunitária, um grande parque, um vasto relvado universal para uma sociedade que se mostrava democrática e sem classes.

Melancolia verde

Já em 1917 um guia de jardinagem descrevia o ideal democrático da paisagem suburbana como uma coisa fatalmente monótona: "A ideia e sentimento democrático contra a plantação de sebes e a demarcação da propriedade produz uma uniformidade fatal".[120] No seu livro *The Landscape Beautiful*, de 1910, Frank A. Waugh desenvolve uma linha de pensamento sobre a monotonia da paisagem num capítulo chamado "Sobre a Beleza da Paisagem Psicologicamente Considerada".[121] Professor de jardinagem Paisagística do Massachusetts College of Agriculture, Waugh baseava a sua teoria na psicologia de Ethel Puffer, que considerava que "todas as impressões do mundo são sentidas no corpo sob a forma de tensões nervosas ou musculares" e que as experiências físicas e mentais se configuram em "diversas formas e massas, com luz e sombra e, talvez, com muitas e diferentes cores".[122] Quando estas diferentes tensões "se compensam", propõe Puffer, produzem "um estado de equilíbrio ou repouso nervoso e muscular. E é precisamente este estado de equilíbrio num sistema muscular e nervoso muito excitado que dá o efeito orgânico da beleza". Waugh aplicou esta noção de "repouso estético" ao estudo da paisagem: "O detentor de uma bela paisagem sente também, e em grau muito acentuado, a estimulação favorável – as tensões musculares e nervosas – que acompanha a fruição de uma verdadeira obra de arte". Menos variadas do que na obra de arte, essas tensões são no entanto da mesma espécie, e muitas vezes "conseguem em intensidade o que Ihes falta em variedade".[123] Perante um pôr-do-sol, um arco-íris ou uma pradaria inundada de sol, por exemplo, "Devemos não esquecer que a cor é um dos principais materiais para a produção de prazer estético". Os elementos naturais produzem essa "exaltação com repouso" – essa excitação das tensões que alcançou o equilíbrio – que

---

119. Walter D. Wetherell, *The Man Who Loved Levittown*, Pittsburgh, University of Pittsburgh Press, 1985, p. 14.
120. *Garden Guide. The Amateur Gardener's Handbook. How to Plan, Plant and Maintain the Home Grounds, the Suburban Garden, the City Lot*, J. Harrison Dick, ed., New York, A. T. De La Mare Co., 1917, p. 13.
121. Frank A. Waugh, *The Landscape Beautiful, A Study of the Utility of the Natural Landscape, Its Relation to Human Life and Happiness, With the Application of these Principles in Landscape Gardening, and in Art in General*, New York, Orange Judd Co., 1910, p. 269-295.
122. Ethel D. Puffer, *The Psychology of Beauty*, Boston/New York, Houghton Mifflin Co., 1905, p. 277-278.
123. Frank A. Waugh, *The Landscape Beautiful*, op. cit., p. 289-290.

aprendemos ser característica do sentimento do belo".[124] Embora a psicologia tenha sido a teoria dominante na cultura americana deste período, outros autores advertiram contra as limitações do género de explicação psicofisiológica.

No seu *Gardens and People*, de 1964, por exemplo, Fletcher Steele apelava ao retorno a uma interpretação associativa da cor: "O olhar não presta atenção a estatísticas laboratoriais de vibração, apenas aceita as cores em relação com outras cores, sejam elas próximas ou remotas no campo de visão".[125] Mesmo que o "jardineiro paisagista (...) apregoe que o verde é repousante (...) o verde tranquiliza pelo que sugere ao espírito; não é repousante em si".[126] Este tipo de observação continua a fazer-se na psicologia ambiental contemporânea: "'Verde' é estenografia. Vale por 'natureza' (...)".[127] A frase é do ensaio de Rachel Kaplan *The Green Experience*, que repete tautologicamente este axioma: "A preferência por toda uma série de coisas verdes (...)".[128] Para ter a certeza de ser compreendida, acrescenta: "Há (...) muitos lugares verdes que proporcionam o cenário para actividades envolventes e gratificantes".[129] Também J. B. Jackson observa que "Todos os jardins da América são mais ou menos iguais…".[130] Mais tarde, iria associar a cor monocromática da relva a monotonia: "(...) milhares e milhares de famílias encontram-se a viver, não no meio da natureza, mas num deserto verde (...). Um dia destes uma vereação irá descobrir que custa mais aparar hectares de relva monótona do que plantar árvores e jardins e preservar um pouco de natureza selvagem domesticada junto dos lugares onde as pessoas vivem".[131] Neste prelúdio, ao despertar das sensibilidades ecológicas ao relvado, nos anos sessenta, a natureza circundante começa subitamente a exprimir sentimentos e a propiciar sensações.

O sentimento de viver num deserto verde é referido por muitos analistas dos novos subúrbios após a Segunda Guerra mundial. John Keats, no seu livro de 1957, *The Crack in the Picture Window*, descrevia assim a disposição de uma mãe jovem

---

124. Ibid., p. 292-293.
125. Fletcher Steele, *Gardens and People*, cit., p. 27.
126. Ibid.
127. Rachel Kaplan, "The Green Experience", in Stephen Kaplan e Rachel Kaplan, eds., *Humanscape: Environment for People*, Ann Arbor, Ulrich's Books Inc., 1982, p. 186-193, cit. 186; ver também Stephen Kaplan, "The Restorative Benefits of Nature: Toward an Integrative Framework;" Número especial: Psicologia do Verde, *Journal of Environmental Psychology* 15:3, Setembro 1995, p. 169-182, e Amita Sinha, *Landscape Perception. Readings in Environmental Psychology*, London/San Diego, Academic Press, 1995.
128. Ibid., p. 189.
129. Ibid., p. 192.
130. John B.Jackson, "Ghosts at the Door", *Landscape* 1:2, Outono 1951, p. 3-9, ver 3 "Front yards are a national institution (...)"; artigo também reeditado com o título: Jackson, John B. "Front Yards", in Stephen Kaplan e Rachel Kaplan, ed., *Humanscape: Environment for People*, Ann Arbor, Ulrich's Books Inc., 1983, p. 175-178, p. 176.
131. J. B. Jackson, "Green Deserts", cit.

recentemente emigrada para esta nova "natureza selvagem": "O relvado neutral não pode proporcionar alívio, pois, como tudo o resto em Rolling Hills, estava a um passo da sufocante monotonia".[132] A principal actividade das mulheres jovens consistia em convidarem-se mutuamente para *déjeuners sur l'herbe*.[133] Nas então chamadas "vizinhanças de alcova", a desanimada heroína unicamente "(…) pousava um olhar ausente na moldura da janela e via relvados cheios de jovens mães com bebés".[134] Apanhadas na armadilha que alguns alcunharam "suburbitédio", estas moradoras, segundo Keats "são presa de um tédio vago e mortal".[135] Anagramas à parte, sempre houve relações curiosas entre tédio (*boredom*) e dormitório (*bedroom*). Há, evidentemente, a famosa análise da "taxa de tédio em Levittown" publicada por Herbert Gans em 1967. Gans refere que embora "40 por cento (cerca de um terço das mulheres e mais de metade dos homens) nunca se aborreçam e apenas umas quantas mulheres estejam constantemente entediadas", muitos moradores eram de opinião que os novos subúrbios lhes traziam uma espécie particular de tédio: "Para cerca de um quarto da amostra total de mulheres citadinas e cerca de 10 por cento dos homens, Levittown significa tédio, (…) sendo o isolamento social a sua principal fonte, seguido pela mudança do papel social de operária para mãe".[136]

É interessante o facto de esta simultaneidade fornecer tanto a base para uma crítica do relvado como a promessa de acabar com o tédio. Gans, que vivera pessoalmente a experiência desta nova fronteira, conta: "Houve alguém que disse: 'Começa-se a aparar a relva ou a apanhar ervas daninhas e depois continua-se porque se quer que fique bem, e o tempo passa. Sobra menos tempo para o tédio'".[137] Um artigo em *Lawn Care* (1960) explicava que o relvado, que cria uma situação visual de monotonia monocromática, pode também dar o remédio para a má disposição: "Cuidar de um relvado é um dom do céu para qualquer mulher que queira melhorar a sua aparência".[138] Em 1974, ainda o relvado era considerado a base de uma vida saudável capaz de dissipar a lembrança da melancolia verde: "Uma vez iniciado, o cultivo e conservação do relvado pode ser uma diversão terapêutica sob a forma de exercício completo; o prémio é o orgulho de um esforço feito para viver

---

132. John Keats, *The Crack in the Picture Window*, Boston, Houghton Mifflin Co., 1957, p. 57.
133. John Keats, ibid., p. 51, fala do hábito do namoro no relvado.
134. Ibid., p. 169, p. 157.
135. Ibid., p. 193.
136. Herbert J. Gans, *The Levittowners: Ways of Life and Politics in a New Suburban Community*, New York, Random House, 1967, p. 228, p. 258.
137. Ibid., p. 229.
138. "Kick Off Your Shoes, Girls!", *Lawn Care*, 33:2, Primavera 1960, p. 3.

melhor".[139] Como afirma a estrela de *rock* Pony depois de visitar a sua terra natal, Burnley, na peça de Eric Bogosian *subUrbia*: "(…) O cheiro da relva acabada de cortar … que bom! Pelas janelas, via para dentro das casas. As famílias viam televisão, jantavam, bebiam cerveja. São os subúrbios! Não é em vão que lhes chamam 'O Sonho Americano'".[140]

No período do pós-guerra, o relvado americano tornou-se o cenário formal que apresentava a casa como um proscénio, um espaço teatral onde podia fazer-se a representação da vida familiar, em patuscadas na relva com churrascos à volta da piscina. Este esquema era então reproduzido nas *sitcoms* no ecrã do televisor, e na tela do cinema.[141] Embora Erwin Goffman tenha oferecido um panorama sociológico clássico destas encenações teatrais em *The Presentation of Self in Everyday Life* (1959), viria a ser a cultura popular do cinema a pronunciar a sua própria crítica social dos subúrbios, de *The Stepford Wives* (realizado por Brian Forbes em 1975) até *A Vida em Directo* (realizado por Peter Weir, em 1998), com Jim Carrey, uma sátira aos meios de comunicação e ao "novo" urbanismo que na realidade tem lugar na povoação de Seaside, Florida, um projecto dos "novos" planificadores Andres Duany e Elisabeth Plater-Zyberk, na década de 80.

Durante os anos noventa, a urbanização de Celebration, perto de Orlando, na Florida, que a Disney construiu, projectada pelos arquitectos nova-iorquinos Robert A. M. Stern e Jacquelin Robertson, revela grande atenção a todas as minúcias do plano de pormenor.[142] Os artifícios do projecto, que incluem colunas de plástico proto-coloniais e relvados cuidadosamente plantados à frente das casas, destinavam-se a dar a sensação de bairro. Como nos parques temáticos Disney adjacentes, o controlo é um tema central em Celebration, onde algumas das restrições fazem eco das que Olmsted impusera em Riverside, regulamentando todos os pormenores até à percentagem de relva, árvores e arbustos de cada lote. Nos Estados Unidos, a partir 1975 os condomínios fechados são a mais recente inovação em imobiliário na tendência suburbanística para ambientes cada vez mais cerrados e controlados.

---

139. Lloyd E. Partain, "Grass for Protection, Safety, Beauty, and Recreation", in Howard Bennett Sprague e American Forage and Grassland Council, *Grasslands of the United States: Their Economic and Ecologic Importance; a Symposium of the American Forage and Grassland Gouncil*, 1.ª ed., Ames, Iowa State University Press, 1974., p. 212.

140. Eric Bogosian, *subUrbia*, New York, Theatre Communications Group, 1995, p. 62; o filme *subUrbia* foi realizado por Richard Linklater, Castle Rock Entertainment, 1996.

141. Lynn Spiegel, "From Theatre to Space Ship. Metaphors of Suburban Domesticity in Postwar America" in *Visions of Suburbia*, Roger Silverstone, ed., London, Routledge, 1997, p. 222.

142. Andrew Ross, *The Celebration Chronicles. Life, Liberty, and the Pursuit of Property Value in Disney's New Town*, New York, Ballantine Books, 1999; Douglas Frantz and Catherine Gollins, *Celebration, U.S.A. Living in Disney's Brave New Town*, New York, Henry Holt Co., 1999.

Casas de guarda, barreiras físicas, dispositivos de vigilância electrónica e forças de segurança privadas são os guardiões de uma privacidade ameaçada.[143] Contudo, em *Celebration*, a Disney, consciente da sua imagem, inspirada numa demonstração de boa relação com o público, não construiu mais um condomínio fechado. No entanto, tal como no filme *A Vida em Directo*, a fronteira é invisível. Na sua insularidade e exclusividade, esta "nova" cidade é uma comunidade amuralhada sem portões: o supremo paradoxo.

---

143. Evan McKenzie, *Privatopia. Homeowner Associations and the Rise of Residential Private Government*, New Haven CT, Yale University Press, 1994; Edward J. Blakely e Mary Gail Snyder, *Fortress America. Gated Communities in the United States*, Washington DC, Brookings Institution Press/Lincoln Institute of Land Policy, 1997; reed: 1999.

01 02 | 06
03 | 07 08
04 05 | 09 10

O relvado americano: encenar o dia-a-dia

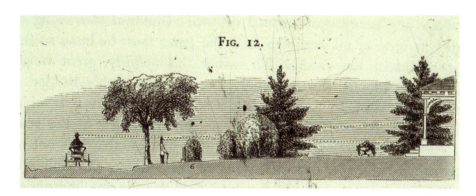

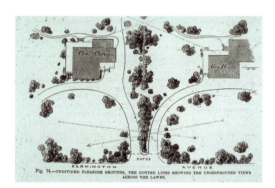

01 Homem com máquina de cortar relva num jardim, J. H. Starbuck, 1885-1900, impressão fotográfica (Rochester, New York, The Strong Museum).

02 Kate Ericson e Mel Ziegler, "Half Slave, Half Free", vista da instalação, 1986 (colecção do artista).

03 Gregory Crewdson, sem título, 1996, da série "Hover", impressão fotográfica a preto e branco (New York, Luhring Augustine).

04 "Residence of J. Randolph Bayard. Dairy Farm [...] Greene County, Pa.", sem data, impresso (Winterthur, Delaware, The Henry Francis du Pont Winterthur Museum and Library).

05 "General Plan of Riverside, by Olmsted, Vaux & Co., Landscape Architects, 1869", pormenor de gravura a cores, (Brookline, Massachusetts, Frederick Law Olmsted National Historic Site).

06 Corte pelo passeio (de Frank J. Scott, *The Art of Beautifying Suburban Home Grounds of Small Extent*, New York, D. Appleton, 1870).

07 "Undivided Pleasure Grounds" (de Jacob Weidenmann, *Beautifying Country Homes. A Handbook of Landscape Gardening*, New York, Orange Judd and Company, 1870).

08 "Tree Belt versus Scant Opening", Shade Tree Commission, Newark, NJ (de: *The American City*, VII, no. 3, September 1912).

09 Larry Sultan, "sem título" (de id., *Pictures from Home*, New York, Abrams, 1992).

10 Larry Sultan, "sem título" (de id., *Pictures from Home*, New York, Abrams, 1992).

Umbrais

Uma topologia de umbrais

A tarefa da historiografia é, para Walter Benjamin, a irrupção de factos históricos, exumados do seu estado de desuso. Na sua obra, estes "factos históricos" tendem a focar a atenção em exemplos de fenómenos no momento da sua protelação ou desaparecimento, através da morte, da destruição, ou do abuso. Por outras palavras, concentra-se em conjunturas de limiar, momentos de transição onde os fenómenos estão à beira de se desintegrar, imagens efémeras desaparecendo na memória.[1] Para Benjamin, a história torna-se assim um trabalho de recordação (*die Erinnerung*), mas apenas se o seu mecanismo permanecer idêntico ao despertar. Benjamin refere-se explicitamente ao momento do acordar, quando hesitamos até sobre a nossa própria identidade: "Aquilo a que Proust alude com a sua experiência da deslocação do mobiliário no desvelo matinal, (…), não é mais senão o que deveria ser aqui transposto num plano histórico e colectivo".[2]

Deverá ter-se em atenção que Benjamin tinha em mente a oposição entre memória (*das Gedächtnis*) e recordação (*die Erinnerung*), tal como desenvolvidas por Theodor Reik. A memória, anota Reik, "é a protecção de impressões; a recordação aspira à sua dissolução. A memória é essencialmente conservadora, a recordação é destruidora".[3] De igual modo, o acto de despertar dos sonhos é, enquanto passagem, ruptura e continuidade ao mesmo tempo. Esta dialéctica da transição, da situação da mente no umbral entre despertar e consciência desperta, permite que a figura do despertar se torne central nas reflexões de Benjamin.[4] "Existe um

---

1. Benjamin toma em parte inspiração na noção de *mémoire involontaire* de Proust, indo mais além, comparando a actividade do historiador com a condição do umbral – com o que acontece na mente ao acordar: "O novo método dialéctico da ciência da história parece ser a arte de usar o presente como um acordar para o mundo ao qual o sonho, a que chamamos passado, na realidade se refere. Cumprir o passado na recordação (*die Erinnerung*) do sonho! Em suma: a memória e o acordar estão intimamente ligados. Isto quer dizer, o acordar é a revolução copérnicana da rememoração (*das Eingedenken*, trazer à mente)." Ver: Walter Benjamin, *Das Passagen-Werk*, Frankfurt, Suhrkamp, 1982, vol. 1, K1, 3, 491; Versão inglesa: Walter Benjamin, *The Arcades Project*; trad. por Howard Eiland e Kevin McLaughlin com base na edição alemã de Rolf Tiedemann, Cambridge, MA: Belknap Press of Harvard University Press, 1999; id., *Paris, Capitale du XIXe siècle, Le livre des arcades*, trad. de Jean Lacoste, Les Éditions Cerf, Paris, 1989 ; id., *Passagens*, trad. de Willi Bolle, São Paulo, IMESP, 2006.

2. Ibid.

3. Theodor Reik, *Der überraschte Psychologe*, Leiden, A. W. Sijthoff, 1935, p. 130-32; citado por Benjamin, *Passagen-Werk*, K8, 1, p. 507-08.

4. Ver: Krista R. Greffrath, "Proust et Benjamin," in *Benjamin et Paris*, Heinz Wismann ed., Paris, Les Éditions Cerf, 1986, p. 113-31, 124.

'conhecimento ainda não consciente' do 'que-foi-uma-vez' (*das Gewesene*), cujo aflorar tem a estrutura do despertar."[5]

O umbral como zona

Adormecer e despertar são ritos de passagem na vida humana; talvez os únicos que permanecem numa sociedade secularizada. Apesar disso, Benjamin adverte, "o limiar (*die Schwelle*) deve diferenciar-se claramente do limite (*die Grenze*). O limiar é uma zona. Umbral, passagem, vazar e encher estão incluídos na palavra *schwellen* ('inchar'). A etimologia não consegue impedir-nos de anotar estes significados. Por outro lado, é necessário conhecer o contexto imediato tectónico e cerimonial que deu à palavra o seu significado".[6] Despertar não é então uma cesura, mas a criação de uma porta, a ser atravessada através de uma série de ritos, entre o mundo dos sonhos e o estado desperto. É uma zona formada por uma tectónica precisa, uma região de cognição. Passagem e peristilo, pronaos e portal, entrada e vestíbulo, arco triunfal, sagrado e profano (l. *pro-fanus*: em frente do templo, l. *fanus, fanum*: templo): estas linhas imaginárias e tectónicas não criam uma fronteira, mas o entre, um espaço no meio.[7] A forma do umbral, como figura temporal e espacial, é a do "entre-dois", o termo médio que se abre entre duas coisas.[8]

É em *Passagen-Werk*, o trabalho inacabado sobre as arcadas de Paris que permaneceu em notas preparatórias, que Benjamin se dedica prolixamente ao conceito do sonho e despertar. Mas é também, por outro lado, o lugar onde ele lida com o umbral. Neste sentido, é, entre muitas outras coisas, um esboço de uma "ciência dos umbrais", como o seguinte extracto ilustra:

"Mesmo o soar despótico da campainha da porta que reina no apartamento ganha o seu poder da magia do umbral. Um som estridente anuncia que algo está a atravessar o umbral."[9]

---

5. Benjamin, *Passagen-Werk*, vol. 1, K1, 2, p. 491.
6. Ibid., O2a, 1, p. 618.
7. A última citação refere-se claramente à obra do etnólogo francês Arnold van Gennep (1873-1957), cujo trabalho Benjamin conhecia: Arnold van Gennep, *Les rites de passage; étude systématique des rites de la porte et du seuil, de l'hospitalité, de l'adoption, de la grossesse et de l'accouchement, de la naissance, de l'enfance, de la puberté, de l'initiation, de l'ordination, du couronnement, des fiançailles et du mariage, des funérailles, des saisons, etc.*, Paris, É. Nourry, 1909; id., *Os Ritos de Passagem*, trad. de Mariano Ferreira, apres. de Roberto da Matta, Petrópolis, Vozes, 1978; id., *The Rites of Passage*, trad. de Monika B. Vizedom e Gabrielle L. Caffe, introd. de Solon T. Kimball, Chicago, University of Chicago Press, 1961.
8. Ver: Jacques Leenhardt, "Le passage comme forme d'expérience: Benjamin face à Aragon," in *Benjamin et Paris*, p. 169; onde lança um paralelo interessante entre a metáfora da *passage* em Aragon e Benjamin, e a ontologia da finitude e da abertura em *Sein und Zeit* de Heidegger. Ver também Winfried Menninghaus, "Science des seuils: La théorie du mythe chez Walter Benjamin," in *Benjamin et Paris*, p. 529-57, p. 543.
9. Benjamin, *Passagen-Werk*, C3, 5, p. 141.

Uma outra passagem, que parece ter sido composta após a leitura de um artigo do doutor Pierre Mabille, publicado na revista surrealista *Minotaure* em 1935, compara o "inconsciente visceral" (do indivíduo) e o "inconsciente do esquecimento". O segundo, de uma natureza predominantemente colectiva, é um inconsciente derivado "da massa das coisas aprendidas através dos tempos ou do curso da vida, que foram conscientes e que, através da disseminação, caíram no esquecimento". Os elementos do inconsciente individual desapareceram ou foram extintos; apenas os do inconsciente colectivo existem "inferidos do mundo exterior (e) mais ou menos transformados e digeridos."[10] Surge a possibilidade de um interior colectivo, um interior feito de coisas exteriores, preservadas como se num vaso informe através de um processo de interiorização.

Uma noção similar aparece nas notas de Benjamin, para quem "naturalmente, muito do que é exterior para o indivíduo pertence à natureza interior do colectivo: arquitectura, moda, sim, até o tempo atmosférico são, para o interior do colectivo, o que a percepção sensorial, (e) os sintomas de doença ou de saúde são para o interior do indivíduo."[11] Contrariamente ao psicanalista, que quer desmascarar as figuras do sonho, a "hermenêutica" benjaminiana parece revelar nos edifícios, nas coisas aparentemente mais utilitárias, a emergência de tudo o que as liga aos sonhos, quer dizer ao irracional, ao sepultado, ao mórbido, ao assimilado, ao perturbante.[12] Aí reside a força da analogia que perpassa *Passagen-Werk*, e que constitui nele, de uma forma explícita, dois dos seus mais importantes capítulos de notas e reflexões coligidas sob os títulos de "cidade de sonho" (*die Traumstadt*) e "casa de sonho" (*das Traumhaus*). A analogia entre sonho e arquitectura estabelece a "correspondência" (a noção-chave da teoria poética de Baudelaire) entre o mundo dos sonhos e o das coisas.[13] E agora, o significado da seguinte nota torna-se claro: "A moda, como a arquitectura, pertence à obscuridade do momento vivido, ao sonho inconsciente do colectivo – que se desperta, por exemplo, na publicidade."[14]

Benjamin revelou que o "passado", o "que-uma-vez-foi" (*das Gewesene*), não é simplesmente a "máscara historicista" que prefigura a modernidade, mas pelo contrário, é bem actual. Assim o século XIX por ele descrito era constituído não por

---

10. Pierre Mabille, prefácio a "L'éloge des préjugés populaires," *Minotaure*, 2, n.º 6, Inverno, 1935, 2; citado por Benjamin, *Passagen-Werk*, vol. 1, K4, 2, p. 501.
11. Benjamin, *Passagen-Werk*, vol. 1, K1, 5, p. 492.
12. Rita Bischof e Elisabeth Lenk, "L'intrication surréelle du rêve et de l'histoire dans les Passages de Benjamin," in *Benjamin et Paris*, p. 184; um estudo interessante, no entanto discordamos das conclusões – Benjamin é acusado de não ter contribuído para uma "sociologia do afecto" (!), p. 197.
13. Ibid., p. 184.
14. Benjamin, *Passagen-Werk*, vol. 1, K2a, 4, p. 497.

um período remoto fixado historicamente, mas como uma região espaço-temporal, uma "zona intermédia e vasta onde o estético e o social não assumiram ainda formas distintas."[15] Para demonstrar isso, expõe uma topografia de zonas intermédias, "a casa-sonho (*das Traum-haus*) do colectivo: arcadas, jardins de inverno, panoramas, fábricas, museus de cera, casinos, estações de caminho-de-ferro."[16] Todos estes edifícios, que são típicos das "novidades" do século XIX, são caracterizados pelo que parece ser uma transparência, obtida através do uso de novos materiais como metal e vidro. Mas esta transparência é apenas superficial – mais propriamente, estes são os grandes espaços que criam um vasto interior para o colectivo, tão grande que não têm um exterior como tal. Todos eles são interiores: os espaços alongados das arcadas iluminadas pelas lanternas cintilantes; a atmosfera vaporosa das estufas, pingando com a humidade; os espaços encerrados dos panoramas, museus e casinos, com as suas perspectivas infindáveis; as fábricas enormes e barulhentas e estações de caminho-de-ferro, cavernas preenchidas com fumo e vapor.

Estes espaços de transição são os contentores da multidão: encerram o sonho colectivo. Paradoxalmente, os espaços públicos surgem como interior. São um tipo particular de interior: espaços-umbral onde o interior e o exterior se encontram, onde o público e o privado literalmente encontram o seu chão comum. O que Benjamin parece querer dizer é que o "século XIX" não simplesmente prefigura a modernidade, mas, como uma sua *Ur-história*, ilumina a transição como motivo-chave da modernidade. O século XIX não é apenas um instante intermediário, é também caracterizado por espaços intermediários. O espaço público torna-se por isso um umbral, um espaço que congrega, ou "contém", o fluxo da multidão.

O interior como fachada

É bem conhecido como, para Benjamin, o apartamento dos séculos XIX e XX é um invólucro revestido para os seus habitantes, tal como um estojo de compasso, ou uma concha.[17] No entanto, este invólucro deveria ser considerado através da possibilidade de um umbral topológico entre um interior e um exterior: na verdade parece ser um *intérieur* puro e protector, enquanto, por outro lado, este interior é exposto, e assim projectado para o exterior, como mercadorias numa vitrina ou

---

15. Bischof e Lenk, op. cit.
16. Benjamin, *Passagen-Werk*, vol. 1, L1, 3, p. 511.
17. Sobre esta questão ver: Jean-Louis Déotte, *L'homme de verre. Esthétiques benjaminiennes*, Paris, L'Harmattan, 1999; e claro: Hilde Heynen, *Architecture and Modernity. A Critique*, Cambridge, MA, MIT Press, 1999, 3rd printing, 2001.

montra de loja, ou os artefactos de colecção num museu.[18] O que costumava ser a interioridade (burguesa), a tranquilidade segura e íntima (*die Gemütlichkeit*), um lugar para dormir e um lugar adormecido, em suma o *intérieur*, desdobra-se num exterior: "O *intérieur* expõe-se. É como se o burguês estivesse tão seguro da sua próspera estabilidade que desdenhasse a fachada, de forma a declarar: por onde quer que se exponha ou seccione, a minha casa mantém-se uma fachada."[19] Esta consideração, que não é uma contradição no pensamento de Benjamin, oferece uma possibilidade do *intérieur* ser apossado pelo espelho, entre um interior e um exterior. Tal dualidade, para Benjamin, poderia ser representada por um duplo reflexo: o do "poeta da cidade moderna",[20] ou seja Charles Baudelaire, e a do artista de vanguarda, por exemplo, Bertolt Brecht. Benjamin mantém uma visão telescópica do tempo e da história: é por isso que as observações de Baudelaire e Brecht são registadas ao mesmo tempo, como se se abatessem uma sobre a outra.

Precisamente para Charles Baudelaire existe uma irrupção do exterior (metropolitano) no interior, o que tem duas consequências: – o interior transforma-se numa fachada, ao passo que o transeunte se torna um *voyeur*: "Olhando do exterior numa janela aberta nunca se vê tanto quanto se vê olhando através de uma janela fechada. Nada é mais profundo, mais misterioso, mais sugestivo, mais insidioso e mais fascinante que uma janela iluminada por uma vela. O que se pode ver lá fora à luz do sol é sempre menos interessante do que ocorre por detrás de um cortinado de janela. Naquele cubículo escuro ou luminoso a vida vive, a vida sonha, a vida sofre."[21] Para o poeta da cidade moderna, a janela, vista através da sua exterioridade desorientada, é melhor percepcionada a partir do exterior e à noite. Enquadra a existência solitária e anónima da humanidade metropolitana, e oferece uma imagem, uma alegoria, da solidão contemporânea. Os seus poemas dizem coisas usando outras coisas, outras imagens: alegorizam o olhar exterior sobre o desconhecido.

---

18. Para Benjamin, os séculos XIX e XX perseguiram a habitação, o habitar, as modalidades do habitar (*das Wohnen*): "The nineteenth century, like no other, was addicted to dwelling. It conceived the residence as receptacle for the person, and it encased him with all his appurtenances so deeply in the dwelling's interior that one might be reminded of the inside of a compass case, where the instrument with all its accessories lies embedded in deep, usually violet folds of velvet." Ver: Benjamin, *Passagen-Werk*, vol. 1, I4, p. 4; id., *The Arcades Project*; op. cit., p. 220; e id., *Paris, Capitale du XIXe siècle, Le livre des arcades*, op. cit., p. 239.

19. Ibid., L1, 5, p. 512.

20. Charles Baudelaire, *Le peintre de la vie moderne*; in id., *Œuvres Complètes*, Paris, NRF Gallimard (La Pléiade), 1976; 1985, vol. II, p. 683-724; id., *O Pintor da Vida Moderna*, trad. e prefácio de Teresa Cruz, Lisboa, Vega, 1993.

21. Charles Baudelaire, "Les Fenêtres," in "Le Spleen de Paris," *Œuvres Complètes*, Paris, NRF, Gallimard, 1961, 288; id., *Paris Spleen*, trad. por Louis Varèse, New York, A New Director's Book, 1947, p. 77; id., *O Spleen de Paris: (pequenos poemas em prosa)*, trad., pref. e apêndice de Jorge Fazenda Lourenço, rev. de Michelle Nobre Dias, Lisboa, Relógio d'Água, 2007.

Este fenómeno é claramente ilustrado pelos famosos cortes dos edifícios de apartamentos de Paris, publicados frequentemente no século XIX.[22] Desde 1845 até 1911, existia em Paris uma moda iconográfica (derivada das técnicas de representação dos séculos anteriores), que tinha como tema a dissecação do *immeuble* como um corpo anatómico. Este argumento já tinha sido de certa forma anunciado pela literatura através de *Le Diable boiteux* (1707; segunda edição, 1726), um romance de grande tiragem escrita por Alain-René Le Sage, onde o diabo era capaz de penetrar paredes e telhados.[23] Este diabo era um abelhudo, que se introduzia nos quartos de dormir, verificando o que as pessoas que dormiam poderiam estar a fazer. No século XIX, o mesmo tema, renomeado *Le Diable à Paris*, era ilustrado pelos cortes arquitectónicos revelando a vida social de um edifício piso por piso como num espectáculo de *peepshow*,[24] desde a luxuosidade de um interior burguês escancarado até à embriaguez do artista *bohème* dançando nas suas águas-furtadas.[25] Típico do *intérieur* Luís Filipe, o que a escolha do corte revela é a rigorosa separação de classes, apesar de colocados conjuntamente na mesma estrutura.

A estes eram associados outros tipos de desenhos, a maioria para representar as infra-estruturas subterrâneas da cidade, tais como ramais de saneamento, abastecimentos de água e gás, e os túneis do metro com as suas escadas de acesso. Nestes desenhos, representados em perspectiva, a conduta de saneamento aparece com os ramais de ligação aos edifícios. Trata-se de facto de um desenho de uma maqueta em corte que foi exposto na Exposição Internacional de Paris de 1878.[26] Enquanto os espaços de transição públicos se tinham tornado "interiores", feitos de diferentes tipos edificatórios, tais como estações, ou diferentes redes, tais como linhas de metro, o interior victoriano (ou haussmaniano), seccionado pelo corte arquitectónico, exposto a toda a gente pelo pela divulgação científica, e aberto à literatura social íntima de escritores tais como Balzac ou Zola, revelava-se como uma fachada.[27] O interior torna-se uma superfície reversível, "como uma peúga" – para usar uma

---

22. Ver *Le Parisien chez lui au XIXᵉ siècle: 1814-1914*, Paris, Archives nationales, 1976.

23. Sobre a prefiguração da transparência moderna em Le Sage, ver *Le Parisien chez lui au XIXᵉ siècle: 1814-1914*, Paris, Archives nationales, 1976, p. 14-43; e o seu romance, Alain-René Le Sage, *Le Diable Boiteux* (1707; aqui, a versão editada em 1726), Roger Laufer, ed., Paris, Gallimard, 1984; reimpressão: Folio Classique, 1999; como era costume nesse período, Le Sage inpirou-se livremente na novela de um autor espanhol: Luis Vélez de Guevara, *El Diablo Cojuelo* (1641), Ángel R. Fernández González, Ignacio Arellano, ed., Madrid, Editorial Castalia, 1988.

24. Richard Blazer, *Peepshows: A Visual History*, New York, Harry N. Abrams, 1998.

25. Ver: *L'Illustration*, 11 Janeiro 1845, 293; e *Le Magasin Pittoresque*, Dezembro 1847, p. 401. Ver *Le Parisien Chez Lui au XIXe Siècle. 1814-1914*, op. cit.

26. Gravuras de Smeeton-Tilly publicadas em *Magasin Pittoresque*, Janeiro 1880, p. 37.

27. Sharon Marcus, *Apartment Stories. City and Home in Nineteenth-Century Paris and London*, Berkeley, CA, University of California Press, 1999, p. 17-50; Pierre Pinon, *Atlas du Paris haussmannien: la ville en héritage du Second Empire à nos jours*, Paris, Parigramme, 2002.

expressão de Gilles Deleuze e Félix Guattari –, e poderia ser transformado num exterior.[28] Como foi sublinhado por Benjamin, uma reversão simétrica tem então lugar: "As arcadas são como casas ou passagens que não têm um exterior, como no sonho",[29] e "o interior do museu revela-se como um *intérieur* intensificado".[30]

Desta forma, deveria haver graus de intensidade no interior e na interioridade. Deveria haver interiores normais, banais e quotidianos; mas também deveria haver os interiores extremamente intensificados, que deveriam apresentar qualidades do sonho, descritos por Proust e Rilke. De uma forma similar, Benjamin mostra que as arcadas de Paris eram ruas transformadas em interiores, onde a abundância de espelhos prolongava o espaço para o fantástico e confundia a orientação.[31] Mais ainda, observa, "a arcada é também uma casa sem janelas (*ein fensterloses Haus*)".[32] Esta imagem surpreendente pode ser encontrada numa nota datada dos anos vinte, para o projecto das arcadas: "Arcadas: casas, passagens que não têm exterior. Como no sonho".[33] A esta nota enigmática acrescenta outra passagem, afirmando a proximidade do sonho e da verdade, que já contém a estrutura da "arquitectura de sonho": "A verdade não tem janelas. A verdade nunca observa para fora o universo." Como nos panoramas, teatros, panópticos, arcadas (*passages*), "o que se encontra na casa sem janelas é a verdade".[34] Tal arquitectura de sonho tem a estrutura do espaço monádico.

Imagem do espelho

Existe um paralelismo interessante entre o espelho representado em *Las Meninas* (1656) de Diego Velázquez e a *Monadologia* (1714) de Gottfried Wilhelm Leibniz, cujas datas claramente enquadram o período barroco. Enquanto o centro da representação é projectado para fora da pintura, é representado ao mesmo tempo dentro da moldura através da reflexão fantasmática dos reis de Espanha (Filipe IV e a sua mulher). No fundo da pintura existe um ponto – "ideal" ou "virtual" em relação ao que representa, mas verdadeiramente real – que indica as várias funções do

---

28. Ver Gilles Deleuze, Félix Guattari, *Capitalisme et schizophrénie, 2. Mille plateaux*, Paris, Éd. Minuit, 1980; reimpressão, 2001; id., *O Anti-Édipo: capitalismo e esquizofrenia*, trad. de Joana Morais, Manuel Maria Carrilho, Lisboa, Assírio & Alvim, 2004; *Mil Planaltos: capitalismo e esquizofrenia 2*, trad. de Rafael Godinho, Lisboa, Assírio & Alvim, 2008; id., *A Thousand Plateaus: Capitalism and Schizophrenia*, trad. de Brian Massumi, Minneapolis, University of Minnesota Press, 1987, p. 30.
29. Benjamin, *Passagen-Werk*, vol. 1, L1a, 1, p. 513.
30. Ibid., L1a, 2, p. 513.
31. Benjamin, *Passagen-Werk*, vol. 2, R2a, 3, p. 672.
32. Ibid., Q2a, 7, p. 661.
33. Ibid., Fo, 9, p. 1006.
34. Ibid., Fo, 24, p. 1008; ver também Q2, 8, p. 660, "the panopticon, a demonstration of a total work of art".

pintor, o visitante à porta e o espelho que coloca a família real por detrás do plano da representação.[35] Existe portanto uma ligação entre o horizonte do totalitarismo da representação em *Las Meninas* e as suas traduções filosóficas posteriores em Leibniz, para quem a Mónada é um "viver e espelho perpétuo do Universo".[36] Para o filósofo barroco, "nada pode limitar-se a representar só parte das coisas," e assim "cada Mónada representa o Universo inteiro".[37] De forma significativa, Leibniz também estava interessado na arte da jardinagem formal, cujos produtos são a representação do poder total, e estava particularmente envolvido com o *Grosser Garten* em Herrenhausen próximo de Hannover (coincidentemente, o jardim foi acabado em 1714, o mesmo ano da *Monadologia*).

Foi André Gide que em 1893 introduziu a noção de *mise-en-abyme*, apropriando-se de um nome técnico da heráldica francesa que se refere ao escudo menor na parte central de um outro escudo, que assim conforma um "escudete".[38] Gide desloca a definição, pensando de uma forma mais precisa no caso raro em que o "mesmo" escudo era repetido, em miniatura, no centro. O termo foi cunhado para descrever um efeito literário, como a "peça dentro da peça" em Hamlet, e assim significa "qualquer aspecto envolvido dentro de uma obra que mostra similaridade dentro da obra que a contém".[39] Gide citaria exemplos pictóricos para argumentar, e as pinturas citadas incluem Hans Memling, *Retrato de Maarten Van Nieuwenhoven* (1489), e do último aluno de Jan van Eyck, Quentin Metsys, *O banqueiro e a sua mulher* (1514). Nestas obras, pequenos espelhos convexos reflectiriam as coisas ou pessoas situadas fora da pintura. Gide também se refere a *Las Meninas*, provavelmente por causa da oscilação criada entre o pintor e o espectador, e também entre o interior e o exterior, fazendo a imagem "sair do quadro" mas ao mesmo tempo inserindo as visitas na imagem.

O espelho é assim um dispositivo especular que multiplica e interioriza. Tal operação, com a sua profunda relação com a ocularidade, pode ser bem detectada por exemplo na pintura bem conhecida de Jan van Eyck *O casamento Arnolfini* (1434),

---

35. Referência, claro, à análise de Michel Foucault em *Les mots et les choses. Une archéologie des sciences humaines*, Paris, Gallimard, 1966, p. 19-31; id., *As palavras e as coisas: uma arqueologia das ciências humanas*, trad. de António Ramos Rosa, Lisboa, Edições 70, 1998; ver também: Yvonne Neyrat, *L'art et l'autre. Le miroir dans la peinture occidentale*, Paris, L'Harmattan, 1999, p. 160-164.
36. Gottfried Wilhelm Leibniz, *The Monadology*, 1714, proposição 56 (em francês: *La Monadologie*, Émile Boutroux, ed., Paris, Livre de Poche, 1991). id., *Princípios de filosofia ou monadologia*, trad., introd. e notas de Luís Martins, Lisboa, Imprensa Nacional-Casa da Moeda, 1997.
37. Leibniz, *The Monadology*, proposições 60 e 62.
38. Ver John Philip Brooke-Little, *An Heraldic Alphabet*, London, Robson Books, 1985, 30, p. 154, citado por: Lucien Dällenbach, *The Mirror in the Text*, trad. de Jeremy Whiteley e Emma Hughes, Chicago, University of Chicago Press, 1989, p. 8.
39. Ibid.

que oferece uma analogia clara entre visão e espelho.[40] Nesta pintura, o espelho convexo circular, colocado atrás da câmara nupcial dos Arnolfini (ou do próprio pintor, de acordo com outra interpretação) e dominando o centro da pintura, permite uma correspondência perfeita entre o olho e o espelho. Como demonstrado por Erwin Panofsky em 1934,[41] e mais recentemente por Agnès Minazzoli, o olho é um espelho, mas também, inversamente, o espelho é um olho. Em primeiro lugar, o olho capta a imagem das coisas; emoldura o mundo visível, coleccionando a diversidade do mundo na unidade da visão. Em segundo lugar, o espelho provê a metáfora do olhar – do pintor, como testemunha de um contrato matrimonial (entre Giovanna Cenami e Giovanni Arnolfini, de acordo com a atribuição comum), recolocando ou redobrando o olho de Deus vacilando sobre as mãos dadas entre o casal, como testemunha da propriedade da sua união.[42]

Assim, o papel do espelho nesta pintura é tanto encerrar o espaço como reduplicá-lo e abrir o espaço para novas dimensões: pela reflexão na imagem da porta aberta para o quarto, abule os limites espaciais entre interior e exterior, ou, antes, as fronteiras simbólicas entre espaço profano e espaço sagrado. Também fornece ao pintor uma dupla assinatura, o seu nome, que é realmente escrito na parede imediatamente acima do espelho (*Johannes de eyck fuit hic 1434*), e a sua imagem, na forma de um auto-retrato. Duas funções numa, tanto nominal como icónica, são permitidas simultaneamente: a assinatura da pintura e a assinatura do contrato (do casamento). O espelho convexo é como um selo neste pacto (para a eternidade), não apenas "duplicando" a cena, inscrevendo este acontecimento, mas também sinalizando este evento particular no contínuo escoamento do tempo. O efeito *mise-en-abyme* do espelho é, claro está, baseado num princípio de repetição, mas não inteiramente. Em primeiro lugar, nada se repete identicamente, porque o espelho é uma superfície que distorce, especialmente a superfície do espelho convexo; e em segundo lugar, no exemplo da repetição (ou duplicação), do espelho, é também uma celebração de um acontecimento que acontece uma única vez, no tempo e no espaço, *hic et nunc*. Em ambos os casos, o acto da representação é claramente registado – o papel da pintura como imagem a que se refere a reflexão no espelho é um

---

40. Craig Harbison, *The Mirror and the Artist. Northern Renaissance Art in its Historical Context*, New York, Harry N. Abrams, 1995; Paul Philippot, *La peinture dans les Anciens Pays-Bas, XVe – XVIe siècles*, Paris, Champs Flammarion, 1994; reimpresso: 1998; Pierre-Michel Bertrand, *Le portrait de Van Eyck*, Paris, Hermann, 1997; Jonathan Miller, *On Reflection*, London, National Gallery Publications, New Haven, CT, Yale University Press, 1998.
41. Erwin Panofsky, "Jan van Eyck's *Arnolfini Portrait*," *Burlington Magazine*, 64, 1934, p. 117-127.
42. Ver Dällenbach, *The Mirror in the Text*, p. 7-19; e Agnès Minazzoli, *La Première Ombre. Réflexion sur le Miroir et la Pensée*, Paris, Éd. Minuit, 1990, p. 51-56.

registo de um acontecimento particular, tanto como documento como monumento (em sentido etimológico), uma recordação.

O espaço monádico: um puro interior

Em *A Dobra: Leibniz e o Barroco*,[43] Deleuze observa que o espaço barroco permite não apenas Mónadas que "não têm janelas", mas também os dispositivos da *camera obscura*, ou da caixa catóptrica revestida com espelhos.[44] Como demonstrado por Jurgis Baltrušaitis, as caixas catópticas, o exemplo de um mundo interiorizado ou espaço monádico pertencendo ao século XVII, tiravam partido de caixas revestidas a espelhos de variadas configurações, que pela extensão da cena incluída criavam a ilusão de um espaço interior maior do que a própria caixa. O tratado de Athanasius Kircher sobre dispositivos catóptricos, *Ars magna lucis et umbrae* (Roma, 1646; segunda edição, 1671),[45] ou *Oculus artificialis teledioptricus* (Würzburg, 1685), de Johannes Zahn, descreviam em detalhe vários tipos de máquinas reflexivas, quer usando compartimentos compostos de dois espelhos com ângulos de 60 e 90 graus que repetiam as figuras à sua frente (quanto mais pequeno o ângulo, mais repetições), ou uma caixa revestida com espelhos que prolongavam uma cena modelada em todas as direcções.[46]

O dispositivo de Zahn, a máquina catóptrica hexagonal, composta de compartimentos com divisórias revestidos a espelhos que tinham um pequeno orifício na parte frontal central, combinava os dois. Quando se espreitava, cada cena pintada era desmultiplicada seis vezes e magicamente parecia preencher toda a cabina hexagonal. As várias cenas contidas na caixa, que consistem maioritariamente em jardins ou composições arquitectónicas, constituem microscópicas paisagens mágicas dispostas como gavetas de um gabinete de curiosidades, ou uma *Wunderkammer*. Mais importante, Zahn desenhou um equivalente arquitectónico da caixa na segunda edição do *Oculus artificialis* (Nuremberga, 1702), o "Conclave Catoptricum," que era um quarto-dentro-de-um-quarto hexagonal o qual, no cimo da base, entrando, estava revestido de espelhos em todas as superfícies, excepto uma fiada de material

---

43. Gilles Deleuze, *Le pli. Leibniz et le baroque* Paris, Éd. Minuit, 1988; id., *A dobra: Leibniz e o Barroco*, trad. de Luiz Orlandi, id., Campinas, SP , Papirus, 1991.

44. *Ich sehe was, was Du nicht siehst! Sehnmaschinen und Bilderwelten, Die Sammlung Werner Nekes*, Bodo von Dewitz e Werner Nekes, eds., Museum Ludwig, Köln, Göttingen, Steidl Verlag, 2002; e *Die Wunderkammer des Sehens. Aus der Sammlung Werner Nekes* (exposição e catálogo), Werner Nekes, ed., Graz, Landesmuseum Joanneum, Bild- und Tonarchiv, 2003.

45. Athanasius Kircher, *Ars magna lvcis et vmbrae in decem libros digesta*, Roma, 1646; id., *Ars magna lucis et umbrae*, in X. libros digesta. (…) Editio altera priori multò auctior, Amsterdam, 1671 (2.ª edição aumentada).

46. Jurgis Baltrušaitis, *Le miroir. Essai sur une légende scientifique,* Paris, Éd. Seuil, 1978; ver também, Benjamin Goldberg, *The Mirror and Man*, Charlottesville, University Press of Virginia, 1985.

semitranslúcido à volta do cimo das paredes que permitia a entrada indirecta de luz através do quarto exterior, enquanto o tecto estava pintado com nuvens.[47] Assim revelava-se como uma maqueta perfeita do sujeito-como-edifício de Leibniz, dividido entre o corpo como base, o piso térreo aberto através de janelas representando os cinco sentidos e o mundo; e a mente ou a alma, completamente encerrada e interiorizada mas provida de um portão para além do infinito. A mente, como uma mónada, era representada como um mundo completo simplesmente porque, através de reflexões múltiplas, tinha a capacidade em si próprio de representar e imaginar o mundo inteiro dentro dos seus limites.

De facto, para Deleuze, o espaço monádico é: "A ideia arquitectónica de um quarto em mármore preto, no qual a luz entra apenas por orifícios tão bem colocados que nada do exterior pode ser visto através deles, e no entanto iluminam a cores a decoração de um puro interior."[48] É bastante curioso que ilustre esta definição não pelo catóptrico de Zahn, mas pelas clarabóias em forma de canhão da capela do Convento de La Tourette de Le Corbusier.[49] Deleuze prossegue afirmando que, se a fachada autónoma barroca se apresenta como "um exterior sem interior", então os interiores monádicos são "um interior sem exterior": este interior é "puro", é o "interior encerrado", com "as suas paredes suspensas de pregas espontâneas", de uma alma ou mente.[50] Na época barroca, estes dois espaços de pura exterioridade e interioridade, que são representados pelos dois vectores de Leibniz, um descendente para o nível físico do corpo e o outro ascendente para a luz metafísica das almas, são coexistentes. A pura interioridade e a pura exterioridade habitam "uma casa similar" na arquitectura doméstica barroca.[51]

No entanto, se a pura interioridade e a pura exterioridade habitam "uma casa similar", podemo-nos perguntar se isto não significa que as observações sobre o espaço monádico têm uma relevância limitada apenas ao período barroco. Nos tempos modernos, a separação entre elevado e rebaixado, alma e corpo, e interior e exterior refere-se à distinção barroca, mas é uma referência que, como uma prega, articula realmente essa diferença. A prega é assim a actualização da diferença entre

---

47. Hans-Dieter Lohneis, *Die deutschen Spiegelkabinette. Studien zu den Räumen des späten 17. und des frühen 18. Jahrhunderts*, München, TUDUV, 1985, p. 19-21; Serge Roche, Pierre Devinoy, *Miroirs, Galeries et Cabinets de glaces*, Paris, Paul Hartman, 1956; nova edição aumentada: Serge Roche, Germain Courage, Pierre Devinoy, *Miroirs*, Paris, Bibliothèque des Arts, 1986; *Miroirs. Jeux et reflets depuis l'antiquité* (catálogo da exposição), Geneviève Sennequier, Pierre Ickowicz, Nicole Zapata-Aubé, ed., Paris, Somogy, Éditions d'art, 2000.
48. Gilles Deleuze, *Le pli.* (...), op. cit., p. 39; *The Fold. Leibniz and the Baroque*, trad. de Tom Conley, Minneapolis, University of Minnesota Press, 1993, p. 27-31; *citação* 28.
49. Ibid.
50. Ibid., p. 28 e 29.
51. Ibid., p. 29.

"a prega íntima que a alma encerra no nível superior" e "o vinco que o material traz à vida para o exterior, no nível inferior".[52] O que estabelece a diferenciação é o *Zweifalt*, em termos heideggerianos, a "dupla prega", ou "a diferenciação da diferença".[53] Na casa monádica de Leibniz, é a prega que conecta o nível superior com o inferior, ou o espiritual com o físico; isto porque, mesmo se a prega é sempre dupla, não se pode suprimir um lado sem suprimir o outro. Como um dispositivo reflexivo, o espelho, um "vidro de olhar", serve como intermediário entre dois mundos, abrindo as possibilidades da figuração e ilusão. Talvez seja por isto que era o material escolhido para representar o espaço monádico. Não apenas o médium entre a mente e o material, ou o ideal e o real, também é um mediador tradicional entre a eternidade e a finitude ou o infinito e o finito, o interior e o exterior, o actual e o virtual. Desta forma, concretiza a "duplicação" do entre, a duplicidade da dupla prega, e o "duplo" dos opostos – o separador, noutras palavras, que vem entre os dois termos; ou, o In-cidente (*der Zwischen-fall*), como foi formulado por Martin Heidegger.

Window: entre *wind* e *eye*

Outro dispositivo que parece oferecer um exemplo paradigmático da noção de umbral entre interior e exterior é, claro, a janela.[54] No seu livro sobre "A janela no período barroco", Sabine Lietz mostra a continuidade do tratamento académico da janela desde, por exemplo, Miguel Ângelo e Vincenzo Scamozzi até Sébastien Le Clerc e Jacques-François Neufforge. Nos livros com modelos exemplares cita ela, a janela é representada do exterior, e é tratada sob o regime das ordens que governam a arquitectura (dórico, jónico, coríntio, etc.).[55] Por outro lado, as fontes para o tratamento das mesmas janelas desde o interior requerem referência às

---

52. Ibid., p. 30.
53. Ibid., p. 30.
54. Para uma introdução à história dos interiores na Europa, especialmente na península italiana, França, Estados Germânicos, Holanda, Inglaterra, Rússia e Espanha ver: Mario Praz, *La filosofia dell' arredamento. I mutamenti nel gusto della decorazione interna attraverso i secoli dall'antica Roma ai nostri tempi*, Milano, Longanesi, 1964; nova edição: Milano, Longanesi, 1981; id., *An Illustrated History of Interior Decoration, from Pompeii to Art Nouveau*, London, 1964, reimpressão: New York e London, Thames and Hudson, 1982; id., *L'ameublement. Psychologie et évolution de la décoration intérieure*, trad. de Pierre Tisné, Paris, 1964; nova edição: id., *Histoire de la décoration d'intérieur. La philosophie de l'ameublement*, Paris,Thames & Hudson, 1995; Peter Thornton, *Seventeenth-Century Interior Decoration in England, France and Holland*, New Haven e London, Yale University Press, 1978; id., *Authentic Decor; The Domestic Interior, 1620-1920*, New York e London, Viking, 1984; id., *The Italian Renaissance Interior, 1400-1600*, New York, Harry N. Abrams, 1991; *L'art décoratif en Europe. Classique et Baroque*, Alain Gruber, ed., Paris, Citadelles & Mazenod, 1992.
55. Sabine Lietz, *Das Fenster des Barock: Fenster und Fensterzubehör in der fürstlichen Profanarchitektur zwischen 1680 und 1780*, München, Deutscher Kunstverlag, 1982.

várias gravuras de, por exemplo, Jacques-François Blondel.[56] Estas incluem as representações da decoração interior e da escultura, *partis* decorativos, estilo à moda, mudanças súbitas de gosto e a contribuição não apenas de arquitectos mas também de marceneiros, estofadores, pintores de tectos, vidraceiros, cortinistas, etc. Um bom exemplo de tudo isto é o corte que mostra o recheio do Château de Petit-Bourg reconstruído para o Duc d'Antin nos inícios de 1720.[57]

Por conseguinte, no século XVIII, dentro da moldura teórica da arquitectura como aparece nos desenhos dos edifícios existentes e nos tratados, parece ser clara a separação entre o entendimento do alçado interior e exterior da janela. Vista desde o exterior, a janela permanece parte do regime da arquitectura clássica, das ordens. Desde o interior, a janela torna-se parte da decoração interior, já não ligada às regras do classicismo, mas orquestrada pelos novos ditados da propriedade arquitectónica – *distribution*, *convenance* e *bienséance* (como definidas por Blondel) –, pelo gosto e pela moda.[58] Como Georges Banu escreve, a cortina vela a intimidade, "protege segredos e revive a esperança de desvendamento sempre possível."[59] De acordo com a etimologia, o termo "janela" (*window* em inglês – uma combinação de vento *wind* e olho *eye*) parece referir-se ao que simultaneamente é isolado e associado: o olho interior e o vento exterior.[60] A janela, por isso, não é tanto um umbral como um separador que articula e diferencia: o abismal precipício entre um aparato formal exterior e um interior que está a ser transformado pelas novas prescrições do conforto.[61]

---

56. Ou por gravuras tais como Nicolas Pineau, Pierre Ranson, ou Jean-Démosthène Dugourc. Para uma história da decoração interior e mobiliário em França, ver Pierre Verlet, *La maison du XVIIIe siècle en France. Société, Décoration, Mobilier*, Paris e Fribourg, Baschet et Co., 1966; Michel Gallet, *Paris Domestic Architecture of the 18th Century*, London, Barrie & Jenkins, 1972; Pierre Verlet, *Styles, Meubles, Décors du Moyen-Age à nos jours*, Paris, Larousse, 1971-1972, 2 vol.: 1, *Du Moyen Âge au Louis XV*; vol. 2, *Du Louis XVI à nos jours*; id., *Les Meubles français du XVIIIe siècle*, 2.ª ed., Paris, Presses Universitaires de France, 1982; Jean Feray, *Architecture intérieure et décoration en France. Des origines à 1875*, Paris, Berger-Levrault, CNMHS, 1988; reimpressão, 1997; Michel Le Moël, *L'architecture privée à Paris au grand siècle*, Paris, Commission des travaux historiques de la Ville de Paris, 1990.

57. Ver John Whitehead, *The French Interior in the Eighteenth Century*, Laurence King, 1982, p. 78-80.

58. Robin Middleton, "Jacques-François Blondel and the *Cours d'Architecture*," *Journal of the Society of Arch. Historians of G. B.*, 18, n. 4, 1959; Richard A. Etlin, "'Les dedans,' Jacques-François Blondel and the System of the Home, c. 1740," *Gazette des Beaux-Arts*, Abril 1978, p. 137-147.

59. Ver Georges Banu, *Le Rideau, ou la fêlure du monde*, Paris, Adam Biro, 1997.

60. Ernest Klein, *A Comprehensive Etymological Dictionary of the English Language*, Amsterdam, Elsevier Publishing Co., 1966-1967, 2 vol.; citado por: Ellen Eve Frank, *Literary Architecture. Essays toward a Tradition: Walter Pater, Gerard Manley Hopkins, Marcel Proust, Henry James*, Berkeley, CA, University of California Press, 1979, p. 263.

61. Sobre um paralelo entre interiores britânicos, ver: *The Country Seat: Studies in the History of the British Country House*, apresentado por Sir John Summerson, Howard Colvin, John Harris, eds., London, The Penguin Press, 1970; Mark Girouard, *Life in the English Country House. A Social and Architectural History*, New Haven, Yale University Press, 1978; reimpressão: Hardmondsworth, Penguin Books, 1980; John Harris, *The Architect and the British Country House, 1620-1920*, Washington, DC, The AIA. Press, 1985; John Archer, *The Literature of British Domestic Architecture. 1715-1842*, Cambridge, MA, MIT Press, 1985; Gervase Jackson-Stops, James Pipkin, *The English Country House. A Grand Tour*, New York, Graphic Soc. Book, 1985;

Um dos itens importantes e até indispensáveis da nova decoração interior era o espelho. A partir do século XVIII, a óptica permite uma série de experiências, desde as ilusões criadas por aparatos catópricos até à câmara obscura, enquanto os espelhos começam a aparecer nos palácios e mansões.[62] Começando no período francês *Régence,* sumptuosos *hôtels particuliers* em Paris eram decorados com *trumeaux,* espelhos emoldurados colocados sobre as chaminés. Frequentemente um outro *trumeau* era colocado no topo de uma consola, numa posição simétrica, em frente do da chaminé das lareiras. Os dois espelhos criavam uma perspectiva infinita e virtual (chamada *glaces à répétition*), idêntica à vista através de uma série de portas de quartos dando uns sobre os outros, que criavam o *enfilade,* ou vista axial.[63] Por vezes, durante o século XVIII, *trumeaux* e *glaces* eram colocados entre as janelas altas (francesas), do lado oposto dos revestimentos em espelho nas paredes, de forma a criar a ilusão de um quarto preenchido com a paisagem envolvente.[64] Também os escritórios foram revestidos com superfícies espelhadas e emolduradas, criando os *Cabinets des glaces* franceses do século XVII (as *Gallerie degli specchi* italianas), dos quais o mais famoso é o de Versalhes construído por volta de 1680; e o nórdico *Spiegelkabinett,* incluindo a geometria complexa do tecto da biblioteca do Castelo de Het Loo na Holanda.[65]

Como a mónada de Leibniz, ou as máquinas catópricas de Kircher ou Zahn, o interior aristocrático foi decorado com espelhos, cuja reflexão das imagens abriam um espaço interiorizado sem fim, *ad infinitum*, uma especularidade infinita. Jogo e espelho têm o mesmo radical em alemão: *Spiegel* (espelho) e *Spiel* (peça, ou jogo). Durante os períodos barroco e rococó, com as suas perspectivas fictí-

---

The Fashioning and Functionning of the British Country House, Gervase Jackson-Stops, Gordon J. Schochet, Lena Cowen Orlin, Elisabeth Blair MacDougall, eds., C.A.S.V.A., National Gallery of Art, Washington, DC, Hanover e London, University Press of New England, 1989.

62. John Whitehead, *The French Interior (...),* op. cit.; ver também: Nicolas Le Camus de Mézières, *The Genius of Architecture; or the Analogy of that Art with our Sensations,* Getty Center, Chicago, University of Chicago Press, 1990; Ed Lilly, "The Name of the Boudoir," *Journal of the Society of Architectural Historians,* LIII, 2, Junho 1994, p. 193-198; Jean-François de Bastide, *La petite maison (1758-1763),* Paris, Gallimard, 1993; id., *The Little House. An Architectural Seduction,* trad. de Rodolphe El-Khoury, New York, Princeton Architectural Press, 1996.

63. Robin Middleton, "Enfilade – the Spatial Sequence in French Hôtels of the 17th and 18th Centuries", *Daidalos,* 42, Dezembro 1991, p. 84-94.

64. Sabine Melchior-Bonnet, *Histoire du Miroir,* Paris, Imago, 1994, p. 81-94; nova edição: Paris, Hachette, 1998; ver também: Raymond McGrath and A. C. Frost, *Glass in Architecture and Decoration* (1937), edição revista, London, The Architectural Press, 1961, esp. p. 313-381.

65. Lohneis, *Die deutschen Spiegelkabinette*; Baltrušaitis, *Le miroir.* Em geral, para imagens de espelhos na arte, ver *Spiegel Bilder,* ed. Katrin Sello (catálogo da exposição) Berlin, Frölich und Kaufmann GmbH, 1982. Muito mais tarde, espelhos convexos muito maiores foram acrescentados por John Soane no tecto da sala de pequeno almoço na sua casa em Lincoln's Inn Field em London à volta de 1830; ver: Gillian Darley, *John Soane, An Accidental Romantic,* New Haven, Yale University Press, 1999, fig. 211; *John Soane Architect. Master of Space and Light,* Margaret Richardson, Mary Anne Stevens, ed., London, Royal Academy of Arts, 2000, fig. 131.

cias, o *Spiegelkabinett* cria um teatro de ilusão, que celebra o narcisismo colectivo da corte principesca. O abismo produzido (o *mise-en-abyme*) primeiro desfoca e depois arruína a cadeia mimética das representações (sociais), criando de facto um *Trauerspiel*, um drama barroco.[66] Desta forma foi a aristocracia que se entreteve na multiplicação dos espelhos, um espectáculo que iria alimentar a sua própria pulsão narcisista, e criar as condições da sua depressão e, com o tempo, a sua queda.

A multidão autocontemplativa

Durante o século XIX, os espelhos – cujo preço decresce – tornam-se mecanismos úteis à autocontemplação das pessoas.[67] É verdade que nesse período também havia um medo dos espelhos, expresso pelas elites esclarecidas. Um exemplo de "Isotrophobia," ou fobia isotrópica, o medo dos espelhos, foi revelado por Edgar Allan Poe na sua "Filosofia do Mobiliário".[68] Aqui não é tanto o terror dos efeitos do espelho sobre o sujeito observador como um medo relacionado com os efeitos na decoração interior, um medo da ofuscação e da cintilação, "uma uniformidade odiosa e monstruosa" poderia destruir o "fulgor mágico" agradável de uma intimidade dominada.

O tradutor francês de Poe, Charles Baudelaire, mostra como o receio burguês do espelho se dissolve por intermédio da sociedade francesa pós-revolucionária, na qual o "gosto" era nivelado pela igualdade: "Um homem bem parecido entra e olha para si próprio num espelho. 'Porque é que se olha ao espelho, dado que o olhar da sua reflexão só lhe poderá ser penoso?' O homem bem parecido replica: 'Senhor, de acordo com os princípios imortais de '89, todos os homens são iguais perante a lei; por isso eu tenho o direito de me olhar ao espelho; se causa prazer ou dor é questão inteiramente pessoal.'"[69] Este episódio relembra o dito clássico acerca do espelho,

---

66. Yvonne Neyrat, *L'art et l'autre*, op. cit., p. 163 e nota 358; Sabine Melchior-Bonnet, *Histoire du Miroir*, op. cit., p. 224, 237; Marc Sagnol, "Les 'Passages parisiens' comme Trauerspiel", in *Benjamin et Paris*, p. 653. Pode pensar-se esta frase um pouco densa demais e a sua conclusão necessitar de mais elaboração: sem dúvida; no entanto, a leitura das nossas fontes poderá ajudar o jogo de palavras entre *Spiel*, *Spiegel* e *Trauerspiel* (literalmente, uma "peça-de-luto"): ver, Walter Benjamin, *Ursprung des deutschen Trauerspiels*, Berlin, E. Rowohlt, 1928, reimpresso, Frankfurt, Suhrkamp Verlag, 1963; id., *The Origin of German Tragic Drama*, trad. de John Osborne, London e New York, Verso, 1977, reimpressão 1985, 1990, p. 72-73, 120-121, 142-143; e Rainer Nägele, *Theater, Theory, Speculation. Walter Benjamin and the Scenes of Modernity*, Baltimore, The Johns Hopkins University Press, 1991, especialmente, capítulo I: "Puppet Play and Trauerspiel," p. 1-27 e, particularmente, p. 12-16.

67. Edgar Allan Poe, "L'homme des foules", in id., *Nouvelles histoires extraordinaires*, trad. por Charles Baudelaire, Paris, Calmann Lévy, 1883; agora, Paris, le Grand livre du mois, 1998.

68. Edgar Allan Poe, "Philosophy of Furniture", in *The Unabridged Edgar Allan Poe*, Filadélfia, Running Press, 1983, p. 641-646; id., "Philosophie de l'ameublement", trad. de Charles Baudelaire, in *Histoires grotesques et sérieuses par Edgar Poe*, Paris, Louis Conard, 1937, p. 201-12.

69. Charles Baudelaire, "Le Miroir", in *Le spleen de Paris*, *Œuvres complètes*, Claude Pichois, ed., Paris, Gallimard NRF, 1975, vol. 1, p. 344; id., "The Mirror," in *Paris Spleen*, trad. de Louise Varèse, New York, New

que desde a Antiguidade era suposto captar a alma de quem se observa – *cuique suum reddit* – quer dizer, "a cada um o que lhe é devido".[70]

O mau gosto que preocupava Poe, e que fora inventado por uma noção de conforto burguês, estava localizado no umbral entre a beleza e a fealdade, e encontrou expressão no *kitsch*, a "arte da felicidade" e do aconchego. Mas, como a observação sarcástica de Baudelaire faz notar, o espelho, pelo menos em França, reflecte não apenas beleza mas também fealdade – em termos decorativos, o mau gosto burguês do século XIX produzido por um interior excessivamente decorado e esmagador: o espelho pode não mentir, mas a beleza e a fealdade têm agora o direito de ser consideradas por igual, e de se apresentar em público. Esta é uma "reflexão" similar à que pode ser encontrada na gravura de Grandville "Um insecto muito elegante e bom dançarino", onde, numa opulenta antecâmara, um homem com cabeça de barata se admira num espelho que mostra, na sua reflexão, a imagem de uma figura humana distinta e elegante.[71] O "direito de se olhar para si próprio" garantido pela Constituição Francesa não tem apenas a sua correspondência no direito de se ser reflectido, mas também de o próprio se tomar por bem parecido apesar da evidência do contrário.

Na passagem citada por Benjamin em *Passagen-Werk*, Hippolyte Babou torna explícita a crítica de Grandville deste direito à reflexão que, independentemente de estar garantida para o indivíduo, era também uma prerrogativa de grupo, pertencendo assim à multidão, a qual, para Poe e Baudelaire, era a "forma" do grupo: "Eu sei que o público de hoje em dia, sendo o mais belo dos públicos, adora apaixonadamente olhar-se a si próprio com a sua família nos imensos espelhos, que ornamentam os nossos cafés nos boulevards, ou que a mão de um decorador literário coloca simpaticamente nos seus quartos de dormir."[72] A reflexão espelhada invade assim tanto a rua como o quarto. Um ornamento do interior, opera também um "ornamento de massas", para usar a expressão de Siegfried Kracauer.[73]

Directions, 1947, p. 83. Em geral ver Jean Starobinski, *La mélancolie au miroir, trois lectures de Baudelaire*, Paris, Julliard, 1989.

70. Trad. fr.: "Il rend à chacun son dû", 1702.

71. Grandville (Jean Ignace Isidore Gérard, *alias*), *Das gesamte Werk*, 2 vols., introd. por Gottfried Sello, München, Rogner und Bernhard, 1969, vol. 2, p. 849: "Un insecte fort bien mis et beau danseur," in *Scènes de la vie privée et publique des animaux. Vignettes par Grandville. Études de mœurs contemporaines publiées sous la direction de M. P.-J. Stahl avec la collaboration de M. M. de Balzac, L. Baude, tire. de La Bedollière, P. Bernard, J. Janin, Ed. Lemoine, Charles Nodier, George Sand*, Paris, J. Hetzel et Paulin, 1842.

72. Hippolyte Babou, *Les Payens innocents*, Paris, Poulet-Malassis et de Broise, 1858, p. XVIII; citado em Benjamin, *Passagen-Werk*, vol. 2, R3, 2, p. 672-73.

73. Siegfried Kracauer, "Das Ornament der Masse", (1923); id., "The Mass Ornament", trad. de Barbara Cornell e Jack Zipes, in *New German Critique*, 5, Primavera 1975, p. 67-76; agora id., *The Mass Ornament. Weimar Essays*, trad. de Thomas Y. Levin, Cambridge, MA, Harvard University Press, 1995, p. 75-86.

A Intimidade do Interior

De acordo com a sensibilidade do idealista, este espaço interno ou íntimo é o espaço infinito da reflexão e da especulação, tanto literária como figurativamente.[74] Benjamin, que tem sido representado como um teórico da transparência,[75] está também muito preocupado com o espaço íntimo interiorizado, o espaço que para ele caracteriza o *intérieur* burguês do século XIX, com os seus revestimentos e invólucros dentro dos invólucros. Também se poderia dizer que Theodor W. Adorno é um teórico da pura interioridade, pelo menos nos seus escritos iniciais. De facto, explora este tema no seu primeiro trabalho publicado e é aí que o espelho pode ser encontrado: na tese sobre o filósofo dinamarquês Søren Kierkegaard, intitulado *Kierkegaard. Konstruction des Ästhetischen*, 1933.[76]

Enquanto para Kierkegaard o exterior é interiorizado, para Martin Heidegger, por volta da mesma altura em que Adorno escreve o seu estudo sobre a noção de interioridade em Kierkgaard, o interior é sempre exteriorizado. Consequentemente, é talvez Heidegger, e não Benjamin, o verdadeiro teórico da pura transparência. Em *Sein und Zeit*, a obra incontornável de Heidegger escrita nos anos vinte, a palavra mais próxima da existência quotidiana é o "ambiente", que é literalmente o que nos envolve. O ambiente é assim o "mundo" de todos os dias, o anel, a esfera e o invólucro que "envolve" o sujeito. Na palavra alemã *die Umwelt*, o sentido leva para *milieu*, a esfera de actividade na qual se imerge.[77] "Ser-aí", o termo de Heidegger para sujeito, é assim, no sentido do quotidiano, um ser sempre já "fora".[78] "Estar aí" significa ser atirado para fora de si próprio num mundo que já foi descoberto, e no qual nós "vivemos" não como organismos biológicos, mas como seres que "usam" e "tomam conta" do que nos rodeia, quer sejam seres vivos ou coisas, o que inclui, naturalmente, instrumentos e equipamentos.

Mas nós não temos realmente de "conhecer" o mundo, como tal, de forma a estarmos aptos a "viver" nele. Vivemos pela partilha das coisas a que nos habituamos

---

74. Melchior-Bonnet, *Histoire du Miroir*, op. cit., p. 122-125.

75. Por exemplo ver Heinz Brüggemann, *Das andere Fenster: Einblicke in Häuser und Menschen. Zur Literaturgeschichte einer urbanen Wahrnehmungsform*, Frankfurt, Fischer Wissenschaft, 1989, p. 233-266: um capítulo sobre a transparência em Benjamin, Sigfried Giedion e Siegfried Kracauer.

76. Theodore W. Adorno, *Kierkegaard: Konstruktion des Ästhetischen* (1933), editado por Rolf Tiedemann, Frankfurt, Suhrkamp Verlag, 1997; id., *Kierkegaard: Construction of the Aesthetic*, trad. de Robert Hullot-Kentor, Minneapolis, University of Minnesota Press, 1989; incidentalmente, o texto de Adorno deve mais às influentes teses de Walter Benjamin sobre o Barroco, o influente trabalho de 1928 *Ursprung des deutschen Trauerspiels*; ver id., *The origin of German tragic drama*, op. cit.; id., *A origem do drama trágico alemão*, trad. de João Barrento, Lisboa, Assírio & Alvim, 2004.

77. Martin Heidegger, *Sein und Zeit*, Tübingen, Max Niemeyer Verlag, 1927; id., *Ser e Tempo*, 2 vol., trad. de Márcia de Sá Cavalcante, Petrópolis, Vozes, 1993; trad. de John Macquarrie e Edward Robinson, *Being and Time*, New York, Harper and Row, 1962, p. 83.

78. Heidegger, *Being*, p. 89.

"a-fim-de", conjuntamente com a totalidade das coisas. Desta forma, na concepção de Heidegger, ser não é pensado como conhecimento. O que caracteriza as entidades, ou as "coisas", é o seu estar-à-mão (*die Zuhandenheit*), que define a forma de ser para qualquer peça de maquinaria.[79] O aparelhamento está literalmente "à mão" (*zur Hand*), acessível à mão e ao olhar. Para Heidegger, cada peça de aparelhamento tem o seu lugar. Assim, para ele, o "'espaço' foi partido em 'lugares'".[80] Isto define a "proximidade", que é concebida por Heidegger como a totalidade dos lugares que um complexo de aparelhamentos utilizáveis ordena no espaço e não como uma multiplicidade de sítios indiferenciados.[81]

Este ser lançado (*die Geworfenheit*) do ser-aí permite-nos vencer o "entre", não entendido como "entre" da distância mensurável, mas antes o que está no meio. Neste sentido, o conceito de "entre" refere-se ao significado de muitas palavras derivadas da palavra latina *medius*, ou "o que está no meio", podendo encontrar-se em muitas línguas neolatinas, tais como meio, *milieu*, *moyen*, intermediário e *media*. Contém, em primeiro lugar, o significado especial de "à mesma distância das extremidades"; em segundo lugar, o significado de intermediário (o inter-mediado), ou médium, noutras palavras, "o que é necessário para atingir um fim"; e finalmente, o significado "aritmético" de médio e proporção, baseado na harmonia do número. O "entre" (o "inter" do intermediário) mantém separadas duas coisas, ou duas entidades (*ens* em latim) que são aquelas que aparecem no termo "difer-ente".

Heidegger liga "o entre" à sua relação de dependência com as noções de intervalo, interstício, e distância. No seu famoso ensaio "Construir Habitar Pensar", menciona o conceito de "abertura" que é para ele uma abertura que se insere entre diferenças: "Como distância ou 'stadion', é o que a mesma palavra, *stadion* (em grego), significa em latim, um *spatium*, um espaço que se interpõe ou intervalo".[82] Esta noção de espaço é definida pela distância e não pela pura dimensão, *extentio*, ou extensão mensurável. Para o homem, espaço não é uma entidade que permaneça à sua frente: "Não é nem um objecto exterior nem uma experiência interior."[83] Não é que haja, por um lado, os humanos e, por outro, "algum" espaço. É antes que, como Heidegger escreve na "Carta sobre o Humanismo", o homem é determinado na abertura do ser,

---

79. Ibid., p. 97-98.
80. Ibid., p. 138.
81. Ibid., p. 147.
82. Martin Heidegger, "Bauen Wohnen Denken", in *Vorträge und Aufsätze*, Pfullingen, Neske, 1954; id., "Building Dwelling Thinking", trad. de Albert Hofstadter, in *Poetry, Language, Thought*, New York, Harper & Row, 1975, p. 155; id., "Bâtir Habiter Penser", in *Essais et conférences*, trad. de André Préau, Paris, Gallimard, 1958, 1976, p. 185.
83. Ibid.

e é através disto que o espaço-intervalo é revelado: a "dupla-prega" (*die Zweifalt*) que é aberta na diferença. E é esta abertura apenas que ilumina o "entre-dois". O inglês *between*, deverá notar-se, contém a palavra *twain*, conferindo a ideia de "dois" (*two*). O "entre" é uma marca de espaçamento inerente à diferença, simultaneamente "separação e direccionamento". Relembrando que a palavra latina *intimus* é o superlativo de (lat.) "interior", Heidegger escreve: "O meio de dois é a intimidade (*die Innigkeit*) – em latim, *inter*. Em alemão corresponde a *unter*, em inglês *inter-*. A intimidade do mundo e da coisa não é uma fusão. Só se obtém intimidade onde o íntimo – mundo e coisa – se divide claramente e permanece separado."[84] O "inter" do interior não é, assim, criado pela unidade das coisas, mas pela sua real separação.

O espelho não é apenas doméstico, tradicionalmente pensado como o "espelho da alma", mas enquanto desorganiza a visão, também cria um sentido de desorientação que pode levar à ansiedade, através da qual é experienciada a "estranheza". Como Heidegger explica, "a 'estranheza' também significa 'não-estar-em-casa'".[85] A experiência da estranheza pode bem vir da consciência de que a imagem no espelho é, claro está, não uma exacta representação da realidade, mas em vez disso uma subtil distorção –, uma inversão, de facto. Mais ainda, a reflexão alude à estranheza da percepção de um outro mundo, imaterial e misterioso, situado por detrás da superfície reflectora, e convida o olhar a ir além das aparências.[86] Ainda por cima, como num prisma, o espelho é capaz de esconder tanto quanto revela. Mas o espelho também externaliza, apresentando uma imagem do indivíduo vendo-o e o mundo que ele habita como um "lá-fora", uma ilustração figurativa da premissa de Heidegger, a da radical exterioridade do mundo que toma a existência como alienação.

Assim, no seu confronto com a ansiedade existencial, "a familiaridade do quotidiano colapsa".[87] A estranheza (*Unheimlichkeit*), que não é nem má nem negativa, encontra o seu lugar quando o nosso "ser" se separa do seu próprio meio quotidiano, a segurança tranquilizante de nós-mesmos e a adequação de "estar em casa".[88] A ansiedade, para Heidegger, inclui por isso a possibilidade de uma abertura privilegiada pelo facto de isolar.[89] Em *Ser e Tempo*, Heidegger distingue entre duas formas de ser, inautêntico "ser-aí" (*Da-sein*), que encontra o seu próprio lugar na tranquili-

---

84. Heidegger, "Language," in *Poetry, Language, Thought*, p. 203.
85. Heidegger, *Being*, op. cit., p. 233.
86. Melchior-Bonnet, *Histoire du miroir*, op. cit., p. 113-115.
87. Heidegger, *Being*, op. cit., p. 233.
88. Ibid., p. 232-34.
89. Ibid., p. 234.

dade íntima das suas relações diárias, e autêntico "ser-atirado-dentro-do-aí", que, por outro lado, cai numa estranheza mais extrema na sua relação com o mundo quotidiano. Por isso a conclusão de Heidegger é que o ser no mundo é uma forma de radical *Unheimlichkeit*, um radical sem morada –, o autêntico *Dasein* é o ser sem casa. "'Não-em-casa' deverá ser concebido como o fenómeno mais primordial."[90] Claro está, estas considerações não deveriam ser aplicadas literalmente à situação dos "sem-abrigo", ou de refugiados de qualquer tipo. Se habitar e pensar são a mesma coisa, a notação de Heidegger refere-se ao acto de habitar: residir num sentido autêntico é sinónimo de uma sensação de desconforto, insegurança e estranheza.

'O eu-próprio no Meio'

Em *Différence et répétition* (1968), Gilles Deleuze confia nos vários significados do radical indo-europeu *Nem*, atribuídos pelo estudo de Emmanuel Laroche, e introduz uma distinção entre um *Nomos* (a lei, em grego, significando originalmente distribuir de acordo com as regras) sedentário e um *nomos* nomádico (espalhar de uma forma aleatória num espaço ilimitado). Deleuze irá desenvolver o conceito do nomádico como uma distribuição sem propriedades, sem encercaduras ou medições. No ponto de vista nomádico não existe tanto uma divisão do que é distribuído, mas antes a divisão entre aqueles que se distribuem "a si próprios" num espaço aberto. Nos textos subsequentes, Deleuze irá reforçar a oposição entre *Nomos* (uma subdivisão legal das coisas) e o nomádico (uma distribuição aleatória). Por exemplo, na sua *Logique du sens* (1969), duas formas opostas de ocupar um espaço são definidas: "Espalhar num espaço aberto, em vez de dividir num espaço encerrado."[91]

Talvez o habitante moderno não se tenha exteriorizado tanto, ou nomadizado, ao ponto de considerar a sua habitação nem como simples interior nem exterior. Para Michel de Certeau, em *A invenção do quotidiano*, a determinação de um lugar ou lugares faz-se através de um processo de legitimação – por exemplo, a inscrição da lei no chão.[92] De novo, relembrando como Deleuze a tese de Laroche sobre o radical *Nem*, de Certeau nota que essa legitimação vem do grego *Nomos* (a lei),

---

90. Ibid. em itálico no original.
91. Gilles Deleuze, *Différence et répétition*, op. cit., p. 54; id., *Diferença e repetição*, trad. portuguesa de Luiz Orlandi, Roberto Machado, pref. José Gil, Lisboa, Relógio d'Agua, 2000; id., *Logique du Sens*, Paris, Éd. Minuit, 1969, p. 93; este pensamento levará ao "Treatise on Nomadology," que constitui o capítulo 12.º de Gilles Deleuze e Félix Guattari, *Mille Plateaux. Capitalisme et Schizophrenie 2*, Paris, Éd. Minuit, 1980; id., *A Thousand Plateaus. Capitalism and Schizophrenia*, trad. de Brian Massumi, Minneapolis, University of Minnesota Press, 1987, p. 351-423.
92. Michel de Certeau, *L'invention du quotidien*, Paris, UGE, 1980, p. 221-225; id., *The Practice of Everyday Life*, Berkeley, CA, University of California Press, 1984, p. 122-128; id., *A invenção do cotidiano*, trad. de Ephraim Ferreira Alves, Petrópolis, RJ, Vozes, 1994.

derivada do verbo *némein*, implicando divisão da terra, a definição da propriedade, e a conformação da terra agrícola da Oikos.[93] Agora, dado que o *Ethos* grego pode significar residir, e *Nomos* por vezes se refere não apenas à subdivisão da terra mas também à habitação, estabelece-se uma conexão interessante entre *Ethos* e *Nomos* – uma habitação ética. Residir, em grego, significa saber como habitar, o que o conecta a uma série de significados que são próximos do *Wohnen* heideggeriano.

Em *A invenção do quotidiano*, de Certeau demonstra que só parecem existir dois tipos de limites: a fronteira, que estabelece um domínio legítimo e um espaço encerrado (o da "privacidade", por exemplo); e a ponte que abre o espaço para uma exterioridade alienada. Portas e janelas, ou qualquer outro umbral, poderão ser pensados como marcadores de confins, como também mecanismos que permitem transpor espaços para o exterior. Separação e comunicação são aspectos conexos, é o primeiro que gera a condição do segundo.[94] O que pode levar ao "problema prático e teórico da fronteira", como de Certeau enuncia, enquanto pergunta: "A quem pertence?"[95]

Uma parte importante do argumento de Certeau é sobre o limite, a noção do "entre" – um "espaço entre", em alemão *der Zwischenraum* – que gera um local a meio.[96] A fronteira perde o seu significado de puro obstáculo e torna-se vazia e intersticial, um espaço onde as coisas podem acontecer, um *happening*, uma *performance*, um acontecimento ou narrativa, por exemplo – um incidente. Os "espaços entre" têm um poder de se tornar símbolos de troca e encontro. Como tal, oferecem a possibilidade de alcançar acontecimentos que ocorrem "aqui". A fronteira, como se considerava, pertence a uma lógica de ambiguidade, ou ambivalência: o vazio da fronteira pode transformar o limite num cruzamento, uma passagem; ou o rio numa ponte. Des-pregar a sua "duplicidade", muros e vedações, portas e janelas – hoje em dia, os vários ecrãs que organizam a face (superfície) e a interface do nosso mundo mediado –, podem levar a inversões e deslocações. A porta que fecha

---

93. Emmanuel-Pierre Laroche, *Histoire de la racine "Nem" en grec ancien*, tese de doutoramento, Faculté des lettres Paris, C. Klincksieck, 1949; citado por Gilles Deleuze, *Différence et répétition*, Paris, PUF, 1968, 1976, p. 54, nota 1: utilizando a análise de Laroche sobre os vários significados em grego do radical *Nem*, Deleuze vai introduzir uma distinção entre um *nomos* sedentário (distribuir de acordo com regras) e um *nomos* nomádico (distribuir de uma forma aleatória num espaço ilimitado).

94. Talvez seja isto que o poeta Rilke tem em mente: "Aren't you our geometry/ window, very simple shape/ circumscribing our enormous/ life painlessly?"; ver: Rainer Maria Rilke, "Windows, III", 1927, in *The Roses and the Windows*, trad. de A. Poulin, Jr., Port Townsend, WA, Greywolf Press, 1979, p. 75; citado também em *The Window in Twentieth-Century Art*, Suzanne Delehanty, ed., Neuberger Museum, State University of New York at Purchase, 1986; Rilke escreveu estes poemas em francês; ver: *Fenêtres*, Paris, Editions des Cendres, 1983, uma antologia de textos em francês sobre a janela (Rilke, 83-88); ver também, *D'un espace à l'autre: la fenêtre, œuvres du XXe siècle* (catálogo da exposição), Alain Mousseigne, ed., Saint-Tropez, Le Musée, 1978; Carla Gottlieb, *The Window in Art. From the Window of God to the Vanity of Man. A Survey of Window Symbolism in Western Painting*, New York, Abaris Books, 1981.

95. Michel de Certeau, *The Practice (…)*, p. 122-126.

96. Michel de Certeau, *The Practice (…)*, p. 128.

é precisamente aquela que pode ser aberta, como o rio é aquilo que torna o atravessamento possível.

Muros, vedações, rios, não criam um nenhures mas um algures: quer dizer, lugares que medeiam. Limiares, fronteiras e umbrais não são linhas abstractas desenhadas num mapa, ou ponteados marcados num pavimento, ou cordas tensionadas entre dois pontos. Um geógrafo também precisa de um geomante. Qualquer limite ou limiar tem um papel mediador, consente comunicação, e permite a passagem. O limite articula-se entre coisas e seres, entre um e o outro, entre o limitado (em grego *perás*) e o ilimitado (*à-peiron*), entre o conhecido e o desconhecido, o sedentário e o nomádico. Como Samuel Beckett escreveu: "Existe um de-fora e um de-dentro, e eu no meio, isto é talvez o que eu sou, a coisa que divide o mundo em dois, de um lado o de-fora, do outro lado o de-dentro, pode ser fino como uma lâmina, não sou nem um nem outro, eu sou no meio, eu sou o muro, eu tenho duas faces (superfícies) e não tenho profundidade."[97] Pode habitar-se a intimidade e pode alimentar-se a sua própria interioridade, mas apenas se for entendida como uma superfície, uma exterioridade que sempre acontece entre as coisas e o mundo.

---

97. Samuel Beckett, "The Unnamable" in: id., *The Beckett Trilogy: Molloy, Malone Dies, The Unnamable*, London, Picador, 1979, p. 352; id., *O inominável*, trad. de Maria Jorge Vilar de Figueiredo, Lisboa, Assírio & Alvim, 2002; id., *L'innommable*, Paris, Éd. Minuit, 1993.

Uma topologia de umbrais

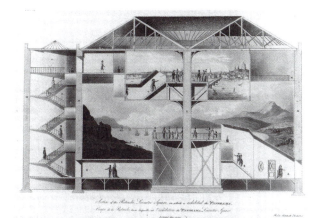

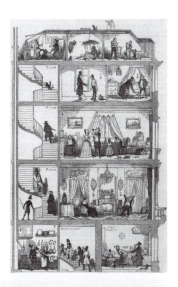

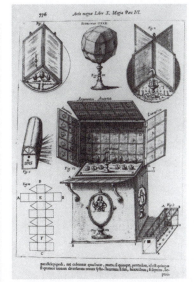

01
02 03
04 05

Umbrais

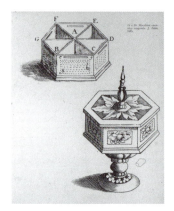
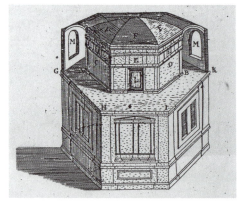

06 07
08
09 10

01 Corte por um panorama, "Section of the Rotunda, Leicester Square, in which is exhibited the Panorama", 1801, aquatinta, de Robert Mitchell, *Plans, and Views in Perspective, with Descriptions, of Buildings Erected in England and Scotland*, London, Wilson, 1801, pl. 14.

02 Corte de edifício residencial parisiense, desenho por Bertall, litografia de Lavielle publicado em: *Le diable à Paris : Paris et les parisiens* [texte de MM. de Balzac, E. Sue, G. Sand, *et al.*, séries de gravuras com legendas por Gavarni, etc., vinhetas por Bertall, etc., Paris, J. Hetzel, 1845-1846, 2 vol.]; e também em *L'Illustration*, January 11, 1845.

03 Ilustração anónima de uma edição do romance *Le diable boiteux* de Alain-René Lesage, originalmente de 1707/1726; reimpressão: Liege, chez D. De Boubers, 1789; (de Heinz Brüggemann, *Das andere Fenster: Einblicke in Häuser und Menschen*, Frankfurt-am-Main, 1989).

04 Jan van Eyck, *Retrato de Giovanni (?) Arnolfini e a sua Mulher* ("The Arnolfini Portrait"), 1434, assinado, inscrito e datado: "Johannes de eyck fuit hic", óleo sobre carvalho, (National Gallery, London).

05 Theatrum catoptricum, estudos de reflexão, de Athanasius Kircher, *Ars magna lvcis et vmbrae*, Rome, 1646; id., *Ars magna lucis et umbrae*, Amsterdam, 1671 (2.ª edição aumentada).

06 Dispositivo catóptrico colocado sobre plataforma rotativa, projectado por Johannes Zahn, no seu livro: *Oculus artificialis teledioptricus, sive Telescopium*, Herbipoli: sumptibus Q. Heyl, 1685.

07 "Conclave Catoptricum", projectado por Johannes Zahn, no seu livro: *Oculus artificialis teledioptricus: sive Telesopium, Bibliopolae: typis johannis Ernesti Adelbulneri*, 1702 (de Hans-Dieter Lohneis, *Die deutschen Spiegelkabinette*, München, 1985).

08 Proporções de janelas, dóricas e coríntias, em *Recueil élémentaire d'architecture...*, composto por [Jean-François] de Neufforge, Paris, o autor, 8 tomos em 6 vol., 1757-1768.

09 Nicolas Pineau, "*Trumeau*", de Pierre-Jean Mariette, *L'architecture française*, Tomo primeiro [-terceiro], Paris, Chez Jean Mariette, MDCCXXVII (editado em portfolios: 1727).

10 Georg Friedrich Kersting, "Strickerin am Fenster" (*A bordadeira*), 1814 (Weimar, Schloss museum).

Arquitectura híbrida: um ambiente para o corpo prostético

Parecem irrefutáveis as ligações históricas, directas e contínuas, entre a arquitectura e o corpo, estabelecidas quer analogicamente quer na realidade, desde o vitruvianismo até ao mecanicismo do século XVII, ao sensualismo do século XVIII, ao organicismo do século XIX e às máquinas celibatárias e às máquina-de-habitar do século XX. A concepção de isomorfismo grega e romana baseava-se na representação de um corpo canónico, concebido anteriormente à obra de arte. Seguindo a rejeição da teoria clássica, que procurava a imitação das proporções do corpo humano na arquitectura, como é possível repensar as relações entre o corpo e o ambiente construído? A partir de agora, torna-se urgente questionar as relações dinâmicas entre os constituintes do corpo e o mundo. "Há" um corpo? É uma propriedade ou instrumento? "Temos" um corpo? O que é "um" corpo? Habitamos o corpo? Como interagem corpo e cérebro com o mundo? Como tal, é necessário começar por examinar as diversas teorias do corpo para se compreender como pode interagir com a concepção do ambiente, construído ou não, e também com as noções de projecto arquitectónico.

Corpo sem órgãos

Em *Logique du sens* (1969), Gilles Deleuze referia-se à lamentação dramática proferida por Antonin Artaud, logo após a sua libertação da permanência prolongada no Hospital Psiquiátrico de Rodez, "Sem boca Sem língua Sem dentes Sem laringe Sem esófago Sem estômago Sem ventre Sem ânus reconstruirei o homem que sou". Esta invocação clamava por um corpo consolidado e fluido, feito de ossos e sangue, que não podia ser reduzido a cada um dos seus órgãos. Mais tarde, em *Anti-Édipo* (1972), Deleuze e Félix Guattari regressarão a esta invocação, enquanto expõem as suas hipóteses de um corpo concebido como maquinaria libidinal, a "máquina-desejante", conduzindo à possibilidade teórica de um corpo sem órgãos. De novo, esta noção baseava-se em textos de Artaud, tais como *Pour en finir avec le Jugement de Dieu*, de 28 de Novembro de 1947: "Porque me podes atar se quiseres, mas nada mais inútil que um órgão"; ou esta outra citação de 1948: "O corpo é o corpo/ ele é por ele próprio/ e não precisa de nenhum órgão/ o corpo nunca é um organismo/ organismos são os inimigos do corpo".[1]

---

1. *84*, 5-6, 1948; agora em: Antonin Artaud, *Œuvres*, Evelyne Grossman, ed., Paris, Gallimard, 2004, p. 1581.

Hoje em dia, somos confrontados com duas hipóteses que provavelmente se excluem mutuamente: por um lado, um corpo sem órgãos, isto é, uma noção do corpo que não se articula sobre a singularidade e autonomia de cada órgão, mas onde os órgãos seriam indeterminados; por outro lado, numa noção baseada numa organização orgânica de órgãos, chamada o organismo, que corresponde à noção *standard* do corpo e seria concebida como uma hierarquia fixa organizada por uma lógica funcional interna. Estas duas abordagens à explicação do corpóreo são claramente opostas, no entanto uma não exclui realmente a outra. Por um lado, haveria o corpo-sem-órgãos, um fértil sonho esquizofrénico, que considera o corpo na sua "exterioridade", na sua relação com os outros corpos, entendido através de relações de superfícies, diferenças, afectos, desejos funcionando como "um espaço macio e virtual, ligado a fluxos que o atravessam e que são interceptados nele".[2] Por outro lado, haveria a realidade ou normalidade, a do organismo, concebendo o corpo apenas na sua "interioridade", no seu regime de distribuição interna, onde os órgãos autónomos decompõem o todo em múltiplas partes, quebrando a sua integridade. É também este tipo de funcionalismo que jaz na base de toda a arquitectura "moderna", que não era mais senão uma aplicação de organicismo.

Deleuze e Guattari colocam-se em oposição a algumas tendências em psicanálise influenciadas pelo estruturalismo linguístico, acusando-as de conceber o corpo como um vazio, como uma *tabula rasa*, um espaço em branco, uma espécie de lousa na qual os acontecimentos, traçados pela linguagem, se podem inscrever e o poder pode escrever o texto da lei.[3] Em poucas palavras, uma certa concepção do corpo (lacaniano num sentido alargado) parece apoiar aquela ideia de pontuação do vazio desejante pelo Significante (fr., *Signifiant*), criando uma ordem fálica, a da família, e, por extensão, a do Estado, enquanto a concepção de Deleuze e Guattari insiste no facto de que o desejo não se sente privado de nada, não perde o seu objecto, que o desejo e o seu objecto são unos, uma coisa singular e unitária, que o desejo é uma máquina e que o objecto de desejo é outra máquina ligada à primeira.[4] Mais ainda, em *Mille Plateaux* (1980) Deleuze e Guattari descreveram o corpo como superfícies múltiplas, ou como uma pele enrugada: "É a pele como envolvente ou anel, a peúga como superfície reversível. Pode ser uma casa, ou um compartimento, e tantas

---

2. "Le vocabulaire de Gilles Deleuze", Robert Sasso, Arnaud Villani, ed., *Les Cahiers de Noesis*, 3, Primavera 2003, p. 62.

3. Para discussão desta questão por um hegeliano-lacaniano: Slavoj Zizek, *Organs without Bodies, On Deleuze and Consequences*, New York, Routledge, 2004.

4. Gilles Deleuze, Félix Guattari, *L'Anti-Œdipe: capitalisme et schizophrénie*, Paris, Éd. Minuit, 1972, p. 34; id., *O anti-édipo: capitalismo e esquizofrenia*, trad. de Joana Morais Varela, Manuel Maria Carrilho, Lisboa, Assírio & Alvim, 1972.

outras coisas ainda, qualquer coisa. (…) Um corpo sem órgãos não é um corpo vazio e desprovido de órgãos, mas um corpo no qual o que serve de órgãos (…) distribui-se a partir de fenómenos de multidão, seguindo movimentos brownianos, sob forma de multiplicidades moleculares (…) (portanto) O corpo sem órgãos não é um corpo morto, mas um corpo vivo, tanto mais vivo, tanto mais prolífico quanto faz insuflar o organismo e a sua organização (…). O corpo inteiro sem órgãos é um corpo povoado de multiplicidades".[5] Em tal topologia, as casas apresentam-se como coisa reversível, como a pele de um animal morto, e como as peúgas. Neste novo tipo de organicismo, o interior transforma-se num exterior, enquanto, vice-versa, o exterior se desdobra em superfícies, macias ou estriadas, dobradas e desdobradas em forma de vagina ou nas excrescências de um tubo.[6]

Órgãos sem corpo

Hoje em dia, a própria ideia de uma prótese é arrastada para aplicações, que essencialmente abrangem restauro de enfermidades de percepção (por melhoria ou substituição), ensaios na cultura de tecidos celulares e o transplante de órgãos, os quais, com variados resultados, se estão a tornar cada vez mais comuns. Deste modo, a forma mais sofisticada de prótese é o transplante: liga conjuntamente matéria separada e reparação funcional numa troca de alteridade.

Hoje, o corpo-sem-órgãos é confrontado pela inquietante perspectiva de um órgão sem um corpo – transplantes, isto é, preservados em locais chamados adequadamente bancos de órgãos. Uma espécie híbrida, quase monstruosa, o transplante é uma espécie de carne e aparelho. Isolado do organismo dador, o transplante (enxerto) é um órgão "livre", por outras palavras, disponível no mercado como qualquer outra mercadoria, como ilustrado no filme de Michael Crichton *Coma* (1978). Neste a procura excede a oferta, surgindo um tráfico mundial. Por isso, o transplante/enxerto está "sem corpo", órfão e celibatário, entre a vida e a morte.[7] Resulta do intervalo produzido entre a morte relacional e a morte funcional. A cirurgia de transplantes introduz também a cesura entre órgão e corpo, permanecendo o transplante como outro no seu novo corpo e exigindo intensos regimes de fármacos reguladores (por exemplo, um imunosupressor como a ciclosporina),

---

5. Gilles Deleuze, Félix Guattari, *Capitalisme et schizophrénie, 2. Mille Plateaux*, Paris, Éd. Minuit, 1980, p. 42-43. A noção do browniano como limite inatingível, inalcançável do objecto, é a conclusão do livro de Scott Buktaman, *Terminal Identity: the virtual subject in postmodern fiction*, Durham, NC, Duke University Press, 1993, p. 326-328; ver também: Gilles Deleuze e Claire Parnet, *Dialogues*, Paris, Flammarion, 1977, p. 107 e p. 127-131.
6. *Skin: surface, substance + design*, Ellen Lupton, ed., New York, Princeton Architectural Press, 2002.
7. Michel Guillou, "Le corps et l'appareil", *Traverses*, 14/15, April 1979, p. 136 e 138.

para evitar que o corpo hospedeiro o rejeite. O que acontece então é que o enxerto se torna num outro, uma entidade estranha capaz de substituir uma parte doente no organismo receptor, mas ao mesmo tempo criando novos regimes de regulação, ocasionando outro regime de normalidade, que levará a novas patologias, como muitos sobreviventes poderão testemunhar.[8]

As descrições de Deleuze e Guattari da maquinaria libidinal introduzem também a fragmentação, como na seguinte citação de *Anti-Édipo*: "Tudo funciona simultaneamente, mas por hiatos e interrupções, quebras e perdas, cortes e começos e curto-circuitos, através de distâncias e *des*-agregações – numa totalidade que nunca une as suas partes num todo. (…) Vivemos na época dos objectos parciais (…). Já não acreditamos numa totalidade original, nem na totalidade de um destino final."[9] Porque na máquina desejante de Deleuze e Guattari, os cortes são produtivos e são, eles próprios, junções. Através da reflexão ou representação, o espelho de Lacan já não consegue juntar as partes do corpo em pedaços. O espelho já não consegue congregar os fantasmas fragmentados de um corpo pré-narcisista. Para Deleuze e Guattari, o palco do espelho torna-se a repressão da fragmentação, e quando o corpo é reprimido, o que resta é a fetichização do objecto de desejo perdido. Pelo contrário, *Anti-Édipo* é a celebração das divisões, junções, cortes, objectos parciais, conjunções e disjunções, conexões e registos.[10]

Emergem então duas hipóteses – distintas mas relacionadas – de fragmentação do corpo. A primeira é definida pela formulação órgão-sem-corpo. Este órgão está liberto e pode ser vendido como mercadoria, como também pode ser enxertado num outro corpo, noutro organismo, vivo ou não, seja mecânico, biológico, ou computacional. Tanto quanto o termo enxerto (*graft*) tem origem etimológica em *graphein*, a palavra grega para escrita, todo o enxerto (*graft*) se torna numa escrita, escrito ou código, e toda a escrita, toda a *grafia*, se torna enxerto (*graft*). A segunda hipótese define o corpo-sem-órgãos. O corpo torna-se liberto, libidinal, desejante. Seria incessantemente atravessado por experiências efémeras que dão nascimento a efeitos vitais induzidos: tacto e contacto, sensação e vibração, amaciar e tocar, carícia e fricção, prazeres efémeros e satisfações momentâneas, fluxos e descargas.

---

8. Mais ainda, num transplante de coração, "o coração já não é enervado, dado que a intervenção danifica irreversivelmente os nervos cardíacos ligando o órgão aos centros cerebrais subcorticais; consequentemente, suprime os circuitos de adaptação reflexiva". O paciente é privado de qualquer translação fisiológica imediata durante acontecimentos emocionais que acompanham sentimentos tais como alegria ou medo; ver: Jocelyne Vaysse, "Cœur étranger en corps d'accueil", in *Le Gouvernement du Corps*, Georges Vigarello, ed., *Communications*, 56, 1993, p. 176.
9. Gilles Deleuze, Félix Guattari, *L'Anti-Œdipe: capitalisme et schizofrénie*, op. cit. p. 50.
10. Michel Guillou, op. cit. p. 139.

Body-Building

Os dois últimos séculos também viram o aparecimento de instrumentos ortopédicos que implicavam a correcção do corpo através da sustentação artificial da anatomia. O mais famoso exemplo de máquina operando directamente num corpo, ou talvez até infame, é a de Moritz Schreber, inventor do *Schrebergarten* e pai do *Senatpräsident* Daniel Paul Schreber. Em meados do século XIX, Moritz Schreber desenvolve aparelhagens ortopédicas correctivas e manipuladoras, e arneses para garantir nas crianças posturas correctas enquanto dormiam, andavam e se sentavam. Como já é bastante conhecido, ou pelo menos teorizado, o jovem Schreber (um dos pacientes famosos de Freud) suportou uma agressão paternal deslocada através da imposição dos aparelhos de correcção de postura, empregues sob a aparência de austeridade higiénica.[11] As terapias ortopédicas, no entanto, tiveram uma transformação significativa durante a segunda metade do século XIX, uma transformação descrita por Georges Vigarello como inversão de instrumento-suporte. As ideias de Schreber tornar-se-iam, nessa altura, não apenas obsoletas, mas o modelo daquilo que deveria ser evitado. A ideia de uma força exterior operando "sobre" o corpo, que a recebe passivamente, deu lugar a um corpo activo, que "ele próprio" exerce força sobre um dispositivo ou instrumento. Daqui resulta que o vector de aplicação de tais instrumentos já não é operado a partir do exterior sobre o corpo humano, mas inversamente.

Desde Alfred Jarry, Raymond Roussel, Marcel Duchamp, até Franz Kafka, todas as peças literárias e jogos visuais – ficções sem saída, janelas não-transparentes, espelhos de dois sentidos, encontros mudos entre autómatos, acoplamentos assexuais entre andróides e humanos, acasalamentos incestuosos e dolorosos entre órgãos e máquinas – descrevem como a lei é inscrita alternadamente no corpo através de maquinaria social, aparelhos disciplinares, e dispositivos de ortopedia e ortopráxis. Na longa cadeia de trabalhos que consideram casamentos não consumados entre mulher, homem, e máquinas, o mais notável é *L'Ève future* (1886), *A Eva do futuro*, de Auguste Villiers de l'Isle-Adam.[12] Na estória construída pelo engenheiro eléctrico Thomas Edison, Eva é um andróide, um corpo feminino simulado, que começa a viver através de dispositivos de gravação.[13] O seu corpo "escultural-grego", que

---

11. William G. Niederland, *The Schreber case: psychoanalytic profile of a paranoid personality*, New York, The New York Times Book Company, 1974, p. 49-84; Zvi Lothane, *In defence of Schreber: soul murder and psychiatry*, Hillsdale, NJ, Analytic Press, 1984; Eric L. Santner, *My own private Germany. Daniel Paul Schreber's secret history of modernity*, Princeton, NJ, Princeton University Press, 1996, p. 63-99.

12. Auguste Villiers de l'Isle-Adam (comte de), *L'Ève future*, Paris, 1886; edição revista por Alan Raitt, Paris, Editions Gallimard, 1993.

13. *Le Macchine celibi / The Bachelor Machines* (catálogo da exposição), Harald Szeemann, ed., Venezia, Alfieri, 1975; reimpressão, Milano, 1989, p. 9; *Junggesellenmaschinen/Les machines célibataires* (catálogo da exposição); Jean Clair, Harald Szeemann, ed., Venezia, Alfieri, 1975; ver também: Michel Carrouges, *Les*

prenuncia o filme de Fritz Lang *Metropolis* (1926), é antes de mais vitalizado pela fragmentação e análise, que secciona o seu corpo em milhares de peças. O corpo é então reconstruído através de textos gravados pelo engenheiro.[14] No mesmo sentido, existe Alfred Jarry, um leitor de Villiers, que escreveu *O Super Macho* (1902), uma máquina sexual, a resposta francesa e irónica ao *Übermensch* de Friedrich Nietzsche.[15] É a partir destas linguagens mimando a sua morte, destas máquinas ortopédicas que guiam a tortura, destes dispositivos profiláticos que suprimem o contacto – "máquinas celibatárias", de facto –, que uma nova engenharia, uma nova "arquitectura" é criada, construída à volta destes novos complementos prostéticos. Esta engenharia permite remoções contínuas e mais ainda trans-formações.[16]

Body-building (construção do corpo) é alcançada por exercícios repetitivos nestes novos dispositivos, que agora se constituem como maquinaria de ginástica.[17] O corpo já não se submete a pressões mecanizadas, mas em vez disso exerce a sua força sobre esses aparelhos – aparelhos que se tornam particularmente especializados.[18] Esta maquinaria atlética viria a tornar-se uma fonte de inspiração para a arquitectura modernista desde o século XIX até 1930: o mobiliário era concebido numa estruturação "antropotécnica" como uma máquina sobre a qual o corpo descarregava a sua energia e exercitava as suas forças, noutras palavras, como equipamento de ginástica; e o espaço era concebido como um ginásio onde se exercitava. O corpo é também o ponto focal de uma transformação da arquitectura através de um processo lento mas potente de domesticação e erotização do espaço, do qual Sigfried Giedion foi um dos primeiros a dar conhecimento em *Mechanization Takes Command: A Contribution to Anonymous History* (1948). Seguindo os estudos de Etienne-Jules Marey e Eadweard Muybridge sobre locomoção animal, o corpo sobe e desce incessantemente as escadas, como em *Nu descendant un escalier* (1912) de Marcel Duchamp.

Como exemplo, é possível pensar também em Le Corbusier, que construiu uma caixa habitável num pátio ou jardim suspenso, de um dos duplexes do projecto

---

machines célibataires, Paris, Arcanes, 1954; id., *Les machines célibataires; quatre lettres de Marcel Duchamp*, nova edição, Paris, Chêne, 1976.
14. Annette Michelson, «On the Eve of the future: the reasonable facsimile and the philosophical toy», in *October: the first decade, 1976-1986*, Cambridge, MA, MIT Press, 1987, p. 432.
15. Alfred Jarry, *Le surmâle, roman moderne*, Paris, 1902; nova edição, Paris, Eric Losfeld, 1977; id., *O Super Macho*, trad. de Luísa Neto Jorge, Lisboa, Afrodite, 1975.
16. Jean-François Lyotard, *Les transformateurs Duchamp*, Paris, Galilée, 1977.
17. Baron Nils Posse, *The special kinesiology of educational gymnastics*, Boston, Lee and Shepard, 1894.
18. Georges Vigarello, *Le corps redressé. Histoire d'un pouvoir pédagogique*, Paris, Jean-Pierre Delarge, 1978; ver também: id., "Panoplies redresseuses. Jalons pour une histoire", *Traverses*, 14/15, April 1979, p. 120-131; Dominique Laty, *Histoire de la gymnastique en Europe: de l'Antiquité à nos jours*, Paris, Presses Universitaires de France, 1996.

Wanner em Genebra (1928-29): a máquina-de-habitar, era também uma máquina de exercício.[19] Entre as várias fontes que atestam as múltiplas conexões ente arquitectura e ginástica, é obrigatório citar o design minimal de Hannes Mayer para um interior co-op, em 1926;[20] Rob Mallet-Stevens (com Pierre Chareau) *Chambre en plein air* e a piscina da *Villa* de Noailles de Hyères, em 1928;[21] os armários em alumínio de Pierre Chareau estruturando o quarto de banho da *Maison de Verre*, em Paris entre 1928 e 1932;[22] o terraço na cobertura de uma casa da *Siedlung* da *Werkbund* de Bratislava por Theo Essenberger; o quarto de dormir desenhado por Marcel Breuer para o apartamento de Erwin Piscator em Berlim (1927-28), equipado com um saco de pugilista para prática de boxe; ou, de novo, um ginásio decorado por Breuer para um professor de ginástica de Berlim, em 1930;[23] e o design de Eileen Gray para um apartamento de Jean Badovici em Paris (1930-31), entre outros exemplos.[24]

Hoje em dia, o suor *high-tech* amplia e modifica as práticas de *body-building* – uma paixão americana desde 1870.[25] O programa de uma domesticação generalizada da construção-muscular levou ao aumento de sofisticação de equipamento electrónico, conformando uma variedade de próteses, que também evidenciam a ligação eléctrica da máquina às funções corporais, induzindo uma percepção exterior e mecânica do próprio corpo.[26]

Incorporação

Nos anos sessenta, nas artes visuais, o corpo humano foi re-introduzido na arte através da *performance*, daí a designação de *body art*, através de orquestrações nas

---

19. Cf. Yago Conde, Josep Quetglas, "Boxing Le Corbusier", *AA Files,* 19, Primavera 1990, p. 50-52.
20. *Moderne Architektur in Deutschland 1900 bis 1950: Expressionismus und Neue Sachlichkeit*, Vittorio Magnago Lampugnani e Romana Schneider, eds., Stuttgart, G. Hatje, 1994.
21. *Rob Mallet-Stevens: la villa Noailles*, Cécile Briolle, Agnès Fuzibet e Gérard Monnier, eds., Marseille, Parenthèses, 1990.
22. Com Bernard Bijvoët; ver Brian Brace Taylor, *Pierre Chareau. Designer and Architect*, Köln/New York, Taschen, 1998.
23. Walter Müller-Wulckow, *Die deutsche Wohnung der Gegenwart*, K. R. Langewiesche, Königstein im Taunus, 1932; agora em: id., *Architektur 1900-1929 in Deutschland. Reprint der vier blauen Bücher*, Hans-Curt Köster, ed., K. R. Langewiesche, Königstein im Taunus, 1999; Magdalena Droste, Manfred Ludewig, *Marcel Breuer Design*, Bauhaus Archiv, Köln, Benedikt Taschen, 2001.
24. Prova fotográfica original, Paris, CNAC, Centre Georges Pompidou.
25. Mais recentemente, o arquitecto holandês Rem Koolhaas questionou as relações tangenciais entre arquitectura modernista, ginástica e atletismo na sua casa ginásio desenhada para a Trienal de Milano em 1986; ver *Il progetto domestico. La casa dell'uomo. Archetipi e prototipi* (catálogo da exposição), Georges Teyssot, ed., Milano, Electa, 1986; ver também *Interior landscape / Paesaggi d'interni*, Georges Teyssot, ed., *Lotus Document* 8 New York, Rizzoli, 1988; e OMA (Office for Metropolitan Architecture), "La casa palestra", *AA Files*, 13, London, Outono 1986, p. 8-12.
26. Jean-Jacques Courtine, "Les stakhanovistes du narcissisme. Body-building et puritanisme ostentatoire dans la culture américaine du corps", in *Le gouvernement du corps*, op. cit., p. 228. De acordo com Courtine (p. 249, nota 41), o termo *body-building* apareceu primeiro entre 1900 e 1905, baseado na expressão *to build (up)* o próprio corpo.

quais, na maior parte, o artista envolvia o seu próprio corpo – uma prática que ocorreria em tempo real e da qual restariam apenas vestígios fotográficos, registando as marcas deixadas por uma acção ocasional.

Foram os trabalhos seminais de Robert Morris, Bruce Nauman, ou Vito Acconci.[27] No centro da *body art* está um corpo des-centrado, como nas impressões de pés e réguas da escultura de Robert Morris de 1964, *Untitled (Footprints and Rulers)*, envolvendo o espaço da galeria.[28] Em trabalhos posteriores o corpo fragmenta-se, como no estudo de lábios de Bruce Nauman de 1967 – uma série de lábios flutua numa folha de papel – que levou a um trabalho posterior, no qual o estudo de lábios se transforma numa performance do próprio autor intitulada *First Hologram Series: Making Faces* (1968);[29] ou editado, como nos primeiros trabalhos fotográficos de Vito Acconci, tais como *Drifts* (1970), onde fotografa as marcas deixadas na areia; ou, tais como *Trademarks* (1970), no qual grava acções e depois as marcas deixadas no seu próprio corpo de mordidelas e beijos; como em *Lick* (1970), uma *performance* de 3 minutos filmada, onde o artista, soltando a sua pulsão masoquista, lambe o chão da galeria; ou *Conversions* (1971), na qual esconde os genitais entre as pernas enquanto permanece nu em frente à câmara de filmar. Através desta mudança de atributos, tenta recriar um corpo hermafrodita. Tornando-se macio, o seu corpo torna-se uma superfície de inscrições, que podem ser tanto gravadas como rasuradas.[30]

Os trabalhos iniciais, estranhos e lancinantes, de Rebecca Horn tentam uma cartografia de funções subjectivas e fisiológicas do corpo humano. As suas esculturas corporais são feitas de fragmentos de equipamento biomédico (tais como tubos, ligaduras, membranas e bombas) – por exemplo, a sua *Overflowing-blood-machine* (1970), na qual tubos transparentes, colocados verticalmente e ligados por cintos à

---

27. *Hors-Limites. L'art et la vie, 1952-1994* (catálogo da exposição), Jean de Loisy, ed., Paris, CCI, Centre Georges-Pompidou, 1994; *L'Art au corps: le corps exposé de Man Ray à nos jours* (catálogo da exposição), Philippe Vergne, éd., MAC, Marseille, Musées de Marseille, RMN, 1996; Amelia Jones, *Body Art. Performing the Subject*, Minneapolis, University of Minnesota Press, 1998; *Performing the Body/Performing the Text*, Amelia Jones, Andrew Stephenson, ed., London/New York, Routledge, 1999; *The Artist's Body*, Tracey Warr, Amelia Jones, ed., London, Phaidon, 2000; *The Body Aesthetic, From Fine Art to Body Modification*, Tobin Siebers, ed., Ann Arbor, The University of Michigan Press, 2000; Paul Ardenne, *L'image corps: figures de l'humain dans l'art du XXe siècle*, Paris, Éditions du Regard, 2001; Don Ihde, *Bodies in technology*, Minneapolis, University of Minnesota Press, 2002; *Doublures: vêtements de l'art contemporain*, Johanne Lamoureux, ed., Québec, QC, Musée national des beaux-arts, 2003; *Body Extensions*, Claudia Pantellini, Peter Stohler, ed. (catálogo da exposição), Stuttgart, Arnoldsche, 2004.
28. *Robert Morris* (catálogo da exposição), Paris, Centre Georges Pompidou, 1995, p. 99.
29. *Bruce Nauman* (catálogo da exposição), Joan Simon, ed., Minneapolis, Walker Art Center, 1994;
30. *Vito Acconci: Photographic works, 1969-1970* (catálogo da exposição), New York, 1988; *Vito Acconci* (catálogo da exposição), Amnon Barzel, ed., Prato, 1992; Vito Acconci, *The city inside us* (catálogo da exposição), Peter Noever, ed., Wien, MAK, 1993; Kate Linker, *Vito Acconci*, New York, Rizzoli, 1994; Amelia Jones, "The Body in Action: Vito Acconci and the 'Coherent' Male Artistic Subject," in *Body Art. Performing the Subject*, Minneapolis, University of Minnesota Press, 1998, p. 103-150.

volta do corpo nu de um modelo, revelam as pulsações rítmicas e fluxos da circulação sanguínea, projectada através da pele. Em *Cornucópia* (1970), um dispositivo parecido com um pulmão estabelece uma conexão exterior sensorial entre a boca e o peito de um manequim feminino meio nu. Os aparelhos multifuncionais permitem uma variedade de usos, não excluindo o auto-erotismo; por isso, surgem com um corpo que segue as regras do próprio desejo, procurando prazer fora de qualquer lógica orgânica de concepção.[31] Os trabalhos de Rebecca Horn revelam – da mesma forma que as operações cirúrgicas ou incorporações tecnológicas (endoscopia, estetoscopia, raios X, ECG, EEG, TEP, MRI, etc.) – os trabalhos das vísceras, e isolando partes do sistema vegetativo (circulação, respiração), permitem uma contemplação até então proibida, perigosa, ou mesmo fatal.

Nestes projectos, está presente um trabalho duplo – marcas deixadas pelo corpo, marcas deixadas no corpo. O corpo des-centrado, marcado, torna-se uma crítica dos meios de controlo e domínio social ou político do corpo. Um dos melhores exemplos está patente na *performance* de Chris Burden *Shoot*, que ocorreu no F Space em Santa Ana, na Califórnia, em 19 de Novembro de 1971. Que tenha sido alvejado num braço por um tiro de pistola é apenas um aspecto acidental – mesmo assim anedótico – do *happening*. O que é interpretado à exaustão são as várias *mise-en-scène* das explorações do corpo, considerado como finalidade última da experimentação.[32]

Os trabalhos iniciais de Cindy Sherman tomaram esta circunstância e dissecaram os procedimentos de produção utilizados na indústria cinematográfica para fabricar imagens do corpo feminino. Nos seus trabalhos mais recentes desenvolveu noções de distorção e fragmentação, através de transformações efectuadas no seu próprio corpo, a sua própria "figura", que são posteriormente ampliadas em gigantescos *cibachromes* que induzem uma sensação de desconforto ao observador. Nas suas séries *Untitled* 1989-1990, o seu corpo é vestido com um peito bulboso e várias protuberâncias e tumescências fazendo lembrar o arquétipo da *Madonna Lactens*, entre outras. A "arte", Cindy Sherman parece querer dizer, "pode e faz a realidade parecer mais real".[33] Pode alcançar um hiper-realismo que nos desencoraja

---

31. Ver a própria descrição de Horn: o dispositivo é sempre uma forma de concentração "no próprio peito – senti-lo intimamente – tocá-lo em silenciosa consciência", citado em Mina Roustayi, "Getting under the skin. Rebecca Horn's Sensibility Machines", *Arts Magazine*, 63, Maio 1989, p. 59; *Rebecca Horn* (catálogo da exposição), New York, Guggenheim Museum, 1993.

32. Marc Selwyn, "Chris Burden: I think museums function the way churches function for religion – it's the place where you go to do it", *Flash Art*, 144, Jan./Fev. 1989, p. 90-94; *Chris Burden*, Paris, Blocnotes éditions, 1995; id., *Beyond the Limits*, Peter Noever, ed., MAK, Wien, Cantz, 1996.

33. Thomas W. Sokolowski, "Iconophobics anonymous", *Artforum*, 28, Verão 1990, p. 118; e *Cindy Sherman, 1975 – 1993*, New York, Rizzoli, 1993.

em relação ao realismo do nosso próprio corpo, desfocando qualquer associação lógica ou semiótica.

Na National Gallery do Canadá (Otawa) em 1991, a artista canadiana Jana Sterbak (checa de nascimento) expôs um seu trabalho anterior intitulado *Vanitas: Flesh Dress for an Albino Anorectic* (1987), obtendo grande reconhecimento público. O assim chamado "vestido de carne", constituído por 23 kg de bife de vazia cru costurado sobre um manequim feminino, foi exposto num cabide e deixado a curar durante várias semanas, até a artista o substituir por um vestido de carne fresca. A *performance* era um comentário sobre os códigos de aceitação da beleza feminina, sobre a atracção e repulsão causada pela carne crua, sobre a esfoliação e substituição de uma pele velha por uma nova, e sobre o apodrecimento inexorável provocado pelo tempo. Num outro trabalho fotográfico (*Generic Man*, 1987-89), Sterbak mostraria um homem por detrás, com a sua cabeça rapada e um código de barras impresso no pescoço, de novo uma alegoria efectiva aos códigos de impressão na pele do corpo, talvez uma alusão ao dispositivo de Franz Kafka em *Colónia Penal*,[34] abstendo-se, no entanto, de qualquer juízo de valor.[35]

A fragmentação corpórea é tomada pelo artista Gary Hill que, na sua instalação de vídeo, *As It Is Always Already Taking Place* (1990), expõe a imagem parcial de um corpo sobre dezasseis monitores de vídeo, em tempo real. No que poderia ser pensado como uma inversão curiosa do palco de espelho, o corpo é inicialmente decomposto em objectos parciais, e depois recomposto tecnologicamente como a imagem de um corpo em partes nas quais as peças corporais são recortadas e reforçadas simultaneamente, "fetichizadas" e tornadas inacessíveis.[36] De novo, no projecto de vídeo arte de Matthew Barney, *Crestamer 4* (1994), corpos e máquinas envolvem-se em mutações genéticas, produzindo morfologias descontroladas, com o aparecimento súbito de excrescências, tanto efémeras quanto não completamente explicáveis.[37]

---

34. Franz Kafka, *The Penal Colony, Stories and Short Pieces*, traduzido por Willa and Edwin Muir, New York, Schocken Books, 1976; id., *A colónia penal*, trad. de Jorge de Lima Alves, Amadora, 1982.

35. *Jana Sterbak. From Here to There*, Gilles Godmer, ed., Montréal, Musée d'art Contemporain de Montréal, 2003, p. 77-79 e 91; e Paul Ardenne, *L'image du Corps*, op. cit., p. 417 e 437. Lydie Pearl, "Des chairs marquées et anonymes: Jana Sterbak, Daniele Buetti", in: *Corps, sexe et art: dimension symbolique*, Paris, L'Harmattan, 2001, p. 149-157. Para outros exemplos de sadomasoquista, post-duchampiana, trans-formações no projecto arquitectónico, poderá considerar-se Vito Acconci *Bad Dream House* (1984) e Jana Sterbak *House of Pain* (1987).

36. *Gary Hill* (catálogo da exposição), Christine van Assche, ed., Musée National d'Art Moderne, Galleries Contemporaines, Paris, Centre Georges Pompidou, 1992; *Gary Hill*, Robert C. Morgan, ed., Baltimore, The Johns Hopkins University Press, 2000.

37. Matthew Barney, *Cremaster 4* (video), New York, Barbara Gladstone Gallery; Paris, Fondation Cartier, 1995.

Stelarc (Stelios Arcadiou de nascimento, da Austrália) usou instrumentos médicos, prostéticos e robóticos para explorar conexões inesperadas com o corpo. Sublimemente masoquista, primeiro experimentou com a série de vinte e cinco *Body Suspensions* (1976-1988) submeter-se a inserções dolorosas de ganchos na sua pele, que permitiam a sua suspensão no ar. No espaço indefinido e desfocado entre arte e ciência, criou a sua famosa *Third Hand* (cerca 1990), um manipulador artificial, ligado ao seu braço direito como mão complementar, controlada por sinais de EMG emitidos pelos músculos do abdómen e da perna. Artista visionário, Stelarc estudou diferentes formas de "alteração da arquitectura do corpo", de forma a ajustar e estender "a sua consciência do mundo".[38] O corpo amplificado clama então por um "projéctil pós-evolutivo", e, através do remapeamento, reconfiguração e redesenho do corpo, Stelarc parece ter actualizado com sucesso o que havia sido anunciado pelo paradigma *cyborg*.

Desde Hermann Nitsche (um dos líderes do Accionismo Vienense) até Dan Graham, Gordon Matta-Clark, Charles Ray, Robert Gober, Kiki Smith, Mike Kelley, Paul McCarthy, Sophie Calle, Andrea Blum, Andrea Zittel, Vanessa Beecroft, Dinos & Jake Chapman, Atelier van Lieshout, Bernard Lallemand, o corpo torna-se não apenas lugar de crítica aos dispositivos da sociedade, mas, acima de tudo, o lugar de um processo de incorporação, ou de encarnação, que, pelo menos em teoria, pode ser testado até aos limites extremos da desencorporação. Eventual e acidentadamente, o processo de encarnação deve ser levado até ao limite da desincarnação. Esse limite é a vulnerabilidade do corpo em si.

Cyborgs

O desenvolvimento de bio-instrumentos durante o século XX foi marcado por duas fases principais merecedoras do estatuto de paradigmas de ficção teórica. Primeiro foi a absorção do termo *robot* como uma figura simbolizando o trabalhador num ambiente industrial, um termo cunhado pelo escritor Karel Čapek (1890-1938) na sua peça de teatro de 1921, *RUR* – um acrónimo para Robots Universais de Rossum.[39] *Robot* deriva da palavra checa *robota*, que significa tédio ou servidão, e refere-se a escravidão, ou a trabalho fabril repetitivo, particularmente

---

38. Ver: http://www.stelarc.va.com.au/.
39. Karel Čapek, *R.U.R. (Rossum's Universal Robots): kolektivní drama o vstupní komedii a trech aktech*, Praga, 1920; id., *R.U.R. (Rossum's Universal Robots): a fantastic melodrama in three acts and an epilogue*, trad. de Paul Selver, Garden City, New York, Doubleday, 1923; ver: Peter Wollen, "Le cinéma, l'américanisme, et le robot", *Communications*, 48, 1988, p. 7-37.

na zona da linha de montagem. Enquanto o homem teria de se transformar num engenho, ou motor, a máquina teria de se assemelhar ao homem.[40]

Segundo, a criação do termo *cyborg*, que é a abreviatura de organismo cibernético e caracteriza um ser híbrido, uma corporização de uma ideia monstruosa – um tipo de autómato em parte humano, em parte *alien*.[41] Esta terminologia foi proposta por dois físicos, Manfred Clynes (engenheiro e neuropsicólogo, que estudou música, física e matemática), e Nathan S. Kline (psiquiatra), nos laboratórios de pesquisa biocibernética do Hospital Estatal Psiquiátrico de Rockland em Orangeburg, Nova Iorque, num estudo relacionado com astronáutica para a NASA na década de 60.[42] Pode bem ser que *robots* e *cyborgs* não sejam apenas dois estádios na evolução tecnológica mas antes duas alternativas, dois "paradigmas" para desenvolvimento. Afinal, é significativo que um tenha nascido numa fábrica industrial e o outro num hospital, como qualquer um de nós, num ambiente dirigido pela electrónica do fim de século. Desenvolvimentos tecnológicos mais recentes passaram do ambiente dirigido electronicamente da cibernética de Norbert Wiener para o ambiente electronicamente simulado, estudado no seu fantasma biológico e utilizado no desenvolvimento de dispositivos para a percepção sensorial, especificamente realidade virtual, que tem de ser entendida como uma forma de "cyborgismo" (agora relativamente banal).[43]

Parece que hoje as dicotomias, para além daquela de organismo/máquina, podem ser postas em questão pela cultura *cyborg* – por exemplo, espírito/corpo, animal/humano, público/privado, natureza/cultura, masculino/feminino, primitivo/civilizado, virtual/real.[44] A bióloga e teórica de *cyborg* Donna Haraway mostra tais desafios numa secção do seu *Cyborg Manifesto*, que vale a pena citar: «A cultura

---

40. Geoffrey L. Simons, *Robots: the quest for living machines*, London, Cassell; New York, NY, Sterling Pub. Co.,1992.
41. Kathleen Rogers, in *Virtual seminar on the bioapparatus* (seminário transcrito ocorrido em 28-29 Outubro de 1991 no Banff Centre for the Arts), Banff, Canadá, 1991, p. 82.
42. Manfred E. Clynes, Nathan S. Kline, "Cyborgs and space", *Astronautics, Journal of the American Rocket Society*, Washington, DC, Setembro 1960, p. 26-27, p. 74-76; *The Cyborg Handbook*, Chris Hables Gray, ed., New York, London, Routledge, 1995, p. 29-33.
43. N. Katherine Hayles, *How we became posthuman: virtual bodies in cybernetics, literature, and informatics*, Chicago, IL, University of Chicago Press, 1999.
44. Na confluência de estados orgânicos e mecânicos, o corpo também pode sofrer uma mutação, tornando-se uma máquina viva e (portanto) morre, como no filme de Shinya Tsukamoto, *Tetsuo: Iron Man* (1990), e na adaptação de David Cronenberg do clássico romance de culto de J. G. Ballard, *Crash* (1996). O tema da realidade artificial foi desenvolvido em vários filmes incluindo: *Total Recall*, Paul Verhoeven, dir., 1990; *Cube*, Vincenzo Natali, dir., 1997; *Dark City*, Alex Proyas, dir., 1998; *The Matrix*, Andy and Larry Wachowski, dir., 1999; *eXistenZ*, David Cronenberg, dir., 1999; *Fight Club*, David Fincher, dir., 1999; *Being John Malkovich*, Spike Jonze, dir., 1999; ver *Film architecture: set designs from Metropolis to Blade Runner* (catálogo da exposição), Dietrich Neumann, ed., München/New York, Prestel, 1999; e Alain Badiou *et al.*, *Matrix. Machine philosophique*, Paris, Ellipses, 2004. Sobre tecnologia e cultura, ver Friedrich A. Kittler, *Discourse Networks: 1800/1900*, trad. de Michael Metteer e Chris Cullens, Stanford, Stanford University Press, 1990. Sobre a relação entre tecnologia, psicopatologia, e filosofia, ver Avital Ronell, *The telephone book: technology, schizophrenia, electric speech*, Lincoln, University of Nebraska Press, 1989.

high-tech desafia estes dualismos de maneiras intrigantes. Não é claro quem faz e quem é feito na relação entre humano e máquina. Não é claro o que é espírito e o que é corpo nas máquinas que tomam decisões em práticas codificadas. Tanto quanto nos conhecemos a nós próprios, quer no discurso formal (isto é biológico) quer na prática diária (por exemplo, a economia doméstica no circuito integrado), ponderamo-nos como *cyborg*, híbridos, miscelâneas, quimeras. Os organismos biológicos tornaram-se sistemas bióticos, dispositivos de comunicação como outros. Não há separação fundamental, ontológica, no nosso conhecimento formal da máquina e do organismo, da tecnologia e do orgânico."[45] A replicante Raquel no filme *Blade Runner* (1982), de Ridley Scott, aparece como a imagem do medo, do amor e da confusão de uma cultura *cyborg*. O trabalho de Haraway ajudou, pelo menos nos anos 80-90, a definir um novo tipo de hibridismo, que vai para além da quimera grega e do clássico monstro (de Golem a Frankenstein) para chegar ao produto híbrido da revolução da informação – o *cyborg*. Esta versão cibernética da quimera descreveu novos tipos de mutações, conduzindo mesmo a uma reconsideração da noção de evolução. "Com o *cyborg*, os corpos", como esclarece Haraway, "já não nascem, eles estão feitos". Hoje os organismos são construções, são criações do discurso da imunologia. O *cyborg* deslocou o limite entre organismo e máquina através de uniões de dispositivos cibernéticos com organismos biológicos; desfocou a distinção entre o animado e o inanimado através da teoria de comportamento dos sistemas homeostáticos.[46]

Ecotécnica

Sabemos bem que o nosso ser não é de forma alguma redutível a cada um dos nossos órgãos – pode-se mudá-los sem de qualquer forma o modificar. No entanto, como Stéphane Ferret escreve, argumentar sobre uma parte não é o mesmo que argumentar sobre o todo, e é precisamente nesta subtil disjunção entre o corpo e cada um dos seus órgãos onde o jogo de palavras se decide entre "ter" ou "ser" um corpo.[47] Elisabeth Grosz, no seu livro *Volatile Bodies* (1994), cartografou a passagem da inscrição visível, e selvagem, dos corpos – escarificação e tatuagem – através da violenta inscrição foucaultiana nas prisões, hospitais, e outros regimes disciplinares, para

---

45. Donna J. Haraway, "A cyborg manifesto: science, technology, and socialist-feminism in the late twentieth century", in *Simians, cyborgs and women – the reinvention of nature*, New York, Routledge, 1991, p. 177-178.
46. Paul N. Edwards, *The Closed World. Computers and the Politics of Discourse in Cold War America*, Cambridge, MA, MIT Press, 1997; Andy Clark, *Natural-Born Cyborg, Minds Technologies and the Future of Human Intelligence*, Oxford, Oxford University Press, 2003.
47. Stéphane Ferret, *La philosophie et son scalpel. Le problème de l'identité personnelle*, Paris, Éd. Minuit, 1993; Michel Bernard, *Le corps*, Paris, Éd. Seuil, 1995.

menos óbvias e menos coercivas mas não menos rigorosas e penetrantes inscrições de valores pessoais e culturais, normas, e incumbências de acordo com a morfologia e categorização do corpo em grupos socialmente significantes. Aponta para a marcação voluntária gravada através de (...) estilos de vida, *habitats*, e comportamentos.[48]

Convincentemente, em trabalhos posteriores, Elisabeth Grosz afirma que o sujeito não é uma mente que habita um corpo – não "temos" um corpo, "somos" um corpo, e um corpo que pensa.[49] Jean-Luc Nancy vai mais longe, afirmando: não existe tal coisa como "o" corpo. Não há corpo. Em vez disso há pacientes e incandescentes enumerações de vários corpos. Costelas, crânios, pélvis, irritações, conchas (...).[50] Mais, no seu ensaio seminal sobre a *technè* dos corpos, Nancy continua, dizendo: "O nosso mundo é um mundo de 'técnica', ou seja um mundo no qual cosmos, natureza, deuses e sistemas completos em todas as suas articulações íntimas se expõem como 'técnica': o mundo de uma *ecotechnè*. A *ecotechnè* opera através de aparelhagens, que permeiam e ligam todas as nossas partes. 'Ser feito', neste sentido, é efectivamente criar o próprio corpo, que dá nascimento e se liga neste sistema. Criados desta forma, os nossos corpos tornam-se mais visíveis, mais proliferantes, mais polimorfos, mais saturados, mais contraídos em 'massas' e 'zonas', mais do que alguma vez foram."[51] Como um *cyborg*, mas sem a excitação da ficção-científica, primeiro o corpo é criado, depois é ligado a qualquer dispositivo possível, e por fim pode ser reconfigurado.

A novela *cyberpunk* de William Gibson, *Neuromancer* (1984), apresenta-nos aos acasalamentos contemporâneos incestuosos entre órgãos e máquinas, com todas as conotações sexuais de encarnação total em máquinas desejantes, e acopolamentos em fluxo contínuo.[52] "Jacking no cyberespaço" é equivalente a enxertar um órgão-máquina numa máquina-energia, um tema já evocado por Gilles Deleuze e Félix Guattari em *Anti-Édipo* (1972).[53] Através de uma ramificação imaginária de sistemas neuronais e redes digitais, os utilizadores podem viajar através de uma nova paisagem, que é descrita de forma persuasiva: "(...) e mesmo assim ele teria visto a matriz nos seus sonhos, gelosias brilhantes de desdobrada lógica através do

---

48. Elizabeth Grosz, *Volatile bodies: toward a corporeal feminism*, Bloomington, Indiana University Press, 1994, p. 140-142.
49. Elizabeth Grosz, "Futures, cities, architecture", in *Architecture from the outside: essays on virtual and real space*, Cambridge, MA, MIT Press, 2001, p. 49-53; sobre a exterioridade do corpo, ver também Jacques Derrida, *Khôra*, Paris, Galilée, 1993.
50. Jean-Luc Nancy, "Corpus", in *Thinking bodies*, Juliet Flower MacCannell, Laura Zakarin, ed., Stanford, Stanford University Press, 1994, p. 31; id., *Corpus*, Paris, Métailé, 2000, particularmente p. 77-81.
51. Jean-Luc Nancy, *Corpus*, op. cit., p. 78.
52. William Gibson, *Neuromancer*, New York, Ace Books, 1984; reimpressão: 2000.
53. Gilles Deleuze, Félix Guattari, *L'Anti-Œdipe: capitalisme et schizophrénie*, op. cit., p. 7-59; id., *Anti-Oedipus: capitalism and schizophrenia*, op. cit., p. 1-50.

vazio descolorido". A "matriz" aparece aqui, no entanto este conceito – tanto matemático como biológico – já havia aparecido nos textos de Marshall McLuhan e Jean Baudrillard. Enquanto Jean-François Lyotard estava a completar a sua exposição sobre *Les immatériaux* (Centro Georges Pompidou, Paris, 1985), a cyber-novela de Gibson clamava por um espaço de representação não-material, no qual o que se observa é realmente os dados das simulações digitais, permitindo explorar o vazio que separa a presença física e a consciência de um "espírito", um fantasma que navegará obsessivamente a vastidão de uma tal ilusão consensual. Recordar uma paisagem onde os dados estatísticos dão forma à nova cidade, é precisamente o que os arquitectos holandeses MVRDV tentaram fazer na sua instalação de vídeo *Metacity/ Datatown* em 1998.[54] Conceber um ambiente arquitectónico que, através de grafia e enxerto (*graph* e *graft*), evoluirá em mutação perpétua, é exactamente o que o arquitecto francês François Roche (R. DSV & Sie. P) tinha imaginado.[55]

Esferas

A fragilidade humana confrontada com os desenvolvimentos tecnológicos e industriais, a solidão do Homem confrontada com os penhascos das paisagens digitais, a vertiginosa rasura das diferenças entre seres animados e inanimados, as mutações inquietantes do corpo humano ao nível imunológico: é precisamente tal deficiência, uma fraqueza zoológica inerente da humanidade, que é revelada e exposta pela assim chamada arquitectura "radical" desde o final dos anos 50 aos inícios dos anos 70.

Tal como se afigura, é o estado indefeso do corpo que é exposto e experimentado por esta arquitectura extrema: da arquitectura moldável de Peter e Alison Smithson e de Ionel Schein até às bolhas e balões paramédicos de Michael Webb em *Cushicle* (1996) e o lunar *Pod* (1966-67) de Greene;[56] dos aparelhos laboratoriais espaciais do vienense HausRucker-Co (*Mind Expander I*, e *Pneumacosm*, 1967);[57] até ao equipamento prostético de Coop Himmeblau (a insuflável *Villa Rosa*, 1967, e o desenho de uma *Nuvem*, 1968, que respiraria como uns pulmões);[58] desde os dispositivos

---

54. MVRDV, *Metacity / Datatown*, Rotterdam, 010 Publishers, 1999.
55. *Mutations @ morphes R, DSV & Cie.*, Orléans, HYX, 1998.
56. *Archigram* (catálogo da exposição), Paris, Centre Georges Pompidou, 1994; *Archigram*, Peter Cook, ed., New York, Princeton Architectural Press, 1999.
57. Günther Feuerstein, *Visionäre Architektur: Wien 1958/1988*, Berlin, Ernst & Sohn, 1988; *Haus-Rucker-Co: 1967 bis 1983*, Heinrich Klotz, ed., Wiesbaden/Braunschweig u. a., Fried. Vieweg & Sohn, 1984.
58. *Coop Himmelblau: architecture is now: projects, (un)buildings, actions, statements, sketches, commentaries, 1968-1983*, New York, Rizzoli, 1983; *Blaubox/Coop Himmelblau, Wolf D. Prix, H. Swiczinsky*, London, Architectural Association, 1988; Frank Werner, *Covering + Exposing: The architecture of Coop Himmelb[l]au*, Basileia/Boston, Birkhäuser, 2000.

orgânicos de Huth e Domenig (Floraskin, 1971),[59] ao filme de 16 mm psicadélico dos Superstudio (*Life/Superface*, MoMA, 1972).[60] O que é aqui testado foi anunciado pelos escritos de Marshall McLuhan nos mesmos anos: como os *media*, a arquitectura é a extensão do homem. Por isso, o meio ambiente é desenhado pela sobreposição de diferentes esferas: pele e invólucros epiteliais, coisas e ferramentas, terra e fogo, ar e água, luzes e nuvens, climas e tempo atmosférico, aparelhos e máquinas, interfaces de *media*. É realmente uma arquitectura atmo-esférica.[61]

De forma a compreender completamente a nova condição de um espaço híbrido, devemos lidar com a situação do nosso "corpo" na sociedade. Já não parece possível basearmo-nos nas oposições metafísicas, tradicionais e falaciosas tais como interior/exterior, órgão/função, porque a introdução das tecnologias digitais esbateu essas distinções. Em debate, então, haveria projectos que reconstroem as várias pregas que os nossos corpos tecem com o mundo.[62]

A tarefa urgente que a arquitectura tem de assumir, portanto, é a de definir e imaginar um ambiente não apenas para corpos naturais, mas para corpos projectados para o exterior de si próprios, ausentes e extáticos, através dos seus sentidos ampliados tecnologicamente. Longe de assimilar a ferramenta com o corpo de acordo com a tradição mecanista do dualismo cartesiano, devemos conceber ferramenta e instrumento como uma espécie de segundo corpo, incorporado em e ampliando os nossos poderes corporais.[63]

Torna-se então possível, se não mesmo necessário inverter logicamente os termos das proposições tradicionais sobre a tarefa da arquitectura contemporânea.

---

59. Marc Dessauce, *The Inflatable Moment. Pneumatics and Protest in 1968*, New York, Princeton Architerctural Press, 1999; Sean Topham, *Blow-Up: Inflatable Art, Architecture, and Design*, München, Prestel, 2002; *Architectures expérimentales. 1950-2000. Collection du FRAC Centre*, Marie-Ange Brayer, ed., Orléans, Éditions HYX, 2003.

60. *Radicals: architettura e design, 1960-75 = design and architecture, 1960-75* (catálogo da exposição), Gianni Pettena, ed., Biennale di Venezia, Firenze, Ventilabro, 1996; *Architecture radicale* (catálogo da exposição), Migayrou, *et al.*, ed., Villeurbanne, Institut d'Art Contemporain, 2001; Peter Lang, William Menking, *Superstudio. Life without objects* (catálogo da exposição), Milano, Skira, 2003; Dominique Rouillard, *Superarchitecture, Le futur de l'architecture, 1950-1979*, Paris, Éditions de la Villette, 2004.

61. Peter Sloterdijk, *Sphären, Mikrosphärologie, 1. Blasen*, Frankfurt, Suhrkamp, 1998; id., *Sphères, microsphérologie, 1. Bulles*, Paris, Arthème Fayard, 2002.

62. Ver Gilles Deleuze, *Le pli, Leibniz et le baroque*, Paris, Éd. Minuit, 1988.

63. Georges Teyssot, "Erasure and Disembodiment," *Ottagono*, 96, Setembro 1990, p. 56-88; id., "Erasure and Disembodiment," in *Book for the Unstable Media*, Joke Brouwer, ed., Rotterdam, V2 – Organization's-Hertogenbosch, 1992, p. 129-163; id., "Entkörperung und Entortung," in *film+Arc.Graz, 2*, Graz, Austria, 1995, p. 110-117; id., "The Mutant Body of Architecture," introdução a Elizabeth Diller & Ricardo Scofidio, *Flesh: Architectural Probes*, New York, Princeton Architectural Press, 1995, p. 8-35; id., "Body-Building. Towards a New Organicism," *Fisuras de la cultura contemporánea*, 8, Madrid, 2000, p. 156-183; id., "Le songe d'un environnement bioréaliste. Ovoïdes et sphéroïdes dans l'architecture des années soixante," in *Architectures Expérimentales. 1950-2000*, op. cit., p. 39-43; id., "Architecture de prothèse pour un corps post-humain", *L'Architecture d'Aujourd'hui*, 351, Paris, Março/Abril 2004, p. 46-55; id., "A Topology of Thresholds", *Home Cultures*, vol. 2, 1, London, Berg, 2005, p. 89-116.

A incorporação da tecnologia não é efectuada imaginando um novo meio ambiente, mas pela reconfiguração do próprio corpo, empurrando-o para fora, para onde as suas extremidades artificiais encontram o mundo. Não é tanto um problema de imaginar novas casas para *cyborgs*.[64] Este ser híbrido, parte orgânico, parte automático, é sempre já ambiente, meio, *interface*, superfície onde as relações do eu-próprio e o mundo são jogadas, atmosfera. A questão seria antes a de redesenhar e literalmente re-artilhar o nosso corpo equipado e melhorado instrumentalmente, de forma a que possa habitar o mundo e entrar em transacção com as múltiplas esferas do conforto, *media* e informação.

O interior poderia ser definido como a projecção do corpo num estado de ex-*stasis* através de um exterior, cruzando dentro-fora através das superfícies que delimitam as nossas envolventes: tais como poros, cicatrizes e pontos, células e membranas somáticas, costuras e cortes, mobília convertível, implementos de ginástica, nichos e cantos, covas e alcovas, rampas e elevadores, quedas de lixo e chaminés de ventilação, dispositivos de ar condicionado e casas móveis, aparelhagens electromecânicas e electrónicas, umbrais e molduras, portas e janelas, peles como envelope ou anel, estratos epidérmicos e profilaxias epiteliais, enredos de tecno-tecidos e arreios de indumentária couraçada, ligaduras e ataduras, adereços ortopédicos, hotéis cápsula, fatos espaciais, quadrículas, labirintos de cabos, dispositivos sem fio, controlo remoto, computadores portáteis, écrans e interfaces, feixes de portas ligando às redes, nós e desnovelamentos, traços e teias, ou, como numa garrafa Klein,[65] tiras de superfícies reversíveis.

---

64. Claudia Springer, *Electronic Eros: bodies and desire in the postindustrial age*, Austin, University of Texas Press, 1996; *Soft Machine: Design in the Cyborg Age*, Amsterdam, Stedelijk Museum of Modern Art, 1998; Antoine Picon, *La ville territoire des cyborgs*, Besançon, Éditions de l'Imprimeur, 1998; *Cybersexualities: a reader on feminist theory, cyborgs and cyberspace*, Jenny Wolmark, ed., Edinburgh, Edinburgh University Press, 1999; Chris Hables Gray, *Cyborg Citizen: Politics in the Posthuman Age*, New York, Routledge, 2001; Steve Mann, *Cyborg: Digital Destiny and Human Possibility in The Age of the Wearable Computer (...)*, Toronto, Doubleday Canada, 2001; *Fundamentals of wearable computers and augmented reality*, Woodrow Barfield and Thomas Caudell, ed., Mahwah, NJ, Lawrence Erlbaum Associates, 2001; *Ubicomp 2001: ubiquitous computing*: International Conference, Atlanta, Georgia, USA, Setembro 30 – Outubro 7, 2001: actas, Gregory D. Abowd, Barry Brumitt, Steven Shafer, ed., Berlin, New York, Springer, 2001; *Data/Body/Sex/ Maschine: Technoscience und Sciencefiction aus feministischer Sicht*, editado por Karin Giselbrecht, Michaela Hafner, Wien, Turia + Kant, 2001; Antonio Caronia, *Il cyborg: saggio sull'uomo artificiale*, Milano, Shake ed., 2001; *The cyborg experiments: the extensions of the body in the media age*, Joanna Zylinska, ed., New York, Continuum, 2002; Marie O'Mahony, *Cyborg. The man-machine*, New York, Thames and Hudson, 2002; *The Cyborg experiments: the extensions of the body in the media age*, Joanna Zylinska, ed., London/ New York, Continuum, 2002; *Cyber Reader: Critical Writings for the Digital Era*, Neil Spiller, ed., London, Phaidon, 2002; *From Energy to Information. Representation in Science and Technology, Art, and Literature*, Bruce Clarke e Linda Dalrymple Henderson, ed., Stanford, CA, Stanford University Press, 2002; William J. Mitchell, *ME++. The Cyborg Self and the Networked City*, Cambridge, MA, MIT Press, 2003; Andy Clark, *Natural-born Cyborgs*, op. cit.; Kevin Warwick, *I, cyborg*, Urbana, University of Illinois Press, 2004.

65. A garrafa de Klein (Kleinsche Flasche) é um espaço topológico obtido pela colagem de duas fitas de Möbius, portanto sem "interior" ou "exterior". O nome refere-se ao matemático Felix Klein, que a descreveu em 1882.

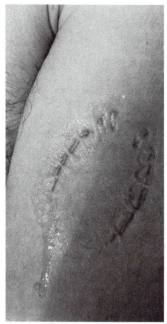

Arquitectura híbrida: um ambiente para o corpo prostético

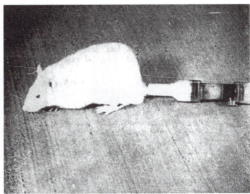

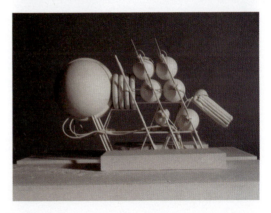

01 Robert Morris, "*Untitled (Box for Standing)*", 1961; em *Robert Morris* [catálogo da exposição], Paris, Centre Georges Pompidou, 1995.

02 Vito Acconci, "Trademarks", Setembro 1970; em Kate Linker, *Vito Acconci*, New York, Rizzoli, 1994.

03 Jana Sterbak, "Vanitas: Flesh Dress for an Albino Anorectic", 1987, National Gallery of Canada (Ottawa); em *Jana Sterbak. From Here to There*, Gilles Godmer, ed., Montréal, Musée d'art Contemporain de Montréal, 2003.

04 Gary Hill, "Inasmuch As It Is Always Already Taking Place", (instalação vídeo de 16-canais), 1990 (New York, MoMA); em *Gary Hill*, Robert C. Morgan, ed., Baltimore, The Johns Hopkins University Press, 2000.

05 Matthew Barney, "Cremaster 4", vídeo, 1994, Paris, Fondation Cartier; em Matthew Barney, *Cremaster 4* [catálogo da exposição], [fotografia de vídeo], Barbara Gladstone Gallery, New York, Fondation Cartier pour l'Art contemporain, Paris, 1995.

06 Edmund A. Emswiller, "An android of rare perfection", capa de revista: *Galaxy Science Fiction*, September 1954, USA (colecção Jacques Sadoul).

07 O primeiro *cyborg* (um rato de 220 gramas), em Manfred Clynes e Nathan Kline, «Cyborgs & Space», *Astronautics*, September 1960.

08 & 09 Haus-Rucker-Co, "Ballon für Zwei" [Balão para dois], 1967, Vienna, Austria, dia e noite, em: Frank Werner, *Covering + Exposing: The Architecture of Coop Himmelb[l]au*, Basel/Boston, Birkhäuser, 2000.

10 Coop Himmelblau (Wolf D. Prix, Helmut Swiczinsky), *Villa Rosa*, Vienna, Austria, 1967, maqueta (Orléans, FRAC Centre).

Apêndice

Um "retrato" de Tafuri[1]

H: Parece haver um discurso dominante que "Tafuri matou a arquitectura", ou pelo menos que anunciou o fim da arquitectura. Quando se aborda historiadores, ou pessoas que se reclamam historiadores, creio que é importante primeiro estimar a sua teoria da história. Por exemplo, aquilo que é nominalmente uma teoria da história sucinta é atribuído a Walter Benjamin.

T: Não seria a primeira vez que se proclamaria o "fim da arte". Hegel previu a "dissolução da obra de arte". A acusação de "matar a arquitectura" veio do amigo//inimigo de Tafuri, Aldo Rossi. No princípio dos anos 60 havia uma grande atracção entre estas duas personalidades, embora fossem muito diferentes. Tafuri fora educado em Roma e Rossi era a personificação da cultura de Milão – eles até falavam italiano com sotaques diferentes. Estas duas cidades italianas eram historicamente combativas uma em relação à outra, uma tensão que ainda se sentia muito no período pós-guerra. A metrópole cultural e económica do norte contra a capital política e religiosa. (Stendhal afirmava-se pró-milanês e contra Roma, onde havia demasiados padres.) O periódico milanês *Casabella* de Ernesto Rogers e do seu grupo, incluindo Rossi e Vittorio Gregotti, representava um pólo. O outro era representado pelo círculo de Roma, que, para simplificar, se centrava naquela época – anos 50 e princípio dos anos 60 – à volta de Bruno Zevi e Ludovico Quaroni, juntamente com o jovem Tafuri. Até 1967, Tafuri era um liberal ligado à Italia Nostra (um grupo ligado a especialistas de restauro arquitectónico), à tipografia do industrial Adriano Olivetti, incluindo o periódico *Comunità* e o jornal de arquitectura *Zodiac*, e à *L'Architettura. Cronache e Storia* de Zevi. A partir de cerca de 1967, quando se mudou para Veneza a fim de ocupar o cargo de professor no IUAV, Tafuri tornou-se cada vez mais político, alinhando com o núcleo duro de Mario Tronti, Alberto Asor Rosa e Massimo Cacciari, que estavam a assumir voz activa no Partido Comunista Italiano (PCI). Rossi tomou esta conversão mais ou menos como uma traição. A acusação não era tanto "mataste a arquitectura", mas "estás a matar a minha arquitectura *engagé*". Estás a matar a arquitectura de Aldo Rossi.

Se tivesse de mencionar a maior contribuição de Tafuri para a nossa disciplina (uma disciplina que, em larga medida, ele próprio criou), diria que não é tanto

---

1. Paul Henninger, editor associado da *ANY* e antigo aluno de Georges Teyssot na School of Architecture da Princeton University, editou esta entrevista, posteriormente publicada como "One Portrait of Tafuri", *ANY*, 25/26, Fevereiro 2000, p. 10-16.

algum livro em particular que ele tenha escrito – embora eu ainda acredite que alguns se mantêm importantes – mas antes que ele mostrou que a teoria na arquitectura, que está atulhada de várias disciplinas, incluindo a história, não tinha de servir este ou aquele tipo de arquitectura. Foi a real instrumentalização, a obrigação de a teoria produzir formas arquitectónicas, que ele pôs em questão. Na verdade, arquitectos como Rossi tinham a sua própria "teoria", a que Tafuri chamaria a poética pessoal de Rossi e que ele respeitaria. Mas esse não era o tipo de teoria da arquitectura que ele julgava que um estudioso deveria produzir. Portanto, esse é um aspecto: ele tentou cortar qualquer relação directa entre a história e teoria da produção, e a produção da arquitectura, ou pelo menos colocou uma série de pontos de interrogação entre as duas. Tafuri tentava separar-se do criticismo operativo – *à la* Zevi. Isto irritou algumas pessoas. Dois grupos especiais eram Rossi e os seus seguidores (Massimo Scolari e Giorgio Grassi) e Peter Eisenman. Eisenman nunca conseguiu aceitar a separação de Tafuri entre história/teoria e prática e é talvez por isso que, depois de muitos anos de amizade centrada em torno de *Oppositions*, tiveram uma grande divergência no princípio dos anos 80. Um dia simplesmente deixaram de se falar, seguindo uma espécie de decisão arbitrária por parte de Tafuri. Peter ficou magoado e nunca compreendeu realmente por que acontecera aquilo. Pensou tratar-se de uma decisão puramente "surreal" ou "situacionista" (*à la* Guy Debord). Não creio que Eisenman alguma vez pudesse compreender, uma vez que história e teoria eram para ele instrumentos para a produção das (suas) formas, do (seu) desenho, da (sua) arquitectura.

H: Então qual é a grande contribuição de Tafuri?

T: Uma das saídas para Tafuri nos finais dos anos 60 foi afirmar a autonomia da disciplina de história-e-teoria da arquitectura, desligada de qualquer aplicação imediata. Só a autonomia da prática em relação à história poderia garantir – embora não automaticamente – que a investigação não fosse colocada ao serviço duma actividade com o seu próprio tema, ou instrumentalidade própria. Além disso, esta mesma saída continuava a ser discutida na arena da teoria política italiana dos anos 70, fazendo eco a mais debates gerais sobre a "autonomia da política" (Asor Rosa, Tronti, Cacciari) e sobre a "política da autonomia" (Toni Negri, Michel Foucault e Félix Guattari). Na Itália, durante os anos 70, o movimento "Autonomia" propunha "autonomia política" à geração jovem. Era um movimento da extrema-esquerda, anárquico, libertário e antimarxista, fonte de grande irritação para o PCI em geral e para Tafuri e Cacciari em particular.

H: A história da arquitectura associa-se muitas vezes a temas de conservação. Parece que a posição de Tafuri era um pouco contraditória, pelo menos como é vista hoje.

T: Também nesta frente Tafuri aparecia como um pensador radical. No seio da universidade italiana, a história da arquitectura estava tradicionalmente ligada à questão da conservação e restauro (ainda está). Também aí Tafuri negaria a ligação da história da arquitectura à prática. Esta crítica da história como instrumento perturbava muitos académicos. Mas provavelmente são necessárias algumas explicações contextuais. O facto é que muitos dos chamados "historiadores" da arquitectura também exerciam práticas arquitectónicas privadas, com significativa construção (tanto construções novas como trabalho de restauro). Em Itália, construir significava na maior parte das cidades ter de lidar com "situações históricas", e em Itália, como em outros países, os que escreviam sobre arquitectura eram tipicamente arquitectos, como Leonardo Benevolo em Itália, Joseph Rykwert e Alan Colquhoun em Inglaterra, ou Ignasi de Solà-Morales Rubiò na Catalunha. Em Itália, muitos destes professores nomeados, dirigindo ao mesmo tempo grandes escritórios, de algum modo sentiam-se ameaçados pelo apelo de Tafuri a uma separação entre as carreiras escolares e as actividades profissionais.

H: Mas parece que o próprio Tafuri acabou por se envolver na preservação.

T: Sim, na última parte da sua vida, eu diria a partir de 1982 ou 1983, ele focou cada vez mais as suas actividades naquele segundo tema da instrumentalidade, escrevendo sobre a arquitectura do Renascimento. Isso é aquilo a que eu chamei o novo Tafuri da conservação do património. Devo dizer que esta mudança, pelo menos na minha opinião, foi muito problemática. Mas todo o Departamento de História da Arquitectura em Veneza sofreu uma importante transformação depois de 1980. Cacciari já não era o filósofo residente e, em vez disso, virou-se para a política "real", tornando-se mais tarde presidente da câmara de Veneza, com sucesso. Francesco Dal Co mudou-se para o negócio editorial, criando uma colecção de monografias e catálogos numa famosa editora de Milão. Tafuri regressou à cultura renascentista que praticara antes dos anos 60. O período heróico terminara. Quando abri a exposição sobre *Il Progetto Domestico* na Trienal de Milão em 1986, com Monique Mosser, Marco de Michelis, Alessandra Ponte, Anthony Vidler e Robin Middleton, a nossa posição era bem diferente.[2] A propósito, o título da

---

2. *Il Progetto Domestico: la Casa dell'Uomo, Archetipi e Prototipi*, Georges Teyssot, ed., catálogo da XVII Trienal de Milão, Milano, Electa, 1986, 2 vol., vol. I: *Saggi*; vol. II: *Progetti*; ver também *Paesaggi d'interni*, id., Milano, Electa, 1987; *Interior Landscape*, id., New York, Rizzoli International, 1988.

exposição, que propunha uma imersão consciente na arquitectura doméstica e nos temas da vida de todos os dias, foi uma resposta indirecta a "Il Progetto Storico" de Tafuri.[3] Estas teses haviam sido testadas em muitas conferências desde 1974 e seriam finalmente publicadas na introdução a *La sfera e il labirinto* (1980), traduzido como *The Sphere and the Labyrinth*, em 1987. Nesse ensaio, o termo *projecto* aparecia entre aspas – uma referência à análise da noção de *Entwurf*, de Heidegger. Este ensaio é ilustrado por uma série de referências freudianas, mas na realidade esconde o facto de (seguindo Cacciari) atacar Foucault, Deleuze e Guattari. Contudo, uma vez que este ataque aparecia apenas em notas de rodapé nas publicações italianas, ficando assim bastante escondido – ele deve ter provocado confusão geral entre a audiência americana de Tafuri.

H: Parece-me que a separação da história e teoria em relação à prática ou à produção e restauro, como disse, pela eliminação do papel instrumental da teoria e história, foi uma crítica que ultimamente guindou a instrumentalidade para a prática. A produção faz-se então para parecer inevitavelmente instrumental ou envolvida numa estrutura de instrumentalidade rodeando a arquitectura.

T: Na nossa sociedade qualquer produção é instrumental, mas concordo que não tenha de ser assim. Para Tafuri, como eu disse, é a própria autonomia do trabalho do historiador, ou qualquer outra prática teórica, que permite que a crítica seja realmente efectivo. Senão, logo que surja qualquer suspeita de instrumentalidade, a crítica é imediatamente enfraquecida pela suspeita dos seus objectivos.

H: Estou interessado nisto porque me parece que as pessoas têm quase uma paranóia acerca da instrumentalidade – que uma ideia pode ser instrumental ou que qualquer coisa pode ser instrumental, como uma máquina ou um emprego ou uma pessoa. A instrumentaldiade é automaticamente vista como algo de mau, que parece surgir do lado marxista da crítica. Estou interessado na noção de que, uma vez que se desloca a instrumentalidade daquilo que se está a fazer, seja na prática seja na história, a questão é essencialmente criar um corpo autónomo. O que acontece então? O que significa para qualquer daquelas coisas ser assim autónoma? Tafuri falava num estado quase hipnótico da prática, uma abstracção quase pura que não estava relacionada com modos de produção. Há uma alegoria para isso na história e teoria, que é a ideia de pureza da investigação ou a pureza do arquivo, ou algo assim.

---

3. *Casabella*, 429, Outubro 1977; trad. ing. "The Historical Project", *Oppositions*, 17, Verão 1979.

T: Em primeiro lugar, não acredito na pureza da arquitectura, por isso não sei o que quer dizer exactamente com pureza de arquivo. Nada é mais impuro do que os arquivos, que estão continuamente fechados à chave, inacessíveis a toda a gente, ou mesmo manuseados por diversos operadores. Posso começar a responder-lhe pondo em questão se Tafuri era marxista ou não. Não creio que o fosse. Nos Estados Unidos, muitos ofuscam Tafuri com Althusser, que queria reescrever Marx lendo Lacan, mas este "freudo-marxismo" não produziu nada de interessante. Inicialmente, um dos mais importantes pontos do grupo de Veneza era demonstrar por que não resultava a hipótese de Gramsci anterior à Guerra (isto é, a necessária união "histórica" entre os operários e os intelectuais criando uma maioria progressista). Contrariamente àquilo que muitos escritores americanos crêem, Tafuri e as pessoas à sua volta eram marxistas, mas críticos do marxismo, não apenas do tipo de marxismo oficial do Leste, mas também das muitas versões intelectuais do marxismo no Ocidente. Poderia chamar comunista a Tafuri, mas o PCI naquela altura era mais ou menos análogo ao Partido Trabalhista Inglês. Eram certamente opostos a qualquer forma da violência revolucionária que afligia a Itália nos anos de 1970.

Tafuri e Cacciari liam mais Nietzsche e Heiddeger do que qualquer outro (especialmente a corrente de Heidegger sobre Nietzsche). Mas não era o heideggerismo como tal, como Heidegger é ensinado em muitas universidades americanas, isto é, Heidegger como "guru" ou "profeta"; era antes recolher implacavelmente qualquer coisa que Heidegger pudesse fornecer, especialmente sobre a ligação entre a metafísica e a tecnologia moderna. Se quisesse escrever uma teoria da história em torno de Tafuri em Veneza, eu diria que havia dois grandes pólos: um era Walter Benjamin, não o Benjamin pró-soviético mas o Benjamin teológico, mais interessante; e o outro era Heidegger. Ambos viveram no mesmo período dramático, contudo encontravam-se em lados politicamente opostos, e ambos eram provavelmente os maiores teóricos que se podia ler, e provavelmente ainda hoje o são. Recue aos anos de 1950 e 1960. Ninguém queria regressar à fenomenologia e começar a reler Sartre e Merleau-Ponty. A mistura de Benjamin e Heidegger era boa: uma crítica de materialismo histórico bruto em Benjamin e, em Heidegger, uma desconstrução da noção de tempo e história como uma categoria do espírito.

H: Então o que é que resta? Destaca a instrumentalidade e põe de parte o marxismo – especialmente o marxismo propriamente dito – e rejeita a fenomenologia juntamente com todas as teorias completistas.

T: Não se rejeita nada. Constrói-se uma crítica sobre as ruínas de demasiadas crenças.

H: Todos aqueles movimentos criam uma espécie de visão completista do mundo ou uma visão da produção. A crítica de Tafuri ao marxismo era muito encorajadora porque havia nela ainda um aspecto positivista. A instrumentalidade é muito encorajadora porquanto sustém que as ideias podem tornar-se objectos. Todas aquelas coisas criam raízes muito simples, de maneiras muito semelhantes através da sociedade e do corpo social.

T: Quero responder à sua pergunta, "o que resta?" Tafuri tentou uma espécie de arqueologia do moderno, não tanto da arquitectura modernista mas do projecto moderno em geral. O moderno contém a arquitectura modernista, porém também consiste nas leituras de Proust sobre Paris e na crítica de Piranesi sobre a arquitectura iluminista do século XVIII. Contudo, em minha opinião, Tafuri não levou esse discurso suficientemente longe. Por exemplo, continuou, durante demasiado tempo, a usar o conceito de ideologia. A ideologia é na verdade como o velho carro barulhento que se deixa na estação de caminho-de-ferro todas as manhãs – é o veículo utilitário da teoria. Desde a introdução a *Teorias e História da Arquitectura* em 1968 até "*Per una critica dell'ideologia architettonica*", publicada em *Contropiano* em 1969, que se tornou a base para o seu *Projecto e Utopia* (1973), a noção de ideologia permanece consistente.

Claro que Tafuri dizia: "Não estamos a propor uma nova ideologia. Estamos a propor uma crítica da ideologia". Como pregava Asor Rosa, a crítica da ideologia tem de ser destrutiva. Onde a sua própria radicalidade pára de repente é no uso continuado da noção de ideologia, que permaneceu ténue e bastante vago. A noção de ideologia paira no ar como um acontecimento tóxico, indefinido, irresoluto. Esconde-se na retaguarda como uma noção pós-marxista que implica oposição entre estrutura e base, uma implicação que Benjamin já fizera em pedaços. Portanto, Tafuri está encerrado na equação entre cultura e ideologia, a equivalência de ciência e "classe operária", a ideia militante de equacionar erudição e sectarismo. O pós-marxismo de Tafuri ainda pensava na classe operária como o principal agente da história e que as suas opiniões tinham de ser sectárias. Foi militante do partido (quando Tafuri exibiu o cartão do partido durante uma conferência em 1974 na Princeton University, a assistência – formada em associações partidárias bastante diferentes – pensou que o cartão fosse do Rotary Club). Na minha opinião, esta militância foi o limite da posição de Tafuri porque, durante os anos de 1970, Michel Foucault e Gilles Deleuze andaram a examinar esta organização pós-marxista e a quebrar a própria noção de ideologia como motor central da história. Há alguns artigos de Tafuri em que ele usou o termo *ideologia* duas ou três vezes numa frase, tornando-o completamente obsessivo, e até mesmo opressivo.

O grupo de Veneza em torno de Tafuri andava à procura – com alguma dose de ironia – duma figura "ideológica" ou mesmo heróica. Um candidato foi talvez Ernst May, o director do gabinete de planeamento urbano de Frankfurt durante o período de Weimar. Levados por esta perseguição hagiográfica, Tafuri e os seus associados começaram a analisar as novas cidades construídas durante o período soviético de 1929 a 1936 por arquitectos alemães, em particular May. Estas colónias estavam normalmente muito a Leste, dos Urais à Sibéria. Tafuri, Marco de Michelis, Jean-Louis Cohen e outros não compreenderam bem o que de facto acontecera anteriormente. Eles simplesmente nunca compararam os modelos de cidades no atlas soviético, que constituíra o tema dos seus próprios livros, com o mapa do arquipélago de *Gulag* que Solzhenitsyn publicou. Apesar de interpretações opostas, o mapa era o mesmo – era o mesmo urbanismo.

Em 1977, houve um seminário organizado pelo Departamento de História da Arquitectura de Veneza que depois foi publicado como *Il dispositivo Foucault*,[4] com escritos de Cacciari, Tafuri, Franco Rella e meus (eu fui o único a tomar uma posição a favor de Foucault e Deleuze). O título foi perspicaz uma vez que Foucault quisera expor dispositivos silenciosos, não-discursivos na sociedade moderna, tais como o hospital, a prisão, o asilo, a escola, etc. O meu ensaio "Heterotopias e a história dos espaços"[5] inscrevia a invenção de Foucault das heterotopias numa problemática do espaço. Os outros tentaram abrir o dispositivo de Foucault como um recipiente, mas eu senti que eles não conseguiram. Sendo do PCI, receavam Foucault e Deleuze pelas razões políticas acima mencionadas. Havia alguma coisa na obra de Foucault e dos seus seguidores, incluindo Bruno Fortier, Jacques Donzelot, Lion Murard e Patrick Zilberman, que era totalmente estranha àquilo que eles procuravam, especialmente este desfazer da noção de ideologia. Foucault estava a levar a análise para uma nova compreensão dos espaços, a exploração da noção de umbrais, dos limites entre interior e exterior; para os processos de exclusão; e a mover divisórias entre género, raça, idade, etc., que não eram tidas em consideração pelo grupo de Tafuri, claro está. Isto tornou-se a *doxa* dos anos de 1980, mas nos anos de 1970 era novidade. Depois de muitas histórias erróneas, a traçar este discurso para a América dos anos de 1980, um artigo de Daniel Defert, "Foucault, o espaço, e os arquitectos",

---

4. *Il Dispositivo Foucault*, Franco Rella, ed., Venezia, C.L.U.V.A. Libreria editrice, 1977, 2.ª ed., 1981.
5. Georges Teyssot, "Eterotopia e Storia degli Spazi", in: *Il Dispositivo Foucault*, Franco Rella, ed., Venezia, C.L.U.V.A. Libreria editrice, 1977, 2ª ed., 1981, p. 23-36; trad. ingl. e japonês de David Stewart, "Heterotopias and the History of Spaces", A + U, 121, Tokyo, Outubro 1980, p. 79-100; aqui publicado e também in *Architecture Theory since 1968*, K. Michael Hays, ed., The MIT Press, Cambridge, 1998, p. 298-305.

conta toda a história do desenvolvimento destes debates nos anos de 1970, publicados no catálogo "Documenta X" de 1997, em Kassel.[6]

Mas quando tudo estava dito e feito, Tafuri era encantador e um grande conversador; ele conseguia colocar-se, a ele próprio e às pessoas à sua volta, numa espécie de negação total. Penso que isto explica por que funcionava a sua teoria, até que publicou *La sfera e il labirinto* em 1980, que foi provavelmente o seu último trabalho teórico importante.

No departamento em Veneza, demoraram imenso tempo a livrar-se da noção de utopia. Esta noção persistiu mesmo até 1976, quando Tafuri publicou uma tradução francesa dos seus soberbos ensaios de Piranesi como "Giovan Battista Piranesi: l'utopie négative dans l'architecture".[7] Consequentemente, Tafuri descobre que há mais alguma coisa na raiz da utopia, cujo significado exacto é um não-lugar. Sim, ele lera a definição de heterotopia de Foucault mas não a entendera. Mais tarde, Tafuri alterou o título de Piranesi para "G. B. Piranesi and Heterotopia" (in *The Sphere and the Labyrinth*), equacionando assim a sua noção da utopia negativa que derivara do pensamento negativo de Adorno, em relação a uma nova noção de heterotopia. Foi esta equação que não funcionou, especialmente porque a utopia negativa era de um artista, Piranesi, enquanto as heterotopias de Foucault nunca foram a produção de desejos subjectivos. Eu escrevera sobre o conceito de heterotopia, e atravessámos um verdadeiro conflito por causa daquilo que eu dizia: "Não, Tafuri, tu transformas a tua utopia negativa indo buscar e pedindo emprestada a palavra a Foucault, mas não aceitas a implicação foucaultiana desta noção, e todas as consequências desta mudança." Heterotopia significa outro lugar e um lugar outro; um lugar diferente, um lugar dentro de lugares. Esta noção plenamente entendida conduziu a uma importante reflexão sobre a descontinuidade dos lugares e dos espaços. A sociedade é composta por diferentes lugares, e esses sítios são determinados por portas, portas traseiras, janelas e todo um painel de dispositivos espaciais. Não se entra numa heterotopia como se entra em qualquer edifício. É mesmo este mecanismo que rege e ordena este outro espaço, que opera sobre a sociedade. Para Tafuri, a utopia negativa seriam certamente as igrejas de Borromini ou a igreja de Santa Maria del Priorato de Piranesi, em Roma, porque ele estava interessado na tragédia

---

6. Daniel Defert, "Foucault, Space, and the Architects", "Foucault, l'espace et les architectes", in *Politics, Poetics: Documenta X, the book*, [documenta e Museum Fridericianum Veranstaltungs-GmbH], Catherine David e Jean François Chevrier, eds., Ostfildern-Ruit: Cantz, 1997, p. 274-83; nova versão: id., "'Hétérotopie': tribulations d'un concept entre Venise, Berlin et Los Angeles", in *Michel Foucault, Le corps utopique; suivi de Les Hétérotopies*, posfácio de Daniel Defert, Paris, Nouvelles éditions Lignes, 2009, p. 36-61.

7. "Giovan Battista Piranesi: l'utopie négative dans l'architecture", in *L'Architecture d'Aujourd'hui*, 184, Março-Abril 1976.

dum construtor que constrói muito pouco. As heterotopias de Foucault eram lugares heterogéneos dentro da sociedade, enquanto que as utopias negativas de Tafuri eram obras impossíveis, desaires perdidos e contratempos trágicos.

H: Estou a tentar compreender o que significa para alguém como Tafuri agarrar-se à ideologia. Por outras palavras, a simples versão do que é mau acerca da ideologia é quase segunda natureza neste momento, dado o modo como a ideologia deixou vago o espaço da política em geral e deixou vaga a política como é exibida todos os dias na televisão e nos jornais. Aquilo que a ideologia ainda significa para a teoria ou história não é muito claro para mim.

T: A crítica de Tafuri à ideologia separou os bons tipos dos maus tipos. Foi fácil separá-los através do filtro de classe, ao qual Tafuri nunca renunciou completamente. Ele sempre pensou que a história deveria ser feita em termos de classe, e que por trás da cena histórica havia uma trama conspirativa.

H: Conspiração?

T: Não tinha de ser uma conspiração paranóica ou um convénio da "confraria". Quando escrevia sobre o que quer que fosse – Roma no século XV, Veneza no século XVI, Piranesi no século XVIII –, ele procurava sempre uma batalha. Se houvesse dois poderes, ele ficava feliz, porque a noção de dialéctica era preservada. Era sempre a oposição entre um e outro, como Borromini contra Bernini. Quando tentava escrever sobre um acontecimento, tinha tendência para olhar não tanto para um bom tipo ou um mau tipo, como para um vermelho e um verde, ou um preto e um branco. De certo modo, Tafuri estava interessado na história porque nela podia descobrir uma oposição de caracteres, um choque de interesses, ou uma guerra entre grupos sociais. "Dirigia-se a uma muito boa escrita". Até certo ponto, mudando a atenção disto contra aquilo, ele próprio criaria a conspiração; aquela de um conflito na Veneza do século XVI entre famílias, partidos, grupos, interesses. Hoje estamos provavelmente mais cientes da ausência de significado da cadeia de acontecimentos, do efeito do acaso na história, que o tempo *per se* não tem qualquer outro significado para além daquele que lhe atribuimos. Eu sinto muitas vezes que estamos hoje naquela espécie de período cheio-de-sorte apesar do frenesim do milénio. Pelo contrário, Tafuri era uma pessoa que na infância fora perseguida pela Gestapo em Roma por ser meio judeu (pelo lado materno), escondido por amigos em apartamentos dissimulados, muito ferido quando Roma foi bombardeada pelos Aliados, e que sofrera uma série de terríveis doenças. Para Tafuri, a vida tinha sido absolutamente dramática e muitas das suas ideias são difíceis de perceber fora deste contexto.

H: Imagino se a criação duma história e teoria da arquitectura autónoma em certo sentido assegura ou encoraja o uso de pares opostos. O gesto original duma oposição entre prática e história/teoria de alguma maneira prefigura a manutenção duma estrutura oposicional. Parece inevitável que terminemos com uma série de bifurcações ou oposições.

T: Sim, com Tafuri provavelmente terminamos com uma série de oposições. Começámos a nossa conversa com a oposição inicial da teoria *versus* prática, mas essa não é a única oposição em que ele estava interessado. Repare como a dualidade reaparece até mesmo no título dos seus livros: "teorias" (no plural) *versus* "história" como um paradigma singular, único (*Teorias e História da Arquitectura*, 1968); projectos de arquitectura *versus* utopia (*Projecto e Utopia*, 1973); a esfera contra o labirinto (*La sfera e il labirinto*, 1980) onde o volume platónico da primeira se opõe à forma intrincada do último. Ou tome *L'armonia e i conflitti* (1983, significando harmonia e conflitos). Tafuri estava sempre à procura da ténue linha divisória que ajudaria a explicar uma cadeia de acontecimentos. Enquanto alguns escritores procuram a harmonia por todos os sítios, Tafuri procurava traços de desarmonia.

H: E quanto às últimas publicações, de 1983 a 1993?

T. O significado da mudança em relação ao estudo do Renascimento ainda está por explicar. O que procurava ele na realidade? Observava uma história conflitual da Itália moderna? Todas estas obras são posteriores a 1982: *L'armonia e i conflitti*, 1983; *Raffaello*, 1984; *Venezia e il rinascimento*, 1985; *Storia dell'architettura italiana*, 1986; as monografias sobre Vittorio Gregotti, 1982; sobre Giulio Romano, 1989; o seu livro de ensaios sobre o Renascimento, *Ricerca del Rinascimento*, 1992; e a sua última publicação sobre Francesco di Giorgio, 1994. Estranhamente, muitos destes livros assumem o género de Vasari da "vida do artista", como se já não lhe interessasse qualquer inovação na metodologia. Julga que este autor é o mesmo em que toda a gente estava interessada nos anos de 1960 e 1970? Há um segundo Tafuri depois de 1983. Claro que ele ficasse muito doente, mas a mudança data provavelmente de cerca de 1981, quando ele estava mais ou menos em boa forma física. Percebe o que quero dizer? Temos aqui duas carreiras: uma desde 1959 até 1981, e outra entre 1982 e 1994, ano em que morreu.

Os dois períodos podem muito bem estar ligados, mas não tenho uma teoria pronta-a-usar sobre qualquer possível ligação. A sua própria resposta hipotética poderia ter sido: "Bem, andei sempre à procura das origens da modernidade. Agora tenho de procurar mais atrás." O facto de ele ter declarado em algumas entrevistas ter sido influenciado pelos últimos trabalhos de Foucault, é provavelmente verdade apenas no sentido de Foucault – de uma forma, aliás, bastante "clássica" – ter passado os últimos dias da sua vida investigando sobre a civilização e filosofia gregas.[8] Pelo início dos anos 80, perguntava: "Devo escrever um livro sobre Le Corbusier?", confirmando o seu interesse pelo género monográfico. É esta a razão para os livros escritos sobre Rafael, Giulio Romano e Francesco di Giorgio. Como se Tafuri estivesse estranhamente à procura do grande arquitecto, o *architectus* essencial, no sentido latino do termo.

Uma vez ele deu uma pista dizendo que se soubesse suficiente latim e tivesse treino em Arqueologia, gostaria de ter estudado artes tardo-romanas e arquitectura tardo-romana dos séculos II e III, para melhor compreender o que o arquitecto renascentista poderia ter apanhado daquela época. Para ele, olhar para trás tornara-se uma trágica necessidade e um caminho irresistível.

H: Embora para alguém que lançou uma crítica significativa da trajectória do modernismo e do moderno, é um belo momento para voltar atrás em certo sentido. O tardo-romano e o Renascimento são ambos vertentes de uma das mais notáveis plataformas culturais na História. A segunda metade do século XX foi descrita – e gostaria de me lembrar por quem – como uma outra Idade Média, no sentido de que um período medieval se distingue por uma falta de uma ideologia dominante e por haver uma quantidade de perspectivas competitíveis.

T: Nos estudos renascentistas, Tafuri tentava talvez explicar a materialidade da arquitectura. Durante um período, ele esteve completamente fascinado pelos edifícios dos fins do século XV na Itália, onde os mais pequenos pormenores contavam. Ele passaria horas a estudar todos estes tipos de pormenores, como a base de uma coluna. Para ele, estes estudos tornaram-se uma obsessão, como se quisesse mostrar que a essência da arquitectura reside na minúcia das suas construções. Ele até começou a desenhar novamente, e tinha um estirador de desenho no seu escritório nos anos de 1980. Poderia dizer que Tafuri, que era um arquitecto experiente, estava a regressar a uma espécie de profissão (bem longe da imagem dele próprio estudando Heidegger e Benjamin).

---

8. Daniel Sherer, *Assemblage*, 56, 28 Dezembro 1995, p. 45.

H: Mas mesmo em Benjamin, especialmente o lado mais teológico de Benjamin, ainda há o *Ur-state* (estado puro/original) das coisas que é anterior, que não é lixo.

T: Sim, a *Ur-Geschichte* de Benjamin foi de facto uma procura pelo texto original da modernidade, mas ele também estava obcecado pelo fim. Tinha sempre alguma coisa a ver com catástrofe, redenção, ou uma ideia messiânica do tempo. Ele estava particularmente interessado pela noção grega de *apocatastasis*, onde o mundo termina – um fim no qual está contida a redenção. Pelo contrário, parece que Tafuri estava exclusivamente obcecado pelos princípios. Talvez isto pudesse conduzir a uma explicação do seu último período – os estudos da Renascença.

H: Mas parece-me que há pureza envolvida. A criação de uma história e teoria autónoma é acerca da criação duma "pureza". A sua defesa de certas arquitecturas era por vezes lançada em termos de pureza da forma; o Renascimento é como a materialidade pura desta primeira arquitectura, especialmente num momento em que…

T: Não estou certo de entender o que quer dizer por pureza. Mas sim, talvez ele procurasse a "Idade do Ouro" da Arquitectura. Contrariamente a Tafuri, eu próprio não acredito na "autonomia" perfeita da história e teoria e penso que ainda fica uma significativa parte do estudo actual das múltiplas ligações que entrelaçam o desenho e a teoria.

H: Bem, num sentido histórico, Tafuri procurava uma pureza da forma, que podia conduzir a uma ideia de redenção.

T: Talvez fosse possível imaginar o Tafuri terminal como o último arquitecto renascentista. Não porque ele tivesse proclamado qualquer espécie de arquitectura da renascença pós-moderna, mas porque ele expressava uma ânsia pelo rigor e pelo significado que não conseguia encontrar no seu tempo e no seu país. É como se ele, amando tanto a arquitectura, a estivesse a matar. Parecia que estava interessado na condição do não-fazer, embora ele certamente não fosse preguiçoso. Tafuri estava fascinado por escritores que não escrevem, músicos que permanecem em silêncio, arquitectos que não constroem.

Isto conduz-me a uma espécie de retrato de Tafuri. Era como se ele quisesse que toda a gente fizesse o seu próprio trabalho, de acordo com as suas qualificações profissionais. Os arquitectos deviam construir e não escrever maus livros. Os historiadores deviam escrever e não construir maus edifícios. O melhor exemplo disto é a "não-sacra aliança" de Tafuri com Gregotti nos anos de 1980, que Tafuri declarara, a brincar, ser o maior artista vivo do mundo. A novidade desta ideia de que os arquitectos deviam de facto construir soa como uma espécie de afirmação de senso comum, como os bombeiros não deviam atear fogos mas extingui-los. Mas então Tafuri seria uma excepção à sua própria regra. Ele era um escritor tentado pelo silêncio, um grande professor que falava com *maestria* retórica, tentado pela ideia de não ensinar mais. Os arquitectos que nunca constroem, e qualquer pessoa cujo trabalho tenha sido frustrado, fascinavam-no completamente, daí o seu interesse por Borromini, Piranesi, Mayakovsky. Sob um ponto de vista literário, penso que Tafuri sempre teve na base do seu pensamento Robert Musil (uma espécie de totem epistemológico para ele) e a sua inabilidade para terminar a novela, *O Homem Sem Qualidades*. E uma vez que *O Homem Sem Qualidades* em alemão é *Der Mann ohne Eigenschaften*, o que significa não apenas 'sem qualidades' mas também 'sem qualificações', homens sem qualificações profissionais, Tafuri esteve a seu modo a explorar a negatividade – o vazio, o desesperado anseio por uma perfeição impossível.

Origem dos textos

Por uma topologia de constelações do quotidiano (texto original), trad. Paulo Providência.

Heterotopias e História dos Espaços (In *Architecture theory since 1968*, K. Michael Hays, ed., Cambridge, MA, MIT Press, 1998.)

Ansiedade pela Origem (In *Perspecta. The Yale Architectural Journal*, 23, New Haven, 1987.), trad. Paulo Providência.

Norma e tipo. Variações sobre Riehl, Demolins e Schultze-Naumburg (In *Architecture and the Sciences: Exchanging Metaphors*, Antoine Picon, Alessandra Ponte, eds., New York, Princeton Architectural Press, 2003.)

Água e Gás em todos os pisos: notas sobre a estranheza da casa (In *Lotus International*, 44, Milano, Electa, 1984.), trad. Rita Marnoto e Isabel Almeida.

Paisagem de interiores (In *Paesaggi d'interni, Interior Landscape,* Quaderni di Lotus, 8, Milano, Electa, 1987; New York, Rizzoli International, 1988.), trad. Rita Marnoto e Isabel Almeida.

Hábitos/Habitus/Habitat (In *Presente y futuros: Arquitectura en las ciudades*, Catálogo da exposição, XIX Congres UIA, Ignasi de Solà-Morales, Xavier Costa, eds., Barcelona, Centre de Cultura Contemporània, 1996.)

A supressão do habitual: para uma demonologia do doméstico (In *Exposé, Revue d'esthétique et d'art contemporain*, 4 ("La Maison", vol. 2), Orléans, HYX, 2003.)

Entre mapa e grafo: o fenómeno metropolitano (In *Beyond the City, the Metropolis*, Georges Teyssot, ed., Catálogo da exposição: "World Cities and the Future of the Metropoles," XVIIth Triennale of Milan, Milano, Electa, 1988.), trad. Rita Marnoto e Isabel Almeida.

Os interiores e a fantasmagoria das coisas (In *Lotus International*, 106, Milano, Outubro 2000, p. 68-75.)

O relvado americano: encenar o dia-a-dia (In *In Si(s)tu. Revista de Cultura Urbana*, 3/4 Novembro-Junho 2002, Porto, 2002.), trad. Telma Costa.

Uma topologia de umbrais (In *Home Cultures*, Department of Anthropology, University College of London, vol. 2, n.º 1, London, Berg (UK), 2005.), trad. Rita Marnoto e Isabel Almeida.

Arquitectura híbrida: um ambiente para o corpo prostético (In: *Perspective, Projections & Design*, Mario Carpo, Frédérique Lemerle, eds., London, Routledge, 2007.), trad. Paulo Providência.

Um "retrato" de Tafuri (In *ANY*, 25-26 Fevereiro 2000, New York, 2000.)